本书列入

2017年国家社会科学基金重大委托项目

“十三五”国家重点图书出版规划项目

中华传统文化百部经典

传习录

吴震 解读

国家图书馆出版社

图书在版编目（CIP）数据

传习录／吴震解读．— 北京：国家图书馆出版社，
2018.11（2024.9 重印）
（中华传统文化百部经典 ／ 袁行霈主编）
ISBN 978-7-5013-6618-7

Ⅰ．①传… Ⅱ．①吴… Ⅲ．①心学－中国－明代
②《传习录》－注释 Ⅳ．①B248.22

中国版本图书馆 CIP 数据核字（2018）第 270778 号

国家图书馆出版社官方微信

书　　名　传习录
著　　者　吴　震 解读
责任编辑　廖生训
重印编辑　潘肖蔷
特约编辑　查明昊
封面设计　敬人设计工作室

出版发行　国家图书馆出版社（北京市西城区文津街 7 号　100034）
　　　　　010-66114536　63802249　nlcpress@nlc.cn（邮购）
网　　址　http://www.nlcpress.com
印　　装　北京科信印刷有限公司
版次印次　2018 年 11 月第 1 版　2024 年 9 月第 5 次印刷

开　　本　710×1000　1/16
印　　张　34.5
字　　数　366 千字
书　　号　ISBN 978-7-5013-6618-7
定　　价　102.00 元（精装）

本册审订

钱　明　　陈立胜

中华传统文化百部经典

编纂办公室

张　洁　　张毕晓　　马　超　　袁　媛

编纂缘起

文化是民族的血脉，是人民的精神家园。党的十八大以来，围绕传承发展中华优秀传统文化，习近平总书记发表了一系列重要讲话，深刻揭示出中华优秀传统文化的地位和作用，梳理概括了中华优秀传统文化的历史源流、思想精神和鲜明特质，集中阐明了我们党对待传统文化的立场态度，这是中华民族继往开来、实现伟大复兴的重要文化方略。2017年初，中共中央办公厅、国务院办公厅印发《关于实施中华优秀传统文化传承发展工程的意见》，从国家战略层面对中华优秀传统文化传承发展工作作出部署。

我国古代留下浩如烟海的典籍，其中的精华是培育民族精神和时代精神的文化基础。激活经典，熔古铸今，是增强文化自觉和文化自信的重要途径。多年来，学术界潜心研究，钩沉发覆、辨伪存真、提炼精华，做了许多有益工作。编纂《中华传统文化百部经典》，就是在汲取已有成果基础上，力求编出一套兼具思想性、学术性和大众性的读本，使之成为广泛认同、传之久远的范本。《百部经典》所选图书上起先秦，下至辛亥革命，包括哲学、文学、历史、艺术、科技等领域的重要典籍。萃取其精华，加以解读，旨在搭建传统典籍与大众之间的桥梁，激活中华优秀传统文化的价值，用优秀传统文化滋养当代中国人的精神世界，提振当代中国人的文化自信。

这套书采取导读、原典、注释、点评相结合的编纂体例，寻求优秀传统文化与社会主义核心价值观之间的深度契合点。以当代眼光审视和解读古代典籍，启发读者从中汲取古人的智慧和历史的经验，借以育人、资政，更好地为今人所取、为今人所用。力求深入浅出、明白晓畅地介绍古代经典，让优秀传统文化贴近现实生活，融入课堂教育，走进人们心中，最大限度地发挥以文化人的作用。

《百部经典》是一项重大文化工程。在中宣部等部门的指导和大力支持下，国家图书馆做了大量组织工作，得到学术界的积极响应和参与。由专家组成的编纂委员会，职责是作出总体规划，选定书目，制订体例，掌握进度；并延请德高望重的大家耆宿担当顾问，聘请对各书有深入研究的学者承担注释和解读，邀请相关领域的知名专家负责审订。先后约有500多位专家参与工作。在此，向他们表示由衷的谢意。

书中疏漏不当之处，诚请读者批评指正。

2017年9月21日

凡　例

一、《中华传统文化百部经典》的选书范围，上起先秦，下迄辛亥革命。选择在哲学、文学、历史、艺术、科技等各个领域具有重大思想价值、社会价值、历史价值和学术价值的一百部经典著作。

二、对于入选典籍，视具体情况确定节选或全录，并慎重选择底本。

三、对每部典籍，均设“导读”“注释”“点评”三个栏目加以诠释。导读居一书之首，主要介绍作者生平、成书过程、主要内容、历史地位、时代价值等，行文力求准确平实。注释部分解释字词、注明难字读音，串讲句子大意，务求简明扼要。点评包括篇末评和旁批两种形式。篇末评撮述原典要旨，标以“点评”，旁批萃取思想精华，印于书页一侧，力求要言不烦，雅俗共赏。

四、原文中的古今字、假借字一般不做改动，唯对异体字根据现行标准做适当转换。

五、每书附入相关善本书影，以期展现典籍的历史形态。

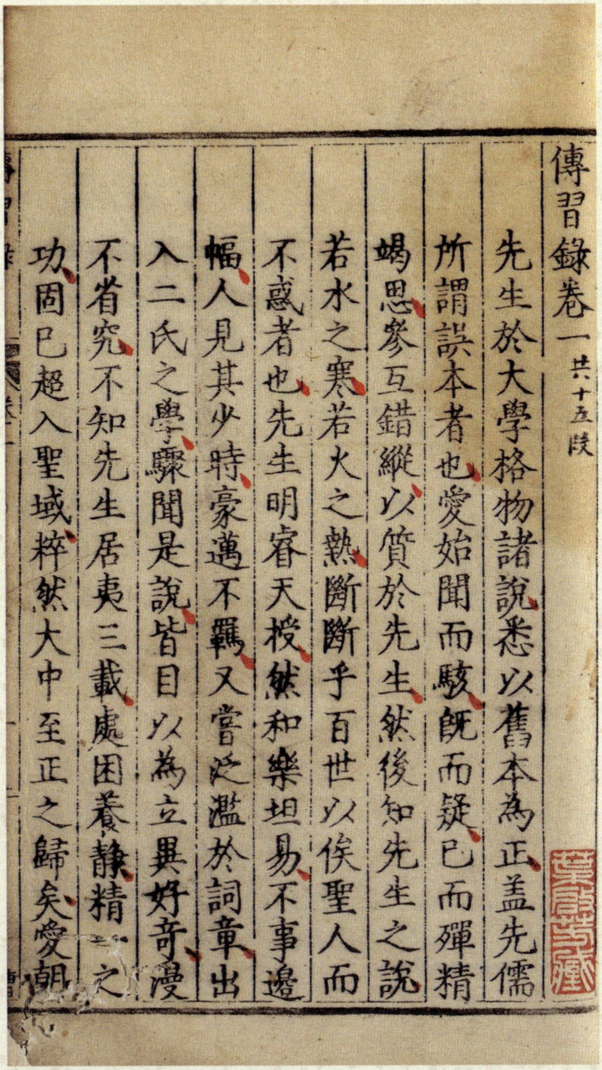
傳習錄卷一 共十五跂
先生於大學格物諸說悉以舊本為正盖先儒
所謂誤本者也愛始聞而駭既而疑已而殫精
竭思參互錯縱以質於先生然後知先生之說
若水之寒若火之熱斷斷乎百世以俟聖人而
不惑者也先生明睿天授然和樂坦易不事邊
幅人見其少時豪邁不羈又嘗泛濫於詞章出
入二氏之學驟聞是說皆目以為立異好奇漫
不省究不知先生居夷三載處困養靜精一之
功固已超入聖域粹然大中至正之歸矣愛朝

传习录三卷　（明）王守仁讲　（明）徐爱、薛侃等记　明刻本
国家图书馆藏

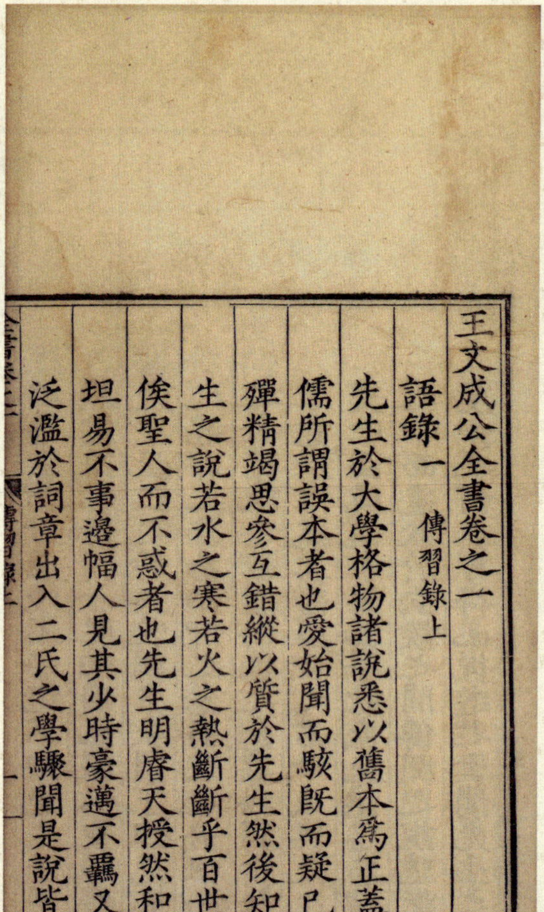
王文成公全書卷之一
語錄一　傳習錄上
先生於大學格物諸說悉以舊本爲正蓋先
儒所謂誤本者也愛始聞而駭既而疑已而
殫精竭思參互錯縱以質於先生然後知先
生之說若水之寒若火之熱斷斷乎百世以
俟聖人而不惑者也先生明睿天授然和樂
坦易不事邊幅人見其少時豪邁不羈又嘗
泛濫於詞章出入二氏之學驟聞是說皆目

王文成公全书三十八卷　（明）王守仁撰　明隆庆六年（1572）谢廷杰刻本
国家图书馆藏

目　录

传习录中

传习录下

导　读

在中国思想史上，16 世纪的王阳明是一位富有原创性的思想家。他开创的心学思想又称阳明学，是对儒学的重要理论发展，与 12 世纪朱熹开创的朱子学并列，形成朱子理学与阳明心学的两大理论高峰，共同构建了先秦孔孟以来的儒学复兴运动，对此后的中国思想乃至东亚思想文化的发展都产生了极其深远广泛的影响。

《传习录》是记录王阳明思想的一部语录体著作，共由三卷组成，上、下两卷是由其弟子记录下来的讲学语录，中卷为阳明与友人及弟子的八封书信。这部“语录”无疑是阳明学的经典，反映了王阳明整个生命历程的思想探索，含有丰富的哲学智慧，其中的许多重要思想如“致良知”“知行合一”等已经构成了儒学传统中富有代表性的内容之一。可以说，《传习录》既是阳明心学的传世经典，更是儒学思想的宝贵财富。今天我们重读《传习录》，重访阳明学的思想传统，对于加深了解中国传统文化的价值无疑具有重要的学术意义。

一、生平事迹

王阳明（1472—1529），名守仁，字伯安，世称阳明先生，浙江余姚人，后迁居山阴（今绍兴）。王阳明的出身为官宦世家，远祖可追溯到晋光禄大夫王览（205—278），王览曾孙即著名的书法家王羲之。阳明之父王华（1446—1522）为成化十七年（1481）的状元。阳明于弘治五年（1492）举浙江乡试，弘治十二年（1499）及第进士，后累官至南京兵部尚书，因平定宁王朱宸濠叛乱有功，封新建伯，隆庆年间追谥文成，万历十二年（1584）从祀孔庙。

王阳明的政治生涯可谓波澜壮阔，其思想历程几经波折，最终以37岁时的"龙场悟道"为标志，确立了心学思想。关于阳明生平的思想经历，主要有三篇基本文献可以作为依据：阳明弟子钱德洪（1496—1574）等编《阳明先生年谱》，阳明友人湛若水（1466—1560）《阳明先生墓志铭》以及阳明弟子黄绾（1477—1551）《阳明先生行状》（均见《王阳明全集》，上海古籍出版社1992年版。以下分别简称《年谱》《墓铭》《行状》）。

1. 五溺三变

王阳明早期思想经历了几个不同的发展阶段，湛若水提出了"五溺"说，钱德洪等人则提出了"学凡三变，教亦三变"的"三变"说。据《墓铭》记载，所谓"五溺"是指：任侠之习、骑射之习、辞章之习、神仙之习、佛氏之习。一直到正德元年（1506），其思想才"归正于圣贤之学"，即以儒家思想作为自己的最终归趣。

再说"三变"。钱德洪的归纳是："学凡三变，其为教也亦三变。"前三变是指：一是驰骋于辞章，二是出入于佛老，三是"居夷处困，豁然有得于圣贤之旨"。经此三变，阳明思想最终回归儒家"圣人之道"。至于"教亦三变"则是指：一在贵阳（1509）首揭"知行合一"之说，二在滁州讲学（1514）多教学者“静坐”，三是江右以后（1520）始揭示致良知为思想宗旨[①]。此后直至其逝世前“居越”讲学期间思想有何发展，则未被列入“教亦三变”的范围当中。

阳明大弟子王畿（1498—1583）也有“三变”说，却与钱德洪的说法有所不同。为学三变是：一、泛滥于辞章，驰骋于孙吴；二、从事朱子格物穷理之学；三、究心于老佛之学。接着是龙场悟道，其内容被归结为“是是非非，天则自见”。这个说法不见于上面钱德洪的记述。然后是“教亦三变”：一、以默坐澄心为学的；二、主张动静合一、工夫本体之说；三、自江右以后始专提致良知。与钱德洪不同的是，王畿在“教亦三变”之后又指出阳明在居越（1522—1527）期间的思想又有始化而纯的发展阶段，其描述的要点是这样一段话：“（阳明）逮居越以后，所操益熟，所得益化，信而从者益众。时时知是知非，时时无是无非，开口即得本心，更无假借凑泊……”[②]

显然，王畿的描述更细致严密，只是其中的某些提法显然添入了王畿自身的思想诠释，未必与阳明思想的实际完全吻合。最突出的一点是：王畿用“无是无非”这一概念来概括阳明晚年居越以后的重要思想特征，然而现存的阳明文本中，找不到阳明对良知即“无是无非”的观点有任何阐述，他一再强调的是良知“知是知非”的观点。当然从哲学诠释的角度看，阳明虽未明说，但并不能由此否认王畿所说正是阳明欲说而未明说的观点。须提及的是，黄宗羲对王畿之说非常看重，他将王畿所说的最后“始化而纯”的阶段并入了“学成之后又有此三变”的范围之内，认为“时时知是知非，时时无是无非”才是阳明思想达到最后化境的真实体现[③]。关于黄宗羲的上述说法，当代新儒家刘述先有深入的考察并有新的发现，为避枝蔓，这里就不细说了[④]。要之，有一点是明确的：黄宗羲更倾向于认同王畿有关阳明思想历程的归纳和总结，而且认为阳明学的思想精义一直要等到其师刘宗周才有更进一步的发展。

2.格竹事件

阳明早年思想在朱子学的笼罩之下，据其自述，他在少年时代热衷于宋儒格物之学，发生了著名的“格竹事件”。阳明晚年回顾道：

> 众人只说格物要依晦翁，何曾把他的说去用？我着实曾用来。初年与钱友同论做圣贤，要格天下之物，如今安得这等大的力量？因指亭前竹子，令去格看。钱子早夜去穷格竹子的道理，竭其心思，至于三日，便致劳神成疾。当初说他这是精力不足，某因自去穷格，早夜不得其理，到七日，亦以劳思致疾。遂相与叹圣贤是做不得的，无他大力量去格物了。及在夷中三年，颇见得此意思。乃知天下之物本无可格者。其格物之功，只在身心上做，决然以圣人为人人可到，便自有担当了。这里意思，却要说与诸公知道。（《传习录》第318条。以下凡引《传习录》，不再标明出处）

不待说，“格竹事件”对阳明来说，其象征意义远远超过其实际意义。因为显而易见的是，“格竹”行为只不过是青年阳明对朱子格物论的模仿，其注定失败是不可避免的，然而这一“失败”却象征着青年阳明对朱子格物论开始产生了疑惑：外物之理与自家身心究竟是什么关系？正是由此疑惑出发，逐渐形成了某种批判意识，并逐渐走出朱子学的阴影。及至“在夷中三年”（即“龙场悟道”），最终领悟出“天下之物本无可格者，其格物之功只在身心上做”的重要道理，以为一个人要成就道德理想人格，就不能忘却自己的身心而向外物去寻求什么客观的道理，而必须立足于自己的本心，树立起“圣人为人人可到”的志向和信念，做一番艰苦卓绝的身心修炼，因为圣人之道就在吾心。这就标志着阳明心学思想的形成。不过，《阳明先生年谱》系“格竹事件”于弘治五年（1492），阳明时年21岁，以致于后人以为“格竹事件”发生在是年，这是不正确的[⑤]。根据新发现的《阳明先生遗言录》，可以明确格竹事件发生在阳明十五六岁之时。

在格竹事件之后，阳明思想仍然彷徨徘徊了很长一段时间。27 岁时，他有一次读到了朱子《上宋光宗疏》中的一段话："居敬持志，为读书之本；循序致精，为读书之法。"阳明深受感触，"乃悔前日探讨虽博，而未尝循序以致精，宜无所得"，从而决心依照朱子所说的循序渐进的读书法，再次将程朱理学的重要经典重新阅读了一遍。但是，其结果却是"物理吾心终若判而为二也"，意谓外物之理与内在之心仍然判若两截而无法贯通起来。为此，阳明又一次陷入了苦恼，据说是"沉郁既久，旧疾复作"，受到了比格竹失败更沉重的思想打击。的确，格竹行为未免显得幼稚，然而此次的阅读经验却有更明确的目标，阳明内心确是想要按照朱子的方法来打通"物理吾心"的隔阂。这次的失败对青年阳明而言，无疑是当头一棒，甚至产生了遁入佛老之学、"遗世入山"的念头[⑥]。

3. 出入佛老

从历史上看，宋明理学与佛道两教彼此交错，纠缠不清，形成了宋明思想史的特殊风貌。在宋代儒学复兴运动过程中，一方面，儒家与佛老存在思想竞争，另一方面，儒释道三家又有思想对话，彼此之间既有观念对抗，又有智慧沟通。对此，我们不宜一概以"三教合一"或"三教合流"等术语来进行抽象概括或以"正统""异端"等意识形态话语来进行判教，而要根据当时思想文化的历史实情，对于儒者涉足佛老的思想经历以及在语言上汲取佛老概念的致思运作采取同情理解的立场，这无疑有益于我们正确把握阳明心学的思想特质。

关于阳明涉足佛老的经历，阳明自己亦不避讳，如在正德三年（1508）的《答人问神仙》一书中，阳明自称 8 岁起"即好其说（按：指神仙之学），今已余三十年矣"[⑦]。《传习录》中也有类似说法，说是"错用了三十年气力”[⑧]。然而我们却不必过分夸大这段思想经历对阳明思想有什么决定性的影响，以致于认为阳明心学无非是糅合佛老思想的产物。事实上，阳明心学有一种超越三教的思想气度。阳明认为如能真正把握儒家的“尽心至命”之学，那么，佛老之学“皆我之用”，因为儒家圣人之学便是“全体大用”之学，更谈不上“兼取”佛老之学，相反，可以用儒学的智慧来融摄佛老之学的义理精义。阳明曾经将儒释道的关系比喻为“厅堂三间”的关系：“厅堂三间共为一厅，儒者不知皆吾所用，见佛氏则割左边一间与之，见老氏则割右边一间与之，而己则自处中间，皆举一而废百也。”但是，从思想立场上看，儒学是以实现“天地民物”一体同在为终极目标的，而佛老之学都偏于一端，所以儒学才是人世间“大道”之体现；相反，佛老之学在社会取向和价值取向上，未免遗弃人伦、轻视外物、脱离社会，唯以超脱凡尘为终极目标，故最终不过是成就个人之“小道”而已[⑨]。然而，“厅堂三间之喻”的说法却导致了误会，令人以为阳明是在主张“三教合一”，故受到后世学者的不断批评。

显然，在价值取向上，阳明无疑是反对佛老的，但是在理论建构上，阳明的某些观念表述对佛老智慧是有所汲取的。这种不同思想之间的互相汲取在人类文化交流史上是常见的现象，不足为异。特别是站在今天的立场看，我们有理由放弃那种儒为“正统”、释道为“异端”的传统偏见，如果我们理解哲学的基本精神在于批判与创造，如果理解宋明理学在本质上是对先秦儒学、汉唐经学、隋唐佛教的创造性转化，那么就应看到王阳明对佛老某些智慧的汲纳是思想对话的结果，而绝非是单纯的受佛老思想影响的结果。

总之，阳明早年涉足佛老，最终回归儒家，经历了从事宋儒格物之学的几次失败，终于在其 37 岁以后的“夷中三年”这一人生最为艰苦的境遇下，通过对儒家圣人之道的不断思索和追求，逐渐形成了自己独特的心学理论。

4. 龙场悟道

我们先从“龙场悟道”的社会背景说起。正德武宗皇帝于 1505 年即位之后，朝廷大权便旁落于宦官集团的手里，以刘瑾为首的宦官势力垄断朝政、一手遮天。对此，一些正直的官员非常不满，上疏弹劾刘瑾却被逮捕，甚至多名官员被廷杖打死。面对如此残酷的政治局面，阳明怀着一腔义愤，上疏要求立即释放被捕官员。在这篇奏疏中，他还要求武宗“去权奸”并做到“明改过不吝之勇”[10]。阳明上疏的结果不难预料，他旋即被明朝特务机构锦衣卫逮捕入狱，受到了廷杖三十（一说“廷杖四十”）的严重处罚，随后被解除兵部主事的官职而贬为贵阳龙场驿（在今贵州贵阳修文）的驿丞。

对阳明而言，受廷杖只是肉体受苦，被贬职也只不过是职位的跌落，重要的是，这场变故对阳明精神上的打击却难以用语言来表达。促使阳明意识到朝政昏暗已经到了无以复加的地步，而天道究竟何在的问题更是逼迫阳明做出回答。两年后的正德三年（1508），阳明才最终找到了上述问题的答案。

根据《年谱》正德三年的记载，阳明在贵阳龙场驿，“日夜端居澄默，以求静一”，整天思考着一个问题：“圣人处此，更有何道？”这是假设像孔子一样的圣人如果也遭受了同样的境遇，又会向世人说些什么呢？这个问题其实是阳明对自己内心的一种追问，答案当然只有自己去寻找。据载，忽然在一天中夜，阳明发生了大悟，史称“龙场悟道”：

> 忽中夜大悟格物致知之旨，寤寐中若有人语之者，不觉呼跃，从者皆惊。始知圣人之道，吾性自足，向之求理于事物者误也。（《王阳明全集》卷三十三）

从内容看，其实就是八个字：“圣人之道，吾性自足。”此处的“性”

字意同“心”字。对阳明来说，他终于明白了道不再是外在于人性或人心的客观存在，而是内在于人心的自足圆满的实体存在。“向之求理于事物者误也”则是阳明在思想上的彻底反省，意思是说，以前认为理是客观外在的、可以通过即物穷理的方式来认识的观点乃是犯了方向性的错误。这一反省预示着心学的标志性命题——“心即理”呼之欲出。就思想实质而言，其实“圣人之道，吾性自足”便可归纳为“心即理”，两者在本质上是一致的。

《年谱》的记述尽管简单，但是其信息却是清晰的，按我们的理解，“龙场悟道”无疑是阳明生命的一场根本觉悟。阳明晚年回忆道：“吾良知二字，自龙场已后，便已不出此意，只是点此二字不出。”这表明阳明心里已经悟出了良知的道理，只是未能将其理论化，而致良知的正式提出则尚需一些时日。然而有证据说明，良知问题早在1518年刊刻的《传习录》上卷已有重要论述。要之，“龙场悟道”意味着阳明思想的成熟，预示着阳明学的思想世界即将产生。

二、思想学说

从阳明思想的经历看，其思想是在与朱子理学的思想碰撞过程中得以成长发展的。事实上，朱子学与阳明学作为儒学理论，在儒家价值观等根本问题上秉持着相同的信仰及其追求，只是在如何成就自己德性的方法问题上以及在有关心体性体等本体问题上，存在一些哲学理解上的重要差异。

阳明心学的思想内涵非常丰富，这里我们从“心即理”“知行合一”“致良知”以及“万物一体”等四个方面进行概述。

1. 心即理

阳明思想的历程表明，青年阳明在朱子学影响的笼罩下，一直被心与理如何打通的问题所纠缠，导致阳明在思想上的多次受挫。追根寻源，我们需从朱子学的相关理论说起。

大致说来，朱子理学预设世界的构造是由理气所构成的，理构成自然界和人事界的所以然之故和所当然之则，它代表整个世界和社会的价值、秩序以及规范，而气则是一切存在的物质性基础，人生亦不免受理气两重性的影响。因此，一方面理在心中、心具众理，心具有统合性情的能力，而这种能力之所以可能的依据则是心中之理；另一方面，人心乃至人性又禀受阴阳两气而生，不仅构成人性中的气质成分，而且也是人心之能知觉的基础，故人又非常容易受到气质蠢动的影响，容易被情感物欲所牵引，导致人心偏离正轨、迷失方向。因此按朱子理学的一套工夫论设想，我们唯有通过即物穷理等方法来不断完备自己的知识、增强德性的能力、改变自己的气质，并通过居敬工夫来克治人心中的私欲倾向，加深心性的涵养工夫，以打通心与理之间的隔阂，最终就能实现心与理一的理想境界。这一为学路径可简化为：由“道问学”上达至“尊德性”的实现，也意味着“心与理一”的最终实现。应当说，朱子理学的这套理路属于儒学传统的一种为学模式。

青年阳明对于这套模式无疑非常熟悉而且深信不疑，“格竹事件”等经历都表明阳明想要努力实践朱子理学的这套方法，以追求心与理的贯通。然而，多次的受挫逼迫阳明转换思考问题的进路，不断追问一个重要的哲学问题：“理”究竟何在？表面看，这是追问理在心中还是理在心外的存有问题。其实，阳明所欲追问的是：若无人心的存在，理的价值和意义如何得以呈现？也就是问：人心是否是一切价值和意义的真正源头？心与理是否是直接同一的关系？阳明获得的最终结论是：心理是直接同一的，而且是本体论意义上的直接同一，故心即理之本身，理即心之本身，心与理都是本体存在。

以上应当就是“龙场悟道”之际，阳明悟出的道理，后被浓缩为心学命题“心即理”的基本内涵。“心即理”命题的遮诠式表达方式是:“心外无物”“心外无理”“心外无事”等等，而这些看似违背常识的说法，旨在表明一切存在的价值和意义都是心之主体所赋予的，反过来说，一切存在的价值意义和规范秩序都直接源自人心的道德主体性。

从儒学史上看，心学思想渊源有自，先秦孟子思想就开创了儒家心学的丰富资源。按孟子的构想，人性本善是由于人心具有判断是非善恶的能力以及向善的意志，如恻隐之心、羞恶之心、辞让之心、是非之心等就是人之所以为人的四种基本道德心，也就是良知良能的道德本心。阳明学继承和发展了孟子的思想，依阳明，心之本体就是良知，故心体即是道德本心。在此意义上，心不再是工夫的对象而是工夫的主脑，也就是说，心是工夫得以可能的依据。这便是阳明学“心即理”命题的旨趣所在。

2. 知行合一

“知行合一”无疑是阳明学最富有特色的思想主张。在阳明学的思想系统中,“知行合一”与“心即理”“致良知”等构成了重要的理论环节，缺一不可。

知行合一是阳明在龙场悟道的次年便已提出的命题，它针对的是朱子学的“知先行后”说。在阳明看来，知先行后说不仅导致知行割裂为二，更重要的是，将导致终身不知亦终身不行的怪圈。为从根本上逆转知先行后、知而不行的错误观点，故有必要以知行合一来加以纠正，不仅如此，而且阳明甚至认为知行合一理论可以起到“正人心，息邪说”[11]的重要效果。

从历史上看，知行问题由来甚早,《尚书》就有“知易行难”说。一般认为，知行问题属于知识与行为的关系问题以及知识来源的认识论问题。朱子的知行观主要属于认识论问题，他强调知识对行为具有主导作用。因此他从经验论的角度出发，提出了“知先行后”说，从实践论的角度出发，又提出了“行重知轻”说，强调行为在实践论上的重要性；至于知行的总体关系，朱子提出了“知行常相须”的观点，认为知行过程必须齐头并进。但在阳明看来，朱子的知行观存在一个根本问题，亦即朱子预设了知行是二元关系，然后意图将两者关联起来。然而由于知行是二元存在，因此知行必然存在先后或难易的问题而难以实现真正的合一。

阳明的知行观与朱子有根本不同，主要表现为阳明的知行观并不属于知识论问题，而是属于良知学的问题领域。也就是说，在阳明，“知”是特指良知，“行”是特指致良知。这虽然是阳明晚年提出致良知之后对知行合一命题的进一步论证，然而在龙场悟道之际，其实阳明已意识到知行不能合一而导致割裂的原因就在于“知行”缺乏“主脑”——心体良知。在阳明看来，知行之所以是合一的原因就在于知行过程中存在一个指挥者，即心体良知；由于良知的普遍存在，故知行本来就是合一的。

阳明认为，知行不能游离于良知之外，一旦脱离了良知的主导，知行就会迷失方向，因此，知行都必然在良知的主导之下。正是在这个意义上，阳明提出“知行本体”的概念，主张“知行工夫”本来合一，因为知行本来就同属于一个实践过程。因此，知行在工夫论意义上，“原是一个”而不可“分作两事”。他说：“只说一个知，已自有行在；只说一个行，已自有知在。”强调行即是知，知包含行，知行构成互相涵摄的关系。重要的是，知行都是“就用功上说”的，即从实践领域而言的，而不是探讨知识确定性的知识论问题。阳明晚年强调“知行本体，即是良知良能”，更为明确地指出良知才是知行的本体依据。

既然知行是实践论问题，而工夫实践又须由良知作为主导，那么，知行工夫在良知学的意义上，就不能“截然分作两件事做”，行的过程有良知的参与，知行是同一过程中的两个方面而相即不离。所以说，“知”

即致良知，而不是指“徒事口耳谈说，以为知者”的那种求知行为（称为“妄想”）；“行”也是致良知，而不是指脱离良知指导的行为（称为“冥行”）。在阳明看来，与那些欲穷尽天下之物的格物论相比，“良知自知，原是容易的”，因为良知作为一种具有“自知”能力的真知，在道德意识启动之际，必然同时伴随行为发动，并且同时自己意识到自己。这样的知才是“真切笃实”的真知，这样的行才是“明觉精察”的力行，所以说“真知即所以为行，不行不足谓之知”，知行合一正是在良知“自知”的前提下得以成立的。以上便是阳明知行合一说的主要思路。

在我们看来，知行合一构成了阳明心学的一大特色，这一理论所强调的是：道德行为是最终实现人的道德价值的决定因素，而良知一念的发动便意味着道德行为机制的开始，与此同时，人心良知的监督机制也开始运作，人们必须“依着良知”，通过一番彻底的为善去恶的工夫，才能最终实现道德意向或动机中的善的价值，否则，动机的善就不是真正的善。值得注意的是，在知行过程中良知的参与，使得知行问题能够超越知识论领域，从而得以合法地进入到伦理学领域，这是阳明知行合一论的一个重要特色。

3. 致良知

“致良知”是阳明学的思想宗旨，也是阳明学的标志性思想口号，自从阳明在 49 岁时正式提出来之后，致良知便成为了阳明心学的一个重要符号。有关良知问题的理论论述，是阳明晚年思想的重中之重，由此建构了一套理论丰富的良知学理论。在某种意义上可以说，阳明学就是“致良知教”。

在上面介绍阳明思想历程的过程中，已经提到阳明的“龙场悟道”的根本觉悟已经悟出了良知的道理，只是还没有将此理论化，这是阳明晚年的回忆[12]。历来认为，致良知的提出大致是自 1520 年左右。然而，在 1518 年刊刻的《传习录》上卷第 8 条以及第 107 条，已经明确出现了“良知”概念，不仅如此，甚至对良知概念已经有了重要的阐发，指出了良知具有一种“自知”的能力和特征，由此表明良知是一种直接的道德动力，这正是阳明良知学的要义所在，故阳明晚年再三强调“良知自知”“良知自觉”。意思是说，良知作为一种道德的根本知，具有自己意识到自己的基本能力，因此这种意识是充分内在化的根源性道德意识，而不同于以客观外物为对象的感官知觉。在阳明看来，后世儒学之所以被种种外在知识所迷惑，根本原因就在于忘却了“就自己心地良知良能上体认扩充”的工夫，反而竭力追求“其所不知”“其所不能”的各种见闻之知，以至于“终年碌碌，至于老死，竟不知成就了个甚么，可哀也已”。这段出现在《传习录》上卷的记录，充分表明阳明对于良知问题已有基本的认识。

1520 年左右，阳明在终于提出“致良知”之后，他的自述是：“一语之下，洞见全体，真是痛快，不觉手舞足蹈”，而且“学问头脑，至此已是说得十分下落”[13]。可见，阳明对自己“发明”的这个良知理论充满了自信和莫大喜悦，他甚至断定：良知是“孔门正法眼藏”“千古圣学之秘”“学者究竟话头”[14]。当然，良知两字并非阳明的发明，而是孟子就已提出的概念。在孟子，良知是指“不虑而知”“不学而能”的道德能力，由于这种能力是不需要通过后天的学习或经验的积累，所以它具有先天性；同时又是指“知善知恶”的道德判断力以及是非善恶的道德标准，这种道德判断力作为人的基本德性而内在于人心之中，良知作为道德本心而具有内在性。

显然，阳明全盘继承了孟子学意义上的良知观念，同时又有理论上的创新性发展。阳明利用理学的“本体”观念，将良知提升到本体的高度，指出良知是一种本体存在，良知不仅仅是个体性的道德意识，而具有与天理存在同样的绝对性、普遍性。故阳明又有良知即天理的命题，反过来说也一样，天理就是良知，从而使得良知天理化与天理良知化的同时实现，良知与天理一样具有内在性和超越性。因此，良知一方面是具体的道德主体，是每个人的“真己”；另一方面，又是“乾坤万有基”，是宇宙万物的本体论依据。良知既是一种具体的道德意识和道德判断，同时又是“亘古亘今”的永恒存在，如“万古一日”一般，具有超越时空一切限制的超越性。良知既是“不离日用常行内”的当下存在，具有当下呈现的能力，同时又是赋予人文世界以价值和意义的本体存在，这个世界若没有良知的存在，那么，世界存在的价值和意义便无法彰显。

根据阳明良知学的理论，良知作为一种道德意识具有自知自觉的根本能力，“如人饮水，冷暖自知”一般，更无须倚傍他人或凭借他力，它自己知道并意识到应该怎么做，随着良知一念的萌发，良知即刻启动，便自能知是知非，一切善恶更瞒他不得。良知自知的这一能力又称为“独知”，具有“自家痛痒自家知”的特征。正是基于良知自知以及良知独知的理念，故道德意识中的是非善恶最终唯有依赖于良知自己的决断，而无须有赖于第三者的规范制约，换言之，外在规范须经过一番良知的审视才能转化为一个人的道德行为，而道德行为的动力在于良知而不是为了屈从外在规范。要之，良知作为一种主体存在和实践智慧，因而凸显了道德主体的能动性、主动性。

总之，良知是“自家准则”，同时更是一种道德动力，它不是孤悬于形上世界的抽象观念，而必定在当下世界“发用流行”，故任何真正的道德实践就必须基于良知本体而随时随地在事事物物上加以落实，此即所谓“即用求体”的致良知工夫。致良知就是实现成就圣贤的道德人格，也就是成为一个有道德的人，使自己过上一种好的道德生活。

4. 万物一体

在中国思想史上，以孔子的“践仁知天”、孟子的“万物皆备”为主要表述形式的“天人合一”“万物一体”之观念对于中国传统思想具有重要的形塑作用。宋儒程颢甚至有“天人本无二，不必说合”之说，这个说法表明“天人合一”对于儒者来说几乎是不证自明的命题。在宋明理学史上，明确提出“万物一体”思想的则是程颢，他在《识仁篇》等处强调提出的“仁者，浑然与物同体”“仁者，以天地万物为一体”等著名观点[15]，将万物一体置于“仁”的问题领域来加以思考，故不妨称之为仁学万物一体论。这一理论表明人的存在就是“天地万物之关系中的存在”，是与“其他人物相感通”的存在[16]，因而它既具有成就“仁者”的境界论意义，同时又是一种重建社会秩序的社会理论。

王阳明在继承程颢思想的基础上，对“万物一体”论有进一步的理论阐发。据载，阳明早年及中年时期，就开始关注程颢“仁者以天地万物为一体”的思想，在1514年的《书王嘉秀请益卷·甲戌》一文中，他以程颢《识仁篇》万物一体说为论述脉络，显示了对万物一体说已有深入的了解。但阳明以明确的理论形态来集中阐发“万物一体”思想则在提出致良知以后，尤其值得关注的是，直至临死之前的二三年间，阳明在各种场合开始突出强调“万物一体”思想。根据《年谱》记载，嘉靖三年（1524）阳明弟子南大吉建“稽山书院”，经常聚集绍兴府“八邑彦士”会讲其中，阳明“临之，只发《大学》万物同体之旨”[17]。较为集中反映万物一体之观点的文字有《亲民堂记》《重修山阴县学记》《答顾东桥书》中的“拔本塞源论”（以上三篇均作于1525年）以及《答聂文蔚》（1526年）和遗著《大学问》等。

但是与程颢作为“仁者”境界的万物一体论不同，阳明则非常明确地以“良知之明，万古一日”“天下人心，皆吾之心”这一心学观念为基础，提出了“天地万物一体之仁”这一重要命题，将万物一体的观念融入良知心学的义理系统中，同时又突出了“一体之仁”是构成万物一体同在的重要依据，所以不妨称其为心学形态的万物一体论。对阳明来说，万物一体不仅是构成宇宙万物彼此联系的存在模式、仁者的精神境界，更是实现“一体同善”的社会理想，其基本构想是要建立一种泯除社会纷争、人间分裂的理想社会，在这样的理想社会中，“人己之分，物我之间”已然消除，建构起人与人、人与社会乃至人与宇宙的休戚相关、和谐共存的人类共同体。

在阳明学的理论构架中，“一体之仁”既是有关宇宙存在方式的哲学概念，更是重建人类社会共同体的社会政治理论，它内含强烈的现实社会关怀精神，是阳明学对儒学的一项重要理论贡献。王阳明以“万古一心”这一良知心学理论为逻辑起点，以建构“万物一体”之社会为终极关怀，将宇宙与万物、社会与人生置于彼此关联、互相感通的关系中来加以定位；在万物一体论的相关论述中，王阳明表现出对当时社会已陷入支离破碎的分化状态痛心疾首，对人己物我等社会关系已陷入互不联属的割裂状态怀有强烈的批判精神。在这个意义上，阳明学的万物一体论又是一种现实批判理论。

万物一体论是王阳明将其良知学说在人伦社会乃至政治文化领域进一步拓展和落实的理论结果，充分展现出阳明学的社会政治涵义。不过，万物一体论如果只是停留在“理想”的层面，而缺乏现实的实践方案以及基本的理论基础，那么，必然会遭致种种质疑。例如从某种角度看，人与物、人与山川草木是无法融合为一体的，而且人与“他者”在终极意义上也难以合为一体（除了某些神秘主义宗教以外），因为，存在的同一性与人的意识主观判断有关，而绝非是纯客观的事实本身。另一方面，如果仅从内心建立与世界的联系显然也是不够的，唯有意识到自身是处于“存有的全体”[18]之中才是重要的。

然而，阳明学基于“一体之仁”的观念基础上，来重建万物一体论，正是由于仁体的普遍存在，故人与万物被置于存有的连续性维度之中，展现出人与万物的一体连续性，这种连续性的具体表现为“仁”的生命连续体。而“仁”作为一种人文精神，因而具有一种现实的实践意义。正如阳明所说“一夫不获，若已推而纳诸沟中”，[19]“使有一物失所，便是吾仁有未尽处”。这个表述无疑是一种以天下为关怀的普遍伦理学。因为对儒家而言，“天下”不仅仅是一种国家民族概念，更是一种与人类整体存在密切相关的伦理学概念。

总之，以仁学为基础的万物一体论的理论意义在于：天道性命是一体同在，人己物我更无隔阂，重建共生共存的人类共同体的整体联系——重建世界的整体性和一体性，进而为人类社会秩序安排奠定基础，同时也深刻地指明了道德生命与宇宙生命不可分割，只有朝着“一体之仁”的方向才有望实现个人的道德理想人格以及人与宇宙万物和谐共存的理想世界。

三、历史地位

关于阳明学的历史地位涉及如何评估阳明学的思想意义等问题，在这里，我们想透过对阳明学思想意义的分析和评估，来突显阳明学的历史地位。

阳明心学是在汲取和批判程朱理学的过程中形成的，在为学目标指向成就德性的总体方向上，心学与理学并无二致，然而与程朱理学偏重于“即物穷理”“居敬涵养”的方法取径不同，阳明学更为突出强调对良知心体的自信自觉在道德实践过程中具有首要意义，从而将儒家内圣之学建立在道德本心的基础之上，丰富了孔孟以来儒家心性哲学的理论内涵。从某种意义上可以说，阳明心学将儒家心性论的发展推向了理论最高峰。

阳明心学不同于程朱理学的另一个重要方面是，如果说程朱理学是以通过四书五经的重新诠释以确立新经学的形式，从而使得儒学精英化的发展达到了前所未有的高度，那么，相比之下，阳明心学自创立之初起，走的就不是精英化的道路，而是选择了下层发展的路径，力图将宋代新儒学运动推向民间社会，通过社会讲学等活动而将良知学说向庶民阶层推广和渗透。其实根据阳明学的良知理论，人人心中有良知，良知就是自家准则，故只要树立起坚定的良知信念，任何人都可以在即刻当下呈现自己的良知，于是，在阳明门下甚至出现了“满街都是圣人”的观点主张，极大地推动了儒学世俗化的发展。在某种意义上可以说，儒学发展到阳明心学已经实现了世俗化的彻底转向。

阳明学的思想魅力还体现在良知理论的实践性等方面。依照阳明学对良知的重新阐发，良知是道德主体的实践动力，是一种“自知自觉”的直觉判断力，容不得任何“他力”的干预。所以阳明说，良知只是一个“是非”，是非只是一个“好恶”，“只好恶就尽了是非”。这意味着良知本身就是一种“好善恶恶”的道德力量，而不是外在于人心的规范标准，良知就是自己的“准则”。阳明良知学对于丰富儒家伦理学具有重要的理论意义，儒家伦理学的实践品格正是在阳明良知学当中得到了深化和发展。

需指出，致良知蕴含了“本体工夫合一论”的思想内涵。因为良知既是本体，同时又必然展现为致良知工夫。从这个角度看，致良知命题与知行合一是可以打通的，直截了当地说，知行合一就是致良知，反过来说，致良知就要求做到知行合一。这样说的理由不仅仅在于两个命题都富有实践论意涵，更在于知行合一得以可能的依据就是良知本身，没有良知来统领知行工夫的过程，知行合一便会变成一纸空谈。毫无疑问，知行合一理论乃是阳明心学的重要智慧，在今天仍有其理论价值和实践意义。

然而，如果过分相信人心的力量，以为一切外在是非标准不具有任何客观的意义，只要任凭自己的良知自知能力就可解决一切道德问题，而良知自知是他人莫知的，由他人莫知推出他人莫管的结论，那么就有可能产生只要依靠自我良知便可自救的“自我依恋癖”，导致只有自己良知说了算的“自我狂大癖”。如何克服这种弊端，是晚明时代不少儒者不断反省与批判王学的核心议题之一。

就阳明学而言，良知自知理论必然遇到良知客观化的问题，即道德主体的良知存在如何能成为他人亦能普遍认同的一种客观化存在？对此，阳明已有充分自觉。阳明提出“良知即天理”“天理即良知”的命题，旨在建构良知主体的客观性地位。然而，这一观点却有可能被误读成相反的结果，即天理良知化，并导致天理“私人化”。问题的关键在于如何理解阳明学意义上的“天理”，阳明学通过“心即理”命题，已经将外在事物的所谓“定理”彻底解构，进而将天理严格收摄在人心之中，因此也就难免天理的人心化、良知化，晚明清初不少儒者认为王学末流未免导致人心的自我膨胀，其缘由便在于此，其中有哪些理论教训，值得我们进行反思。

尽管阳明学在中晚明经过阳明后学几代弟子的不断发展，出现了一些问题，人们开始怀疑良知自知、良知自觉、良知自救等理论，有可能导致种种“玄虚而荡”或“情识而肆”等弊端，从而公然挑战公认的社会规范或经典权威。的确，阳明学非常突出良知主体性和能动性，具有不惧权威、批判现实的思想精神，强调“学贵得心”以及“求之于心”的重要性，甚至提出了不能以孔子之是非为是非、不能以朱子之是非为是非的激进主张，并基于良知的“公是非、同好恶”的公共理性，提出了“公道”“公学”“公言”的观念，阳明后学中甚至有人断言：“一部《春秋》只是留得一个公论，千载公论只是提得一个良知。”[20]这些说法显然是阳明学推导出来的必然结论，放在今天来看，仍然具有相当的思想冲击力，表明阳明学具有人文理性主义的精神，而这种理性主义精神伴随着强烈的现实批判性和思想开放性。当然，这种现实批判性并不是指向对儒学价值体系的质疑或否定。阳明学所指向的是以唤醒每个人的良知的方式，来达成重整社会秩序以及治国平天下的目的。

总之，16 世纪以降的一百余年，阳明学可谓风靡天下，大有取代正统的朱子学意识形态的发展势头。只是入清以后，阳明学的发展出现了中断，其中有各种复杂的因素，这里也就不必细说了。就阳明学的思想意义以及历史地位来看，应当说，阳明学是儒学思想的一种重要理论形态，对于儒家心性论传统有重要的理论开拓和发展。阳明学的思想精神所具有的批判性和开放性之特征表明，在继承儒家传统文化的同时，更要注重对传统的创新性转化而不能一味固守传统，因而阳明学的思想精神在今天仍然要加以传承和弘扬。

四、版本源流

《传习录》"传习"一词出自《论语·学而》"传不习乎"，朱子注："传，谓受之于师；习，谓熟之于己。"这是说，"传"是指从老师那里得到的传授，"习"是指自己不断地研习。王阳明的《传习录》就是师徒之间思想传授的一部记录。

《传习录》最权威的底本是明隆庆六年（1572）谢廷杰刊刻的《王文成公全书》三十八卷本的开首三卷，分别构成《传习录》上中下三卷，该本目前已有点校本出版。此前，又有《王阳明全集》四十一卷点校本（上海古籍出版社 1991 年版），流通最广。进入 21 世纪后，在广泛收集阳明佚文的基础上，又推出了《王阳明全集》五十四卷（新编本，浙江古籍出版社 2010 年版），新收阳明佚文共达 30 余万字，是迄今为止最为全面的一部《王阳明全集》。

在阳明佚文的收集方面，陈荣捷《王阳明传习录详注集评》附录的"传习录拾遗"51 条有首创之功，束景南《阳明佚文辑考编年》一书辑录了《全书》本未见之佚文，共计 61 万余字，其中《阳明散佚语录辑补》一卷可视作《传习录》佚文之补充，具有很高的学术价值。由于本书的性质所限，我们不便收入上述的阳明语录佚文（以上所列文献均见本书末附“主要参考文献”）。

关于《传习录》编刻过程，以下略作介绍[21]。

1.《传习录》上卷

该卷刊刻于正德十三年（1518）八月，所收语录共129条，分别为徐爱录14条、陆澄录80条、薛侃录35条。由薛侃刊刻于江西虔州（今江西赣州），又称“初刻传习录”，以别于嘉靖三年的“续刻传习录”。徐爱录原有三卷，至薛侃编刻《传习录》时仅存一卷[22]。

徐爱录虽仅有14条，但非常重要，被后人视为《传习录》中最具“经典”意义的部分，其中包含阳明“龙场悟道”后的“心即理”“知行合一”等重要学说，甚至已经出现了“良知”概念。徐爱（1487—1517），字曰仁，号横山，余姚马堰（今属浙江慈溪）人，正德三年（1508）进士。王阳明妹婿，正德二年（1507）师从阳明，为阳明门下的最早弟子之一，有“王门颜回”之称。著有《横山遗集》上下两卷，为嘉靖十三年（1534）汶上路氏浙江刊本，见藏于台北“国家图书馆”，为传世孤本[23]。正德七年（1512）十二月，阳明升南京太仆寺少卿，同年冬，徐爱升南京兵部车驾清吏司员外郎，两人同舟南归，途中论学不辍，徐爱所录当始于是年。

陆澄（生卒年不详），字原静、元静，又字清伯，浙江归安（今浙江湖州吴兴区）人。正德十二年（1517）进士，授刑部主事。正德九年（1514）在南京师事阳明。传见《明史》卷一九七，另见《两浙名贤录》卷四《理学・陆元静先生》。陆澄所录80条[24]大致是正德九年后在南京所闻阳明语。

薛侃（1486—1545），字尚谦，号中离，广东揭阳人。正德十二年进士，授行人司行人。正德九年在南京师事阳明。著有《研几录》（今存），又有《中离先生全集》二十卷，为民国初年刊本，今有标点本《薛侃集》。薛侃曾与阳明弟子王畿一起编辑了《阳明先生则言》上下两卷，在嘉靖年间曾被多次刊刻，流传甚广，在日本江户时代也有和刻本流传一时。

2.《传习录》中卷

嘉靖三年（1524），阳明弟子、时任绍兴府知府的南大吉在薛本的基础上，增入八封阳明书信，合刻于绍兴，世称“续刻传习录”或“南本”。南大吉（1487—1541），字元善，号瑞泉，陕西渭南人。正德六年（1511）进士，嘉靖二年（1523），任绍兴府知府，拜入阳明门下，建稽山书院，推动王门在越讲学尤力。嘉靖五年（1526）遭罢官。

“南本”情况有点复杂。通常使用的《王文成公全书》所收《传习录》卷中乃是钱德洪删定本，已非“南本”原貌。根据该卷开首所收钱德洪《序》，钱本删除了“南本”中的《答徐成之》二书，新增《答聂文蔚》第二书，其余悉仍南本之旧。“南本”的复杂情况是：嘉靖三年（1524）刊刻的“南本”中却收录了分别作于嘉靖四年（1525）的《答顾东桥书》、嘉靖五年（1526）的《答欧阳崇一》《答聂文蔚・一》以及嘉靖七年（1528）的《答聂文蔚・二》。显然，现存“南本”其实是钱德洪删改后的重编本。

关于“南本”，目前我们所能看到大致有三种系统的版本，一种为单刻本，共三卷，现藏上海图书馆（残本）；一种为附刻本，附刻于《文录》之后，如台北“中央研究院”傅斯年图书馆藏嘉靖二十九年（1550）闾东序刻《阳明先生文录》附录，亦为三卷；一种为合刻本，如日本京都大学附属中央图书馆贵重室藏嘉靖三十年（1551）孙应奎刊刻的“衡湘书院本”《传习录》，共七卷。该“衡湘书院本”卷首有孙应奎《刻阳明先生传习录序》，又有嘉靖三年南大吉《刻传习录序》。孙应奎（生卒不详），字文卿，号蒙泉，余姚人，嘉靖八年（1529）进士。据孙《序》，嘉靖四年拜阳明为师，得阳明手授《传习录》一部。由此推测，“衡湘书院本”便是阳明于嘉靖四年授予孙应奎的原本，而南本序在嘉靖三年，刊行或在嘉靖四年，“衡湘书院本”或许最为接近南本原貌。

3.《传习录》下卷

下卷刊刻于嘉靖三十五年（1556）四月[25]，共收142条语录，原名

《传习续录》。卷末第 342 条后附有钱德洪《跋》，叙述了该本的刊刻过程。归纳起来，大致有以下几点重要信息：（1）阳明去世后，德洪便开始收集阳明语录，得若干条，然而因故未刻；（2）后阳明弟子曾才汉根据德洪手抄本，再加以自己所搜集的条目，以《阳明先生遗言录》为名，刻于荆（今湖北荆州）；（3）1554 年，德洪不满于这一刻本，复为删节，存其三分之一[26]，重刻于宁国府（今属安徽宣城），名曰《传习续录》（即甲寅本，见藏于北京大学图书馆）；（4）1556 年，德洪又整理“逸稿”，复得一卷，重新编校，再刻于蕲（今湖北蕲春。即丙辰本，见藏于北京大学图书馆）。至此，今本《传习录》三卷的基本结构终告完成，距阳明逝世已有 28 年了。

但是以上钱德洪《跋》的记述有一些疑点，据考，可得出三点结论：（1）《传习续录》最早刻于 1554 年，即甲寅本；（2）曾才汉据此复刻于荆，而德洪对此复有增删，二刻于水西精舍，即乙卯本；（3）1556 年，德洪又有丙辰本之刻，今本《传习续录》之定本终告形成[27]。关于乙卯本，有一覆刻本存世，即现藏于日本九州大学文学部的海内孤本——崇祯三年陈懋德序白鹿洞本《传习录》[28]。

总之，《传习录》一书始于徐爱，经 1518 年薛侃刊刻《传习录》上卷、1524 年南大吉刊刻《传习录》中卷：1556 年钱德洪又有《传习续录》的删定刊刻，后经过多次合刻，最终定型于隆庆本《王文成公全书》，成为今天最具权威性的《传习录》三卷本，今天流传的各种注释本的祖本都是《全书》本。

五、点校说明

《传习录》全文约 8 万余字，全部收录。

底本采用邓艾民《传习录注疏》（简称底本），上海古籍出版社

2012年版，该书以《王文成公全书》为底本，校勘精良，故择取之。然该书条目编号不尽合理。参校本主要有四种：（1）陈荣捷《王阳明传习录详注集评》（简称《集评》本），华东师范大学出版社2009年简体字版，该本注释极为详尽，条目设计合理，故本书的条目编号一依该本，只是该本校勘不精，讹字及标点失误甚多；（2）王晓昕、赵平略点校《王文成公全书》，中华书局2015年《理学丛书》本（简称《全书》本）；（3）吴光、钱明、董平、姚延福编校《王阳明全集》，上海古籍出版社1992年版（简称《全集》本）；（4）吴光、钱明、董平、姚延福编校《王阳明全集》（新编本），浙江古籍出版社2010年版。

关于各种《传习录》传本，大致有以下几种：南大吉《续刻传习录》（简称南本）、闾东《阳明先生文录》附录本（简称闾东本）、宋仪望《阳明先生文录》附录本（简称宋本）、陈龙正《阳明先生要书》本（简称陈本）、施邦曜《阳明先生集要》本（简称施本）、俞嶙《阳明先生全集》本（简称俞本）、王贻乐《王阳明先生全集》本（简称王本）、张问达《阳明文抄》本（简称张本）。以上各本均依据底本以及参校本《集评》本。另据新近的研究，《传习录》刻本存世者尚有许多，例如：国家图书馆藏嘉靖二十六年范庆本和嘉靖三十九年萧彦本，温州图书馆藏嘉靖三十三年管州跋刻本，复旦大学图书馆藏嘉靖三十七年胡宗宪本等。

《传习录》条目数字，依据《集评》本，共342条。删除《传习录》下卷末所附《朱子晚年定论》。有些条目文字略长，根据语意，适当分段。《传习录》中的注释部分，参照了“底本”及《集评》本的已有注释，特此说明。

① （明）钱德洪《刻文录叙说》，《王阳明全集》卷四十一，上海：上海古籍出版社1992年版，第1574页。

② （明）王畿《王畿集》卷二《滁阳会语》，吴震编校整理，南京：凤凰出版社2007年版，第33—34页。

③ （清）黄宗羲《明儒学案》卷十《姚江学案》，北京：中华书局 1985 年版，第 181 页。
④ 刘述先《黄宗羲心学的定位》，杭州：浙江古籍出版社 2006 年版，第 154 页。
⑤ 参见陈来《有无之境——王阳明哲学的精神》，上海：上海人民出版社 1991 年，第 339—340 页。
⑥ 以上见《阳明先生年谱》弘治十一年条，《王阳明全集》卷三十三，第 1224 页。
⑦ 《王阳明全集》卷二十一《答人问神仙·戊辰》，第 805 页。
⑧ 《传习录》上，第 124 条。条目数根据陈荣捷《王阳明传习录详注集评》，上海：华东师范大学出版社 2009 年版。
⑨ 以上见《阳明先生年谱》嘉靖二年十一月条，《王阳明全集》卷三十五，第 1289 页。
⑩ 《王阳明全集》卷九《乞宥言官去权奸以彰圣德》，第 292 页。
⑪ 《王阳明全集》卷八《书林司训卷·丙戌》，第 282 页。
⑫ （明）曾才汉《阳明先生遗言录》卷下第 24 条："先生尝曰：'吾良知二字，（目）〔自〕龙场以后，便已不出此意，只是点此二字不出，与学者言，费却许多辞说。今幸点出此意，真是直截。'"
⑬ （明）钱德洪《刻文录叙说》，《王阳明全集》卷四十一，第 1575 页。
⑭ 《王阳明全集》卷五《与杨仕鸣·辛巳》，第 185 页；《王阳明全集》卷五《与薛尚谦·癸未》，第 199 页。
⑮ （宋）程颢、程颐《河南程氏遗书》卷二上，《二程集》，北京：中华书局 1981 年版，第 16—17 页。
⑯ 唐君毅《中国哲学原论·原道篇》，台北：学生书局 1986 年版，第 134 页。
⑰ 《王阳明全集》卷三十五，第 1290 页。
⑱ [德] 雅斯贝斯（Karl Jaspers，1883—1969）语，转引自余英时《论天人之际：中国古代思想起源试探》，台北：联经出版公司 2014 年版，第 41 页。
⑲ 《传习录》中《答聂文蔚》引《孟子·万章上》语，源自《尚书·说命下》载伊尹语："一夫不获，则曰时予之辜。"
⑳ （明）周汝登《东越证学录》卷四《越中会语》，台北：文海出版社 1970 年版，第 320 页。
㉑ 主要参考了陈荣捷《王阳明传习录详注集评》"概说"，台北：学生书局 1992 年修订版；[日]永富青地《王守仁著作の文献学的研究》第一章"《伝習録》の成立と完成"，日本東京：汲古書院 2007 年版。
㉒ 据（明）孙应奎刻本《传习录》（"衡湘书院"本）所收薛侃《识》，其云："曰

仁所纪凡三卷，侃近得此数条并两小序，其余俟求其家附录之。正德戊寅春薛侃识。”据邹守益编《王阳明先生图谱》弘治十八年（1505）乙丑条载，是年徐爱师从阳明，“记《传习录》示同志”（《四库未收书辑刊》第4辑第17册所收清抄本，北京：北京出版社1997年版，第472页）。可见《传习录》一名创自徐爱。

㉓ 现收入钱明编校整理《徐爱、钱德洪、董沄集》，南京：凤凰出版社2007年版。

㉔ 陆澄所录原有81条，陈荣捷以第24、25条之间的“持志如心痛”一条与《传习录》上卷薛侃所录的第95条内容重复，判定陆澄所录为“衍文”，而将此条排除在外。然经笔者考证，此条当为陆澄录，此不赘述，今姑从陈说。详参拙著《〈传习录〉精读》，上海：复旦大学出版社2011年版。

㉕ 关于《传习录》三卷的成书年代，依据《王阳明全集》卷三十三《年谱一》正德十三年八月条，同上书卷三十四《年谱二》嘉靖三年十月条，同上书卷三《传习录下》末附钱德洪《跋》。

㉖ 据笔者考证，《阳明先生遗言录》共录110条，甲寅本删《遗言》所得仅11条，钱跋说得其“三之一”，恐与事实不合。参见拙著《〈传习录〉精读》以及陈来《〈遗言录〉与〈传习录〉》，《中国近世思想史研究》，第593页。

㉗ 陈来《〈遗言录〉与〈传习录〉》，《中国近世思想史研究》，第604页。

㉘ ［日］永富青地《王守仁著作の文献学的研究》，第52—69页。

传习录

传习录上

【徐爱序】

先生于《大学》“格物”诸说，悉以旧本为正[1]，盖先儒所谓误本者也[2]。爱始闻而骇[3]，既而疑，已而殚精竭思，参互错综以质于先生[4]，然后知先生之说若水之寒，若火之热，断断乎“百世以俟圣人而不惑”者也[5]。先生明睿天授[6]，然和乐坦易，不事边幅。人见其少时豪迈不羁，又尝泛滥于词章[7]，出入二氏之学[8]，骤闻是说，皆目以为立异好奇，漫不省究。不知先生居夷三载[9]，处困养静，精一之功[10]，固已超入圣域，粹然大中至正之归矣。爱朝夕炙门下[11]，但见先生之道，即之若易而仰之愈高，见之若粗而探之愈精，就之若近而造之愈益无穷，十余年来，竟未能窥其藩篱。世之君子，或与先生仅交一面，或犹未闻其謦欬[12]，或先怀忽易愤激之心，而遽欲于立谈之间，传闻之说，臆断悬度，如之何其可得也？从游之士，闻先生之教，往往得一而遗二，见其牝牡骊黄而弃其所谓千里者。故爱备录平日之所闻，私以示夫同志，相与考而正之，庶无负先生之教云。门人徐爱书。

王阳明“龙场悟道”标志其心学思想得以形成，徐爱以为阳明思想此时已臻“超入圣域”、纯粹中正之境地。

春秋时期伯乐识马的故事（《淮南子·道应训》等）。“牝牡骊黄”指雌性黑马和雄性黄马。徐爱以此喻指应像伯乐识马那样，阅读阳明语录不能停留在文字表面上，而须以了解其思想精髓为重。

[注释]

[1] 旧本：指《礼记》所收《大学》，王阳明又称《古本大学》。 [2] 先儒：本是泛指先前的儒家学者，这里特指宋代理学的代表人物程颐（1033—1107）和朱子（1130—1200）的程朱理学。对于程朱删改、增补《大学》文本的做法，特别是对朱子的《大学章句》（又称“新本”），王阳明表示了反对的立场。 [3] 爱：徐爱（1487—1517），字曰仁，号横山，余姚马堰（今属浙江慈溪）人，王阳明弟子及妹夫，著有《横山遗集》，今存。 [4] 质：求教。 [5] 百世以俟圣人而不惑：见《中庸》第二十九章（分章从朱子《中庸章句》）。俟，待。 [6] 明睿天授：聪明睿智犹如天授一般。 [7] 词章：泛指诗、词、文章等，宋儒

称之为词章之学，以别于义理之学。 [8] 二氏之学：佛教和道教之学，又称佛老之学。 [9]居夷三载：谪居贵阳龙场三年（1508—1510）。 [10] 精一之功：精纯专一之功，语见《尚书·大禹谟》："人心惟危，道心惟微，惟精惟一，允执厥中。" [11] 炙：亲聆教诲。 [12] 謦欬（qǐng kài）：谈笑。

以下徐爱录

【1】爱问："'在亲民'[1]，朱子谓当作'新民'[2]，后章'作新民'之文似亦有据[3]。先生以为宜从旧本作'亲民'，亦有所据否？"

先生曰："'作新民'之'新'，是自新之民，与'在新民'之'新'不同，此岂足为据？'作'字却与'亲'字相对，然非'新'字义[4]。下面'治国平天下'处，皆于'新'字无发明。如云'君子贤其贤而亲其亲，小人乐其乐而利其利''如保赤子''民之所好好之，民之所恶恶之，此之谓民之父母'之类[5]，皆是'亲'字意。'亲民'犹《孟子》'亲亲仁民'之谓[6]，亲之即仁之也。

"亲"字含有"仁"的意义。

百姓不亲，舜使契为司徒[7]，敬敷五教[8]，所以亲之也。《尧典》'克明峻德'便是'明明德'[9]，'以亲九族'至'平章''协和'[10]，便是'亲民'，便是'明明德于天下'。又如孔子言'修己以安百姓'[11]，'修己'便是'明明德'，'安百姓'便是'亲民'。说'亲民'便是兼教养意，说'新民'便觉偏了。"

"亲民"具有教育百姓与养育百姓的双重涵义。

［注释］

[1] 在亲民：《大学》经文："大学之道，在明明德，在亲民，在止于至善。" [2] 新民：朱子《大学章句》据程颐"当做新"之说，改"亲"为"新"。 [3] 后章"作新民"：指《大学》下文（即朱子《大学章句》第二章）引《尚书·康诰》语："作新民。" [4] 新：《王文成公全书》本讹作"亲"，底本据闾东本改。 [5] 以上三段引文为《大学》经文，王阳明以为此三句都揭示了"亲"字的意思，正与《大学》首句"亲民"思想可以互相发明。 [6] 亲亲仁民：亲爱自己的家族亲人，仁爱自己的人民百姓。语见《孟子·尽心上》："亲亲而仁民，仁民而爱物。" [7] 司徒：掌礼教之官职。 [8] 五教：五种基本的人伦：父子有亲，君臣有义，夫妇有别，长幼有序，朋友有信。见《孟子·滕文公上》，又见《尚书·舜典》。 [9] 克明峻德：能做到弘扬崇高的品德。克，能。峻，大。 [10] 九族：自高祖至玄孙九代。语见《尚书·尧典》："克明俊德，以亲九族。" "平章""协和"：原文为"平章百姓""协和万邦"（《尚书·尧典》）。平，分辨。章，彰明。百姓，百生。协，

合。万邦，诸侯之国。 [11] 修己以安百姓：修养自己以使百姓都得到安乐。语见《论语·宪问》。

[点评]

此条至上卷第14条为徐爱所录，约于正德七年（1512）至八年，王阳明与徐爱共赴南京任职之际，两人同舟归越旅途中的谈话，成为《传习录》最早的一批记录，习称“徐爱本”。由于时隔阳明“龙场悟道”仅四年，故较为真实地反映了阳明“悟道”之后的思想观点。此条围绕《大学》“亲民”的文本问题，王阳明反对程朱改“亲”为“新”的观点，主张《大学》古本不必改字，认为“亲民”一词具有教养和教化百姓的意思，含有以民众为“亲亲”对象的涵义。

阳明认为，根据孟子的“亲亲而仁民”的思想，“亲”字正体现了儒家的“仁”这一重要思想。如果将“亲民”改成“新民”，则含有上层官员居高临下、要求下层百姓重新做人的意思，阳明认为这就失去了《大学》“亲民”思想中原有的“亲亲”（亲爱自己的亲人）之意，也违背了阳明心学认为通过教化以使百姓得以自我转化的观点，因为在阳明看来，按照自己的内心良知进行修身实践，而不能依赖于外在的力量强制去改变他人，这才是儒家一贯主张的“推己及人”的思想。

【2】爱问：“‘知止而后有定’[1]，朱子以为‘事事物物皆有定理’[2]，似与先生之说相

戾。"先生曰："于事事物物上求至善，却是义外也[3]。至善是心之本体，只是'明明德'到'至精至一'处便是[4]。然亦未尝离却事物，本注所谓'尽夫天理之极，而无一毫人欲之私'者得之[5]。"

阳明心学的著名命题，认为"至善"是心体的本然状态，而心体即道体即天理，构成阳明学"心即理"命题的主要涵义。

［注释］

[1] 知止而后有定：致知工夫的实现，就能达到意识的安宁，语见《大学》经文。 [2] 定理：事物中存在一定不变之理。语见朱子《大学或问》等。 [3] 义外：先秦时代告子的思想主张，他认为"仁"是内在于人性的，而"义"却是外在于人性的存在，因此对于"义"的把握只有到外边去求。 [4] 至精至一：意为对道心的把握达到"精一"的程度。精，精微；一，专一。语见《尚书·大禹谟》："人心惟危，道心惟微，惟精惟一，允执厥中。" [5] 本注：指朱子《大学章句》。

［点评］

王阳明从"心即理""至善是心之本体"的立场出发，反对朱子的事事物物都存在一定不变之理的"定理"说，认为这是朱子将心与理对置起来，导致两者割裂的主要思想原因。在阳明看来，正是由于将心与理对置起来，所以朱子主张在心之外去求所谓"定理"，而这种观点无疑与告子的向外求"义"的"义外"说并无二致。所谓"义外"，是指告子的"仁内义外"说，由于"义"是外在于人性的，所以有必要做“义袭而取”的外向工夫。与此相反，孟子则主张“仁义内在”说，认为仁义都是内在于人性的基本德性（参见《孟子·告子上》），所以，为学工夫就不是向外去寻求“仁义”，而是应当回归内在的心性，从自己的身心上去直接体认和扩充。

阳明显然继承了孟子的上述思想，他认为从《大学》“明明德”到《尚书》“惟精惟一”的工夫实践，都是要求从内心出发，去实现本心的“至善”境界。但是，阳明同时也强调这种向内用功的道德实践，并不意味着“离却事物”，而必须在日常生活中加以落实。关于这一点，阳明在晚年提出“致良知”学说之后，又有进一步的阐发。

“心即理”是阳明学的第一命题。“心外无事”“心外无理”是从反面论证“心即理”，反对“外心以求理”的观点。

【3】爱问：“至善只求诸心，恐于天下事理有不能尽。”先生曰：“心即理也。天下又有心外之事、心外之理乎？”

爱曰：“如事父之孝，事君之忠，交友之信，治民之仁，其间有许多理在，恐亦不可不察。”先生叹曰：“此说之蔽久矣，岂一语所能悟？今姑就所问者言之。且如事父[1]，不成去父上求个孝的理？事君，不成去君上求个忠的理？交友、治民，不成去友上、民上求个信与仁的理？都只在此心。心即理也。此心无私欲之蔽，即是天理，不须外面添一分。以此纯乎天理之心，发之事父便是孝，发之事君便是忠，发之交友、治民便是信与仁。只在此心去人欲、存天理上用功便是[2]。”

爱曰：“闻先生如此说，爱已觉有省悟处。但旧说缠于胸中，尚有未脱然者。如事父一事，其间温凊定省之类[3]，有许多节目[4]，不知亦须讲求否？”先生曰：“如何不讲求？只是有个头脑，只是就此心去人欲、存天理上讲求。就如讲求冬温，也只是要尽此心之孝，恐怕有一毫人欲间杂；讲求夏凊，也只是要尽此心之孝，恐怕有一毫人欲间杂。只是讲求得此心。此心若无人欲，纯是天理，是个诚于孝亲的心，冬时自然思量父母的寒，便自要求个温的道理；夏时自然思量父母的热，便自要求个凊的道理，这都是那诚孝的心发出来的条件。却是须有这诚孝的心，然后有这条件发出来。譬之树木，这诚孝的心便是根，许多条件便是枝叶。须先有根，然后有枝叶，不是先寻了枝叶，然后去种根。《礼记》言：‘孝子之有深爱者[5]，必有和气；有和气者，必有愉色；有愉色者，必有婉容。’须是有个深爱做根，便

诚孝的心就好比树根，孝就好比是枝叶。孝的道理是诚孝的心发出来的条件。

自然如此。”

［注释］

[1]“且如事父”以下十一句：是说“事父”“事君”等伦理行为的规范（理）都存在于行为者的心中，而不能从行为对象的身上去寻求。 [2]去人欲、存天理：克除不正当的人欲，以保持人心中的天理存在。原是程朱理学的标志性口号，后成为广义上理学思想（包含心学）的重要主张，亦为阳明心学所认同。 [3]温凊（qìng）定省：此句是冬温夏凊、昏定晨省的省称。表示侍奉父母应当做到无微不至，例如冬天要温暖被子，夏天要加上凉席，晚上要侍候睡定，早晨则要前往请安。语见《礼记·曲礼上》。凊，清凉。《全书》原刻本“凊”“清”往往不分，今径改。 [4]节目：细节条目。 [5]“孝子之有深爱者”以下六句引文：见《礼记·祭义篇》。

［点评］

徐爱认为如果说“至善是心之本体”，追求“至善”只需从自己的内心出发，那么，就有可能导致对天下众多事物之“理”有所忽略。对于徐爱的提问，王阳明用“心即理”命题作了直截了当的回答，而从“心即理”的立场出发，必推出“心外无事”“心外无理”的结论，因此在工夫实践上，也就不必也不能从心外去追求什么“至善”。这与上一条阳明批评朱子理学的“事事物物皆有定理”的观点可以合起来看。

同样，就“事父”“事君”“交友”“治民”等伦理实践或政治实践的角度看，这些行为的伦理准则都存在于行为者的心中，而不能向行为的对象上去寻求。这说明作为“理”的伦理规范不在行为者的心外而就存在于行为者的心中。在这个意义上，所以阳明说“心外无理”。进言之，阳明认为一切伦理行为必源自每个人内在的本心，只要从“纯乎天理之心”的本心发动去做，便可使行为真正符合“孝”“忠”“信”“仁”等道德准则。若本心受到蒙蔽，则需要做一番“去人欲、存天理”的工夫。阳明认为，人的本心容易受到不正当的人心欲望的牵引或扭曲，对此有必要加以抵制和克治。从道德哲学上讲，“去人欲、存天理”的实践要求是理所当然的，因为我们不能听凭人欲为所欲为而不加以克治。近代以来反传统思潮中，有观点认为“去人欲”就是主张禁欲主义，这是一种误解。

在此段末尾，王阳明用“树木”作为比喻，将“诚孝的心”（理）比作“根”，“许多条件”（行孝节目）比作“枝叶”，强调伦理实践须建立在善良本心的基础上，由此出发，使得人心“无一毫人欲间杂”，那么，人的行为必然合乎道德规范，从而表现为善。这里阳明所表述的观点，与其晚年揭示的“致良知”学说是一致的，都是强调良知本心才是道德实践的基础，也就是此处所比喻的“根”，至于“枝叶”等各种知识“条件”只具有外缘性的助益作用。王阳明的这个思想表明，道德实践取决于内在于人心的根本道德意识，而不能依赖于外在的客观知识。

【4】郑朝朔问[1]："至善亦须有从事物上求者？"先生曰："至善只是此心纯乎天理之极便是，更于事物上怎生求？且试说几件看。"

朝朔曰："且如事亲，如何而为温凊之节[2]，如何而为奉养之宜，须求个是当[3]，方是至善，所以有学问思辨之功[4]。"先生曰："若只是温凊之节、奉养之宜，可一日二日讲之而尽，用得甚学问思辨？惟于温凊时，也只要此心纯乎天理之极；奉养时，也只要此心纯乎天理之极。此则非有学问思辨之功，将不免于毫厘千里之缪[5]，所以虽在圣人，犹加'精一'之训。若只是那些仪节求得是当，便谓至善，即如今扮戏子，扮得许多温凊奉养的仪节是当，亦可谓之至善矣。"爱于是日又有省。

行孝不能像"戏子"表演那样，学会许多姿态就行，而应由纯孝之心出发，始为真行孝。

[注释]

[1] 郑朝朔：郑一初，广东揭阳人，弘治十八年（1505）进士。正德六年（1511），王阳明任吏部员外郎时，郑朝朔任御史，因陈世杰请受学。参见《全集》卷二十五《祭郑朝朔文·甲戌》。 [2] 温凊之节：与下文"奉养之宜"同为朱子《大学或问》引程颐语。参见《程氏遗书》卷十八。 [3] 是当：理学用语，指行为须符合"当然之则"。 [4] 学问思辨：《中庸》第二十章："博

学之、审问之、慎思之、明辨之、笃行之。” [5] 缪：同“谬”。

[**点评**]

郑朝朔的问题其实也就是上述徐爱的问题，强调道德知识对于道德行为的重要性。对此，阳明用了一个著名的比喻，即“如今扮戏子”之喻，旨在强调一个观点：如果一个人只是在外在仪表上、知识仪节上去追求十全十美，那么，即便行为完全符合知识仪节的要求，恐怕也只不过是一种“表演”，如同“戏子”扮演孝子也能扮演得十分逼真一般，但这种扮演并不能说明扮演者就真正是孝子。因为，我们看一个人是否是孝子，需要看他的孝行是否源自他自己行孝的“本心”。由此可见，道德意识的内在动机才是使道德行为得以可能的重要条件，也是实现道德之善的决定性因素。

【5】爱因未会先生“知行合一”之训，与宗贤、惟贤往复辩论[1]，未能决，以问于先生。先生曰：“试举看。”

爱曰：“如今人尽有知得父当孝、兄当弟者，却不能孝、不能弟，便是知与行分明是两件。”先生曰：“此已被私欲隔断，不是知行的本体了[2]。未有知而不行者；知而不行，只是未知。圣贤教人知行，正是安复那本体，不是着你只恁分而言之，见好色与闻恶臭、好好色与恶恶臭，分属知行两端；合而言之，好好色与恶恶臭已经内含知行两个方面。

知行本体是指知行本来应有的状态。

的便罢[3]。故《大学》指个真知行与人看，说‘如好好色，如恶恶臭’[4]。见好色属知，好好色属行，只见那好色时已自好了，不是见了后又立个心去好；闻恶臭属知，恶恶臭属行，只闻那恶臭时已自恶了，不是闻了后别立个心去恶。如鼻塞人虽见恶臭在前，鼻中不曾闻得，便亦不甚恶，亦只是不曾知臭。就如称某人知孝、某人知弟，必是其人已曾行孝、行弟，方可称他知孝、知弟，不成只是晓得说些孝弟的话，便可称为知孝弟。又如知痛，必已自痛了方知痛；知寒，必已自寒了；知饥，必已自饥了。知行如何分得开？此便是知行的本体，不曾有私意隔断的。圣人教人必要是如此，方可谓之知；不然，只是不曾知。此却是何等紧切着实的工夫！如今苦苦定要说知行做两个，是甚么意？某要说做一个，是甚么意？若不知立言宗旨[5]，只管说一个两个，亦有甚用？”

爱曰：“古人说知行做两个，亦是要人见个分晓，一行做知的功夫，一行做行的功夫，即功夫始有下落。”先生曰：“此却失了古人宗旨也。某尝说知是行的主意[6]，行是知的功夫；知是行之始，行是知之成。若会得时，只说一个知，已自有行在；只说一个行，已自有知在。古人所以既说一个知，又说一个行者，只为世间有一种人[7]，懵懵懂懂的任意去做，全不解思惟省察，也只是个冥行妄作，所以必说个知，方才行得是；又有一种人，茫茫荡荡悬空去思索，全不肯着实躬行，也只是个揣摸影响，所以必说一个行，方才知得真。此是古人不得已补偏救弊的说话，若见得这个意时，即一言而足。今人却就将知行分作两件去做[8]，以为必先知了，然后能行，我如今且去讲习讨论做知的工夫，待知得真了，方去做行的工夫，故遂终身不行，亦遂终身不知。此不是小病痛，其来已非一日矣。某今说个知行合一，正是对病的药，又不是某凿空杜撰，知行本体原是如此。今若知得宗旨时，即说两个亦不妨，亦只是一个；若不会宗旨，便说一个，亦济得甚事？只是闲说话。”

落实在行为上并由行为获得的知，才是“真知”。

“终身不行，亦遂终身不知”，是“知先行后”说的必然结果。

［注释］

[1] 宗贤：黄绾（1477—1551），字宗贤、叔贤，号久庵、石龙，浙江黄岩人，官至礼部尚书。正德五年（1510），在北京与

王阳明成为至交，嘉靖元年（1522）入阳明门下。著有《明道篇》《石龙集》等，今存。惟贤：顾应祥（1483—1565），字惟贤，号箬溪，浙江长兴人。弘治十八年（1505）进士，官至刑部尚书。少从阳明门下。著有《惜阴录》《崇雅堂文集》等，今存。 [2] 本体：本然状态。 [3] 恁（nèn）：如此。 [4] 如好（hào）好色，如恶（wù）恶臭：《大学章句》第六章“所谓诚其意者，毋自欺也。如恶恶臭，如好好色，此之谓自谦”。意思是说，诚意就好比讨厌恶臭和喜欢漂亮的色彩那样，不会欺骗自己。 [5] 立言宗旨：即思想宗旨，为王阳明的口头禅。据《传习录》下卷的记载，阳明即便在晚年提出致良知之后，仍强调知行合一是其立言宗旨。 [6]“知是行的主意”以下四句：知行是同一工夫过程中的两个方面，知构成行为的主宰和开始，同时，行也意味着知的工夫和落实。这是王阳明“知行合一”说的重要观点。 [7]“只为世间有一种人”以下十句：这是列举知行割裂的两种现象：一是“冥行妄作”，意指行而不知，其行必表现为盲目乱做，这叫做“懵懵懂懂”；一是“揣摸影响”，意是指知而不行，其知必表现悬空思索，这叫做“茫茫荡荡”。 [8]“今人却就将知行分作两件去做”以下八句：这是阳明批判程朱理学的“知先行后”说，阳明认为“知先行后”往往会成为知而不行的借口，最终必将导致“终身不行”，也就意味着“终身不知”。

［点评］

从历史上看，“知行合一”是阳明“龙场悟道”后最早有明确记录的一个学说主张，语见《阳明先生年谱》正德四年（1509）四月条。然而自提出之初起，就不断招致质疑，因为这个说法明显不符合传统的知识论意义上的“知先行后”等观点。按照知识论的观点，关于知识来源以及知识何以可能等问题，显然独立于或优先于人的行为，所以“知难行易”（《尚书》）或“知先行后”（朱子）等说是常识性观点。

表面看来，阳明在这里提出的“知是行的主意，行是知的功夫”和“知是行之始，行是知之成”这两句命题，是在主张“知”是“行”的主导，“行”是“知”的结果，于是，便与朱子理学“知先行后”之命题的意思相近，其实不然。关于这里的表述，我们有必要结合阳明的良知心学来进行理解。事实上，王阳明是在良知学意义上讲“知行”问题的，他所说的“知”是指良知，所说的“行”则是指良知的落实。因此，前一句命题的意思是说，良知是行为的主宰（主意），良知之行是良知的落实（功夫）；后一句命题的意思是说，良知的道德意识一旦启动，就意味着良知已处在行为的过程中（始），而道德意识的启动（良知之行）便已经是良知的具体落实（成）。

为了说明这一点，王阳明又以《大学》“好好色，恶恶臭”为例，旨在强调良知作为一种对是非善恶的判断能力，犹如见到恶臭便生厌、看到漂亮颜色便喜欢一般，容不得丝毫的扭捏作假；这里所强调的“好”和“恶”，喻指良知的判断能力，同时也是指良知的道德动力。在阳明看来，良知就是一种直接的源自本心的道德动力，而不是一种静态的有关是非善恶的知识而已。正是在此意义上，“知”与“行”就处在动态的合一过程中，这就叫作“知行本体”，此即说“知行”本来应有的理想状态，因为“良知”不仅是一种有关于是非善恶的道德知识，更是一种“好善恶恶”的道德动力，故而必直接地展现为“行”，同时，好善恶恶的“行”也意味着道德之“知”的启动。这样一种知行的合一状态，也就是“知行本体原是如此”的状态，所以阳明说，不是他硬是要把知行“说做一个”，而是因为两者本来就是“一个”工夫过程。关于“知行合一”的问题，阳明到了晚年自提出致良知之后，有更进一步的理论阐发，详见后述。

【6】爱问：“昨闻先生‘止至善’之教，已觉功夫有用力处，但与朱子‘格物’之训[1]，思之终不能合。”先生曰：“格物是止至善之功。既知至善，即知格物矣。”

爱曰：“昨以先生之教，推之格物之说，似亦见得大略。但朱子之训，其于《书》之‘精一’，《论语》之‘博约’[2]，《孟子》之‘尽心’‘知性’[3]，皆有所证据，以是未能释然。”先生曰：“子夏笃信圣人，曾子反求诸己[4]。笃信固亦是，然不如反求之切。今既不得于心，安可狃于旧闻[5]，不求是当？就如朱子亦尊信程子，至其不得于心处，亦何尝苟从？‘精一’‘博约’‘尽心’，本自与吾说吻合，但未之思耳。朱子格物之训，未免牵合附会，非其本旨。精是一之功，博是约之功，曰仁既明知行合一之说，此可一言而喻。‘尽心、知性、知天’是‘生知安行’事[6]；‘存心、养性、事天’是‘学知利行’事；‘夭寿不贰，修身以俟’是‘困知勉行’事。朱子错训‘格物’，只为倒看了此意，以‘尽心知性’为‘物格知至’[7]，要初学便去做‘生知安行’事，如何做得？”

惟精惟一、博文约礼的合一也就是知行合一的道理。

爱问：“‘尽心知性’何以为‘生知安行’？”先生曰：“性是心之体，天是性之原，尽心即是尽性。‘惟天下至诚为能尽其性[8]，知天地之化育’。存心者，心有未尽也；知天，如知州、知县之知，是自己分上事，已与天为一；事天，如子之事父，臣之事君，须是恭敬奉承，然后能无失，尚与天为二，此便是圣贤之别。至于‘夭寿不贰’其心，乃是教学者一心为善，不可以穷通夭寿之故，便把为善的心变动了，只去修身以俟命；见得穷通寿夭有个命在，我亦不必以此动心。事天虽与天为二，已自见得个天在面前；俟命便是未曾见面，在此等候相似，此便是初学立心之始，有个困勉的意在。今却倒做了，所以使学者

“知天”之“知”非知识之知，而是“知州”“知县”之知，即主体之知。“知天”就是“已与天为一”的意思。

无下手处。”

爱曰：“昨闻先生之教，亦影影见得功夫须是如此，今闻此说，益无可疑。爱昨晓思格物的‘物’字即是‘事’字，皆从心上说。”先生曰：“然。身之主宰便是心，心之所发便是意，意之本体便是知，意之所在便是物。如意在于事亲，即事亲便是一物；意在于事君，即事君便是一物；意在于仁民、爱物，即仁民、爱物便是一物；意在于视听言动，即视听言动便是一物。所以某说无心外之理，无心外之物。《中庸》言‘不诚无物’，《大学》‘明明德’之功，只是个诚意。诚意之功，只是个格物。”

“物”是意识活动的指向物、对象物。所以说“无心外之物”“无心外之理”。

“诚意”就是在意识对象物上着手下功夫，这就是格物。

［注释］

[1] 朱子“格物”之训：指朱子《大学章句》第五章“格物补传”。 [2] 博约：《论语·雍也》：“子曰：‘君子博学于文，约之以礼。’”《论语·颜渊》：“颜渊曰：‘夫子循循然善诱人，博我以文，约我以礼。’” [3] 尽心、知性：《孟子·尽心上》：“尽其心者，知其性也，知其性则知天也。” [4] 子夏笃信圣人，曾子反求诸己：引自朱子《孟子集注·公孙丑篇》第一章。 [5] 狃：同“忸”，拘泥。 [6] 以下数句中的引文“生知安行”“学知利行”“困知勉行”，见《中庸》第二十章：“或生而知之，或学而知之，或困而知之，及其知之，一也。或安而行之，或利而行之，或勉强而行之，

及其成功，一也。” [7] 以“尽心知性”为“物格知至”：指朱子《孟子集注·尽心篇上》：“以《大学》之序言之，知性则物格之谓，尽心则知至之谓也。”按此说法，尽心知性已是格物致知的完成，故其本身并不具有工夫论意义。 [8] “惟天下至诚为能尽其性”以下二句：能做到天下“至诚”者，就能做到“尽性”，进而就能参赞天地之造化。语见《中庸》第二十二章，“知”作“赞”。

[点评]

这条记录的四段王阳明与徐爱的对话，集中讨论了《大学》“格物”问题，特别是针对朱子的“格物”解释，王阳明提出了尖锐的批评。

首先，阳明强调“格物”就是指向“止至善”的实践工夫，由于“至善是心之本体”（第2条），因此，就应该将“心之本体”看作是真正落实格物工夫的出发点。也就是说，唯有从心体出发，做一番“尽心”“存心”的工夫，而不是从心之外去寻求所谓事事物物上的“定理”，这才是对《大学》“格物”问题的正确理解。在阳明看来，“朱子错训‘格物’”，将“尽心知性”的工夫错解成“物格知至”，如此一来，尽心工夫便会落空，格物工夫也无从做起，所以阳明说，若按朱子的说法，一切工夫“今却倒做了，所以使学者无下手处”。

其次，按阳明的立场，“格物的‘物’字即是‘事’字，皆从心上说”，体现了阳明的“心外无物”“心外无事”的心学立场，同时，阳明将“外物”与“人事”贯穿起来，将“物”看作是“意之所在”，进而指出“事亲”“事君”“仁民爱物”乃至于“视听言动”等一般行为都是通过意识活动而展现为“一物”，这样一来，格物也就不是单纯地对客观外物的知识追求，而是包含社会人事乃至意识活动在内的生活实践或道德实践。

最后，阳明阐发了有关身、心、意、知、物这五个概念的理论关联性，提出了两个非常著名且重要的观点：“意之本体便是知”和“意之所在便是物”。所谓“意之本体便是知”表明王阳明已经对“良知”概念有了基本的把握，因为作为意识活动之本体的“知”，只能是“良知”，不可能是其他的什么“知”（例如经验知识），良知才是主导意识的“本体”；所谓“意之所在便是物”则是指任何外在事物都不能脱离心体发动的意识指向，故“物”就是一种意识对向物，由此，“心”借助于“意”而与“物”具有同构性，这就从“心物同构”的角度论证了阳明心学的“心外无物”这一重要论点。

总之，无论是知识追求还是生活实践，都必须从“心上”出发，将“心体”规定为一切实践活动的基础；同时我们也发现，“良知”在阳明的理论构建中已然是一重要概念，他将其定位为“意之本体”，这是值得重视的。

【7】先生又曰：“‘格物’如《孟子》‘大人格君心’之‘格’[1]，是去其心之不正，以全其本体之正。但意念所在，即要去其不正，以全其正，即无时无处不是存天理，即是穷理。天理即是‘明德’，穷理即是‘明明德’。”

[注释]

[1] "'格物'如《孟子》'大人格君心'之'格'"以下三句：这是王阳明引用孟子"格君心"一语来重新解释"格物"的"格"字，认为应当解释为"正"字。大人格君心，作为士人君子应当做到端正君主的心中之非。语见《孟子·离娄上》"惟大人为能格君心之非"。

[点评]

阳明对"格物"问题提出了完全不同于朱子理学的鲜明主张。他根据孟子"惟大人为能格君心之非"的观点，将"格物"的"格"训解为"正"，对经学史上的训"格"为"至"或"来"的传统解释（如郑玄以及朱子）进行了颠覆。这一颠覆的理论意义在于："格物"不再是向外的求知活动，而是向内的正心诚意之实践。于是，格物就变成了正心之物的涵义，而不是指跟外在事物发生接触之后，对外在事物之"理"进行所谓的"穷理"活动。显然，这标志着阳明心学"格物"理论的形成。关于孟子此语，阳明屡屡引用，可以参见第 137 条。

【8】又曰："知是心之本体，心自然会知。见父自然知孝，见兄自然知弟，见孺子入井自然知恻隐[1]，此便是良知[2]，不假外求。若良知之发，更无私意障碍，即所谓'充其恻隐之心，而仁不可胜用矣[3]'。然在常人不能无私意障碍，所以须

"自然会知""自然知孝""自然知弟""自然知恻隐"，都充分表明了"良知自知"的道理，即良知作为一种道德自觉意识，自己会知道自己的意识活动。

用致知格物之功。胜私复理，即心之良知更无障碍，得以充塞流行，便是致其知。知致则意诚。”

[注释]

[1] 恻隐：同情之心。见《孟子·公孙丑上》：“今人乍见孺子将入于井，皆有怵惕恻隐之心。” [2] 良知：道德之知。见《孟子·尽心上》：“人之所不学而能者，其良能也；所不虑而知者，其良知也。” [3] 仁不可胜用矣：《孟子·尽心下》：“人能充无欲害人之心，而仁不可胜用也。”

[点评]

“知是心之本体”之“知”，根据下文“此便是良知”，显是指良知。一般认为，阳明 49 岁时才明确提出“致良知”的思想，才明确提出“良知者心之本体”（第 152 条）的命题，而环视整部《传习录》上卷，只有两次出现“良知”概念（另一处见第 107 条）。然而，根据徐爱此处的记录，可知阳明已经对良知问题有了明确的意识。

更重要的是，依照阳明此处“心自然会知”的论述，可以确定这就是阳明晚年再三强调的“良知自知”的思想，意思是说，良知作为一种根源性道德意识，具有一种自己知道自己应该怎么做及其是非对错的判断力，所以，不用等待他人来告诉你应该怎么做，只需完全依靠和全盘信赖自我良知的“自知”能力即可。因此，“良知自知”可谓是良知学的基本要义，是阳明在龙场悟道之后不久便已悟出的一个道理，只是良知理论化的完成则要到晚年49岁之后。

【9】爱问："先生以'博文'为'约礼'功夫，深思之，未能得，略请开示。"先生曰："'礼'字即是'理'字。'理'之发见可见者谓之'文'[1]，'文'之隐微不可见者谓之'理'，只是一物。'约礼'只是要此心纯是一个天理。要此心纯是天理，须就理之发见处用功。如发见于事亲时[2]，就在事亲上学存此天理；发见于事君时，就在事君上学存此天理；发见于处富贵、贫贱时，就在处富贵、贫贱上学存此天理；发见于处患难、夷狄时，就在处患难、夷狄上学存此天理。至于作止、语默，无处不然，随他发见处，即就那上面学个存天理。这便是'博学之于文'，便是'约礼'的功夫。'博文'即是'惟精'，'约礼'即是'惟一'。"

朱子："礼者，天理之节文也。"(《论语集注》卷六）认为"礼"是"理"的一种制度表现。阳明强调两者的同一性，故下文有"只是一物"之说。

《中庸》第十四章："君子素其位而行，不愿乎其外。素富贵，行乎富贵；素贫贱，行乎贫贱；素夷狄，行乎夷狄；素患难，行乎患难。君子无入而不自得焉。"

[注释]

[1]见：见、现，古文通用，此处应读作"现(xiàn)"。 [2]"如发见于事亲时"以下八句：这是儒家强调的"素位而行"的思想，阳明认为不论身处何种环境，都要坚持做到"学存此天理"的工夫。其中的"富贵、贫贱""患难、夷狄"两语，见《中庸》第十四章。

【10】爱问："'道心常为一身之主[1]，而人心每听命。'以先生'精一'之训推之，此语似有弊。"先生曰："然。心，一也，未杂于人谓之'道心'，杂以人伪谓之'人心'。人心之得其正者即道心[2]，道心之失其正者即人心，初非有二心也。程子谓'人心即人欲[3]，道心即天理'。语若分析，而意实得之。今曰道心为主而人心听命，是二心也。天理、人欲不并立[4]，安有天理为主，人欲又从而听命者？"

以"道心"为主人，"人心"为客人，便是将"心"割裂为主客二分。

［注释］

[1]"道心常为一身之主"以下二句：道心应经常作为身体的主宰，而人心则应经常服从道心的指挥。语见朱子《中庸章句序》："必使道心常为一身之主，而人心每听命焉。则危者安，微者著，而动静云为，自无过不及之差矣。" [2]"人心之得其正者即道心"以下三句：人心的正确状态就是道心，道心的偏失状态就是人心，两者都是一心而非分裂的"二心"，只是表现形态各异。 [3]"人心即人欲"以下二句：出自程颢《河南程氏遗书》卷十九："人心，私欲也；道心，正心也。" [4]天理、人欲：出自《礼记·乐记》。

［点评］

"心，一也"，这是阳明的基本思想立场，因此在他看来，朱子主张人心“听命”于道心，无非就是拆人心与道心为二的“二心”说，把人心与道心理解成了服从与被服从的主从关系。阳明认为，人心只是道心的偏失状态，道心只是人心的正确状态，因此归根结底，人心与道心都是一个“心”而不存在两个“心”，这是阳明对“心”之问题的一个基本观点。

关于程颐所说的“人心即人欲”的观点，含有对“人心”的全面否定的意味，对此，朱子曾经表示过怀疑，认为人心不能直接等同于人欲，只有人心沦落为一己之私的状态，才会导致不好的“人欲”。然而阳明却认为程颐此说“语若分析，而意实得之”，对此表示了基本的认同。在阳明看来，“理欲”都源自“一心”，换言之，“一心”同具“理欲”之两面，不论善恶都会在人心中表现出来，心与理相符合便是“道心”，心与理不相符合便是“人心”，总之都是“一心”，只是表现形态不一样。所以关键就在于如何在“一心”的展开过程中，把握住作为心之本体的“天理”之心，则“人欲”之心自然不会萌动，而不是用一颗“道心”去命令或制约另一颗“人心”。如果这样做的话，其结果将导致“以心制心”的悖论，也就导致心的分裂。阳明的上述观点显示出其与朱子思想的一个基本分歧。

与宋代以来推崇韩愈而贬低王通的见解有所不同，阳明推崇王通为“贤儒”，远比“文人之雄”的韩愈具有更重要的历史地位。这将涉及如何评价王通“拟经”行为的正当性问题。

【11】爱问文中子、韩退之[1]。先生曰：“退之，文人之雄耳；文中子，贤儒也。后人徒以文词之故，推尊退之，其实退之去文中子远

甚。”爱问：“何以有拟经之失[2]？”先生曰：“拟经恐未可尽非。且说后世儒者著述之意，与拟经如何？”爱曰：“世儒著述，近名之意不无[3]，然期以明道；拟经纯若为名。”先生曰：“著述以明道，亦何所效法？”曰：“孔子删述《六经》[4]，以明道也。”先生曰：“然则拟经独非效法孔子乎？”

王通“拟经”不就是在效法孔子吗？

爱曰：“著述，即于道有所发明。拟经，似徒拟其迹，恐于道无补。”先生曰：“子以明道者使其反朴还淳，而见诸行事之实乎？抑将美其言辞而徒以誂誂于世也[5]？天下之大乱，由虚文胜而实行衰也。使道明于天下，则《六经》不必述。删述《六经》，孔子不得已也。自伏羲画卦[6]，至于文王、周公，其间言《易》如《连山》《归藏》之属[7]，纷纷籍籍，不知其几，《易》道大乱。孔子以天下好文之风日盛，知其说之将无纪极，于是取文王、周公之说而赞之[8]，以为惟此为得其宗。于是纷纷之说尽废，而天下之言《易》者始一。《书》《诗》《礼》《乐》《春秋》皆然。《书》自《典》《谟》以后[9]，《诗》自《二南》以降[10]，如《九丘》《八索》[11]，一切淫哇逸荡之词[12]，盖不知其几千百篇；《礼》《乐》之名物度数，至是亦不可胜穷。孔子皆删削而述正之，然后其说始废。如《书》《诗》《礼》《乐》中，孔子何尝加一语？今之《礼记》诸说，皆后儒附会而成，已非孔子之旧。至于《春秋》，虽称孔子作之[13]，其实皆鲁史旧文。所谓'笔'者[14]，笔其旧；所谓'削'者，削其繁。是有减无增。孔子述《六经》，惧繁文之乱天下，惟简之而不得，使天下务去其文以求其实，非以文教之也。《春秋》以后，繁文益盛，天下益乱。始皇焚书得罪[15]，是出于私意，又不合焚《六经》。若当时志在明道，其诸反经叛理之说，悉取而焚之，亦正暗合删述之意。自秦汉以降，文又日盛，若欲尽去之，断不能去；只宜取法孔子，录其近是者而表章之，则其诸怪悖之说，亦宜渐渐自废。不知文中子当时拟经之意如何？某切深有取于其事，以为圣人复起，不能易也。天下所以不治，只因文盛实衰，人出己见，新奇相高，以眩俗取誉，徒以乱天下之聪明，涂天下之耳目，使天下靡然争务修饰文

秦始皇"焚书"的行为如果是"志在明道"，那么即便将各种离经叛道之书全部焚毁，也正符合孔子的"删述"《六经》之意。

词，以求知于世，而不复知有敦本尚实、反朴还淳之行，是皆著述者有以启之。”

《春秋》本经的意义无须“三传”而后明。

爱曰：“著述亦有不可缺者，如《春秋》一经，若无《左传》[16]，恐亦难晓。”先生曰：“《春秋》必待《传》而后明，是歇后谜语矣[17]。圣人何苦为此艰深隐晦之词？《左传》多是鲁史旧文，若《春秋》须此而后明，孔子何必削之？”爱曰：“伊川亦云[18]：‘传是案，经是断。’如书弑某君、伐某国，若不明其事，恐亦难断[19]。”先生曰：“伊川此言，恐亦是相沿世儒之说，未得圣人作经之意。如书‘弑君’，即弑君便是罪，何必更问其弑君之详？征伐当自天子出[20]，书‘伐国’，即伐国便是罪，何必更问其伐国之详？圣人述《六经》，只是要正人心，只是要存天理、去人欲，于存天理、去人欲之事，则尝言之；或因人请问，各随分量而说，亦不肯多道，恐人专求之言语，故曰‘予欲无言’[21]。若是一切纵人欲、灭天理的事，又安肯详以示人？是长乱导奸也。故孟子云：‘仲尼之门，无道桓、文之事者[22]，是以后世无传焉。’此便是孔门家法。世儒只讲得一个伯者的学问[23]，所以要知得许多阴谋诡计，纯是一片功利的心，与圣人作经的意思正相反，如何思量得通？”

因叹曰：“此非达天德者[24]，未易与言此也！”又曰：“孔子云：‘吾犹及史之阙文也[25]。’孟子云：‘尽信《书》不如无书[26]，吾于《武成》取二三策而已。’孔子删《书》，于唐、虞、夏四五百年间，不过数篇，岂更无一事？而所述止此，圣人之意可知矣。圣人只是要删去繁文，后儒却只要添上。”

爱曰：“圣人作经，只是要去人欲、存天理。如五伯以下事[27]，圣人不欲详以示人，则诚然矣。至如尧、舜以前事，如何略不少见？”先生曰：“羲、黄之世[28]，其事阔疏[29]，传之者鲜矣。此亦可以想见。其时全是淳庞朴素[30]，略无文采的气象。此便是太古之治，非后世可及。”

爱曰：“如《三坟》之类[31]，亦有传者，孔子何以删之？”先生曰：“纵有传者，亦于世变渐非所宜。风气益开，文采日胜，至于周末，虽欲变以夏、商之俗，已不可挽，况唐、虞乎[32]？

又况羲、黄之世乎？然其治不同，其道则一。孔子于尧、舜则祖述之，于文、武则宪章之[33]。文、武之法[34]，即是尧、舜之道，但因时致治，其设施政令已自不同。即夏、商事业，施之于周，已有不合。故周公思兼三王[35]，其有不合，仰而思之，夜以继日，况太古之治，岂复能行？斯固圣人之所可略也。"又曰："专事无为，不能如三王之因时致治，而必欲行以太古之俗，即是佛、老的学术。因时致治，不能如三王之一本于道，而以功利之心行之，即是伯者以下事业。后世儒者许多讲来讲去，只是讲得个伯术。"

"三王"治理天下如果不是与时俱进，而是一味复古，欲恢复"太古"的礼俗，那么就不是儒家的学术而坠入脱离现实人世的佛老之学了。

[注释]

[1]文中子：王通（584—617），山西龙门（今山西河津）人，卒后，门人谥曰文中子，仿孔子作《六经》。韩退之：韩愈（768—824），字退之，河南南阳（今河南孟州南）人。由进士累官吏部侍郎，卒谥文，故称韩文公，反佛老、倡儒学，历来以为是宋代理学之先驱。 [2]拟经：王通仿儒家六经，作《礼论》《续书》《续诗》《元经》《赞易》等，"谓之《王氏六经》"（朱彝尊《经义考》引司马光《补传》），今皆佚。其著《中说》尚存。 [3]近名：求名。 [4]删述《六经》：事见《史记·孔子世家》。 [5]诡（náo）诡：喧嚷，争辩。 [6]伏羲画卦：传说伏羲画八卦，文王演八卦而成六十四卦，周公作爻辞，孔子赞《易》而作《易传》

十篇，称“十翼”。 [7]《连山》《归藏》：《周礼·春官·宗伯》载：“太卜掌三易之法，一曰《连山》，一曰《归藏》，一曰《周易》。”据郑玄（127—200）《周易注》：《连山》为夏《易》，《归藏》为殷《易》，“文王衍《易》于羑里，题周以别商也”。 [8] 赞之：谓孔子赞《易》而作“十翼”。赞，明也。 [9]《典》《谟》：指《尚书》中的《尧典》《舜典》《大禹谟》《皋陶谟》等。 [10]《二南》：《诗经》中的《周南》《召南》二篇。 [11]《九丘》《八索》：古书名，《左传》云：“楚左史倚相能读《三坟》《五典》《八索》《九丘》。” [12] 淫哇（wā）：靡靡之音。 [13] 孔子作之：《孟子·滕文公下》：“世衰道微，邪说暴行有作。……孔子惧，作《春秋》。” [14] 笔：与下文的“削”语出《史记·孔子世家》：“笔则笔，削则削。子夏之徒不能赞一辞。” [15] 始皇焚书：指秦始皇“焚书”事件，见《史记·始皇本纪》。 [16]《左传》：《春秋》三传之一，相传为孔子同时代人鲁国史官左丘明所作。 [17] 歇后谜语：指歇后语。意思是说，本来明白浅显的道理被说成如同歇后语一般，反而让人费解。 [18] 伊川：程颐（1033—1107），字正叔，洛阳（今属河南）人，世称伊川先生。 [19] 恐亦难断：语见《程氏遗书》卷十五。 [20] 自天子出：《论语·季氏》：“孔子曰：天下有道，则礼乐征伐自天子出。” [21] 予欲无言：语见《论语·阳货》。 [22] 桓、文：齐桓公（前685—前643）、晋文公（前636—前628）。 [23] 伯：同“霸”，指春秋五霸，即下文出现的“五伯”。 [24] 天德：《中庸》第三十二章：“苟不固聪明圣知，达天德者，其孰能知之？” [25] 阙文：语见《论语·卫灵公》。 [26]“尽信《书》不如无书”以下二句：语见《孟子·尽心下》。《武成》，《尚书·周书》篇名，记武王伐纣事。策，竹简。 [27] 五伯：五霸，指齐桓公、晋文公、秦穆公（前659—前619）、楚庄王（前613—前589）、宋襄公（前650—

前 635）。 [28] 羲、黄：伏羲、黄帝。 [29] 阔疏：疏阔，疏略不详。 [30] 淳庞：淳厚。 [31]《三坟》：古书名。孔安国《古文尚书序》："伏羲、神农、黄帝之书，谓之《三坟》。坟，言大道也。" [32] 唐、虞：唐尧、虞舜。 [33] 宪章：《中庸》第三十章"仲尼祖述尧舜，宪章文武。" [34]"文、武之法"以下七句：周文王、周武王所实施的治国方略就是尧舜之道，但是已经发生了与时俱进的改变，政策制度自然有所不同，而夏商时代的事业如果要在周代实施的话，也同样会发生一些差异。这些都是"因时致治"的缘故。 [35]"故周公思兼三王"以下四句：语见《孟子·离娄下》："周公思兼三王，以施四事。其有不合者，仰而思之，夜以继日。幸而得之，坐以待旦。"三王，禹、汤、文武。

［点评］

本条王阳明集中阐述了有关经典知识的看法，其中涉及如何评价隋代王通的"拟经"行为以及应当如何看待儒家经典等问题，得出了"拟经恐未可尽非""某切深有取于其（案：指王通"拟经"）事"等大胆结论。历史上，曾有扬雄（前 53—18）仿《易》而作《太玄》、仿《论语》而作《法言》之事，与扬雄同时的著名经学家刘歆对其拟经行为讽刺道："吾恐后人用覆酱瓿也。"[《汉书·扬雄传》。覆（fù）：盖。酱瓿（bù）：酱坛。瓿，坛罐。] 这是讽刺扬雄的拟经之作只能作为覆盖酱坛之用。后人常以"用覆酱瓿"一语，用以比喻著作毫无价值。同样，自王通遍拟群经而作《续六经》之后，也遭到了后人的质疑和批评，徐爱所谓"拟经纯若为名"，便是一种典型的观点，这是批评王通的拟经行为无非是为了"出名"

而已。至于王通的《续六经》(又称《王氏六经》)恐怕早在宋代之前便已失传，今所存者只有宋阮逸注本《文中子中说》，乃王通门人对其师的言行之汇录，反映了王通的一些学术观点。

宋代之后，不少理学家对王通表示了同情的了解，例如程颐和朱子都曾对王通的品行和言论有正面的肯定，称其“见识高明”，但是“又不全淳”(《朱子语类》卷一三七);宋代心学家陆九渊则将王通列为孟子之后“以儒称于当世者”的“四子”之一(即荀子、扬雄、王通、韩愈)。然而，王阳明对王通“拟经”之行为本身表示了肯定，这在宋明理学史上是比较少见的，反映了王阳明独特的心学经典观。

阳明从心学立场出发，认为“圣人述《六经》，只是要正人心”，而孔子“恐人专求之言语，故曰‘予欲无言’”，也正由此，如孟子所云“仲尼之门，无道桓、文之事者，是以后世无传焉”，这是说，圣贤之作《六经》的目的在于正人心而不在于为世人增添知识，孔子“删述《六经》”之意亦在于此，所以会说“予欲无言”，而孟子所言孔子与其弟子之间，有关春秋时期的齐桓公、晋文公等人的事迹略而不谈，导致相关历史的失传，反映出孔子对待经典的态度就在于一个“删”字。由此可见，“圣人只是要删去繁文”，与此相反，“后儒却只要添上”。这里的一“删”一“添”，表明了两种不同的知识态度。这就从王通的“拟经”引出了一个问题，经典知识的相关著述是否已无必要?倘若著述亦无必要，那么后人如何来解读那些存在于经典中的隐晦难懂之词?

这就涉及经典记录中的经文知识与经典解释中的经学知识的关系问题。换言之，前者如《六经》所记录的是有关历史的经文知识，而后者如《左传》则是解释“《春秋》一经”的经学知识，经学知识显然对于阅读和理解经文知识是有所裨益的，否则后人也就不必有《左传》之作。推而言之，更不必有《谷梁》《公羊》等经学著述了。

的确，经典作为一套知识系统，很难将经典中的“经文”与后世相传的有关经文解释的“经学”知识割裂开来。徐爱与阳明对话的一个立场预设是，传授经典的诸多经学知识是不可或缺的。然而，王阳明有意回避对此问题的正面回答，而是就孔子“删述《六经》”这一事实来展开他的一个观点论述，即他坚持认为，“圣人只是要删去繁文”，意在“祖述尧舜，宪章文武”，所以孔子于经典之中“何尝加一语”？孔子只是“惧繁文之乱天下，惟简之而不得”。正是从这个角度看，不仅是王通“拟经”，即便是秦始皇“焚书”，如果不是“出于私意”而是出于“明道”这一目的，那么，其行为“正暗合删述之意”。进而言之，天下之所以“不治”，只是因为“虚文盛而实行衰”，人人以“意见”相争，并以“新奇相高，以眩俗取誉”，导致“天下靡然争务修饰文词，以求知于世，而不复知有敦本尚实、反朴还淳之行”，而所有这一切“是皆著述者有以启之”的结果。

总之，在王阳明看来，问题不在于后世儒者的“著述”对于解读经典是否必要，而在于这些“著述”者已然忘却了孔子“删述《六经》”的根本旨趣，而其旨趣就在于“敦本尚实、反朴还淳”“务去其文以求其实”，归根结底，就在于使圣人之道得以倡明于天下。

【12】又曰："唐、虞以上之治，后世不可复也，略之可也。三代以下之治，后世不可法也，削之可也。惟三代之治可行。然而世之论三代者，不明其本而徒事其末，则亦不可复矣。"

[点评]

这段对话接续上面第11条，王阳明进一步表达了"惟三代之治可行"的观点。在阳明看来，尧舜直至周公的夏商周三代社会才是中国历史上最为理想的社会，虽然夏商之前的历史已经无法从文献上完全复原，三代以后的历史文献虽然丰富，但是三代之后已成乱世，所以阳明认为也就没有详加叙述了。然而，后世学者对三代社会的历史往往并不了解，他们不知道三代社会其实是一个"心学纯明"（第142条）的时代，反而企图根据后世的文献知识来恢复其原貌，这在阳明看来，完全是徒劳无益的。在我们看来，阳明有关三代社会的描述，其实是其有关理想社会的一种寄托，反衬出当时的社会现实已经与社会的理想状态发生了严重背离。由此可以说，阳明对于三代理想社会的向往正蕴含着对现实社会的批判精神。

【13】爱曰："先儒论《六经》，以《春秋》

为史。史专记事，恐与《五经》事体终或稍异。”先生曰：“以事言，谓之史；以道言，谓之经。事即道[1]，道即事。《春秋》亦经，《五经》亦史。《易》是包牺氏之史[2]，《书》是尧、舜以下史，《礼》《乐》是三代史。其事同，其道同，安有所谓异？”

［注释］

[1]“事即道”以下二句：专门“记事”的历史体现出圣人之道，而圣人之道也存在于历史事实当中。在这个意义上，可以说道在事中，事以显道。 [2]包牺氏：伏羲氏。

［点评］

本条阳明揭示了“五经亦史”的重要观点。这一观点表达了王阳明对于“经史”问题的重要看法，而不同于历来的以“经史子集”序列为基础的“经史”观——以为“经”是一切知识的源头，位居一切知识之上。因此一般认为，阳明的“《五经》亦史”说意味着“史”就是“经”，这样一来，其结果就有可能打破“经”对于知识的垄断地位，从而对传统的经史观念产生一定的冲击。

不过，“《五经》亦史”说是否具有一种学术建构力，从而形成新的学术典范，却不宜夸大解释。按照阳明上述的语脉，他所欲强调的其实是在上古时代，原本就是经与史不分、事与道相合的，从这个意义上看，阳明的“《五经》

亦史”讲的是一个平实的道理，而没有企图消解或打破儒家经典权威的思想意图。另外值得重视的是，在讲“《五经》亦史”的同时，阳明也强调“《春秋》亦经”——换言之，可以说“史亦五经”，这表明阳明仍然看重经典的意义，在他看来，历史典籍也具有某种意义上的经典意义。

【14】又曰：“《五经》亦只是史。史以明善恶，示训戒。善可为训者，时存其迹以示法；恶可为戒者，存其戒而削其事以杜奸。”爱曰：“存其迹以示法，亦是存天理之本然；削其事以杜奸，亦是遏人欲于将萌否？”先生曰：“圣人作经，固无非是此意，然又不必泥着文句。”

俗话说历史是一面明镜，具有扬善罚恶的作用。所以孟子说：“孔子成《春秋》而乱臣贼子惧。”（《孟子·滕文公下》）

爱又问：“恶可为戒者，存其戒而削其事以杜奸，何独于《诗》而不删郑、卫[1]？先儒谓‘恶者可以惩创人之逸志’[2]，然否？”先生曰：“《诗》非孔门之旧本矣[3]。孔子云：‘放郑声，郑声淫。’又曰：‘恶郑声之乱雅乐也。’‘郑、卫之音，亡国之音也。’此是孔门家法。孔子所定三百篇，皆所谓雅乐，皆可奏之郊庙，奏之乡党，皆所以宣畅和平，涵泳德性，移风易俗，安得有此？是长淫导奸矣。此必秦火之后，世儒附会，以足三百篇之数。盖淫泆之词[4]，世俗多所喜传，如今闾巷皆然[5]。‘恶者可以惩创人之逸志’，是求其说而不得，从而为之辞。”

[**注释**]

[1] 郑、卫：《诗经》中的《郑风》和《卫风》。　[2] 先儒：指朱子。恶者可以惩创人之逸志：语见《论语集注·为政篇》：“凡《诗》之言，善者可以感发人之善心，恶者可以惩创人之逸志。”逸志，放松自己的意志。　[3]“《诗》非孔门之旧本矣”以下二十一句：这是王阳明对于今本所传《诗经》是否是“孔门之旧本”表示了怀疑，他认为其中一些内容有可能是秦始皇“焚书”之后，汉代以降儒者的附会之作。更反对《诗》三百篇都是“雅乐”的观点，认为正如孔子所说，《诗经》中存有“郑、卫之音，亡国之音也”等，这才是“孔门家法”。如果说，《诗》三百篇都可以“奏之郊庙”“奏之乡党”，这是不符合事实的。如果对“郑、卫之音”等不加区别而进行宣扬的话，将产生“长淫导奸”的严重后果。“放郑声，郑声淫”，语见《论语·卫灵公》。“恶郑声之乱雅乐也”，语见《论语·阳货》。雅乐，正乐。古代郊庙朝会时所用的音乐。“郑、卫之音，亡国之音也”，郑、卫之音足以亡国，语见《礼记·乐记》：“郑、卫之音，乱世之音也，比于慢矣。桑间、濮上之音，亡国之音也。”郊庙，古代天子祭祀天地、祖先的宗庙。乡党，乡里。秦火，秦始皇焚书。见前出第 11 条。　[4] 泆（yì）：同“逸”，乱。　[5] 闾巷：里巷。泛指乡里民间。

［点评］

本条阳明又一次重申了“《五经》亦只是史”的观点，重要的是，在后面的一段对话中，反映了阳明独特的《诗经》观。阳明认为，按照“放郑声，郑声淫”“恶郑声之乱雅乐也”以及“郑、卫之音，亡国之音也”等孔子的观点，《诗经》中本来不应该存在“郑、卫”之音。基于此，阳明判断今本《诗经》肯定不是孔子所删定的“旧本”，而是后世经秦始皇“焚书”之后，汉代儒者附会添加进去的，“以足三百篇之数”，故而其中含有一些“淫泆之词”，其责任不在孔子而在后儒。因为孔子删定的《诗经》必然都是“所谓雅乐，皆可奏之郊庙，奏之乡党”的，也就是说，都应该是堂而皇之可以用来朗诵的，也可以起到移风易俗之教化所用的，不可能杂有任何靡靡之音或淫邪之词。

也许阳明的这一《诗经》观并不完全符合历史实际，《诗经》中包含一些世俗人情或谈情说爱的内容（如“关关雎鸠，在河之洲”之类）实在不必大惊小怪，而阳明竟判定这些内容有可能产生“长淫导奸”的恶果，反映出阳明的经典诠释有着强烈的立场预设而未必与经典史实完全吻合，也反映出其心学思想奉行一种严格道德主义的立场而绝不同于人性自然主义的主张。也正由此，尽管其思想十分强调以良知为道德主体的能动性，但是也绝不会流于西方近代启蒙意义上的所谓“个体自由”或“人性解放”。

【徐爱跋】

爱因旧说汩没[1]，始闻先生之教，实是骇愕不定，无入头处。其后闻之既久，渐知反身实践，然后始信先生之学为孔门嫡传，舍是皆傍蹊小径、断港绝河矣[2]。如说“格物是诚意的工夫，明善是诚身的工夫，穷理是尽性的工夫，道问学是尊德性的工夫，博文是约礼的工夫，惟精是惟一的工夫”。诸如此类，始皆落落难合，其后思之既久，不觉手舞足蹈。

右曰仁所录[3]

［注释］

[1] 汩（gǔ）没：沉没、沉溺。 [2] 断港绝河：又做“断港

绝潢（huáng）”，语见韩愈《送王埙秀才序》：“道于杨、墨、老、庄、佛之学，而欲之圣人之道，犹航断港绝潢，以望至于海也。”谓港道水流堵塞不通。 [3] 右曰仁所录：指以上为徐爱所录，共14条。

［点评］

南大吉《续刻传习录》本，记作“门人徐爱曰仁录”，该句下有薛侃一段题识：“曰仁所纪凡三卷。侃近得此数条，并两小序，其余俟求其家附录之。正德戊寅（1518）春薛侃识。”可知，此段为徐爱所作两小《序》之一。《阳明先生年谱》正德八年（1513）八月条载：“侃得徐爱所遗《传习录》一卷，序二篇。”（《王阳明全集》卷三十三）所谓“序二篇”，即指开首的一篇《序》及此处的《跋》。故低一格编排，不作为条目统计。

以下陆澄录

以下一句的好色、好货，语见《孟子·梁惠王上》。

【15】陆澄问[1]："主一之功[2]，如读书则一心在读书上，接客则一心在接客上，可以为主一乎？"先生曰："好色则一心在好色上，好货则一心在好货上，可以为主一乎？是所谓逐物[3]，非主一也。主一是专主一个天理。"

［注释］

[1] 陆澄：字原静、元静，一字清伯，归安（今浙江湖州市吴兴区）人，正德十二年（1517）进士，阳明弟子，传见《明儒学案》卷十四。 [2] 主一：集中在一点上，使意识不走散。这是二程对"敬"字工夫的一个解释，叫做"主一无适"，意谓意识的高度集中。 [3] 逐物：追逐外物，意谓人心被外物牵引。

［点评］

关于程朱理学用心理意识高度集中的“主一”来解释“敬”的观点，阳明表示了反对。阳明认为，要求人的意识集中在一点上，例如读书就一心在读书上，接客就一心在接客上等等，而不追问这种意识集中的背后有何价值主导的问题，那么，就与好色便一心在好色上、好货便一心在好货上的所谓意识集中的心理状态没有根本区别，其结果就可能适得其反，人心就有可能反而被“外物”牵着鼻子走。问题的关键是，心理意识活动过程中必须有一个“头脑”（参见第129条）来引领，也就是必须以“天理”或“良知”作为人心意识活动的主宰。在阳明看来，只有坚守这一点，才能使意识活动保持正确方向，并且才能保证意识活动是一种有价值的活动而非单纯的心理知觉活动。

【16】问“立志”。先生曰：“只念念要存天理，即是立志。能不忘乎此，久则自然心中凝聚，犹道家所谓‘结圣胎’也[1]。此天理之念常存，驯至于美大圣神[2]，亦只从此一念存养扩充去耳。”

阳明非常强调“立志”的重要性，参见《示弟立志说·乙亥》：“是以君子之学，无时无处而不以立志为事。”（《王阳明全集》卷七）

［注释］

[1]结圣胎：道教内丹术语，谓练气凝结成胎。 [2]驯（xùn）：使顺从。美大圣神：是指个体人格的四种精神境界，“美”是通过

扩充自己的德性而达到的人格之“美”；“大”是指使自己的人格之“美”得以扩充以达到广大的境地；“圣”是进一步使得广大的人格之美产生感化、教化的作用体现，是人生的最高境界；“神”则是指达到这种“圣”之境界而又不可用语言来加以表述，故谓“不可知之”。语见《孟子·尽心下》：“充实之谓美，充实而光辉之谓大，大而化之之谓圣，圣而不可知之之谓神。”

【17】日间工夫觉纷扰，则静坐；觉懒看书，则且看书。是亦因病而药。

[点评]

我们的日常生活不免会面临各种纷繁复杂的事务，于是，就用静坐方法来促使自己的心灵得以片刻的安宁；或者在百无聊赖的生活间歇，也可以用读书来打发时间。这种说法颇与朱子“半日静坐，半日读书”（《朱子语类》卷一一六）之说相近。只是阳明又说这是“因病而药”的权法，意思是说，这并不是一种普遍教法而只不过是一种方便法门，应视情况而定，其目的在于安宁心灵而不是某种精神性的身心修炼。对阳明而言，静坐绝不是一种根本方法（参见第23条）。但是，朱子的上述说法，后来被明清有些学者抓住把柄，他们借此批评朱子的思想已经坠入禅门，如此看来，阳明在这里劝人“静坐”，似乎同样也已经偏离了儒家工夫的正轨。然而这种“判教”式的批评和指责恐非事实。

【18】处朋友，务相下则得益，相上则损。

关于儒家的朋友相处之道，孔子有“益者三友，损者三友”之说，参见《论语·季氏》。

【19】孟源有自是好名之病[1]，先生屡责之。一日，警责方已，一友自陈日来工夫请正。源从傍曰：“此方是寻着源旧时家当[2]。”先生曰：“尔病又发。”源色变，议拟欲有所辨[3]。先生曰：“尔病又发。”

因喻之曰[4]：“此是汝一生大病根。譬如方丈地内，种此一大树，雨露之滋，土脉之力，只滋养得这个大根；四傍纵要种些嘉谷，上面被此树叶遮覆，下面被此树根盘结，如何生长得成？须用伐去此树，纤根勿留，方可种植嘉种。不然，任汝耕耘培壅[5]，只是滋养得此根。”

［注释］

[1] 孟源：字伯生，滁州（今安徽滁县）人，孟津兄。正德八、九年间，在滁州从学阳明。 [2] 家当：财产、器物。此处孟源意谓此人所说的工夫正是自己从前已经做过的。这表现出孟源的“自是好名之病”，故阳明便批评他“尔病又发”。 [3] 议拟：思议、拟议。 [4] 喻：晓谕。 [5] 培壅（yōng）：用土堆在植物的根部以保护其根系。

[点评]

针对孟源“自是好名之病”，阳明以种树为喻，指出在“方丈地内”只能种一“大树”，若要在此傍边另种些“嘉谷”，则必然不能顺利生长，这是因为“大树”与“嘉谷”各有自己生长的需求，而方丈之地难以同时满足“大树”与“嘉谷”的营养需求。同样的道理，每个人的为学工夫也各有不同，而彼此之间尽管有差异，但正宜互相取益，而不应自以为是。这与上一条所讲的朋友相处之道应该“相下”而不应“相上”，意思是一致的。

“人心天理浑然”阐发的正是“心即理”的意思。

【20】问：“后世著述之多，恐亦有乱正学。”先生曰：“人心天理浑然，圣贤笔之书，如写真传神，不过示人以形状大略，使之因此而讨求其真耳；其精神意气，言笑动止，固有所不能传也。后世著述，是又将圣人所画，摹仿誊写，而妄自分析加增以逞其技，其失真愈远矣。”

[点评]

本条针对“后世著述之多”的批评，可与前出的第 11 条合观，表现出阳明对于后人著述徒增知识的一种批评立场。在他看来，古代圣贤所作经典是对人心天理之“真”的一种刻画描写，而后人著述则往往是“妄自分析”、添枝加叶，反而导致“失真愈远”。王阳明在《五经臆说序》中指出《五经》固然充分具备圣人之学的内涵，然而从“圣人之道”的角度看，《五经》只是有关“道”的一种书本记录，其本身并不是“道”，打个比方，它只不过是“筌”与“糟粕”而已。根据“得鱼而忘筌，醪（láo，泛指酒）尽而糟粕弃之”的道理，人们应该追求的是“得鱼”和“醇醪”，然而“世之儒者求鱼于筌，而谓糟粕之为醪也”，这是忘记了学习经典的目的在于求道，反而以为“求鱼于筌”便是得道之正途，却不知“筌”与“鱼”不可同日而语，两者相差甚远（《全集》卷二十二）。阳明的上述说法，引起后世的批评，认为阳明将《五经》喻作“筌”与“糟粕”，这不仅是轻视经典知识，而且有可能导致对经典的否定。

事实上，阳明此喻的真实意图在于批评“后世著述”活动中存在的那种唯以增加书本知识为目的，而不知经典中存在的“人心天理浑然”之“真”才是经典之精神，而这才是人们应当透过经典去把握的“道”。从这个角度看，阳明采用“得鱼忘筌”的比喻，自有其正当合理之处，因为经典只是“道”的一种载体，而不是“道”之本身。与此同时，阳明也不忘强调“糟粕之中而醪存”，如同说“经典之中而道存”一样，意思是说，道就存在于经典之中。可见，阳明没有一味否定经典的重要性，将经典斥之为“糟粕”，这并不是阳明的本意。阳明只是强调经典固然重要，但它只是学习圣人之道的手段而非目的本身。

【21】问：“圣人应变不穷，莫亦是预先讲求否？”先生曰：“如何讲求得许多？圣人之心如

“心如明镜”，这是阳明非常喜欢使用的一个比喻。

明镜，只是一个明，则随感而应，无物不照，未有已往之形尚在，未照之形先具者。若后世所讲，却是如此，是以与圣人之学大背。周公制礼作乐以文天下[1]，皆圣人所能为，尧舜何不尽为之而待于周公？孔子删述《六经》以诏万世，亦圣人所能为，周公何不先为之而有待于孔子？是知圣人遇此时，方有此事。只怕镜不明，不怕物来不能照。讲求事变，亦是照时事，然学者却须先有个明的工夫。学者惟患此心之未能明，不患事变之不能尽。”

明镜自能照亮一切事物，“物来不能照”的原因就在于“明镜”出了问题。故须去除镜子上的灰尘，恢复明镜的本来面目。

曰：“然则所谓‘冲漠无朕，而万象森然已具’者[2]，其言如何？”曰：“是说本自好，只不善看，亦便有病痛。”

[注释]

[1] 周公制礼作乐：相传礼乐制度为周公所作。《礼记·明堂位》载：“周公践天子之位，以治天下。六年，朝诸侯于明堂，制作礼乐。” [2] 冲漠无朕（zhēn），万象森然已具：就在毫无朕兆、虚无寂静的原初存在状态中，一切事物的“万象”便已经内含于其中。语见《程氏遗书》卷十五：“冲漠无朕，万象森然已具。未应不是先，已应不是后。”冲漠无朕，意为事物处在一种毫无朕兆、虚无寂静的原初状态。冲漠：形容空虚、荒漠、寂静等事物样态。

朕，朕兆。据《集评》本考证，"万象森然"语见唐代永嘉玄觉禅师《证道歌》，作"万象森罗"(《景德传灯录》卷三十)。

［点评］

本条所涉及的依然是心体与知识的关系问题。关于圣人在应对事物之际，是否既能做到"应变无穷"又能做到"预先讲求"的提问，阳明的回答很明确，在事物未至之前，"预先"做一番"讲求"的准备，这是圣人所不为的，因为"圣人之心如明镜"；而事物在"明镜"之前，自能照亮自身，不需刻意安排，故圣人之心无须"讲求得许多"。同样的道理，一个人的心灵状态若能做到如"明镜"一般，则"随感而应，无物不照"，一切事物的本来样态在人心的"明镜"之前，必然原形毕露、毫无隐遁、应感而发。反之，如果说在事物未遇"镜子"之前，其形状已经"预先"存在于"镜子"之中，这是根本不可能之事。

阳明以此为喻，想要强调的有两点：第一，人心能否做到如明镜一般，这才是头等之大事，而人心如明镜，也就意味着人心保持一种纯然天理的本来状态，这也是阳明心学所坚持的一个根本观点，当然如何才能做到这一点，则涉及工夫论问题，此处不赘；第二，相反，如果假设人心本体本非天理（即不认同"心即理"），故在应对事物之前，需要预先准备好许多外在知识，然后才能做到"应变无穷"，这在阳明看来，犹如一面镜子在未照物之前，"未照之形先具"于此镜子之中，其结果可以想象，镜子所照之物必非原形。因此，阳明严肃指出："后世所讲”（案：指程朱理学。）的那套学问便是如此主张，这在根本上完全违背了儒家圣人之学的真谛。

也许阳明的“明镜”之喻会使人联想到佛教禅宗六祖慧能的一句著名的偈语：“菩提本无树，明镜亦非台；本来无一物，何处惹尘埃？”（《坛经》）事实上，阳明37岁在龙场悟道之后便揭示出“心即理”以及良知即“心之本体”（第8条）的重要思想，而从良知即心体这一立场出发，阳明认为良知心体在本来意义上，与天理浑然一体，容不得有任何外来之物“先具”其中。就在《传习录》上卷薛侃所录的第119条，阳明便断然指出：“心之本体原无一物。”及至晚年的“四句教”（第315条），劈头就是一句：“无善无恶是心之体。”这些说法涉及儒学传统中有关“有无”问题的哲学思考（可参见陈来《有无之境》的相关章节），而并不是直接源自禅宗慧能的思想。

如果说哲学是一种智慧之学，是对人生乃至宇宙之根本问题的追问，那么，在“智慧”的到达点上，或许儒家心学与佛教禅宗在某些方面确有相契之处，这应当是可以理解的。然而，正如阳明立足于儒家立场而屡屡强调的那样，从根本上说，儒学不可与佛学同日而语，佛学的一些讲法若不“善观”，则有可能被其误导，因为儒佛的思想立场存在根本不同。这也就是阳明在本条的最后一句所强调的“只不善看，亦便有病痛”的意思。

【22】“义理无定在，无穷尽。吾与子言，不可以少有所得而遂谓止此也；再言之十年、二十年、五十年未有止也。”

他日又曰：“圣如尧舜，然尧舜之上，善无尽；恶如桀纣，然桀纣之下，恶无尽。使桀纣未死，恶宁止此乎？使善有尽时，文王何以‘望道而未之见’[1]？”

义理不是固定不变的，而是不断发展的。这是阳明用以反对朱子“事事物物皆有定理”（第2条）的一个重要观点。

［注释］

[1] 望道而未之见：周文王对“道”有一种孜孜以求的渴望，然而这种追求深藏于内心，而不在表面上表现出来。语见《孟子·离娄下》：“文王视民如伤，望道而未之见。”而，同“如”。

［点评］

“义理无定在，无穷尽”强调了两层意思：义理的存在不是固定不变的而是变动不居的，这个观点相当重要；因为“理”并不是如朱子所认为的那样（参见第2条），是外在于“心体”的那种客观实在的固定不变的“定理”，而是与心体合一的，所以“理”随着心体之应变无穷而处在生生不息的过程中。其次，义理的存在又是无止尽的、不断发展的，这层意思同样很重要：因为“理”是生生不息而不会停止的，所以对于“理”的把握就处在一个人生命的全过程之中，而不能允许有丝毫的自我满足或片刻停顿。

阳明喜讲“事上磨炼”，构成其思想的一大特色。又见第44、147、204、262诸条。

【23】问：“静时亦觉意思好，才遇事便不同，如何？”先生曰：“是徒知静养，而不用克己工夫也。如此临事，便要倾倒。人须在事上磨，方立得住；方能‘静亦定，动亦定’[1]。”

［注释］

[1]静亦定，动亦定：见程颢《定性书》：“所谓定者，动亦定，静亦定，无将迎，无内外。”（《程氏文集》卷二《答横渠张子厚先生书》）定：非静止不动之意，而是指内在意识达到一种安宁的境地，能在有事无事时都能实现“定”，更不会有“内外”之别的意识作怪，故“定”是对经验现象的动静的一种超越。

朱子《论语集注》：“但知下学，而自然上达。”又引程颐语：“盖凡下学人事，便是上达天理。”

孟子：“故苟得其养，无物不长；苟失其养，无物不消。”（《告子上》）指出人若不善于“养气”（“夜气不足以存”）的话，则“其违禽兽不远矣”。

【24】问“上达工夫”[1]。先生曰：“后儒教人，才涉精微，便谓上达未当学，且说下学。是分下学、上达为二也。夫目可得见，耳可得闻，口可得言，心可得思者，皆下学也；目不可得见，耳不可得闻，口不可得言，心不可得思者，上达也。如木之栽培灌溉，是下学也；至于日夜之所息[2]，条达畅茂，乃是上达，人安能预其力哉？故凡可用功、可告语者皆下学，上达只在下学里。凡圣人所说，虽极精微，俱是下学。学者只从下学里用功，自然上达去，不必别寻

个上达的工夫。”[3]

[注释]

[1] 上达：《论语 · 宪问》“子曰：‘不怨天，不尤人，下学而上达，知我者其天乎！’” [2] 日夜之所息：指平旦之气与夜气，是天下生物赖以生长的两种基本条件。语见《孟子 · 告子上》“牛山之木”章。息：“气”之意。 [3] 此条之下，各本另有“持志如心痛”一条，内容与薛侃所录的第 95 条内容完全重复，故陈荣捷《集评》本判定陆澄所录为“衍文”，而将此条排除在外。今姑从陈说，底本亦从陈说。

[点评]

关于“持志如心痛”究竟是陆澄所录还是薛侃所录？据笔者考证，《两浙名贤录》卷四《理学 · 陆元静先生》载：“其记文成语首云：‘持志如心痛。……’”（《北京图书馆古籍珍本丛刊》第 17 册，书目文献出版社 1987 年版，第 146 页）清施邦曜（1585 — 1644）《阳明先生集要三编 · 理学编》卷一《传习录二》亦记该条为陆澄录之首条，而无薛侃所录的第 95 条。可知，“持志如心痛”当为陆澄录，而薛侃所录则有重复之嫌。

本条所谓“后儒教人”所指不明，这里或是暗指程朱，然而以“分下学、上达为二”来指责程朱，却不免存有误会。事实上，阳明此条所述，与程朱有关由下学而自然上达的观点并无二致。特别是最后一句“学者只从下学里用功，自然上达去”，几乎就是朱子的口吻。唯与程朱不同的是，阳明在强调由下学而上达的同时，又对“精微”的“上达之学”进行了肯定，认为“上达之学”就存在于“下达”之中。而阳明所谓“精微”的“上达之学”既是圣人之学，同时也就是“心学”，正如他所宣称的：“圣人之学，心学也。”（《全集》卷七《象山文集序·庚民》）

“主意”与“功夫”一词相对，是指功夫的引领者、主导者。

【25】问：“‘惟精惟一’是如何用功？”先生曰：“惟一是惟精主意，惟精是惟一功夫，非惟精之外复有惟一也。‘精’字从米，姑以米譬之：要得此米纯然洁白，便是惟一意；然非加舂簸筛拣惟精之工[1]，则不能纯然洁白也。舂簸筛拣是惟精之功，然亦不过要此米到纯然洁白而已。博学、审问、慎思、明辨、笃行者，皆所以为惟精而求惟一也。他如博文者，即约礼之功；格物致知者，即诚意之功；道问学即尊德性之功[2]；明善即诚身之功[3]，无二说也。”

阳明认为“诚意”是《大学》之本（《全集》卷七《大学古本序》），反对朱熹以格物为《大学》“第一义”的观点，所以说格物致知是“诚意”工夫的落实。

［注释］

[1] 舂（chōng）：把米粒放在石钵里捣掉皮壳或捣碎。簸（bò）：用簸箕颠动米粒，扬去糠秕。筛：用筛子筛米。拣：挑选。舂簸筛拣就是去壳筛米，从中挑选出精米的过程。 [2] 道问学即尊德性之功：学习知识、从事学术研究也就是遵从人的内在德性的工夫落实。“尊德性”一语见《中庸》第二十七章：“故君子

尊德性而道问学，致广大而尽精微。”［3］明善、诚身：意谓发扬人之善性以及在自己身上落实诚意的工夫。语见《中庸》第二十章：“诚身有道。不明乎善，不诚乎身。”

［点评］

本条阳明强调了几个重要观点：首先将《尚书》“惟精惟一”的工夫统一了起来，接着又将《中庸》的学问思辨行的五种工夫与“惟精惟一”的工夫、《论语》“博学”与“约礼”的工夫、《大学》“格物”与“诚意”的工夫，都统一了起来，最后将《中庸》的“尊德性”与“道问学”以及“明善”与“诚身”的工夫也统一了起来。在阳明看来，儒家不同经典中所说的各种工夫其实都可以构成一套系统，彼此之间不是割裂的关系而是构成了整体的融合，这是阳明学工夫论思想的一大特色。但是这样说并不意味着各种工夫可以混而不分，事实上，在这套工夫论系统中，也有主次本末之别，如同“惟一是惟精主意”一样，“约礼”是“博学”之本，“诚意”是“格物”之本，“尊德性”是“道问学”之本。

关于“尊德性”与“道问学”的关系问题，阳明指出“道问学即尊德性之功”，认为两者是彼此不分、互相统合的。然而仔细分辨却不难发现，其语意显然含有这样的意味：研究学问、增长知识乃是落实“尊德性”的一种工夫，由此就凸显出“尊德性”为主为本而“道问学”为次为末的观点，换言之，“尊德性”是“道问学”的目标，而“道问学”只是实现“尊德性”的一种工夫途径。这与上述“惟一是惟精主意”的说法是一致的，反映了王阳明心学思想的立场，同时也反映了自张载以来理学家的一个普遍观点：德性之知不由闻见之知而有，而德性之知又不能脱离闻见之知，后者适可成为前者的助推作用。

事实上，上述问题在阳明学的语境中，也就是知识与道德的关系问题，同时也涉及良知究竟是一种什么知识的问题。要之，良知之所以称之为“良”，则其“知”就不是一般意义上的“知识”（如闻见之知），而是关乎良心的道德之知；至于良知是否必须借助于闻见之知而存在，这对阳明学而言则是一个论域之外的问题。如果一定要追问这个问题，那么就不得不转换视角，将德性之知的本源性根基进行颠覆，进而将此置于知识论领域中重新审视，或许就会得出良知有赖于知识而存在的命题。如清代中叶戴震（1724—1777）提出“德性有资于见闻”的命题便是对阳明心学以及程朱理学的颠覆性命题，闻见之知反而成了德性之知的基础。但是，戴震此说在何种意义上得以成立，则是另一个问题。

【26】知者行之始，行者知之成。圣学只一个功夫，知行不可分作两事。

［**点评**］

上卷第5条载：“知是行的主意，行是知的功夫；知是行之始，行是知之成。”这里又重复出现后一句，说明这个说法是王阳明在论述知行合一问题时非常强调的核心观点。根据邓艾民的分析，他认为“知是行的主意，行是知的功夫”“知是行之始，行是知之成”以及《传习录》中卷第133条“知之真切笃实处，即是行；行之明觉精察处，即是知”，是阳明从三个不同角度对知行合一问题的重要论证，三句命题可以相互补充，其间并不相碍。这个说法是成立的，值得参考。

须补充说明的是，根据本条所强调的“圣学只一个功夫”的观点来看，阳明的知行合一说还有一个重要的论述角度——工夫论角度，即阳明的知行合一论又是一项工夫论论述，具体而言，就是良知工夫论的一个表述。正是从致良知工夫的角度看，我们对上述命题可以这样来理解：良知之知是致良知之行的发端（始），而致良知之行也就是良知的落实（成）。换言之，我们不能将这里所说的“始”与“成”置于“知先行后”的理论构架中来解释。所以阳明强调指出：儒家所讲的工夫原是一个，其中已经内含知行合一，故在工夫论意义上，“知行不可分作两事”。

【27】漆雕开曰[1]：“吾斯之未能信[2]。”夫子说之[3]。子路使子羔为费宰[4]，子曰：“贼夫人之子。”曾点言志[5]，夫子许之。圣人之意可见矣。

由孔子表扬漆雕开的自知之明、批判子路勇而鲁莽以及赞许曾点“风乎舞雩”的志向，可以窥见孔子的思想旨趣。

［注释］

[1] 漆雕开：孔子门人，开创儒家八大派（《韩非子·显学》）

之一漆雕氏之儒，在孔门中以德行著称。 [2] 吾斯之未能信：见《论语·公冶长》，据载，孔子叫漆雕开去做官，他回答“吾斯之未能信”，意谓我对此事还没有信心。孔子听了很高兴。 [3] 说（yuè）：喜欢，喜悦。 [4]“子路使子羔为费宰”以下三句：见《论语·先进》，意谓子路让子羔去做费地的长官，孔子说：“这是害了这个年轻人了。”子路，名仲由，字子路，孔子门人，以善于政事著称，好勇。子羔，孔子门人，少孔子三十岁，为人憨直忠厚。费，鲁国的邑名。贼，伤害。 [5]“曾点言志”以下二句：见《论语·先进》，孔子使子路、曾皙（xī）、冉有、公西华四人各言其志，曾皙（曾点，字子皙，曾参之父，孔子早期弟子）最后回答道：希望“莫（同“暮”）春者，春服既成，冠者五六人，童子六七人，浴乎沂（山东邹县沂水），风乎舞雩（雩，yú，求雨的祭祀；舞雩：求雨的祭祀场所），咏而归”。孔子叹道：“吾与点也。”与：同“许”，赞许。

阳明认为所谓“宁静”，无非就是通过运气工夫而使意识活动宁静下来，这叫做“定得气”而使心中之“气”宁静下来。而孟子的“存心”工夫则是通过“去人欲、存天理”等方法来调养本心，使其能依天理行事。

【28】问：“宁静存心时，可为‘未发之中’否[1]？”先生曰：“今人存心，只定得气。当其宁静时，亦只是气宁静，不可以为未发之中。”曰：“未便是中，莫亦是求中功夫？”曰：“只要去人欲、存天理，方是功夫。静时念念去人欲、存天理，动时念念去人欲、存天理，不管宁静不宁静。若靠那宁静，不惟渐有喜静厌动之弊，中间许多病痛只是潜伏在，终不能绝去，遇事依旧滋长。以循理为主，何尝不宁静；以宁静为

主，未必能循理。”

［注释］

[1] 未发之中：意谓当人的情感还没有发动时而人心处在一种不偏不倚、恰到好处的“中”的状态。按照理学家的观点，这是一种理想状态，王阳明也很重视“未发之中”的问题，他在晚年明确提出“良知即是未发之中”（第155条）的观点。未发，见《中庸》第一章“喜怒哀乐未发谓之中”。

［点评］

有弟子认为默坐澄心的方法可以使心灵宁静下来，这就是孟子所说的“存心”方法，可以实现“未发之中”的理想境地。阳明批评这是对孟子存心工夫的误解，反而有可能导致“喜静厌动”的弊病，因为这种工夫即便能使心灵达到一时的“宁静”状态，但是并不能保证这种方法能从根本上彻底铲除人欲，反而潜藏着种种危险。按照阳明的主张，人们只要依循人心天理去应对一切事物，真正做到“去人欲、存天理”，那么自然能使心态达到“宁静”状态，反之，若刻意追求“宁静”，却未必能在临事应对之际，做到依天理而行。这个观点充分反映了阳明学反对主静工夫而主张“事上磨炼”的思想特征。

【29】问：“孔门言志[1]，由、求任政事，公西赤任礼乐，多少实用。及曾皙说来，却似要的事[2]，圣人却许他，是意何如？”曰：“三子是

有意必[3]，有意必便偏着一边，能此未必能彼；曾点这意思却无意必，便是‘素其位而行，不愿乎其外’，‘素夷狄行乎夷狄，素患难行乎患难，无入而不自得’矣[4]。三子所谓‘汝器也’[5]，曾点便有‘不器’意[6]。然三子之才，各卓然成章，非若世之空言无实者，故夫子亦皆许之。”

阳明对曾点的评价甚高，认为曾点不仅没有“意必”的毛病，而且具有“大器”的素质。

[注释]

[1] 孔门言志：此章记述了孔子令“由”（子路名）、“求”（冉有名）、“赤”（公西华名）以及曾皙（曾点名）分别言志的故事，子路和冉有谈了治理国家，公西华谈了如何教民礼乐等志向，孔子皆不甚以为然，而曾点的回答最为独特，却深得孔子赞许。见第 27 条注 5。 [2] 耍：戏弄。 [3] 三子是有意必：子路、冉有和公西华不免有悬空揣测和遇事独断的毛病。“意”谓揣测，“必”谓独断。见《论语 · 子罕》：“子绝四：毋意、毋必、毋固、毋我。” [4] 以上两句见第 9 条注 2。 [5] 汝器也：你好比就是一个器皿；形容一个人难以成就大才。语见《论语 · 公冶长》，是孔子对子贡的一个批评。 [6] 不器：不像器皿一般；形容能成大才。语见《论语 · 为政》：“子曰：‘君子不器。’”

【30】问：“知识不长进，如何？”先生曰：“为学须有本原，须从本原上用力，渐渐盈科而进[1]。仙家说婴儿[2]，亦善譬。婴儿在母腹时，

只是纯气，有何知识？出胎后，方始能啼，既而后能笑，又既而后能识认其父母兄弟，又既而后能立、能行、能持、能负，卒乃天下之事无不可能：皆是精气日足，则筋力日强，聪明日开，不是出胎日便讲求推寻得来。故须有个本原。圣人到'位天地，育万物'[3]，也只从'喜怒哀乐未发之中'上养来。后儒不明格物之说，见圣人无不知、无不能，便欲于初下手时讲求得尽，岂有此理？"

在程朱理学的那套格物学说的影响下，人们总是觉得学习知识就要以"圣人"无所不知为榜样，应当无穷无尽地追求下去。

又曰："立志用功如种树然，方其根芽，犹未有干；及其有干，尚未有枝；枝而后叶，叶而后花实。初种根时，只管栽培灌溉，勿作枝想，勿作叶想，勿作花想，勿作实想。悬想何益？但不忘栽培之功，怕没有枝叶花实？"

[注释]

[1] 盈科而进：逐渐前行进步。意思是说，有源头的泉水滚滚向前而不止息，遇到低洼之处，也会溢满之后继续前行，直至大海。语见《孟子·离娄下》。盈，满。科，坎。 [2] 婴儿：作为"仙家"之说，属于道教养生术的一种术语。语见《老子》第十章："专气致柔，能婴儿乎。" [3] 圣人到"位天地，育万物"："圣人"能使天地之位得其正、万物得以生长。语见《中庸》第一章："致中

和，天地位焉，万物育焉。”

[**点评**]

本条讨论了知识长进与学有本原的关系问题。程朱理学的所谓“进学则致知”，这是主张只有通过即物穷理等方法，才能增长知识。然而在阳明看来，比格物穷理以增进知识更为重要的是，如何掌握“学有本原”的道理。什么是“本原”呢？也就是涵养心性的工夫，换言之，先做人而后学知识，这才是阳明学的一贯立场。阳明认为知识长进犹如人的成长过程，犹如从孩提到成人需要一个培养发育的过程，同样的道理，知识增长也有一个过程，也需要从根源上做起，先打好如何做人的基础，然后才有可能增长知识。比如种树，需要从树根上施以“栽培灌溉”之功而不能从枝叶上着手培养，只要不忘从本原上进行“栽培”，那么自然就有“枝叶花实”的收获。

【31】问：“看书不能明如何？”先生曰：“此只是在文义上穿求，故不明。如此，又不如为旧时学问。他到看得多[1]，解得去。只是他为学虽极解得明晓，亦终身无得。须于心体上用功，凡明不得，行不去，须反在自心上体当[2]，即可通。盖《四书》《五经》不过说这心体，这心体即所谓道。心体明即是道明，更无二。此是为学头脑处。”

儒家经典讲的无非就是心体，而心体就是道。

[**注释**]

[1] 到：底本注谓南本作“倒”，今从之。 [2] 体当：体认、承当。

[**点评**]

阳明认为在“文义上穿求”还是在“心体上用功”，是把握“为学头脑”的关键。前者也就是以程朱理学为代表的“旧时学问”，后者则是阳明自己力主的“自心上体当”的根本方法。若按“旧时学问”的一套方法，尽管也能熟读经书直至倒背如流的地步，然而却于自家身心修养毫无关联，于是，学问就无法落实在行动上。阳明强调只有在心体上做一番体认工夫，才可打通一切知识的关节。因为儒家经典千言万语讲的就是“心体”，而心体即道体，故从心体出发，才是读书学习的关键。

由上可见，阳明有关道德与知识、德性与问学、心体与经典的关系问题已有不少阐发，本条强调“为学头脑”须在“心体上用功”“自心上体当”，甚至指出《四书》《五经》都不过是“说这心体”，这就不免给人造成一种印象：以为阳明心学看低了知识的重要性，而入清之后的一些儒者纷纷批评晚明心学只是“袖手谈心性”，也就是主要抓住这一点不放。然而事实上，依阳明学的立场，德性不离见闻，离了见闻之知也就无所谓德性之知。只是在阳明看来，知识固然重要，将知识奠基于心体之上才更重要，立足于心体才能真正把握书本中的精髓——即道体之所在，唯有如此，知识才会有益于自家身心。

【32】"虚灵不昧[1]，众理具而万事出。"心外无理，心外无事。

［注释］

[1]"虚灵不昧"以下二句：出自朱子《大学章句》注"明德"："明德者，人之所得乎天，而虚灵不昧，以具众理而应万事者也。"

［点评］

据《集评》本考证，"虚灵不昧"出自佛语（见《景德传灯录》卷三十）。当然，朱子亦自知此一概念的来源，而为了与佛教观点进行区别，朱子又强调指出：佛家是以"虚灵不昧者为性，而不以具众理以下事为务"，而儒家则进一步讲"具众理而万事出"，这才是儒佛的根本区别（参见《朱子语类》卷十四）。

然而，王阳明引朱子语之后，未作任何评判，接着提出了"心外无理，心外无事"这一心学观点。给人的印象是：阳明此说恰能用上述朱子语来加以印证，换种说法，朱子的观点正可推演出"心外无理，心外无事"。事实果真如此吗？显然，这是阳明对朱子的创造性诠释而非朱子的本意。在阳明看来，心具众理就意味着"心外无理"，万事由心而出，就意味着"心外无事"。然而这个推论对朱子而言显然是不合法的。依朱子，"心具众理"不能推出"心外无理"，因为此处"具"只是表明心是理的存在场所，而理是无所不在的，绝不意味着心外无理；同样，心之德能"应万事"，也不能推出“心外无事”，因为心之所以能够应对“万事”，是由于心具有“莫不有知”的知觉能力，而绝不意味着心外无事。可见，阳明对朱子学的理解自有心学预设，从诠释学的角度看，这是合法的，是阳明学的一种思想建构。

【33】或问：“晦庵先生曰：‘人之所以为学者[1]，心与理而已。’此语如何？”曰：“心即性，性即理。下一‘与’字，恐未免为二。此在学者善观。”

朱子所谓的“心与理一”只是为学工夫熟后的境界说，而非本体论命题。陈来指出：“在朱熹哲学中只能讲心具众理而不能承认心即理。”（《朱子哲学研究》，第225页）

［注释］

[1]“人之所以为学者”以下二句：人的为学目标就在“心”和“理”这两个方面，引申开来，朱子之意在于强调，为学目标就在于实现“心与理一”。语见朱子《大学或问》下。

［点评］

在朱子文本中，有不少关于“心与理一”的讨论，他甚至有“理即是心”“心即是理”（《朱子语类》卷三十七）等提法，乍看之下，似与心学的“心即理”说一般无异，其实却是词同而意异，不可同日而语。朱子强调的是为学工夫的日常积累，而不是说在工夫之前就已经预设了“心与理一”的存在事实，对朱子而言，“心与理一”或“心即是理”都是指向工夫熟后之境界，是要求人在道德修养上去追求“心与理一”的境界，而不是说心与理的直接同一。至于这种境界何时得以实现则是无法预先设定的，故朱子的“心与理一”就不是心学意义上的“心即理”。

阳明抓住了“心与理一”的一个“与”字，洞察到在这个说法的背后，朱子预设了现实的人心状态与本体之理处于一种两分的境地，必须通过不断修养才能消除两分的隔阂，以使心与理得以归一。这是阳明所不能认同的，因为朱子的这些说法与心学意义上的“心即理”命题在义理旨趣上存在根本的不同。

【34】或曰：“人皆有是心。心即理，何以有为善，有为不善？”先生曰：“恶人之心，失其本体。”

表现为恶的人心，就表明此人丧失了心之本体。

【35】问：“‘析之有以极其精而不乱[1]，然后合之有以尽其大而无余。’此言如何？”先生曰：“恐亦未尽。此理岂容分析[2]，又何须凑合得？圣人说‘精一’，自是尽。”

王阳明《象山文集序·庚辰》指出孟子之后及至宋代：“析心与理而为二，而精一之学亡。”（《全集》卷七）

[注释]

[1]“析之有以极其精而不乱”以下二句：此为朱子释《大学》“物格而后知至”章，朱子认为“人心之灵，莫不有知”，故人心具有分析事物乃至于完全把握事物之精粗的能力，进而达到“知

无不尽”，实现“心之所发能一于理”，也就是所谓“心与理一”的境地。语见朱子《大学或问》上。 [2] 分析：分而析之，意为心与理被一分为二。

【36】省察是有事时存养[1]，存养是无事时省察。

［注释］

[1] 省（xǐng）察：反省自察。存养：《孟子·尽心上》“存其心，养其性。”

【37】澄尝问象山在人情事变上做工夫之说[1]。先生曰：“除了人情事变，则无事矣。喜怒哀乐非人情乎？自视听言动，以至富贵贫贱、患难死生，皆事变也。事变亦只在人情里。其要只在致中和，致中和只在谨独[2]。”

［注释］

[1] 象山：陆九渊（1139—1193），字子静，号象山，抚州金溪（在今江西）人。 [2] 谨独：慎独。慎：小心谨慎。独：一人独处。《大学》：“故君子必慎其独也。”《中庸》：“故君子慎其独也。”郭店楚简《五行》有“小人慎其独也”之说。可见，儒家的“慎独”观念由来甚久。

朱子《中庸章句》第一章：“右第一章，子思述所传之意以立言。……次言存养省察之要，终言圣神功化之极。”

陆九渊：“在人情、事势、物理上做些工夫。”（《陆九渊集》卷三十四《语录上》）

朱子释“慎独”：“独者，人所不知而己所独知之地也。言幽暗之中，细微之事，迹虽未形而几则已动，人虽不知而己独知之，则是天下之事无有著见明显而过于此者。是以君子既常戒惧，而于此犹加谨焉，所以遏人欲于将萌，而不使其滋长于隐微之中，以至离道远也。”（《中庸章句》第一章）

[**点评**]

本条阳明强调了“事上磨炼”的一贯主张，可与前出第23、28条合观。由陆澄所引陆九渊语，可见“事上磨炼”是心学的一贯立场。阳明指出，人情与事变是人的一生不得不面临的存在事实，喜怒哀乐、视听言动一直到富贵贫贱、患难死生，所有一切皆在其中。从工夫论上讲，关键在于如何做到“喜怒哀乐未发谓之中，发而皆中节谓之和”的“致中和”的实现，这又取决于个人如何使自己内心的道德意识时常保持警觉和戒慎的状态。因此，“事上磨炼”不是说随波逐流、舍心逐物，而是在应对事物之际，要求通过慎独工夫以使内心世界保持本来应有的人心天理浑然一体的理想状态。

【38】澄问：“仁义礼智之名，因已发而有？”曰：“然。”他日，澄曰：“恻隐、羞恶、辞让、是非[1]，是性之表德邪？”曰：“仁义礼智也，是表德。性一而已[2]，自其形体也谓之天，主宰也谓之帝，流行也谓之命，赋于人也谓之性，主于身也谓之心；心之发也，遇父便谓之孝，遇君便谓之忠，自此以往，名至于无穷，只一性而已。犹人一而已，对父谓之子，对子谓之父，自此以往，至于无穷，只一人而已。人只要在性上用功，看得一‘性’字分明，即万理灿然。”

邓艾民：“朱熹以仁义礼智为未发，王守仁以仁义礼智为性之表德，故王守仁以心为性，性即理，而理为本心之显现，包括未发与已发，这个观点能比朱熹更好地表达了作为最高本体的性所具有的特点。”（《传习录注疏》，第37页）

[注释]

[1] “恻隐、羞恶、辞让、是非”以下二句：意为以恻隐、羞恶、辞让、是非的“四端之心”来表示性的四种基本德性。表，表示，命名。德，性之德。 [2] “性一而已”以下六句：分别从天、帝、命、性、心等五个角度，就何谓“性一而已”进行了解释，其中糅合了程颐《程氏易传》以及朱子理学等思想。

【39】一日，论为学工夫。先生曰：“教人为学，不可执一偏。初学时心猿意马，拴缚不定，其所思虑，多是人欲一边，故且教之静坐息思虑。久之，俟其心意稍定，只悬空静守，如槁木死灰[1]，亦无用，须教他省察克治。省察克治之功，则无时而可间，如去盗贼，须有个扫除廓清之意。无事时，将好色、好货、好名等私欲，逐一追究搜寻出来，定要拔去病根，永不复起，方始为快。常如猫之捕鼠[2]，一眼看着，一耳听着，才有一念萌动，即与克去，斩钉截铁[3]，不可姑容与他方便，不可窝藏，不可放他出路，方是真实用功，方能扫除廓清。到得无私可克，自有端拱时在。虽曰‘何思何虑’[4]，非初学时事。初学必须思，省察克治，即是思诚，只思一个天理。

“思诚”就是“诚之者，人之道也”，而所谓“诚之者”，就是“择善而固执之者也”（《中庸》第二十章）。

到得天理纯全，便是何思何虑矣。”

［注释］

[1] 槁木死灰：庄子语，意谓通过“坐忘”工夫，达到形如槁木、心如死灰的境地。见《庄子·齐物论》。 [2]“常如猫之捕鼠”以下三句：喻为意识的高度集中，犹如猫在捕鼠之际，做到眼观八方、耳听四路一般，始能完成“捕鼠”。原禅宗语，见朱子《偶读漫记》(《朱子文集》卷七十一)。 [3] 斩钉截铁：语本［唐］云居道膺禅师，见《景德传灯录》卷十七。 [4] 何思何虑：意为不待思索、不假外求。语见《易·系辞下传》：“天下何思何虑，天下同归而殊途，一致而百虑，天下何思何虑。”

【40】澄问：“有人夜怕鬼者，奈何？”先生曰：“只是平日不能‘集义’[1]，而心有所慊[2]，故怕。若素行合于神明，何怕之有？”子莘曰[3]：“正直之鬼不须怕；恐邪鬼不管人善恶，故未免怕。”先生曰：“岂有邪鬼能迷正人乎？只此一怕，即是心邪，故有迷之者，非鬼迷也，心自迷耳。如人好色，即是色鬼迷；好货，即是货鬼迷；怒所不当怒，是怒鬼迷；惧所不当惧，是惧鬼迷也。”

［注释］

[1] 集义：意为道德行为的积累。朱子说：“集义，犹言积善。”

（《孟子集注》） [2] 慊（qiàn）：不满、怨恨。 [3] 子莘：马明衡，字子莘，号师山，福建莆田人，正德十二年（1517）进士，阳明门人。参见《明儒学案》卷三十《粤闽王门学案》。

【41】定者心之本体，天理也。动静，所遇之时也。

动静，是时间概念，而天理是超越于时空的存在，故理学家向有“理无动静”之说。

［点评］

本条所说的“定者”，意为心灵的一种安宁状态，或源自程颢《定性书》：“所谓定者，动亦定，静亦定，无将迎，无内外。”（《程氏文集》卷三）阳明认为，心灵的安宁原是“心之本体”，按照“心即理”之命题，故又可说“定者”也就是“天理”。而天理是绝对存在，是无所谓“动静”的，因为作为现象层面的一动一静，只是事物处在时间过程中的一个概念。显然，阳明在思想上对程颢有一种认同感。

【42】澄问《学》《庸》同异，先生曰：“子思括《大学》一书之义为《中庸》首章[1]。”

［注释］

[1] 子思：名伋（约前 492—前 432），孔子之孙。相传子思作《中庸》，见《史记·孔子世家》。

【43】问："孔子正名[1]，先儒说'上告天子[2]，下告方伯，废辄立郢'。此意如何？"先生曰："恐难如此。岂有一人致敬尽礼，待我而为政，我就先去废他，岂人情天理？孔子既肯与辄为政，必已是他能倾心委国而听。圣人盛德至诚，必已感化卫辄，使知无父之不可以为人，必将痛哭奔走，往迎其父。父子之爱，本于天性，辄能悔痛真切如此，蒯聩岂不感动底豫[3]？蒯聩既还，辄乃致国请戮。聩已见化于子，又有夫子至诚调和其间，当亦决不肯受，仍以命辄。群臣百姓又必欲得辄为君，辄乃自暴其罪恶，请于天子，告于方伯诸侯，而必欲致国于父。聩与群臣百姓亦皆表辄悔悟仁孝之美，请于天子，告于方伯诸侯[4]，必欲得辄而为之君。于是集命于辄，使之复君卫国。辄不得已，乃如后世上皇故事[5]，率群臣百姓尊聩为太公，备物致养，而始退复其位焉。则君君、臣臣、父父、子子[6]，名正言顺，一举而可为政于天下矣。孔子正名，或是如此。"

"正名"既是为了端正人伦秩序和名分地位，更是"为政"的前提。

[注释]

[1] 正名：端正名分、名义。《论语・子路》："子路曰：'卫君待子而为政，子将奚先？' 子曰：'必也正名乎。'" 卫君指卫出公蒯辄，孔子于辄之六年，自楚至卫，辄有欲用孔子之意。 [2] "上告天子" 以下三句：见朱子《论语集注》引胡氏说，大意云：卫国世子蒯聩（kuì）欲杀母而得罪于父，蒯聩之子辄 "据国以拒父"，因此都是 "无父之人"，因此，"夫子为政，而以正名为先。必将具其事之本末，告诸天子，请于方伯，命公子郢（yǐng）而立之。则人伦正，天理得。名正言顺而事成矣。"（《论语集注・子路篇》）此即所谓 "废辄立郢"。据下文可知，阳明对胡氏所述，表示了怀疑。唯 "胡氏" 者，不明，陈荣捷推测朱子或援引胡寅（1098—1156）《论语解说》，只是其书不存，待考（《集评》第 48 页）。 [3] 底豫：至为愉悦。底，至也。豫，快乐。 [4] 方伯：一方诸侯之长。《礼记・王制》："千里之外，设方伯。" [5] 上皇：尊太公为太上皇。 [6] 君君、臣臣、父父、子子：意为君臣父子各得其所以君臣父子之道。语见《论语・颜渊》："齐景公问政于孔子。孔子对曰：'君君、臣臣、父父、子子。'"

【44】澄在鸿胪寺仓居[1]，忽家信至，言儿病危。澄心甚忧闷，不能堪。先生曰："此时正宜用功。若此时放过，闲时讲学何用？人正要在此等时磨炼。父之爱子，自是至情。然天理亦自有个中和处，过即是私意。人于此处多认做天理当忧，则一向忧苦，不知已是'有所忧患[2]，不

喜怒哀乐爱恶欲这七种基本人情应感而动，只要适当，就是心之本体的表现。

得其正'。大抵七情所感，多只是过，少不及者。才过便非心之本体，必须调停适中始得。就如父母之丧，人子岂不欲一哭便死，方快于心。然却曰'毁不灭性'[3]，非圣人强制之也，天理本体自有分限，不可过也。人但要识得心体，自然增减分毫不得。"

［注释］

[1] 鸿胪寺：执掌相礼之官，阳明于正德九年（1514）出任南京鸿胪寺卿，陆澄入门当在此时；仓居：暂住卫舍，一云衙舍。 [2] "有所忧患"以下二句：内心一旦有所忧愁苦闷，则其心有所偏失而不能做到端正心态。语见《大学》第七章："所谓修身在正其心。……有所忧患，则不得其正。" [3] 毁不灭性：哀伤而不至于失性。语见《礼记·丧服四制》："毁不灭性，不以死伤生也。"

［点评］

针对陆澄因子生病而忧愁痛苦的状况，阳明指出"父之爱子，自是至情"，但是情感发动需要有个"度"，既不"过度"也不有所"不及"，若能做到恰到好处则人情自然合乎天理，自然是心体的正当表现；因为"天理亦自有个中和处""天理本体自有分限"。这个"分限"概念也就是"度"的意思。这表明在阳明看来，人情本身无所谓善恶，人情发用只要合乎天理，那么，人情就是正当的。可见，阳明学“去人欲、存天理”的观点并不是主张毁灭人性或铲除欲望，而是要求欲望在内的基本人情都须做到合乎天理的节度，这从道德哲学的角度看，无疑有其合理性，因为我们显然不能同意人情无节制地任意放纵。

【45】不可谓未发之中常人俱有，盖体用一源[1]，有是体即有是用，有未发之中即有发而皆中节之和。今人未能有发而皆中节之和，须知是他未发之中亦未能全得。

王阳明《答汪石潭内翰·辛未》说：“夫体用一源也。知体之所以为用，则知用之所以为体者矣。虽然，体微而难知也，用显而易见也。”（《全集》卷四）

［注释］

[1] 体用一源：这是说《易》之理与《易》之象（卦象）就如同“体用”关系一样，是密不可分的。语见程颐《易传序》：“至微者理也，至著者象也。体用一源，显微无间。”（《周易程氏传》）程颐此说几乎成为宋明理学家的共识，表明了理学（广义上亦含心学）的一种“体用”论。

【46】《易》之辞是“初九潜龙勿用”六字[1]，《易》之象是初画[2]，《易》之变是值其画，《易》之占是用其辞。

关于《周易》的辞、变、象、占，《易·系辞上传》载：“易有圣人之道四焉：以言者尚其辞，以动者尚其变，以制器者尚其象，以卜筮者尚其占。”

［注释］

[1] 初九潜龙勿用：《易·乾卦》初九爻辞为“潜龙勿用”；初，卦画自下始；九，阳之极数；龙属阳，今居下，故曰“潜龙”；龙

潜于渊，待时而用。 [2]“《易》之象是初画”以下三句：这是解释《易》初爻之辞：其“象”为初画之阳九，其“变”为当初爻之画而成变，其“占”是用爻辞“潜龙勿用”以占吉凶。其余卦爻皆以此类推（见底本第42页）。

［点评］

正德三年（1508），阳明在龙场经受磨难之际，以周文王“拘幽”而演《易》为榜样，建“玩易窝”，并作《玩易窝记》，反映了阳明的“易学”观，可以与本条合观，其中他特别强调把握易学思想的关键在于“观象玩辞”“观变玩占”（《全集》卷二十三）。

【47】夜气是就常人说[1]，学者能用功，则日间有事无事，皆是此气翕聚发生处[2]。圣人则不消说夜气。

［注释］

[1]夜气：孟子语，与“平旦之气”为相对之词，指中夜之气，喻指清粹之气。见《孟子·告子上》：“夜气不足以存，则其违禽兽不远矣。” [2]翕（xī）聚：和顺、聚集；翕，协调、会集。

【48】澄问“操存舍亡”章[1]，曰：“‘出入无时，莫知其乡[2]。’此虽就常人心说，学者亦须是知得心之本体亦元是如此，则操存功夫始没

病痛。不可便谓出为亡，入为存。若论本体，元是无出无入的；若论出入，则其思虑运用是出。然主宰常昭昭在此[3]，何出之有？既无所出，何入之有？程子所谓'腔子'[4]，亦只是天理而已。虽终日应酬而不出天理，即是在腔子里。若出天理，斯谓之放，斯谓之亡？"又曰："出入亦只是动静。动静无端[5]，岂有乡邪？"

［注释］

[1]"操存舍亡"章：指孟子引孔子语："孔子曰：'操则存，舍则亡，出入无时，莫知其乡。'其心之谓与？"（《孟子·告子上》）操，持守。 [2]莫知其乡（xiàng）：不知心的走向。乡，走向；同"向"。 [3]主宰：喻指心体或天理。 [4]腔子：躯体、胸腔。程颐语："心要在腔子里。"（《程氏遗书》卷七） [5]动静无端：阴阳动静、一往一来，没有开端。程颐语："动静无端，阴阳无始。"（《程氏经说》卷一）端，始端。

［点评］

孟子"操存舍亡"章是对孔子论心的转述。阳明认同人心存亡端在于"操存"与否的观点，然而对于人心有"出入"则表示了怀疑。他认为，从本体上看，人心无所谓"出入"，也无所谓"动静"，因为心的"出入"或"动静"都只不过是思虑运作的现象而已；而在人心活动过程中，自有心体发挥"主宰"的作用，主导人心的走向。因此，尽管人心思虑在日常生活中发生“出入”“动静”等变化，然而终究不能越出心体或天理之一步。在这个意义上，心体是“无出无入”“无动无静”的。

【49】王嘉秀问[1]：“佛以出离生死诱人入道，仙以长生久视诱人入道，其心亦不是要人做不好，究其极至，亦是见得圣人上一截，然非入道正路。如今仕者有由科[2]，有由贡，有由传奉，一般做到大官，毕竟非入仕正路，君子不由也。仙、佛到极处，与儒者略同，但有了上一截[3]，遗了下一截[4]，终不似圣人之全；然其上一截同者，不可诬也。后世儒者，又只得圣人下一截，分裂失真，流而为记诵、词章、功利、训诂[5]，亦卒不免为异端。是四家者，终身劳苦，于身心无分毫益。视彼仙、佛之徒清心寡欲，超然于世累之外者，反若有所不及矣。今学者不必先排仙、佛，且当笃志为圣人之学。圣人之学明，则仙、佛自泯。不然，则此之所学，恐彼或有不屑，而反欲其俯就，不亦难乎？鄙见如此，先生以为何如？”

先生曰：“所论大略亦是。但谓上一截、下

一截，亦是人见偏了如此。若论圣人大中至正之道，彻上彻下，只是一贯，更有甚上一截、下一截？‘一阴一阳之谓道’[6]，但仁者见之便谓之仁，知者见之便谓之智，百姓又日用而不知，故君子之道鲜矣。仁智岂可不谓之道？但见得偏了，便有弊病。”

儒学是一种彻上彻下、一以贯之的打通天道与性命的学问，更无必要将学问分裂成“上一截”与“下一截”。因为“道”就在日常人伦生活之中。

[注释]

[1] 王嘉秀：字实夫，湖南辰州府沅陵县（今湖南省怀化市沅陵县）人。 [2]“如今仕者有由科”以下三句：是说当时做官的三种不同途径。科，科考，由科举考试入仕。贡，贡举，荐举优良生员入仕。传奉，由内官安排入宫。 [3] 上一截：天道、天命、天性等精微之学。 [4] 下一截：具体实事、日用伦常的形下之学。 [5] 记诵、词章、功利、训诂：指宋代以来流行的四种主要学问形态。记诵，背诵书本知识；词章，赋诗撰文；功利，追求功名利益之学；训诂，注重字义解释的训诂学。 [6]“一阴一阳之谓道”以下五句：出自《易·系辞上传》，百姓日用而不知，意谓百姓的日常生活虽能在潜移默化的过程中按照“道”的指引而行动，但并不清楚地了解什么叫作“道”。鲜，少，罕见。

[点评]

关于儒佛道三教的关系，自宋代以来就一直是争论不休的问题。按照宋代儒学的传统观点，儒家重视社会人伦、讲求实践担当，而佛老之学则关注于一己之身的修炼，不免遗弃人伦、逃离社会，叫做“弃人伦，遗事物”。及至明代，更有一种观点认为，佛老之学在形上领域自有理论造诣，而儒学则在形下领域有更多的关注。王嘉秀采用“上一截”和“下一截”的说法，来区别佛老与儒家的思想异趣，便是上述观点的典型表现。对此，阳明断然指出：儒家所讲的“大中至正之道”乃是“彻上彻下”、一以贯之的，儒学思想本身便已包含了形而上学与形而下学两个方面，并不只是讲形下而不讲形上，故对儒学而言，更不必分什么“上一截”和“下一截”。应当说，阳明的这个见解是深刻的，其实心学对于人生道德有形上关切，充分表明儒学并不缺乏形上学的理论意趣。

【50】蓍固是《易》[1]，龟亦是《易》[2]。

［注释］

[1] 蓍：用蓍草占吉凶，以五十蓍草来记其数，重在数。 [2] 龟：用龟甲裂纹以观吉凶之象，重在象。

【51】问：“孔子谓武王未尽善[1]，恐亦有不满意？”先生曰：“在武王自合如此。”曰：“使文王未没，毕竟如何？”曰：“文王在时[2]，天下三分已有其二。若到武王伐商之时[3]，文王若在，或者不致兴兵，必然这一分亦来归了。文王只善处纣[4]，使不得纵恶而已。”

[注释]

[1] 未尽善：没有做到尽善尽美。语本《论语·八佾》："子谓《韶》，尽美矣，又尽善矣。谓《武》，尽美矣，未尽善也"。《韶》：帝舜之乐。《武》：武王之乐。 [2] "文王在时"以下二句：见《论语·泰伯》。 [3] 武王伐商：又称"武王伐纣"，灭商建周的历史事件。 [4] 纣（zhòu）：帝辛，商朝最后一位君主。相传历史上最大的暴君，与夏朝最后一位暴君"桀"齐名。

【52】问孟子言"执中无权犹执一"[1]。先生曰："中只是天理，只是易，随时变易，如何执得？须是因时制宜，难预先定一个规矩在。如后世儒者要将道理一一说得无罅漏[2]，立定个格式，此正是执一。"

"未发之中"即天理、即良知。

[注释]

[1] 执中无权犹执一：意谓固执于"中"而不讲求"权变"，那么就如同"执一"，而不知应对事物当随时应变、因时制宜。语见《孟子·尽心上》："子莫执中，执中为近之。执中无权，犹执一也。所恶执一，为其贼道也，举一而废百也。" [2] 罅（xià）漏：裂缝、漏洞。

[点评]

本条主要讲了两层意思。首先阳明承认"中"如同"未发之中"，其本身就是天理，与此同时，它又是不断变化之中的“易”，既然是随时变化和发展的，那么就不能“执定”一个“中”字而不放，而必须在应对和处理事物之际，做到“因时制宜”，而不能预先制定一个所谓的“规矩”或格套，拿来生搬硬套。进而阳明指出，孔孟之后的后世儒者（主要指程朱理学）往往喜欢把书本的道理讲得头头是道，并预先树立一套格式，让人依此而行，这种做法正是孟子所批评的有害于“道”的那种“执一”。阳明以此强调世上不存在所谓绝对抽象、固定不变的“中”或“一”，而一切外在的“规矩”“格式”也不是僵硬不变的，而应当根据时代的发展而进行改变，这就是“因时制宜”，即儒家讲的“损益”原则。用今天的话来说，就叫作与时俱进。

【53】唐诩问[1]：“立志是常存个善念，要为善去恶否？”曰：“善念存时，即是天理。此念即善，更思何善？此念非恶，更去何恶？此念如树之根芽，立志者长立此善念而已。‘从心所欲不逾矩’[2]，只是志到熟处。”

［注释］

[1] 唐诩（xǔ）：江西新淦（今新干）人，余未详。 [2] 从心所欲不逾矩：孔子自称 70 岁时达到的境界。语见《论语·为政》。

【54】精神、道德、言动，大率收敛为主，

发散是不得已。天地人物皆然。

【55】问："文中子是如何人？"先生曰："文中子庶几'具体而微'[1]，惜其蚤死[2]！"问："如何却有续经之非？"曰："续经亦未可尽非？"请问。良久，曰："更觉良工心独苦[3]。"

参见第11条王阳明对王通的评价："拟经恐未可尽非。"

［注释］

[1] 具体而微：具备了圣人之全体，但未至广大。具体，全体。微，狭小。语见《孟子·公孙丑上》。 [2] 蚤：同"早"。 [3] 更觉良工心独苦：见杜甫《题李尊师松树障子歌》。

【56】许鲁斋谓"儒者以治生为先"之说[1]，亦误人。

阳明认为儒者应以讲学为"天下首务"，而"治生"无非是"讲学中事"。

［注释］

[1] 许鲁斋：许衡（1209—1281），字仲平，号鲁斋，也称鲁斋先生。怀州河内（今河南沁阳）人。官至国子祭酒，朱子学者。儒者以治生为先：儒者当以经营生计为首务。治生，经营生计。语见《许鲁斋集》卷六，亦见《宋元学案》卷九十《鲁斋学案》。

［点评］

王阳明在这里批评了许衡的"儒者以治生为先"的观点，但是似有误解。许衡有关"治生"的看法是这样表述的："为学者治生最为先务。苟生理不足，则于为学之道有所妨。彼旁求妄进，及作官嗜利者，殆亦窘于生理所致也。……士君子多以农务为生，商贾虽为逐末，亦有可为者。果处之不失义理，或以姑济一时，亦无不可。"（转引自《集评》本。案：原引多有错漏。）据此可见，许衡并未舍弃义理而唯以治生为求。

根据《集评》本附录"传习录拾遗"第14条的记载，阳明对"治生"问题其实并没有采取全面否定的态度。有弟子针对阳明"亦误人"的批评，提出了疑问："岂士之贫可坐守不经营耶？"对此，阳明回答道：学者在"治生"上做工夫是可以的，但是，我们不能把"治生"看作是学者的"首务"，因为，作为一个学者应当以学习和传播圣人之学为"首务"，所以说"天下首务"在于"讲学"，而"治生"其实也就是"讲学中事"，如果通过讲学对自己的"心体"做一番修养实践，使心体不受外物的引诱和牵累，那么，尽管整天"作买卖"，也不会妨碍一个人成就"为圣为贤"的事业。

总之，在阳明看来，治生并不妨碍做学问，反之，做学问也不妨碍治生。关键在于"治生"或"讲学"都必须由良知心体作为主导。所以阳明强调指出："四民异业而同道"（《全集》卷二十五《节庵方公墓表·乙酉》）。这个观点对明清时代儒商思想产生了重要影响。

【57】问仙家元气、元神、元精[1]。先生曰："只是一件。流行为气，凝聚为精，妙用为神[2]。"

[注释]

[1] 元气、元神、元精：道教炼丹术的术语。气之流行为元气，气之妙用为元神，气之凝聚为元精。 [2] "流行为气"以下三句：意谓精气神三者都只不过是元气的不同状态而已。阳明借此用来表述良知本体发用流行的特征，参见第154条。

【58】喜怒哀乐，本体自是中和的。才自家着些意思，便过不及，便是私。

【59】问"哭则不歌"[1]。先生曰："圣人心体自然如此。"

[注释]

[1] 哭则不歌：哀伤之际，哭而不歌。语见《论语·述而》："子于是日哭而不歌。"

【60】克己须要扫除廓清，一毫不存方是，有一毫在，则众恶相引而来。

【61】问《律吕新书》[1]。先生曰："学者当务为急，算得此数熟亦恐未有用，必须心中先具礼乐之本方可。且如其书说多用管以候气[2]，然至冬至那一刻时，管灰之飞或有先后[3]，须臾之

阳明对于汉代以来便已流行的“候气法”表示了质疑。

间，焉知那管正值冬至之刻？须自中心先晓得冬至之刻始得，此便有不通处。学者须先从礼乐本原上用功[4]。”

［注释］

[1]《律吕新书》：律吕即音律之统称，是古时用来校正乐音的器具，以十二竹管制成，依其长短来确定音阶，从低音管算起，成奇数的六管称“律”，成偶数的六管称“吕”。该书为朱子弟子蔡元定（1135—1198）著。 [2] 候气：以芦草之灰置于律管，以占气候，例如冬至之时，一阳复生，与律中黄钟之宫相应。 [3] 管灰之飞：冬至节，黄钟管中之芦灰会发生飞动。关于“候气法”，参见第 297 条，有更详细的讨论。 [4] 学者须先从礼乐本原上用功：此句表明阳明认为律吕只是表现礼乐的一种术数之学，并不重要，重要的是，须先把握礼乐之根本，从礼乐的根本处着手用功。

【62】曰仁云[1]：“心犹镜也。圣人心如明镜，常人心如昏镜。近世格物之说[2]，如以镜照物，照上用功，不知镜尚昏在，何能照？先生之格物，如磨镜而使之明，磨上用功，明了后亦未尝废照。”[3]

［注释］

[1] 曰仁：阳明弟子徐爱字曰仁。 [2] 近世格物之说：指程朱理学的格物说。 [3] 以上一条为徐爱语，《传习录》中出现阳

明门人的语录，仅此一条，不过反映的却是阳明的思想，如“圣人之心如明镜”，几成阳明口头禅，可参见第 21 条等。

【63】问“道之精粗”。先生曰：“道无精粗[1]，人之所见有精粗。如这一间房，人初进来，只见一个大规模如此。处久，便柱壁之类，一一看得明白。再久，如柱上有些文藻，细细都看出来。然只是一间房。”

［注释］

[1]“道无精粗”以下二句：意谓“道”作为本体存在，其本身无所谓精细粗糙之分，只是人的观察所及，对道在事物中的发用现象会产生种种精粗之分别，这种分别意识源自人的见识，而于道之本身无关。

【64】先生曰：“诸公近见时少疑问，何也？人不用功，莫不自以为已知，为学只循而行之是矣[1]。殊不知私欲日生，如地上尘，一日不扫，便又有一层。着实用功，便见道无终穷，愈探愈深，必使精白无一毫不彻方可[2]。”

为学穷道之工夫是无穷尽的。

［注释］

[1] 此处“循而行之”并非阳明“循良知”的意思，而是因

循旧习而“少疑问”之意。循：因循、依循。参见［清］潘世恩《正学编》对此条的评论。 [2] 精白：喻指米之磨至纯白洁净。参见第25条。

【65】问：“知至然后可以言诚意[1]。今天理人欲，知之未尽，如何用得克己工夫？”先生曰：“人若真实切己用功不已，则于此心天理之精微，日见一日，私欲之细微，亦日见一日。若不用克己工夫，终日只是说话而已，天理终不自见，私欲亦终不自见。如人走路一般，走得一段方认得一段，走到歧路处，有疑便问，问了又走，方渐能到得欲到之处。今人于已知之天理不肯存，已知之人欲不肯去，且只管愁不能尽知，只管闲讲，何益之有？且待克得自己无私可克，方愁不能尽知，亦未迟在[2]。”

已知而不能行，则已经是知行割裂，而非知行合一了。

［注释］

[1] 知至然后可以言诚意：程朱理学的典型观点，认为有待格物致知之后，才能循序渐进，进而落实诚意正心之工夫。 [2] 在：他本作“耳”。

【66】问：“道一而已[1]。古人论道往往不同，

求之亦有要乎？”先生曰：“道无方体[2]，不可执着，却拘滞于文义上求道，远矣。如今人只说天，其实何尝见天？谓日月风雷即天，不可；谓人物草木不是天，亦不可。道即是天，若识得时，何莫而非道？人但各以其一隅之见，认定以为道止如此，所以不同。若解向里寻求，见得自己心体，即无时无处不是此道。亘古亘今，无终无始，更有甚同异？心即道，道即天[3]，知心则知道、知天。”

又曰：“诸君要实见此道，须从自己心上体认，不假外求始得。”

[注释]

[1] 道一而已：道只有一个。语见《孟子·滕文公上》：“夫道，一而已矣。” [2] 道无方体：道的存在是没有方位也没有形体的，亦即无形无象之意。方，方位。体，形体。语见《易·系辞上传》：“故神无方而易无体。” [3] 心即道，道即天：即阳明学的重要命题：“心即天”。

[点评]

“道一而已”是儒家的一贯观点，对此，阳明当然是心知肚明，完全认同的。但是阳明强调儒家所说的“道”

是无方位、无形体的，意谓“道”是无形无象的，因此不可在意识上“执着”或在“文义上”去追逐。另一方面，道又是无所不在的，透过“自己心体”就能清楚地了解什么是“道”，从根本上说，“道”是“亘古亘今，无终无始”的超越一切时空限制的普遍存在。正是在这个意义上，阳明说“心即道”“道即天”。总之，阳明强调了一个重要观念：天道就在人心，人心与天道浑然一体。表面看，阳明讲的是抽象道理，其实，这也正是阳明学的一项重要涵义，不如此说，便无法全面凸显出心体的普遍性、超越性、绝对性。

【67】问：“名物度数亦须先讲求否[1]？”先生曰：“人只要成就自家心体，则用在其中。如养得心体，果有未发之中，自然有发而中节之和，自然无施不可。苟无是心，虽预先讲得世上许多名物度数，与己原不相干，只是装缀，临时自行不去。亦不是将名物度数全然不理，只要‘知所先后则近道’[2]。”

又曰：“人要随才成就。才是其所能为，如夔之乐[3]，稷之种[4]，是他资性合下便如此[5]。成就之者，亦只是要他心体纯乎天理。其运用处皆从天理上发来，然后谓之才。到得纯乎天理处，亦能‘不器’，使夔、稷易艺而为，当亦能之。”

又曰：“如‘素富贵行乎富贵，素患难行乎患难’，皆是‘不器’，此惟养得心体正者能之。”

［注释］

[1] 名物度数：物之名，如鸟兽草木皆有其名；度之数，如礼乐刑政皆有其数。泛指各种事物制度的名称及其知识。 [2] 知所先后则近道：如果了解了事物的先后次序，则接近于对道的把握了。出自《大学》：“物有本末，事有终始。知所先后，则近道矣。” [3] 夔（kuí）：相传为尧舜时的乐官。 [4] 稷（jì）：相传尧舜时执掌农事之官。 [5] 合下：俗语。意同“当下”“现在”。

［点评］

本条所讨论的仍然是知识与道德孰先孰后的关系问题。正如上述，阳明一贯强调主张凡事必须先就自己“心体”上体认，由“心体”出发，才能使各种知识得以正当使用。假设放弃自己的“心体”立场，单纯追求“名物度数”等所谓外在的客观知识，那么，所获得的知识与自己的身心毫无相干，其结果是，知识仅是一种装饰，对于自家心体的道德实践工夫并无任何助益。因此，对于阳明而言，先做人而后作学问，这一心学立场不可松动。先做人也就是要求首先做到调养得自家心体“纯乎天理”，然后所学的知识便自然“皆从天理上发来”，各种名物度数等客观知识也就能发挥其应有的正当作用。

阳明将道德与知识的关系问题置于伦理学或道德哲

学的领域来进行讨论，而不是从知识论领域来探讨知识来源或知识何以可能等问题。需要指出的是，阳明重视“只要成就自家心体”而心体之用也就自然在“其中”的观点，看似对客观知识持轻视的态度，其实，阳明所关心的乃是知识价值何以可能的问题，而不是一概否定知识的必要性。对阳明而言，知识如何可能则是论域之外的问题，可悬置不论。

朱子《观书有感》：“半亩方塘一鉴开，天光云影共徘徊。问渠那得清如许？为有源头活水来。”王阳明或有感于此，然其旨意在于强调“生意不穷”。“有源之井水”是喻指心体或良知。

【68】“与其为数顷无源之塘水，不若为数尺有源之井水，生意不穷。”时先生在塘边坐，傍有井，故以之喻学云。

人心清明纯净，就如在“羲皇世界”。根据第311条所述，人在一天之中可以遍历“五重世界”。

【69】问：“世道日降，太古时气象如何复见得？”先生曰：“一日便是一元[1]。人平旦时起坐，未与物接，此心清明景象，便如在伏羲时游一般[2]。”

［注释］

[1] 一元：十二万九千六百年为一元。邵雍（1101—1177）的“元会运世”之概念。　[2] 伏羲：太古时代神话传说中的三皇之一。

【70】问：“心要逐物，如何则可？”先生曰：

“人君端拱清穆[1]，六卿分职[2]，天下乃治。心统五官[3]，亦要如此。今眼要视时，心便逐在色上；耳要听时，心便逐在声上。如人君要选官时，便自去坐在吏部；要调军时，便自去坐在兵部。如此，岂惟失却君体，六卿亦皆不得其职。”

《荀子·天论》：“耳目鼻口形，能各有接而不相能也，夫是之谓天官。心居中虚，以治五官，夫是之谓天君。”

［注释］

[1] 端拱：端坐拱手。 [2] 六卿：六部尚书。原指周代六军之将，唐宋之后分设吏、户、礼、兵、刑、工六部。 [3] 五官：耳目口鼻心。据荀子，则指“耳目鼻口形”，相对而言，心则是天官或天君。

【71】善念发而知之，而充之；恶念发而知之，而遏之。知与充与遏者，志也，天聪明也[1]。圣人只有此，学者当存此。

［注释］

[1] 天聪明：《传习录》中仅此一例。结合阳明在其他地方所说的“天即良知”“良知即天”（第287条）以及“惟天下至圣，为能聪明睿智”（第283条）等说法来看，这里所谓的“天”是对圣人或良知的一种形容描述。底本引佐藤一斋语：“‘天聪明’即良知也。”可备一参。

闲思杂虑不是单纯的意识表象，其中更潜伏着种种利欲之心的“欲根”。

【72】澄曰：“好色、好利、好名等心，固是私欲。如闲思杂虑，如何亦谓之私欲？”先生曰：“毕竟从好色、好利、好名等根上起，自寻其根便见。如汝心中决知是无有做劫盗的思虑，何也？以汝元无是心也。汝若于货色名利等心[1]，一切皆如不做劫盗之心一般，都消灭了，光光只是心之本体，看有甚闲思虑？此便是‘寂然不动’[2]，便是‘未发之中’，便是‘廓然大公’，自然‘感而遂通’，自然‘发而中节’，自然‘物来顺应’。”

［注释］

[1] 货：他本作“好”。 [2]“寂然不动”以下六句中的引文分别出自：《易·系辞上传》“寂然不动，感而遂通天下之故”；《中庸》“喜怒哀乐未发谓之中，发而皆中节谓之和”；程颢《定性书》“故君子之学，莫若廓然而大公，物来而顺应”。

［点评］

人心中对货色名利的欲望固然是一种“人欲”——负面意义上的必须加以克治的“私欲”，然而人心的心理活动中所产生的“闲思杂虑”为何也是一种“私欲”呢？这里涉及的是“思虑”的动机问题，进而言之，在阳明看来，任何“动机”必然有善有恶，具有道德价值指向，而“闲思杂虑”显然偏离于正常的“思虑云为”的方向，便已失去了心体本来状态，故其中必已隐伏种种趋恶的可能。在阳明看来，有必要从人心动机（例如有没有“做劫盗的思虑”）上，对所有偏离心体的“闲思杂虑”做一番彻底的审查，恢复到“光光只是心之本体”的纯粹状态，更不会有所谓的偏离心体方向的“闲思杂虑”之存在可能。由此可见，阳明非常重视道德动机问题，阳明良知学可谓是一种动机伦理学。

【73】问“志至气次”[1]。先生曰：“‘志之所至，气亦至焉’之谓[2]，非‘极至次贰’之谓。‘持其志’则养气在其中，‘无暴其气’则亦持其志矣[3]。孟子救告子之偏[4]，故如此夹持说[5]。”

孟子说：“夫志，气之帅也；气，体之充也。夫志至焉，气次焉。故曰‘持其志，无暴其气’。”（《公孙丑上》）

[注释]

[1] 志至气次：志到了，气也随之而到。志：心之所之（朱子《孟子集注》）。志与气的关系是：志是气的统帅。 [2] “‘志之所至，气亦至焉’之谓”以下二句：志至，非至于极的意思；气次，非气居第二位的意思。 [3] 暴（pù）：显露。 [4] 告子：据赵岐《孟子注》，姓告，名不害。 [5] 夹持：左右夹持，不偏失。

[点评]

本条涉及孟子著名的“知言养气”章，阳明在这里主要讨论了其中的“志至气次”这一个问题。依照孟子原来的说法，“志至气次”的前提是：志是气的统帅，气是身体的充实；而志具有心灵意识的活动能力，故能起到引领身体运作的作用；也正由此，所以说，志到哪里而气亦随之。对此，阳明有充分的了解，但是他又认为，这个说法并不意味着在工夫论意义上，可以将志与气分割成两端，相反，应当将两者视作同一工夫中互为关联的两个方面，彼此是一种互动的关系，故说“持志”即养气工夫在其中，而“无暴其气”的养气工夫也就是“持志”之工夫。这显然是阳明对孟子“志至气次”说的独到理解，表明其对“持志”与“养气”并重的立场。当然在阳明看来，这也应当是孟子的立场。

程颐说：“圣人之言，必降而自卑，不如此则仁不亲。贤人之言，必引而自高，不如此则道不尊。”（《程氏外书》卷三）朱子《论语集注·子罕篇》引此。

【74】问：“先儒曰‘圣人之道[1]，必降而自卑；贤人之言，则引而自高。’如何？”先生曰：“不然。如此，却乃伪也。圣人如天，无往而非天。三光之上[2]，天也；九地之下，亦天也。天何尝有降而自卑？此所谓‘大而化之’也[3]。贤人如山岳，守其高而已。然百仞者不能引而为千仞，千仞者不能引而为万仞。是贤人未尝引而自高也，引而自高则伪矣。”

[注释]

[1]“圣人之道”以下四句：圣人之道虽然高高在上，然而它就存在于日常生活的世界中，因此圣人之学应当由下而上去做；

贤人（如孔门“七十二贤”）的言论虽然都是引经据典、各有出处，然而这些言论都是非常重要的。[2]三光：《集评》注谓日月星。[3]大而化之：孟子言“大而化之之谓圣”（《尽心下》）。

【75】问：“伊川谓‘不当于喜怒哀乐未发之前求中’[1]，延平却教学者‘看未发之前气象’[2]，何如？”先生曰：“皆是也。伊川恐人于未发前讨个中，把中做一物看，如吾向所谓认气定时做中[3]，故令只于涵养省察上用功。延平恐人未便有下手处，故令人时时刻刻求未发前气象，使人正目而视惟此，倾耳而听惟此，即是‘戒慎不睹，恐惧不闻’的工夫[4]。皆古人不得已诱人之言也。”

程门经过南传，由杨时（1044—1130）经罗从彦（1072—1135）而传至李侗，大都重视“未发时作何气象”的问题，史称“道南指诀”。

［注释］

[1]不当于喜怒哀乐未发之前求中：此句表明程颐反对在喜怒哀乐未发之前去追求所谓的“中”，语见《程氏遗书》卷十八。[2]延平：李侗（1093—1163），字愿中，学者称延平先生。剑浦（今福建南平）人。程门三传，朱子老师。看未发之前气象：此句意谓，李侗要求学者注意关注在喜怒哀乐未发之前，一个人会表现出怎样的“气象”的问题。[3]认气定时做中：参见第28条。[4]戒慎不睹，恐惧不闻：此句即儒家著名的“慎独”工夫的思想主张，意谓人在面对天道之际，应时常保持一种戒惧、敬畏的心态。见《中庸》第一章。

【76】澄问："喜怒哀乐之中和，其全体常人固不能有。如一件小事当喜怒者，平时无有喜怒之心，至其临时，亦能中节，亦可谓之中和乎？"先生曰："在一时一事，固亦可谓之中和，然未可谓之'大本''达道'[1]。人性皆善，中和是人人原有的，岂可谓无？但常人之心既有所昏蔽，则其本体虽亦时时发见，终是暂明暂灭，非其'全体大用'矣[2]。无所不中，然后谓之'大本'；无所不和，然后谓之'达道'。惟天下之至诚[3]，然后能立天下之大本。"

按阳明后面所说，真正称得上是"大本"和"达道"者，乃是指应物处事之际，能时时做到"无所不中"以及"无所不和"。

朱子释曰："天下至诚，谓圣人之德之实，天下莫能加也。"（《中庸章句》）

曰："澄于'中'字之义尚未明。"曰："此须自心体认出来，非言语所能喻。中只是天理。"曰："何者为天理？"曰："去得人欲，便识天理。"曰："天理何以谓之中？"曰："无所偏倚。"曰："无所偏倚是何等气象？"曰："如明镜然，全体莹彻，略无纤尘染着。"

程颐说："中即道也。若谓道出于中，则道在中外，别为一物矣。"（《与吕大临论中书》，《程氏文集》卷九）

曰："偏倚是有所染着，如着在好色、好利、好名等项上，方见得偏倚；若未发时，美色名利皆未相着[4]，何以便知其有所偏倚？"曰："虽未相着，然平日好色、好利、好名之心，原未尝无。既未尝无，即谓之有；既谓之有，则亦不可谓无偏倚。譬之病疟之人，虽有时不发，而病根原不曾除，则亦不得谓之无病之人矣。须是平日好色、好利、好名等项一应私心[5]，扫除荡涤，无复纤毫留滞，而此心全体廓然，纯是天理，方可谓之'喜怒哀乐未发之中'，方是'天下之大本'。"

［注释］

[1] 大本：指"天下之大本"，即所谓"中"。达道：指"天下之达道"，即所谓"和"（见《中庸》第一章）。 [2] 全体大用：朱子《格物补传》中语，意谓性者心之体，情者心之用，两者都能得到充分全面的展现，这是格物工夫"用力之久而一旦豁然贯通"之后所能实现的境界。而阳明则特指心之"全体"与心之"大用"。 [3] 惟天下之至诚：此句意谓，天下有一种最为真实的存在，语本《中庸》第二十二章。 [4] 相：他本作"尝"。下面一"相"字，亦同。 [5] 一应：一切。

［点评］

以上两条涉及程门有关"中"的问题讨论，这一问题又涉及如何评估"道南指诀"——由杨时经罗从彦传至李侗的"令静中看喜怒哀乐未发之谓中，未发时作何气象"（《延平答问》上）的观点以及李侗的"默坐澄心，体认天理"的观点，同时又涉及如何看待程颐反对"未发之前求中”的观点，这两种观点立场看似背离而不能契合，但阳明认为那是程颐和李侗等人“不得已”的“诱人之言”，对此作了同情的理解。根据我们以上对阳明思想的了解，他于1514年前后在滁州及南京讲学时，尽管也曾经一度以“静坐”为教法，但很快意识到这一教法有令人坠入空虚的危害性，故而很快就转变了这一教法，而力主“诚意”工夫，晚年阳明更是一贯主张“事上磨炼”的观点。阳明认为，通过静坐工夫以体认所谓“未发前气象”的观点，只不过是补“小学”一段工夫的方便“权法”，从根本上说，阳明强调的是“随时就事上”致良知的观点立场。此点有待后述。

关于“中”的问题，阳明认为不是通过静坐工夫可以把捉的对象，而并不能认同“道南指诀”的“静中体认喜怒哀乐未发之谓中”之类的观点，阳明主张“中就是天理”，在这一点上，阳明与程颐“中即道也”的观点相近，认为“中”如同天理一样，恰当好处、不偏不倚而符合“中道”的意思，并无什么特别玄妙之意。陆澄之所以纠缠于“‘中’字之义尚未明”的问题，在阳明看来，其原因就在于把“中”视作静坐工夫的一种对象去把捉，这就必然导致“有所偏倚”“有所染着”，就会与“中”的目标日渐偏离。重要的是，如何立足于心体去克除“好色、好利、好名”等偏执之心，并做到在心体上没有“纤毫留滞”，则心体自然“全体廓然，纯是天理”，如此“方可谓之‘喜怒哀乐未发之中’”的实现。可见，阳明将“中”的问题从静坐体认拉回到心上体认的轨道上来，以克服静坐有可能带来“枯槁死灰”的后果；同时又将未发之谓中的情感问题，置于去人欲、存天理的实践领域，告诫陆澄等弟子不可偏执于静，亦不可偏执于“中”。

【77】问：“‘颜子没而圣学亡’[1]，此语不能无疑。”先生曰：“见圣道之全者惟颜子。观‘喟然一叹’可见[2]。其谓‘夫子循循然善诱人，博我以文，约我以礼’，是见破后如此说。博文约礼，如何是善诱人？学者须思之。道之全体，圣人亦难以语人，须是学者自修自悟，颜子‘虽欲从之，末由也已’[3]，即文王‘望道未见’意[4]。望道未见，乃是真见[5]。颜子没，而圣学之正派遂不尽传矣。”

阳明弟子王畿称阳明此说为“千古大公案”（《王畿集》卷十六《别言赠梅纯甫》）

阳明《博约说·乙酉》：“（颜子）及闻夫子博约之训，既竭吾才以求之，然后知天下之事虽千变万化，而皆不出于此心之一理，然后知殊途而同归，百虑而一致。然后知斯道之本无方体形像，而不可以方体形像求之也。本无穷尽止极，而不可以穷尽止极求之也。故曰：‘虽欲从之，末由也矣。’盖颜子至是而始有真实之见矣。”（《全集》卷七）

[注释]

[1]颜子没而圣学亡：孔门弟子颜回之后，圣人之学便已失传。出自王阳明作于1511年的《别湛甘泉序》（《全集》卷七）。颜子，即颜回，字子渊，孔子门人。 [2]喟然一叹：《论语·子罕》：“颜渊喟然叹曰：‘仰之弥高，钻之弥坚；瞻之在前，忽焉在后。夫子循循然善诱人，博我以文，约我以礼。欲罢不能，既竭吾才，如有所立卓尔。虽欲从之，末由也已。’” [3]末由也已：一般被理解为“着力不得”（程颐语）或“无所用其力”（朱子《论语集注》）的意思。末，同“无”。 [4]望道未见：原文为周文王“望道而

未之见”(《孟子·离娄下》)。 [5] 望道未见，乃是真见：此两句表明阳明不同意朱子释“望道未见”为“望之犹若未见”(《孟子集注·离娄篇下》)的观点，阳明认为恰恰是“未见”，才是真实之“见”。这也就是阳明为何说“见圣道之全者惟颜子”的理由所在。

[点评]

阳明“颜子没而圣学亡”之说在其门人当中引起了纷纷议论，可谓一石激起千层浪。阳明此说显然与程朱理学所建构的“道统”观不相契，不妨称之为“心学道统论”。倘若“颜子没而圣学亡”的判断为真，那么，曾子至孟子的道统传授又如何可能？进言之，周敦颐和二程又何以能复续孟子而非颜子以来的失传之道统？可见，阳明此说不可避免地会受到质疑。阳明大弟子邹守益坦承：对阳明此说，“学者往往疑之”(《邹守益集》卷六《正学书院记》)。王畿指出阳明此说乃是“险语”，留下了一个大疑问：“毕竟曾子、孟子所传是何学？”(《王畿集》卷一《抚州拟岘台会语》)那么，阳明提出这一“心学道统论”的真实内涵及其理论意图究竟何在呢？

质言之，之所以说“颜子没而圣学亡”，这是因为第一，颜子是真正的“见道”者——即已然洞见圣人之道，故而是孔子的真正传道者；第二，《易传》记录孔子对颜回的极高评价：“颜氏之学，其庶几乎！有不善未尝不知，知之未尝复行也。”根据阳明的解读，“未尝不知”及“知之未尝复行”的两个“知”都是指“良知”而没有其他的可能；第三，更为重要的理由是：“孔子无不知而作，颜子有不善未尝不知，此是圣学真血脉路。”（第 259 条）意谓颜子之“知”乃是继承孔子而来的“圣学真血脉路”。至此，我们就不难理解阳明重建“心学道统论”的缘由所在。针对多方质疑，阳明在晚年还特意撰述《博约说》，对颜子之学作了专门的讨论，全文的结语是：“盖颜子至是而始有真实之见矣。”（《全集》卷七）此“真实之见”即上文的“望道未见，乃是真见”之意。

【78】问：“身之主为心，心之灵明是知[1]，知之发动是意，意之所着为物，是如此否？”先生曰：“亦是。”

［注释］

[1] 灵明：虚灵明觉。虚灵意指心体不是一物，明觉意指心体是明亮的道德知觉。阳明用来描述良知心体之基本特质的惯用语。

［点评］

本条阐发的有关“心意知物”四个概念的彼此关联，尽管被阳明所认同，但其表述略显粗糙，另参第 137、201 条以及《大学问》（《全集》卷二十六）。其中，“意之所着为物”，是说意识必然指向某物，换言之，物是意的指向物，构成意识活动的对象。这个观点与阳明的“心外无物”说存在密切的理论关联，也是其心学思想的重要内涵之一。后阳明又有“意之所在便是物”之说，讲得更为明确。

王畿："先师提出良知二字，正指见在而言。"（《王畿集》卷四《与狮泉刘子问答》）

【79】只存得此心常见在[1]，便是学。过去未来事，思之何益？徒放心耳。

［注释］

[1] 见在：现在。"见"读"现"。"见在"概念强调的是良知的当下性，另参第225、281条。

【80】言语无序，亦足见心之不存。

孟子"四十不动心"，即孔子"四十而不惑"。

【81】尚谦问孟子之"不动心"与告子异[1]。先生曰："告子是硬把捉着此心，要他不动；孟子却是集义到自然不动。"又曰："心之本体原自不动。心之本体即是性，性即是理，性元不动，理元不动。集义是复其心之本体。"

［注释］

[1] 尚谦：薛侃（1486—1545），字尚谦，号中离，广东揭阳县（今潮安县）人。正德十二年（1517）进士，阳明弟子。《传习录》上卷第95至129条，为其所录。不动心：内心不被人世间的荣华富贵、沉浮变化等所牵动，达到一种处澜不惊的精神境界。根据《孟子·公孙丑上》的记载，孟子自述"四十不动心"，同时又承认"告子先我不动心"，故而引发了薛侃的这两种"不动心"有何不同的疑问。

［点评］

关于孟子的“不动心”与告子的“不动心”，两个“心”都是指内心的意识活动，而不是孟子学意义上的道德本心。但是，这两种“不动心”的实质内涵却完全不同。按照阳明的解释，孟子“不动心”是通过平时对内在仁义的道德实践之积累（即孟子“集义”说）而自然达到的精神境界，与此不同，告子的工夫路数则是“不得于言，勿求于心”，此即说，不了解各种言论主张，就不能求之于主观内在之心，因为如此一来，就会导致内心被各种学说所牵引，这个观点遭到了孟子的批评。阳明则进一步指出告子所谓的“不动心”，实质上是把持此心而使其不为任何外在因素所动，这就割裂了内与外、动与静的关系，是依靠强制内力所能做到的，从根本上说，这种做法欠缺了内心的道德涵养工夫。

阳明强调指出“动”只是经验界的一种现象，故有“动静，所遇之时也”（第41条）的说法。如果从“心之本体”的角度看，心体即性体、即天理，而本体存在是超越于动静现象而无所谓动也无所谓静的。故从根本上说，心体是“原自不动”的，人们只有依循孟子所说的“集义”工夫去做，通过不断的努力和积累，最终就能返回到“原自不动”的“心体”本来状态，这才是孟子意义上的“四十不动心”的精神境界。

【82】万象森然时亦冲漠无朕[1]，冲漠无朕即万象森然。冲漠无朕者，一之父，万象森然者，

精之母[2]。一中有精，精中有一。

[注释]

[1]“万象森然时亦冲漠无朕”以下二句：万事万物的所有现象存在，森然表现出来之时，其实，其存在根源就在于一切表象之背后的原初世界当中。 [2]“冲漠无朕者”以下四句：寂然不动的一无所有的原初世界也就是“乾元之始”，而感而遂通的万事万象则是精气之“母”的状态表现。一，乾元，象征“父”，宇宙万物之开端。精，地坤，象征“母”，构成宇宙万物之“精气”。

[点评]

关于“万象森然”与“冲漠无朕”，为程颐语，可以跟第21条合观，反映了理学家的宇宙观。阳明对此显然非常欣赏，在这里又第二次提及。表面看，“万象森然时亦冲漠无朕，冲漠无朕即万象森然”，似乎是含混不清、合而不分的说法，其实不然。在阳明看来，“冲漠无朕”意味着原初世界是寂然荒漠而一无所有的，然而就在一无所有的原初状态中，已经蕴含了所有事物现象的基本要素，这叫做“万象森然已具”。用易学的观念来说，即寂然不动的原初世界与感而遂通的表象世界是本不可分、寂感一体的。阳明在这里运用了易学的乾坤概念，将“冲漠无朕”喻作乾之父，“万象森然”喻作坤之母，并且以乾元为“一”，以坤母为“精”，进而采用“一中有精，精中有一”的说法，以说明原初世界与表象世界是在存有的整体之中，构成彼此相连的有机整体。无疑地，上述说法反映了阳明学宇宙论的基本观点。

对阳明而言，所有存在都处在“一个世界”当中而不能分割。这一观念模式在阳明的良知理论当中也有反映；因为，良知不仅是一种道德意识，更是一种本体存在，良知发用尽管必展现为“知善知恶”的能力，然而从本体上看，良知是“原无一物”（第129条）的形上存在。重要的是，就在“原无一物”的原初世界中，一切现象之有已蕴含其中；由前者之“无”必推出“良知本无知”（第282条）、“知来本无知”（第213条）的结论，由后者之“有”则必然得出“无知无不知”（第171条、第282条）的结论。要之，良知本体是“有无”互相涵摄、彼此转化的“一个世界”，而这个世界正可形象地表述为“万象森然时亦冲漠无朕，冲漠无朕即万象森然”。关于良知的“有无”问题，请参第315条“天泉证道”。

【83】心外无物。如吾心发一念孝亲，即孝亲便是物。

此即“意之所在便是物”之意。

【84】先生曰：“今为吾所谓格物之学者，尚多流于口耳。况为口耳之学者[1]，能反于此乎？天理人欲，其精微必时时用力省察克治，方日渐有见。如今一说话之间，虽只讲天理，不知心中倏忽之间已有多少私欲。盖有窃发而不知者，虽用力察之，尚不易见，况徒口讲而可得尽知乎？

就在心中一念极其微妙的“倏忽之间”，已有各种“私欲”丛生。

今只管讲天理来顿放着不循，讲人欲来顿放着不去，岂格物致知之学？后世之学其极至，只做得个‘义袭而取’的工夫[2]。”

［注释］

[1] 口耳之学：相对于“身心之学”而言，意为满足于“见闻之知”的追求，对于反求诸己的身心修养却无助益。 [2] 义袭而取：为孟子语（《公孙丑上》），与“集义”工夫正相反，向外追求所谓的“义”，这是孟子对告子的批评。袭，掩取，言行事偶合于义，便掩袭于外在之义而以为有所得。

【85】问“格物”。先生曰：“格者，正也。正其不正以归于正也。”

可以跟第7条合观。

【86】问：“知止者，知至善只在吾心，元不在外也，而后志定。”曰：“然。”

【87】问：“格物于动处用功否？”先生曰：“格物无间动静，静亦物也。孟子谓‘必有事焉’[1]，是动静皆有事。”

［注释］

[1] 必有事焉：见《孟子·公孙丑上》“养吾浩然之气”章，

原意为对于浩然之气必定要进行培养，阳明则是宽泛而言，泛指不论有事无事，都有必要做一番格物工夫，而格物工夫又须落实在“诚意”上（见下条）。

【88】工夫难处，全在格物致知上，此即诚意之事。意既诚，大段心亦自正，身亦自修。但正心、修身工夫，亦各有用力处。修身是已发边，正心是未发边。心正则中，身修则和。

格物致知其实就是诚意工夫。

［点评］

朱子认为“格物”是《大学》第一义，并强调工夫之次序不可乱，须从格物做起，进至正心诚意等工夫。而阳明则反对朱子的这个观点，他认为“《大学》之要，诚意而已矣”（《全集》卷七《古本大学序》），故工夫须从“诚意”做起。本条对此观点进行了简明扼要的论述。阳明认为，格物致知不是舍心逐物，向外在事物去追求所谓的客观定理，而应当反过来，在自家身心上做工夫，即“诚意”工夫。只有做到了诚意工夫，那么，也就实现了正心、修身等工夫。由于意是心之所发，而知是意之主体，因此归根结底，诚意也就是致良知工夫。

【89】自“格物”“致知”至“平天下”，只是一个“明明德”；虽亲民，亦明德事也。明德是此心之德，即是仁。“仁者以天地万物为一

体”[1]，使有一物失所，便是吾仁有未尽处。

［注释］

[1]“仁者以天地万物为一体”以下三句：这是阳明晚年特别强调的“天地万物一体之仁”的思想，参见《拔本塞源论》以及晚年遗著《大学问》。仁者以天地万物为一体，即著名的“万物一体”论，原为程颢语，见《程氏遗书》卷二上。

“一物失所”取意于伊尹之语，《尚书·说命下》载其语：“一夫不获，则曰时予之辜。”意为若有一人不得拯救，便是我的罪过。阳明此处所言也同样体现了天下关怀的人文主义精神。

【90】只说“明明德”而不说“亲民”[1]，便似老、佛。

所以阳明强调“明明德”工夫须落实在“亲民”实践上。

［注释］

[1]“只说‘明明德’而不说‘亲民’”以下二句：意谓心之明德的问题，佛、老亦类能言之，然“亲民”等关乎社会政治的实践，却是儒家的本领而非佛、老所能言。

【91】至善者性也，性元无一毫之恶，故曰至善。止之，是复其本然而已。

【92】问：“知至善即吾性[1]，吾性具吾心，吾心乃至善所止之地，则不为向时之纷然外求，而志定矣。定则不扰，不扰而静，静而不妄动则安，安则一心一意只在此处。千思万想，务求必

得此至善，是能虑而得矣。如此说，是否？”先生曰：“大略亦是。”

［注释］

[1]“知至善即吾性”以下十二句：大致是对《大学》“知止”之后，便能逐一实现“定”“静”“安”“虑”“得”之实效的描述。关键在于能否由“吾心”的立场出发，来打通上述五个关节。阳明对此表示了认同。

【93】问：“程子云‘仁者以天地万物为一体’[1]，何墨氏‘兼爱’反不得谓之仁[2]？”先生曰：“此亦甚难言，须是诸君自体认出来始得。仁是造化生生不息之理，虽弥漫周遍，无处不是，然其流行发生，亦只有个渐，所以生生不息。如冬至一阳生，必自一阳生，而后渐渐至于六阳[3]。若无一阳之生，岂有六阳？阴亦然。惟其渐，所以便有个发端处；惟其有个发端处，所以生；惟其生，所以不息。譬之木，其始抽芽，便是木之生意发端处；抽芽然后发干，发干然后生枝生叶，然后是生生不息。若无芽，何以有干有枝叶？能抽芽，必是下面有个根在。有根方生，无根便死。

天地之大德曰生。生生不息须有个“发端”。

兼爱便没有“发端处”，犹如无根之木，便不是生生不息。

无根何从抽芽？父子、兄弟之爱，便是人心生意发端处，如木之抽芽。自此而‘仁民’而‘爱物’[4]，便是发干生枝生叶。墨氏兼爱无差等，将自家父子、兄弟与途人一般看，便自没了发端处；不抽芽便知得他无根，便不是生生不息，安得谓之仁？‘孝弟为仁之本’[5]，却是仁理从里面发生出来。”

[注释]

[1] 程子：程颢。 [2] 墨氏：墨翟（dí），先秦墨家的创始者，主“兼爱”。 [3] 六阳：十一月冬至，一阳复生，逐渐生长，至六月之间，称为六阳。 [4] 自此而“仁民”而“爱物”：此句是孟子重要的仁学思想，意谓对他人要亲善，对百姓要爱护，进而对于一切生物也要有一颗仁爱之心，他说：“亲亲而仁民，仁民而爱物。”（《尽心上》） [5] 孝弟为仁之本：此句有两种解释，一者以为孝悌是实践仁的着手处，“本”释作“开端”；一者以为孝悌是实践仁的根本，“本”理解为“根本”。理学家多取后者之意。弟，同“悌”，恭敬兄长。

[点评]

本条涉及如何评价儒家仁爱的爱有差等思想与墨家兼爱的爱无差等思想的问题。问者以为若按照程颢“万物一体”的思想，对于人己物我理应一视同仁，那么，墨家兼爱也应当是符合“仁”的思想。然而，阳明强调

“仁”所体现的是一种“生生不息”的精神，而“生生”有一个“渐”的过程，也就是生生的发端。他打了一个比方，树木生长须有根，而后抽芽，然后有枝有叶，所以最为重要的是“根”。同样，仁爱也有一个“渐”的过程，须从父子兄弟之爱做起，这就是“仁”的“生意发端处”，然后渐次扩充发展整个天下，才能实现儒家的“仁民爱物”的终极理想。与此相反，墨家所谓的兼爱则是主张“爱无差等”，将自己的父子兄弟视同路上的陌生人一般看，这就欠缺了“渐”的环节，也就没有了“开端处”。由此推论，所谓兼爱就好比无根之木，没有了抽芽、枝叶生长的过程，也就没有了“生生不息”的过程，故而不得称之为“仁”。

阳明的上述思想非常重要，他注意到儒家的“仁爱”并不是一种抽象的爱，而是一种具体的普遍之爱。一方面，仁爱要从家庭人伦的“孝悌”做起，这就是具体之爱；另一方面，又通过渐次扩充的过程，实现对天下所有的“民”和“物”的仁爱，这就使得仁爱具有了普遍性。总之，仁之爱具有具体普遍性之特征，仁既是“生生不息”之根本，也体现了“万物一体”的精神。

【94】问：“延平云‘当理而无私心’[1]，当理与无私心如何分别？”先生曰：“心即理也。无私心即是当理，未当理便是私心。若析心与理言之，恐亦未善。”

又问："释氏于世间一切情欲之私都不染着，似无私心。但外弃人伦，却似未当理[2]。"曰："亦只是一统事，都只是成就他一个私己的心。"[3]

[注释]

[1] 当理而无私心：凡事要做到合乎理而无私欲之心。语见朱熹《延平答问》下。当：符合，恰当。 [2] 似：他本作"是"。 [3] 此条下方，南本有"右门人陆澄录"六字。

以下薛侃录

【95】侃问："持志如心痛，一心在痛上，安有工夫说闲语，管闲事？"先生曰："初学工夫，如此用亦好。但要使知'出入无时，莫知其乡'。心之神明，原是如此工夫，方有着落。若只死死守着，恐于工夫上又发病。"[1]

［注释］

[1] 本条与第 24 条后之一条的内容重叠，陈荣捷《集评》本判定陆澄所录为"衍文"，而保留薛侃此录，其判定或有误，参见第 24 条"点评"。据底本邓艾民考证，闾东本、宋本、南本均无薛侃此条。

【96】侃问："专涵养而不务讲求，将认

忽略知识，将导致"认欲为理"！

欲作理，则如之何？”先生曰：“人须是知学，讲求亦只是涵养。不讲求只是涵养之志不切。”曰：“何谓知学？”曰：“且道为何而学？学个甚？”曰：“尝闻先生教，学是学存天理。心之本体即是天理，体认天理只要自心地无私意。”曰：“如此则只须克去私意便是，又愁甚理欲不明？”曰：“正恐这些私意认不真。”曰：“总是志未切。志切，目视耳听皆在此，安有认不真的道理？是非之心，人皆有之，不假外求。讲求亦只是体当自心所见，不成去心外别有个见。”

[点评]

这里所说的“讲求”，是指对知识的追求，接近于格物致知的意思。因此，涵养与讲求的关系类似于涵养与穷理的关系。按照程朱理学的观点，“涵养须用敬，进学则在致知”，将涵养与致知看作是两项基本工夫。然而事实上，朱子已经意识到这两种工夫是彼此依赖、相互促进的关系，例如他说：“涵养中自有穷理的功夫，穷其所养之理；穷理中自有涵养功夫，养其所穷之理。”（《朱子语类》卷九）甚至明确提出“自格物致知以至于诚意正心，不是两事”（《朱子文集》卷五十六《答方宾王谊》第一书）“持敬格物功夫本不相离”（《朱子文集》卷五十五《答苏晋叟》第三书）的观点。

但是在阳明看来，朱子学乃是一种追求章句训诂的支离之学，把儒家的各种工夫割裂得不成样子，而他自己对朱子的为学工夫作了根本的扭转，将涵养与致知的工夫视作同一个过程，都是基于“心之本体”的工夫，向外穷理被收摄在内心用功、克去己私的领域之内，所以得出了“讲求亦只是体当自心”的结论。归结而言，阳明学注重心体上用功的为学方法，确与程朱理学的格物致知理论存在方向上的根本差异，这是毋庸讳言的。例如针对程朱理学的格物论，阳明强调：“君子之学以明其心，其心本无昧也。而欲为之蔽，习为之害，故去蔽与害而明复，匪自外得也。”（《全集》卷七《别黄宗贤归天台序·壬申》）

【97】先生问在坐之友：“比来工夫何似[1]？”一友举虚明意思。先生曰：“此是说光景[2]。”一友叙今昔异同，先生曰：“此是说效验。”二友惘然，请是。先生曰：“吾辈今日用功，只是要为善之心真切。此心真切，见善即迁，有过即改[3]，方是真切工夫。如此，则人欲日消，天理日明。若只管求光景，说效验，却是助长外驰病痛[4]，不是工夫。”

［注释］

[1] 比来：近来。何似：如何。 [2] 光景：影像，情状。作为真切实在的反义词，阳明常常以此批评不脚踏实地做工夫，而把良知当作一种“光景玩弄”的现象。 [3] 见善即迁，有过即改：即著名的“迁善改过”的思想，出自《易·益卦象》“君子以见善则迁，有过则改”。 [4] 外驰：向外驰骋、追逐。喻指程朱理学的“今日格一物，明日格一物”的即物穷理就是一种向外驰骋和追逐的工夫。

【98】朋友观书，多有摘议晦庵者[1]。先生曰：“是有心求异，即不是。吾说与晦庵时有不同者，为入门下手处有毫厘千里之分[2]，不得不辨；然吾之心与晦庵之心，未尝异也。若其余文义解得明当处，如何动得一字？”

［注释］

[1] 晦庵：朱子之号。 [2] 毫厘千里：差以毫厘，谬以千里。

［点评］

关于朱子与阳明的思想分歧，并不像这里所说的只是“入门下手处”存在分歧，更重要的是在“心即理”等思想观念上，朱子理学与阳明心学存在根本的理路分歧，这一点是毋庸讳言的。至于“入门下手”的工夫层面所存在的差异，则是随之而来的结果。不过，阳明在这里所批评的是，年轻一辈的友人门生不应轻易妄议前辈学者，这是古人非常重视的为人处世的基本礼仪。至于阳明所说，朱子的经典解释若有“得当”之处，亦不可改动一字，应当是出自真心。这表明尽管在观点上，阳明与朱子多有分歧，但是阳明仍然对朱子表示了极大的尊重。

【99】希渊问[1]：“‘圣人可学而至’[2]，然伯夷、伊尹于孔子才力终不同[3]，其同谓之圣者安在[4]？”先生曰：“圣人之所以为圣，只是其心纯乎天理，而无人欲之杂。犹精金之所以为精，但以其成色足而无铜铅之杂也。人到纯乎天理方是圣，金到足色方是精。然圣人之才力，亦有大小不同，犹金之分两有轻重。尧、舜犹万镒[5]，文王、孔子犹九千镒，禹、汤、武王犹七八千镒，伯夷、伊尹犹四五千镒。才力不同，而纯乎天理则同，皆可谓之圣人。犹分两虽不同，而足色则同，皆可谓之精金。以五千镒者而入于万镒之中，其足色同也。以夷、尹而厕之尧、孔之间[6]，其纯乎天理同也。盖所以为精金者，在足色而不在分两；所以为圣者，在纯乎天理而不在才力也。

每个人的力量有所不同，对社会的贡献也有差异，即便如圣人尧舜、孔子亦有所不免。

金到足色始为金，人心纯乎天理始为圣。

故虽凡人而肯为学，使此心纯乎天理，则亦可为圣人。犹一两之金比之万镒，分两虽悬绝，而其到足色处，可以无愧。故曰‘人皆可以为尧舜’者以此[7]，学者学圣人，不过是去人欲而存天理耳，犹炼金而求其足色。金之成色所争不多，则锻炼之工省，而功易成，成色愈下则锻炼愈难。人之气质，清浊粹驳，有中人以上，中人以下。其于道，有生知安行、学知利行[8]。其下者[9]，必须人一己百，人十己千，及其成功则一。后世不知作圣之本是纯乎天理，却专去知识才能上求圣人。以为圣人无所不知，无所不能，我须是将圣人许多知识才能，逐一理会始得。故不务去天理上着工夫，徒弊精竭力，从册子上钻研，名物上考索，形迹上比拟，知识愈广而人欲愈滋，才力愈多而天理愈蔽。正如见人有万镒精金，不务锻炼成色，求无愧于彼之精纯，而乃妄希分两，务同彼之万镒。锡铅铜铁杂然而投，分两愈增而成色愈下，既其梢末，无复有金矣。”

时曰仁在傍，曰：“先生此喻足以破世儒支离之惑，大有功于后学。”先生又曰：“吾辈用功

宋淳熙二年（1175）“鹅湖之会”之际，陆九渊以“支离事业竟浮沉”之诗句来暗讽朱子之学为“支离”。王阳明也有“支离羞作郑康成”（《月夜二首·与诸生歌于天泉桥》，《全集》卷二十）的诗句，用以讥刺朱子为支离之学。

只求日减，不求日增。减得一分人欲，便是复得一分天理。何等轻快脱洒！何等简易！”

［注释］

[1] 希渊：蔡宗兖，字希渊，号我斋，山阴（今浙江绍兴）人，正德十二年（1517）进士，阳明早年弟子。 [2] 圣人可学而至：圣人是每个人可以通过学习而实现的。源自周敦颐“圣可学”的思想，程颐始敷衍成“圣人可学而至”，对后世士大夫追求圣人之学、立志成圣产生了广泛影响。 [3] 伯夷：商末孤竹国君主之长子，与其弟叔齐齐名，商亡而不食周黍，饿死首阳山。伊尹：商朝贤相，助汤伐桀。 [4] 同谓之圣者：为孟子语：“伯夷，圣之清者也。伊尹，圣之任者也。柳下惠，圣之和者也。”（《万章上》） [5] 镒（yì）：古时重量单位，合二十两；一说二十四两。 [6] 厕（cè）：排列。 [7] 人皆可以为尧舜：人人都可以成为像尧舜那样的圣人，见《孟子·告子下》。 [8] 有生知安行、学知利行：有的人是“生而知之”或“安而行之”，有的人是“学而知之”或“利而行之”。见《中庸》第二十章。 [9] “其下者”以下四句：意谓资质鲁钝并不可怕，只要是他人做一份努力而自己做十份努力，他人做十份努力而自己做千份努力，就一定会成功。语见《中庸》第二十一章。

［点评］

本条即著名的“精金喻圣”，其核心观点是：学者学圣人的关键在于，通过去人欲、存天理的工夫，使得自己的心体达到“纯乎天理”的境界，也就是圣人的境界，而不在于从知识才能上去学做圣人。阳明打了一个比方，如金子之所以为金子，关键在于金子是否是“足色”而不在于金子的份量多少。但是，阳明的比喻却留下了一个莫大的疑问，他把尧舜比作“一万镒”，却把文王和孔子比作“九千镒”，武王则只有“七八千镒”，这就引起了弟子们的质疑。因为很显然，在当时人的心目中，孔子乃是十全十美的“至圣先师”，怎么可能少了份量？因此有弟子名叫董克刚就提出了质疑：“《传习录》中以精金喻圣，极为明切。惟谓孔子分两不同万镒之疑，虽曾有躯壳起念之说，终是不能释然。”（底本引朱得之《稽山承语》，又见《集评》“传习录拾遗”第37条）又见第107条，也有人提出了同样的质疑。对此，阳明有更详尽的解说，仍然坚持上述的立场。

阳明之所以说“然圣人之才力，亦有大小不同”，并且用一串数字进行排比，事实上，这“才力”两字另有深意。在阳明看来，圣人之所以为圣人，无疑是因为圣人之心“纯乎天理”，然而从尧舜到孔子，这些圣人对于整个社会国家所产生的作用及其影响却是有差异的，这就表现为“才力之不同”。同样是圣人的孔子，由于孔子只是“素王”，因此他的社会事功就无法跟尧舜相比。关于这一点，阳明虽然没有明说，但显然在其比喻中已经蕴含了这层意思。当然，也有从不同的角度出发得出了不同的结论，例如朱子就认为，若从历史文化的角度看，孔子在文化上立言垂训，其功在千秋万代，故说：“若吾夫子则虽不得其位，而所以继往圣、开来学，其功反有贤于尧舜者。”（《中庸章句序》）然而，王阳明更推重尧舜能做到“平章百姓，协和万邦”的事功，因此，尧舜

毕竟贤于孔子，他说："中国圣人，以尧舜为最。"（《谏迎佛疏》，《全集》卷九）

不过讲到最后，"精金喻圣"的旨趣还是回到了原点：即再三强调此心纯乎天理的重要性。正是基于这一立场，所以阳明针对现实社会中所存在的"不知作圣之本是纯乎天理，却专去知识才能上求圣人"的现象进行了猛烈的批判，他甚至采用了一系列排比句，尖锐指出：后世学者往往"从册子上钻研，名物上考索，形迹上比拟，知识愈广而人欲愈滋，才力愈多而天理愈蔽"，对于忘却本心涵养而竭力外求知识的这股社会风气深感痛惜。可见，"精金喻圣"的思想意义就在于通过对理学的批判以凸显心学的立场。

【100】士德问曰[1]："格物之说，如先生所教，明白简易，人人见得。文公聪明绝世[2]，于此反有未审，何也？"先生曰："文公精神气魄大，是他早年合下便要继往开来[3]，故一向只就考索著述上用功。若先切己自修，自然不暇及此。到得德盛后，果忧道之不明。如孔子退修六籍，删繁就简，开示来学，亦大段不费甚考索。文公早岁便著许多书，晚年方悔，是倒做了。"

朱子晚年自悔学问"倒做了"。

士德曰："晚年之悔，如谓'向来定本之悟'[4]，又谓'虽读得书，何益于吾事'[5]，又谓'此与守书籍，泥言语，全无交涉’[6]，是他到此方悔从前用功之错，方去切己自修矣[7]。”曰：“然。此是文公不可及处，他力量大，一悔便转。可惜不久即去世，平日许多错处皆不及改正。”

［注释］

[1] 士德：杨骥，字士德，广东潮州人，阳明弟子，为粤中王门的重要传人。见《明儒学案》卷三十。 [2] 文公：朱子的谥号。 [3] 合下：当下、即时。 [4] 向来定木之悟：朱子语，见《朱子文集》卷四十六《答黄直卿》第二书。原书无“定本”二字。 [5] 虽读得书，何益于吾事：朱子语，见《朱子文集》卷四十七《答吕子约》第二十六书。 [6] 此与守书籍，泥言语，全无交涉：朱子语，见《朱子文集》卷四十《答何叔京》第十三书。 [7] 以上所引三段所谓朱子“晚年之悔”语，均见阳明《朱子晚年定论》。

【101】侃去花间草，因曰：“天地间何善难培，恶难去？”先生曰：“未培未去耳。”少间，曰：“此等看善恶，皆从躯壳起念[1]，便会错。”侃未达。曰：“天地生意，花草一般，何曾有善恶之分？子欲观花，则以花为善，以草为恶；如欲用草时，复以草为善矣。此等善恶，皆由汝心好恶所生，故知是错。”

曰："然则无善无恶乎？"曰："无善无恶者理之静，有善有恶者气之动。不动于气，即无善无恶，是谓至善。"曰："佛氏亦无善无恶[2]，何以异？"曰："佛氏着在无善无恶上，便一切都不管，不可以治天下。圣人无善无恶[3]，只是无有作好，无有作恶，不动于气。然遵王之道，会其有极，便自一循天理，便有个裁成辅相[4]。"

"无善无善是谓至善"正可用来解释阳明晚年"四句教"之首句"无善无善心之体"。

曰："草既非恶，即草不宜去矣。"曰："如此却是佛、老意见。草若有碍，何妨汝去？"曰："如此又是作好、作恶？"曰："不作好恶，非是全无好恶，却是无知觉的人。谓之不作者，只是好恶一循于理，不去又着一分意思。如此，即是不曾好恶一般。"曰："去草如何是一循于理，不着意思？"曰："草有妨碍，理亦宜去，去之而已。偶未即去，亦不累心。若着了一分意思，即心体便有贻累，便有许多动气处。"

曰："然则善恶全不在物？"曰："只在汝心循理便是善，动气便是恶。"曰："毕竟物无善恶。"曰："在心如此，在物亦然。世儒惟不知此，舍心逐物，将格物之学错看了，终日驰求于外，

善恶在心而不在物。

孟子批评告子之学为“义袭而取”（《公孙丑上》）。朱子释曰：“由只行一事偶合于义，便可掩袭于外而得之。”（《孟子集注》）

只做得个义袭而取，终身行不著，习不察[5]。”

曰：“‘如好好色，如恶恶臭’[6]，则如何？”曰：“此正是一循于理，是天理合如此，本无私意作好作恶。”曰：“‘如好好色，如恶恶臭’，安得非意？”曰：“却是诚意，不是私意。诚意只是循天理。虽是循天理，亦着不得一分意。故有所忿懥、好乐则不得其正[7]，须是廓然大公，方是心之本体。知此即知未发之中。”

伯生曰[8]：“先生云‘草有妨碍，理亦宜去’，缘何又是躯壳起念？”曰：“此须汝心自体当。汝要去草，是甚么心？周茂叔窗前草不除[9]，是甚么心？”

[注释]

[1] 躯壳（qiào）起念：形容一个人的意识不是由心体的直接发动，而是任由身体的生理本能来决定，故其所发者必然是为了满足身体欲望的一己之私意。躯壳，身体、形体。　[2] 佛氏亦无善无恶：指《坛经》“不思善，不思恶”。　[3]“圣人无善无恶”以下六句：圣人之心之所以是“无善无善”，原因在于圣人能做到消除好恶之念，做到“无有作好”或“无有作恶”，以使自己的心体不受气的牵引，这也就实现了《尚书·洪范》所说的“遵王之道”“会有其极”。极，极至，一释作“中”。　[4] 裁成：成就。辅相：辅助。见《易·泰卦·象辞》“天地交，泰。后以裁成天地

之道，辅相天地之宜”。 [5] 行不著，习不察：意谓天道的存在对于一般人而言，他们往往在行为上不明显地表现出来，在生活中也没有明确的觉察。见《孟子·尽心上》：“行之而不著焉，习矣而不察焉，终身由之而不知其道者，众矣”。 [6] 如好好色，如恶恶臭：一个人情感的直接表露，就好比看到漂亮的颜色就喜欢，遇到恶臭便讨厌。语见《大学》。 [7] 有所忿懥（zhì）、好乐则不得其正：一个人的情感若偏向于愤怒或偏向于好乐，都不是心体的正确表现。语见《大学》：“所谓修身在正其心者，身有所忿懥，则不得其正；有所恐惧，则不得其正；有所好乐，则不得其正”。懥，忿恨。 [8] 伯生：孟源。见第 19 条注。 [9] 周茂叔：周敦颐（1017—1073），字茂叔，道州营道（今湖南道县）人。所谓“窗前草不除”体现了理学家周敦颐的好生之德以及对天地生意的尊重。语见程颢《程氏遗书》卷三：“周茂叔窗前草不除去。问之，云‘与自家意思一般’。”

[点评]

本条即著名的“去花间草”章。阳明与弟子薛侃就善恶究竟在心还是在物等重要理论问题展开了长篇对话，阳明对此问题也进行了充分的阐释。话题从为何世界上“善”比较少见而“恶”往往层出不穷的问题谈起，接着以“去花间草”这一日常行为为例，进而探讨的一个根本问题是，善恶究竟何在？是在行为者的心里还是在行为者的对象身上？对此，阳明通过一问一答的方式，将问题不断引向深入，最终逼出了阳明的一个重要观点：“无善无恶者理之静，有善有恶者气之动；不动于气，无善无恶，是谓至善”。

表面看，这是从“理气”的角度来探讨善恶问题，其实，就“不动于气”这句表述看，显然，这是指向人心问题领域，是指心体不为气之所动，若能做到这一点，那么，心体就达到了“无善无恶”的境界，因而“无善无恶”并不是人性论问题领域中的命题，而是心之本体的问题，意谓从心之本体的角度看，最为理想的本来应有之状态是“无善无恶”，也就是对经验层面的人心善恶之状态的超越，既然如此，那么无善无恶就等于说达到了“至善”的境地。以上观点乃是阳明在“去花间草”章中所表达的核心观点。

进而阳明引用了《尚书》的一些记载，表示圣人之心所达到的“无善无恶”之境界，即《尚书》中的“无所作好”“无有作恶”“无偏无党”“无反无侧”等意，实现了恰到好处、无所偏倚的正中状态，由此，圣人心体也就必然是“无善无恶”的。如果我们能以圣人为榜样，将自己平时的“好恶”意识完全按照“理”来运作，叫做“一循于理，不去又着一分意思”的话，那么，也就能同样实现无善无恶的理想境界。归根结底，善恶在心而不在物，“物无善恶”，因此，使心体“一循天理”而动，不着一丝一毫的私意，就是符合“心之本体”的行为，就能实现“廓然大公”“未发之中”。至于“草”应不应该“除掉”，也只有依靠自己本心去判断，此即“须汝心自体当”之意。

总之，上述对话充分展现了阳明心学的立场，将善恶问题纳入人心意识领域来审视，以防人们将善恶视作外物现象而放松对自己心体意识的根本追问。

【102】先生谓学者曰："为学须得个头脑工夫[1]，方有着落。纵未能无间，如舟之有舵，一提便醒。不然，虽从事于学，只做个义袭而取，只是行不著，习不察，非大本、达道也。"

又曰："见得时，横说竖说皆是。若于此处通，彼处不通，只是未见得。"

工夫须有"头脑"犹如行船须有个"舵"，为其把持方向。

[注释]

[1] 头脑：在阳明学的思想词典中，是喻指心体或良知，这里所谓"头脑工夫"，其实就是"本体工夫"之意，意为任何工夫都须由本体来主宰、引导。否则，就是"冥行"。

【103】或问为学以亲故，不免业举之累[1]。先生曰："以亲之故而业举为累于学，则治田以养其亲者，亦有累于学乎？先正云'惟患夺志'[2]，但恐为学之志不真切耳。"

科举读书并不妨碍做成圣成贤的真学问。阳明《寄闻人邦正邦英·戊寅》："若是原无求为圣贤之志，虽不业举，日谈道德，亦只是成就得务外好高之病而已。此昔人所以有不患妨功，惟患夺志之说也。"(《全集》卷四)

[注释]

[1] 业举：科举、举业。 [2] 先正：先辈。惟患夺志：见《程氏外书》卷十一："故科举之事，不患妨功，惟患夺志。"朱子采入《近思录》卷七，以为程颐语。

【104】崇一问[1]："寻常意思多忙，有事因

忙，无事亦忙，何也？”先生曰：“天地气机，元无一息之停；然有个主宰，故不先不后，不急不缓，虽千变万化，而主宰常定，人得此而生。若主宰定时，与天运一般不息，虽酬酢万变，常是从容自在，所谓‘天君泰然，百体从令’[2]。若无主宰，便只是这气奔放，如何不忙？”

［注释］

[1] 崇一：余善，字崇一，号土斋，广东潮阳人，少从陈献章学，后由薛侃引见，入阳明门下。参《薛侃集》卷七《余土斋传》。 [2] 天君泰然，百体从令：见宋代范俊《心箴》，朱子《孟子集注·告子篇上》引此语。天君，心。百体，身体各部。

为学与为人都一样，要“务实”而不能“好名”。

【105】先生曰：“为学大病在好名。”侃曰：“从前岁自谓此病已轻，比来精察，乃知全未。岂必务外为人，只闻誉而喜，闻毁而闷，即是此病发来。”曰：“最是。名与实对，务实之心重一分，则务名之心轻一分；全是务实之心，即全无务名之心；若务实之心如饥之求食，渴之求饮，安得更有工夫好名？”

又曰：“‘疾没世而名不称’[1]，称字去声读，亦‘声闻过情，君子耻之’之意[2]。实不称名，生犹可补，没则无及矣。‘四十五十而无闻[3]’，是不闻道，非无声闻也。孔子云‘是闻也，非达也[4]’，安肯以此望人？”

［注释］

[1] 疾没世而名不称（chèn）：见《论语 · 卫灵公》：“君子疾没世而名不称焉。”称，相符，名实相符。 [2] 声闻过情，君子耻之：见《孟子 · 离娄下》。 [3] 四十五十而无闻：见《论语 · 子罕》：“四十五十而无闻焉，斯亦不足畏也矣。”闻，名声、出名。 [4] 是闻也，非达也：意谓“不闻道”而导致默默无闻，这是“闻”的问题，而不是“达”的问题。《论语 · 颜渊》载孔子语：“夫达也者，质直而好义，察颜而观色，虑以下人，在邦必达，在家必达。”达，通达，行得通。

【106】侃多悔。先生曰：“悔悟是去病之药，然以改之为贵[1]。若留滞于中，则又因药发病。”

阳明：“人言不如自悔之真。”（《传习录拾遗》第46条）

［注释］

[1] 改之为贵：见《论语 · 子罕》：“法语之言，能无从乎？改之为贵。”

［点评］

本条论“悔”。悔是指悔过、悔改，是一种反省自察的道德意识。阳明对此非常重视，他甚至专门撰述了《悔斋说 · 癸酉》一文，将“悔”提升到“善之端”“诚之复”“善恶之分”“诚伪之关”的高度来加以肯定，他说：“悔者，善之端也，诚之复也。君子悔以迁于善，小人悔以不敢肆其恶。……故悔者，善恶之分也，诚伪之关也，吉凶之机也。君子不可以频悔，小人则幸其悔而或不甚焉耳。”（《全集》卷二十四）

用心体思考，而不能任由躯体起念。

【107】德章曰[1]：“闻先生以精金喻圣，以分两喻圣人之分量，以锻炼喻学者之工夫，最为深切。惟谓尧、舜为万镒，孔子为九千镒，疑未安。”先生曰：“此又是躯壳上起念，故替圣人争分两。若不从躯壳上起念，即尧舜万镒不为多，孔子九千镒不为少；尧舜万镒只是孔子的，孔子九千镒只是尧舜的，原无彼我。所以谓之圣，只论精一，不论多寡。只要此心纯乎天理处同，便同谓之圣。若是力量气魄，如何尽同得？后儒只在分两上较量，所以流入功利。若除去了比较分两的心，各人尽着自己力量精神，只在此心纯天理上用功，即人人自有，个个圆成[2]，便能大以成大，小以成小，不假外慕，无不具足。此便是实实落落明善诚身的事。后儒不明圣学，不知就自己心地良知良能上体认扩充，却去求知其所不

知，求能其所不能，一味只是希高慕大，不知自己是桀纣心地，动辄要做尧舜事业，如何做得？终年碌碌，至于老死，竟不知成就了个甚么，可哀也已！”

人的一生碌碌无为而“至于老死”的原因就在于不知充分发挥自己的心地良知，却去追求“知其所不知”“能其所不能”。

［注释］

[1] 德章：疑即袁庆麟（约 1455—1519），字德章，晚号云峰，江西雩都（于都）人。 [2] 人人自有，个个圆成：为禅宗语，又作“人人具足，个个圆成”，禅书中多见，如圆悟克勤（1063—1135）《圆悟语录》卷十一、《碧岩录》第 62 册；楚石梵琦（1290—1370）《梵琦禅师语录》卷七，等等。相关考证，详参《集评》本条注。

［点评］

本条又论“精金喻圣”。所提的问题与第 99 条“点评”中所引董克刚的提问相同，仍然纠缠于孔子为何只有“九千镒”的问题。这次阳明坦率指出“若是力量气魄，如何尽同得”的观点，意为圣人的力量也是不尽相同的。然而与此同时，阳明又再次强调“所以谓之圣，只论精一，不论多寡”的观点，意为从本质上讲，同为圣人的唯一条件是，只须看“此心纯乎天理处同”便足矣。接着阳明利用一些禅语强调人人“只在此心纯天理上用功”，便可证明每个人的心体良知是“人人自有，个个圆成”“不假外慕，无不具足”的，这也就是“自己心地良知良能”，意为作为本体存在的良知良能是每个人生而具有、不假外求、圆满具足的。

这里须指出两点，第一，阳明虽然采用一些禅宗的语言，但是经过阳明的心学再诠释，“人人自有”“个个圆成”“无不具足”等说法，已然化为阳明良知学的重要概念，而并不意味着阳明良知学是受禅宗影响的结果；第二，向来以为阳明致良知的提出是在49岁，然而我们从本条以及上面的第8条阳明所言“良知”可以印证阳明晚年的回忆是确切的：在龙场时，已悟出了良知两字，只是点此两字不出（参见第8条“点评”）。当然，将良知理论化并正式揭示“致良知”三字，则需等到1520年。

【108】侃问：“先儒以心之静为体[1]，心之动为用。如何？”先生曰：“心不可以动静为体用。动静，时也，即体而言用在体，即用而言体在用，是谓‘体用一源’。若说静可以见其体，动可以见其用，却不妨。”

阳明《答伦彦式·辛巳》：“心无动静者也。其静也者，以言其体也；其动也者，以言其用也。故君子之学，无间于动静。”（《全集》卷五）

［注释］

[1]“先儒以心之静为体”以下二句：以动静分心之体用，以为心之体为静，心之用为动。语见程颐《与吕大临论中书》：“心一也，有指体而言者，寂然不动是也；有指用而言者，感而遂通天下之故是也。”（《河南程氏文集》卷九）

【109】问："上智下愚如何不可移[1]？"先生曰："不是不可移，只是不肯移。"

据陈荣捷考证，"不肯移"一说，程颐已言之，见《程氏遗书》卷十八（《集评》本条注）。

［注释］

[1]上智下愚如何不可移：即孔子著名的"唯上智与下愚不移"（《论语·阳货》）的观点。这里涉及"不移"是指能力上不可移还是意愿上不肯移的问题。

【110】问"子夏门人问交"章[1]。先生曰："子夏是言小子之交，子张是言成人之交。若善用之，亦俱是。"

［注释］

[1]子夏门人问交：讨论的是孔子门人子夏与子张关于如何与人交往的问题。语见《论语·子张》："子夏之门人问交于子张。子张曰：'子夏云何？'对曰：'子夏曰：可者与之，其不可者拒之。'子张曰：'异乎我所闻。君子尊贤而容众，嘉善而矜不能。……'。"

【111】子仁问[1]："'学而时习之，不亦说乎'，先儒以学为效先觉之所为[2]，如何？"先生曰："学是学去人欲，存天理；从事于去人欲，存天理，则自正。诸先觉考诸古训，自下许多

问辨思索、存省克治工夫；然不过欲去此心之人欲，存吾心之天理耳。若曰‘效先觉之所为’，则只说得学中一件事，亦似专求诸外了。‘时习’者，‘坐如尸’[3]，非专习坐也，坐时习此心也；‘立如斋’，非专习立也，立时习此心也。‘说’是‘理义之说我心’之‘说’[4]，人心本自说理义，如目本说色，耳本说声，惟为人欲所蔽所累，始有不说。今人欲日去，则理义日洽浃[5]，安得不说？”

“乐是心之本体”，参见第166条。

[注释]

[1] 子仁：栾惠，字子仁，衢州府西安县（今柯城区）人，阳明弟子。《衢州府志》卷十六有传。 [2] 先儒以学为效先觉之所为：为学需要仿效前辈“先觉”做学问的方法。语本朱子《论语集注·学而篇》：“学之为言效也。人性皆善，而觉有先后。后觉者，必效先觉之所为，乃可以明善而复其初也。” [3] 坐如尸：与下文“立如斋”均出自《礼记·曲礼》。 [4] 理义之说（yuè）我心：理义会使我心获得快乐。语见《孟子·告子上》。说，快乐，同“悦”。 [5] 洽浃（qià jiā）：融洽，深入。

忠：尽己之谓忠；恕：推己之谓恕。忠恕之道即孔子之道，也是“一以贯之”之道。

【112】国英问[1]：“曾子三省虽切[2]，恐是未闻一贯时工夫[3]。”先生曰：“一贯是夫子见曾子未得用功之要，故告之。学者果能忠恕上用功，

岂不是一贯？一如树之根本，贯如树之枝叶，未种根，何枝叶之可得？体用一源，体未立，用安从生？谓‘曾子于其用处盖已随事精察而力行之，但未知其体之一’[4]，此恐未尽。”

［注释］

[1] 国英：陈杰，字国英，号万严，福建莆田人，正德三年（1508）进士，阳明弟子。《莆田县志》卷二十一有传。 [2] 曾子三省（xǐng）：孔子弟子曾参每天要做三次自我反省：“吾日三省吾身。与人谋而不忠乎？与朋友交而不信乎？传不习乎？”（《论语·学而》） [3] 恐是未闻一贯时工夫：意谓曾子恐怕未能了解孔子的“吾道一以贯之”的道理，语见《论语·里仁》：“子曰：‘参乎，吾道一以贯之。’曾子曰：‘唯。’子出，门人问曰：‘何谓也？’曾子曰：‘夫子之道，忠恕而已矣。’” [4] 曾子于其用处盖已随事精察而力行之，但未知其体之一：此二句为朱子注“一以贯之”章语，按照朱子的看法，曾子在工夫上已做到“随事精察”而且能力行之，只是还未能了解孔子“一以贯之”的道理，语见《论语集注·里仁篇》。

【113】黄诚甫问“汝与回也孰愈”章[1]。先生曰：“子贡多学而识，在闻见上用功；颜子在心地上用功，故圣人问以启之。而子贡所对又只在知见上，故圣人叹惜之，非许之也。”

故颜子已洞见“道体”。

［注释］

[1] 黄诚甫：黄宗明（？—1556），字诚甫，号致斋，浙江鄞县（今宁波市鄞州区）人，正德九年（1514）进士。“汝与回也孰愈：汝，指子贡。回，指颜回。愈，胜过。见《论语·公冶长》：“子谓子贡曰：‘汝与回也孰愈？’对曰：‘赐也何敢望回？回也闻一以知十，赐也闻一以知二。’子曰：‘弗如也，吾与汝弗如也。’”赐：子贡名。

［点评］

根据阳明对“汝与回也孰愈”章的解读，他认为子贡与颜回在为学方向上存在重大差异，子贡所追求的是在闻见知识上的“所学而识”之工夫，而颜回则已经能够做到“在心地上用功”，按阳明的术语，这里的“心地”与“心体”是同一个意思。换言之，在阳明看来，子贡是在闻见上做知识追求，颜回是在心体上做道德实践。因此，该章末尾的孔子之叹“弗如也，吾与汝弗如也”两句，只是表达了对颜回的赞赏而不是对子贡的赞许。结合前面讲到的“颜子没而圣学亡”（第77条）来看，我们可以清楚地了解，原来在阳明的心目中，能在心体直接着手用功的颜回才是孔门的“正派”，而子贡的“多学而识”的方法路数则意味着已经偏离了孔子的期望。接下来的一条也表明了阳明对颜回的极高评价。

【114】颜子不迁怒[1]，不贰过，亦是有未发之中，始能。

［注释］

[1]“颜子不迁怒”以下二句：颜子能做到不迁怒于他人，不重犯自己的过错。语见《论语·雍也》。

【115】“种树者必培其根，种德者必养其心。欲树之长，必于始生时删其繁枝；欲德之盛，必于始学时去夫外好。如外好诗文，则精神日渐漏泄在诗文上去。凡百外好皆然。”

又曰：“我此论学，是无中生有的工夫。诸公须要信得及，只是立志。学者一念为善之志，如树之种[1]，但勿助勿忘[2]，只管培植将去，自然日夜滋长，生气日完[3]，枝叶日茂。树初生时，便抽繁枝，亦须刊落[4]，然后根干能大；初学时亦然，故立志贵专一。”

［注释］

[1] 种：一本作“根”。 [2] 勿助勿忘：既不遗忘也不刻意助长。语见《孟子·公孙丑上》：“必有事焉而勿正，心勿忘，勿助长也。” [3] 完：一本作“充”。 [4] 刊落：删削。

［点评］

本条所说的“无中生有”一词，值得注意。表面看，这个说法有点荒唐，怎么可能说为学工夫是“无中生有”

的呢？然而根据阳明一贯反对“预先定一个规矩在”（第52条）的观点，我们就不难明白阳明的本意是说，为学工夫不能用什么外在的规矩去硬套而将行为纳入固有模式中，而是必须首先树立一种坚定的“信念”——即“立志”。按照阳明的说法，就是立定“圣人决然为人人可到”以及“一念为善”的意志。所以，这里所说的“信得及”，正如我们在后面将看到的那样，也是阳明喜欢使用的“口头禅”，此所谓“信”不是指宗教信仰，而是指主体存在的一种坚定信念，而在阳明看来，良知其实就是一种信念，因为良知绝不是单纯的概念。如果我们坚定良知信念，从根本处着手，就像种树必然先浇灌和培育树之根，然后树的枝叶自然会日渐长大茂盛。打个比方，这就好比从一无所有的地方，生长出一个参天大树。由此可见，“我此论学，是无中生有的工夫”只是一个比喻性说法，这是说为学工夫不能执定某种格套，而必须从看似一无所有的根本处着手，才是真正的为学工夫。

涵养工夫与求知工夫应当并重。参看下一条。

【116】因论先生之门，某人在涵养上用功，某人在识见上用功[1]。先生曰：“专涵养者，日见其不足；专识见者，日见其有余。日不足者，日有余矣；日有余者，日不足矣。”

［注释］

[1] 识见：向外求知。

【117】梁日孚问[1]："居敬、穷理是两事，先生以为一事，何如？"先生曰："天地间只有此一事，安有两事？若论万殊，礼仪三百[2]，威仪三千，又何止两？公且道居敬是如何？穷理是如何？"曰："居敬是存养工夫，穷理是穷事物之理。"曰："存养个甚？"曰："是存养此心之天理。"曰："如此，亦只是穷理矣。"曰："且道如何穷事物之理？'曰："如事亲便要穷孝之理，事君便要穷忠之理。"

曰："忠与孝之理在君、亲身上，在自己心上？若在自己心上，亦只是穷此心之理矣。且道如何是敬？"曰："只是主一[3]。""如何是主一？"曰："如读书便一心在读书上，接事便一心在接事上。"曰："如此，则饮酒便一心在饮酒上，好色便一心在好色上，却是逐物，成甚居敬功夫？"

日孚请问。

曰："一者，天理。主一是一心在天理上。若只知主一，不知一即是理，有事时便是逐物，无事时便是着空。惟其有事无事，一心皆在天理上用功，所以居敬亦即是穷理，就穷理专一处

居敬工夫若无"头脑"来指挥，便会落入"好色便一心在好色上"的窠臼。

说，便谓之居敬；就居敬精密处说，便谓之穷理，却不是居敬了别有个心穷理，穷理时别有个心居敬；名虽不同，功夫只是一事。就如《易》言‘敬以直内，义以方外’[4]，敬即是无事时义，义即是有事时敬，两句合说一件。如孔子言‘修己以敬’[5]，即不须言义；孟子言‘集义’，即不须言敬。会得时，横说竖说，工夫总是一般。若泥文逐句，不识本领，即支离决裂，工夫都无下落。”

有本领之工夫才是防止学问支离的关键。

问：“穷理何以即是尽性？”曰：“心之体，性也，性即理也。穷仁之理，真要仁极仁，穷义之理，真要义极义[6]，仁义只是吾性，故穷理即是尽性。如孟子说充其恻隐之心[7]，‘至仁不可胜用’，这便是穷理工夫。”

日孚曰：“先儒谓一草一木亦皆有理[8]，不可不察，如何？”先生曰：“夫我则不暇[9]。公且先去理会自己性情，须能尽人之性[10]，然后能尽物之性。”日孚悚然有悟[11]。

[注释]

[1] 梁日孚：梁焯（1483—1528），字日孚，号象峰，广东南海（今广东佛山禅城区）人，正德九年（1514）进士，从学阳明

于赣州。 [2]“礼仪三百”以下二句：是说商周时代遗留下来的各种礼仪准则有三百条，而与仪礼相关的行事准则有三千条之多，语见《中庸》第二十七章。 [3]主一：意为意识集中、高度专注。原为程颐解释“敬”字的一项定义：“主一无适”。 [4]敬以直内，义以方外：人应以恭敬之心来矫正内在的意识活动，以使内心正直，以正义等行事原则来应对外事，以求做事方正。语见《易·坤卦·文言》。 [5]修己以敬：修身实践须以“敬”为指导原则。语见《论语·宪问》。 [6]真：一本作“直”。 [7]“充其恻隐之心”以下二句：如果每个人都能充分扩展自己的恻隐之心——即“仁心”，那么，仁在整个社会就能发挥无穷尽的力量和作用。语见《孟子·尽心下》。 [8]“一草一木亦皆有理”以下二句：为程颐语：“求之性情，固是切于身，然一草一木亦有理，须是察。”(《程氏遗书》卷十八） [9]夫我则不暇：此为孔子语，意为对我来说，则没有这个闲暇工夫。语见《论语·宪问》：“子贡方人。子曰：‘赐也贤乎哉？夫我则不暇。’” [10]“须能尽人之性”以下二句：能做到充分实现人之性，就能让物之性也充分展现出来。语见《中庸》第二十章：“能尽人之性，则能尽物之性。” [11]悚(sǒng)然：震惊貌。

[点评]

本条讨论了两大问题，都与理学工夫论有关：一者就居敬与穷理的关系问题，阳明指出这两种工夫其实就是一事；二者就穷理与尽性的关系问题，阳明指出这两种工夫也同样是一件事。其实，这两个问题也就是一个问题：内在心性的涵养工夫与向外求知的穷理工夫，究竟是密不可分的一件事还是互不关联的两件事？

一般而言，根据理学工夫论的核心主张：“涵养须用敬，进学则在致知”，显然，将工夫实践设定为两个方面，前者主要是内心修养，后者主要是向外求知。所以，问题的讨论就自然从何谓居敬工夫谈起。对此，阳明弟子梁日孚套用程朱理学的惯用说法，以“主一”（即意识集中）来解释居敬，然而阳明却尖锐指出：如果按照这样的解释，那么，喝酒只要一心在喝酒上，好色只要一心在好色上，也能做到意识的高度集中，却不问这种行为本身的合理性，其结果可想而知，所谓意识集中的居敬工夫将沦落为违反道德价值的行为。也就是说，单纯地讲意识集中，却不问这种意识活动的主导者（即阳明喜欢使用的“头脑”）是谁，必将导致行为错乱、是非颠倒，由此，所谓的居敬工夫就失去了真正的价值。这就是阳明为何强调“不识本领，即支离决裂，工夫都无下落”的根本缘由所在。

按照阳明的主张，“一者，天理。主一是一心在天理上”，也就是说，所谓“主一”的居敬工夫必须由内心的天理来主宰，由于“心即理也”，所以，实际的主宰者也就是“心”，重要的是，此“心”非知觉经验之心，而是道德之本心。在阳明看来，无论是居敬还是穷理，在所有这些工夫的实践过程中，都必须听由“本心”的指挥和领导。故说“一心皆在天理上用功”，那么，居敬亦即是穷理，反之也一样，穷理亦即是居敬。至于穷理与尽性的关系问题，由于心即性，性即理，因此，穷仁之理、穷义之理，也就是尽吾性之仁义，“故穷理即是尽性”。

要之，阳明将《大学》的一系列工夫看成是一套系统，将格物致知与正心诚意纳入整套工夫论系统来加以审视，从而将两条腿走路的理学工夫论——涵养与穷理、格物与尽性打合为一。更重要的是，这种打通是建立在心学本体论的基础之上，即以心体为工夫论之原则，来贯穿《大学》乃至于儒家经典所涉及的所有工夫。及至晚年，阳明又以“良知”概念为核心，建构起一套致良知工夫。阳明思想的工夫论主张有一个重要特征，亦即以道德价值之本心为统摄一切工夫的依据，将所有向外求知的知识活动统摄在心体之中；与此同时，格物致知等外向工夫只要由心体的引领，也可与心性涵养工夫统一起来，而不至于一概排斥求知活动。

【118】惟乾问[1]：“知如何是心之本体？”先生曰：“知是理之灵处[2]。就其主宰处说，便谓之心；就其禀赋处说，便谓之性。孩提之童无不知爱其亲[3]，无不知敬其兄，只是这个灵能不为私欲遮隔，充拓得尽，便完完是他本体，便与天地合德[4]。自圣人以下不能无蔽，故须格物以致其知。”

［注释］

[1] 惟乾：冀元亨（1521 年卒），字惟乾，号闇斋，楚之武陵（今湖南常德）人。 [2] 知是理之灵处：知是理的灵妙作用。“灵”

字，一般用来描述心体的虚灵特征，这里是形容理显现为良知的过程中，具有一种虚灵特征。参见第32条。 [3]“孩提之童无不知爱其亲”以下二句：此为孟子著名的说法，用以论证良知良能是先天的道德能力，具有不学不虑的特征。语见《孟子·尽心上》。 [4] 合德：《易·乾卦·文言》：“圣人与天地合其德。”

[点评]

冀元亨在这里提出的问题，是接着徐爱所录的第8条“知是心之本体，心自然会知”而来。根据我们对第8条的分析，大家已经知道阳明清楚地表明他所说的“知”便是良知，因此本条中出现的几个“知”字，事实上，指的都是良知。这是理解本条的一个前提。阳明在此进一步强调良知是天理的一种显现，而这种显现必经由心体才有可能，由于心体具有“随感而应”（第21条）的灵妙之特征，所以说良知是心体天理的灵妙处。

重要的是，作为心之本体的良知正如孟子所说的那样，是不学而知、不虑而能的良知良能，只要不被私欲遮蔽，将其推广扩充到底，便是自足圆满的心之本体，便能实现与圣人那样，“与天地合其德”。然而，圣人以下的一般凡人在超凡入圣的过程中，心体不免受到种种外来物的负面影响，因此有必要通过格物（正其心之物）以“致其知”，这里最后的三个字“致其知”，按照上述的脉络来看，实质上，也就是致良知而不可能是朱子理学意义上的尽物之知。至此可见，阳明的“致良知”学说已经呼之欲出了。

【119】守衡问[1]：“《大学》工夫只是诚意[2]，诚意工夫只是格物。修齐治平，只诚意尽矣。又有‘正心之功，有所忿懥、好乐，则不得其正’，何也？”先生曰：“此要自思得之，知此则知未发之中矣。”守衡再三请。

诚意是格致诚正、修齐治平的工夫系统之核心。

曰：“为学工夫有浅深。初时若不着实用意去好善、恶恶，如何能为善、去恶？这着实用意便是诚意。然不知心之本体原无一物，一向着意去好善、恶恶，便又多了这分意思，便不是廓然大公。《书》所谓无有作好、作恶，方是本体。所以说‘有所忿懥、好乐，则不得其正’。正心只是诚意工夫里面体当自家心体，常要鉴空衡平[3]，这便是未发之中。”

朱子《大学或问》：“人之一心，湛然虚明，如鉴之空，如横之平，以为一身之主者，固其真体之本然。”

［注释］

[1] 守衡：似即郭持平，字守衡，号浅斋，据《万安县志》卷十二《郭持平传》，正德十二年（1517）进士，逾年朱宸濠反，郭从阳明参赞军谋。 [2]“《大学》工夫只是诚意”以下四句：这四句表明，阳明将“诚意”视作《大学》工夫的核心，并以诚意来贯穿整个工夫系统。语见阳明撰于1518年的《大学古本序·戊寅》（《全集》卷七），该《序》开首便曰：“《大学》之要，诚意而已矣。诚意之功，格物而已矣。”然其中未见“修齐治平，

只诚意尽矣"之说，或另有出处。 [3] 鉴空衡平：镜子照物的前提是镜子本身没有东西遮挡，衡量事物的秤杆必须先保证其本身的平衡。鉴，镜子。衡，秤杆。

［点评］

本条论诚意问题。阳明认为诚意是贯穿《大学》工夫系统的核心，而诚意工夫须保持心的虚灵本体，不能执一分意思，因为从本体意义上讲，心之本体是"原无一物"的。其实，在第 101 条的"无善无善者理之静""圣人无善无恶，只是无有作好，无有作恶"以及第 21 条的"心如明镜"、第 32 条的"虚灵不昧"等观点论述中，我们已经可以看到阳明强调的心体"原无一物"这层道理。这里阳明又引用朱子的"鉴空衡平"的比喻，进一步强调诚意之功的目标就在于保持心体的虚灵性（即朱子所谓的"湛然虚明"）。因为，只有这样才能保证心体的"随感而应"，犹如一面明镜须先保持自身的明亮本体，然后才能"无物不照"（第 21 条）"随物见形"（第 167 条）。阳明在这里所讲的诚意工夫看似抽象玄妙，特别是"原无一物"的说法涉及如何理解"有无"关系的理论问题，事实上，浅白地说，所谓诚意没有什么深奥难解的，也就是着实用意，认真做好为善去恶的工夫而已。

阳明《答人问良知二首》："良知即是独知时，此知之外更无知。"（《全集》卷二十）《咏良知四首示诸生》："无声无臭独知时，此是乾坤万有基。"（《全集》卷二十）

【120】正之问[1]："戒惧是己所不知时工夫[2]，慎独是己所独知时工夫。此说如何？"先生曰："只是一个工夫，无事时固是独知，有事

时亦是独知。人若不知于此独知之地用力，只在人所共知处用功，便是作伪，便是‘见君子而后厌然’[3]。此独知处便是诚的萌芽[4]，此处不论善念、恶念，更无虚假，一是百是，一错百错，正是王霸、义利、诚伪、善恶界头。于此一立立定，便是端本澄源，便是立诚。古人许多诚身的工夫，精神命脉全体只在此处。真是莫见莫显，无时无处，无终无始，只是此个工夫。今若又分戒惧为己所不知，即工夫便支离，亦有间断。既戒惧即是知[5]，己若不知，是谁戒惧？如此见解，便要流入断灭禅定。”

曰：“不论善念恶念，更无虚假，则独知之地更无无念时邪？”曰：“戒惧亦是念，戒惧之念无时可息。若戒惧之心稍有不存，不是昏聩，便已流入恶念。自朝至暮，自少至老，若要无念，即是己不知，此除是昏睡，除是槁木死灰。”

[注释]

[1] 正之：黄弘纲（1492—1561），字正之，号洛村，江西雩都（于都）人。正德十一年（1516）举人。 [2]“戒惧是己所不知时工夫”以下二句：戒慎恐惧是“己所不知”时的工夫，君

子慎其独的慎独工夫则是“己所独知”时的工夫。出自朱子《中庸章句》第一章关于“慎独”的解释。 [3] 见君子而后厌然：见《大学》第六章：“小人闲居为不善，无所不至，见君子而后厌然，掩其不善而著其善。”厌然：消藏貌。 [4]“此独知处便是诚的萌芽”以下六句：这是强调“此独知处便是诚的萌芽”的观点，而“诚”乃是拒绝一切虚假，是“一是百是，一错百错”的标准，更是辨别和区分王霸、义利、诚伪、善恶等的分水岭。 [5]“既戒惧即是知”以下三句：戒慎恐惧的意识本身便已经蕴含“知”的存在，如果“己若不知”而处于一种意识混沌状态，那么，戒慎恐惧之工夫的主体又究竟是谁呢？言外之意是说，戒慎恐惧须有“独知”来加以主导。

[点评]

本条论慎独及独知的问题。问题的缘起是朱子《中庸章句》对“慎独”的解释：“独者，人所不知而己所独知之地也。言幽暗之中，细微之事，迹虽未形而几则已动。人虽不知而己独知之，则是天下之事无有著见明显而过于此者。是以君子既常戒惧，而于此尤加谨焉。”须承认，朱子的这段解释十分精彩而且重要，打破了汉唐以来经学注疏体的解释传统，从义理上，对“慎独”问题做了重要的创造性诠释。关于朱子以“独知”释“独”的解释，阳明是基本认同的，不过，阳明又有新的阐发，他将“独知”与良知等同起来，认为良知即独知，此是后话。

就本条而言，黄弘纲将“人所不知”与“己所独知”理解成两段工夫，前者属于戒惧之工夫，后者属于慎独之工夫，这在阳明看来，显然是把慎独工夫割裂为二了。阳明强调慎独工夫的关键在于“在独知之地用力”，而独知是贯穿有事与无事的存在，独知就是“诚”的萌芽、发端，同时也是划分“王霸、义利、诚伪、善恶”的分水岭。所以说，独知“更无虚假”，只要认定“独知”，由此立定自己的脚跟，那么，就能实现“端本澄源”。因此，基于独知的慎独工夫甚至就是圣人之学的“精神命脉”之全体，而且具有“无时无处，无终无始”的特征，它是贯穿整个人生过程包括一切有事无事的任何时段的基本工夫。

更重要的是，阳明在这里还强调了一个观点，那就是戒惧或慎独之所以可能的依据在于“独知”，若无独知，“是谁戒惧”？这是一个根本性的追问，告诉我们在戒惧或慎独的工夫过程中，切不可忘了独知的存在。

【121】志道问[1]：“荀子云‘养心莫善于诚’[2]，先儒非之[3]，何也？”先生曰：“此亦未可便以为非。‘诚’字有以工夫说者，诚是心之本体，求复其本体，便是思诚的工夫。明道说‘以诚敬存之’[4]，亦是此意。《大学》‘欲正其心，先诚其意’。荀子之言固多病，然不可一例吹毛求疵。大凡看人言语，若先有个意见，便有过当处。‘为富不仁’之言[5]，孟子有取于阳虎，此

“诚”既是工夫，又是心之本体。阳明《赠林典卿归省序·乙亥》指出：“夫诚，实理也。其在天地，则其丽焉者，则其明焉者，则其行焉者，则其引类而言之不可穷焉者，皆诚也。”（《全集》卷七）

便见圣贤大公之心。”

[**注释**]

[1] 志道：林达，字志道，号槐吾，福建莆田人，阳明友人林俊（1452—1527）之子，正德九年（1514）进士。《福建通志》卷四十有传。 [2] 养心莫善于诚：诚是养心工夫的关键。语见《荀子·不苟》。 [3] 先儒非之：此指二程语：“荀子言‘养心莫善于诚’，既诚矣，又何养？此已不识诚，又不识养。”（《程氏遗书》卷二上） [4] 明道：程颢（1032—1085），字伯淳，学者称明道先生，河南洛阳人。嘉祐二年（1057）进士。以诚敬存之：见程颢《识仁篇》，主张用“诚”和“敬”的工夫来保存“与物浑然同体”的“仁”。为富不仁：此句为孟子引阳虎语：“为富不仁矣，为仁不富矣。”（《孟子·滕文公上》）。

【122】萧惠问[1]：“己私难克，奈何？”先生曰：“将汝己私来，替汝克。”先生曰：“人须有为己之心[2]，方能克己；能克己，方能成己。”萧惠曰：“惠亦颇有为己之心，不知缘何不能克己？”先生曰：“且说汝有为己之心是如何？”

“为己之学”就是要成就“真己”。阳明《书王嘉秀请益卷·甲戌》：“君子之学，为己之学也。为己故必克己，克己故无己。”（《全集》卷八）

惠良久曰：“惠亦一心要做好人，便自谓颇有为己之心。今思之，看来亦只是为得个躯壳的己，不曾为个真己。”先生曰：“真己何曾离着躯壳！恐汝连那躯壳的己也不曾为。且道汝所谓躯壳的己，岂不是耳目口鼻四肢？”惠曰：“正是。为此，目便要色，耳便要声，口便要味，四肢便要逸乐，所以不能克。”

先生曰：“‘美色令人目盲[3]，美声令人耳聋，美味令人口爽，驰骋田猎令人发狂’，这都是害汝耳目口鼻四肢的，岂得是为汝耳目口鼻四肢？若为着耳目口鼻四肢时，便须思量耳如何听，目如何视，口如何言，四肢如何动；必须非礼勿视听言动[4]，方才成得个耳目口鼻四肢，这个才是为着耳目口鼻四肢。汝今终日向外驰求，为名为利，这都是为着躯壳外面的物事。汝若为着耳目口鼻四肢，要非礼勿视听言动时，岂是汝之耳目口鼻四肢自能勿视听言动，须由汝心。这视听言动皆是汝心：汝心之视，发窍于目；汝心之听，发窍于耳；汝心之言，发窍于口；汝心之动，发窍于四肢。若无汝心，便无耳目口鼻。所谓汝心，亦不专是那一团血肉。若是那一团血肉，如今已死的人，那一团血肉还在，缘何不能视听言动？所谓汝心[5]，却是那能视听言动的，这个便是性，便是天理。有这个性才能生[6]，这性之生理便谓

真己即真吾，即良知。阳明《从吾道人记·乙酉》："夫吾所谓真吾者，良知之谓也。"（《全集》卷七）

之仁。这性之生理，发在目便会视，发在耳便会听，发在口便会言，发在四肢便会动，都只是那天理发生，以其主宰一身，故谓之心。这心之本体，原只是个天理，原无非礼，这个便是汝之真己。这个真己是躯壳的主宰。若无真己，便无躯壳，真是有之即生，无之即死。汝若真为那个躯壳的己，必须用着这个真己，便须常常保守着这个真己的本体，戒慎不睹，恐惧不闻，惟恐亏损了他一些，才有一毫非礼萌动，便如刀割，如针刺，忍耐不过，必须去了刀，拔了针，这才是有为己之心，方能克己。汝今正是认贼作子[7]，缘何却说有为己之心，不能克己？"

［注释］

[1] 萧惠：庠生，正德八年（1513）从学阳明于滁州，《滁州志》卷十二有传。 [2] 为己：修己，成就自己。语见孔子："古之学者为己，今之学者为人。"（《论语·宪问》） [3]"美色令人目盲"以下四句：漂亮的颜色能使人目盲，美丽的声音能使人耳聋，美味令人口爽，沉湎于驰骋狩猎则会令人心随之亡失。见《老子》第十二章。 [4] 必须非礼勿视听言动：即孔子著名的一句话："非礼勿视，非礼勿听，非礼勿言，非礼勿动。"（《论语·颜渊》） [5]"所谓汝心"以下四句：所谓"心"不是视听言动等知觉活动本身，而是使得视听言动之所以成为"可能"的那个依据，

这个背后存在的依据就是“性”就是“天理”。[6]“有这个性才能生”以下二句：性便是生，便是生生不息之“理”，也叫做“生理”，而这个“生理”也就是“仁”。[7]“汝今正是认贼作子”：以好美好色等心为真心之好，无疑就是认贼作子。语见《楞严经》。

［点评］

本条以“为己”为核心概念，讨论如何才能真正做到“克己”等问题。“为己”与“克己”都出自孔子的概念，自孔子以来，儒家是一种“为己之学”——即提升自己、成就自己，以使自己成为一个有道德修养的人，这几乎已成常识。至于“克己”则要求对一己之私意、私心、私欲加以克除，其本身也属于一种成就自己的道德修养工夫。

萧惠的疑问是，他虽然也有“一心要做好人”的“为己之心”，但却做不到“克己”。阳明认为萧惠的问题很奇怪，如果有一个真正的“为己”之心，那么就一定能做到“克己”，因此问题就出在萧惠错认了“为己之心”，没有树立起真正的“为己之心”（“真己”）。阳明指出，真正的己，不是那“一团血肉”的躯体，也不是单纯的感官知觉如视听言动，而是那个“能视听言动”的根源性存在——即能使视听言动得以可能的依据，这就是“性”、就是“天理”；而这个性的本质在于“生”，也就是“生生不息”之理，故又叫做“生理”，而此“生理”也就是儒家的核心观念——“仁”。一言以蔽之，也就是“心之本体”“汝之真己”。这个“真己”才是躯体的主宰。

最后，阳明强调指出：如果真正为躯壳的“己”着想，就“必须用着这个真己，便须常常保守着这个真己的本体”。结论是：有了这个“为己之心”，就一定能实现“克己”。在以上的大段论述中，阳明表明的一个核心观念是：须确立起“真己”的信念，由此出发，才是真正的儒家“为己之学”——即成就自己的学问。

【123】有一学者病目，戚戚甚忧。先生曰：“尔乃贵目贱心。”

【124】萧惠好仙、释。先生警之曰：“吾亦自幼笃志二氏，自谓既有所得，谓儒者为不足学。其后居夷三载[1]，见得圣人之学若是其简易广大，始自叹悔错用了三十年气力。大抵二氏之学，其妙与圣人只有毫厘之间。汝今所学，乃其土苴[2]，辄自信自好若此，真鸱鸮窃腐鼠耳[3]。”

惠请问二氏之妙。先生曰：“向汝说圣人之学简易广大，汝却不问我悟的，只问我悔的。”惠惭谢，请问圣人之学。先生曰：“汝今只是了人事问[4]。待汝办个真要求为圣人的心来与汝说。”惠再三请。先生曰：“已与汝一句道尽[5]，汝尚自不会。”

［注释］

[1] 居夷三载：即指“龙场悟道”。据《阳明先生年谱》，时在正德三年至五年（1508—1510）。 [2] 土苴（jū）：渣滓，糟粕。比喻微贱的东西，犹土芥。 [3] 鸱鸮（chī xiāo）窃腐鼠：典出《庄子·秋水》，喻指错用本领。鸱鸮，俗称猫头鹰。 [4] 人事问：人事应酬常套语。 [5] 一句：指上面的“真要求为圣人的心”。阳明这里用的是机锋语。

［点评］

本条内容略载《阳明先生年谱》正德九年（1514）五月条。阳明针对“王嘉秀、萧惠好谈仙佛”，提出了警示，并说自己“悔错用功二十年”，与本条所录“悔错用了三十年气力”不相符。如果按照这里所说，“居夷三载”始悟佛老之非，因而“悔错用了三十年气力”，那么，由开始“居夷”的1508年即37岁往上逆推，则阳明坠入佛老之学始于7岁之时。事实上，按照阳明在正德三年（1508）所作《答人问神仙·戊辰》中的记载，37岁的阳明便自陈从8岁起，即喜欢道教神仙之学，“今已余三十年矣”（《全集》卷二十一）。尽管如此，阳明在此所欲强调的是，儒学与佛老真可谓是“差之毫厘而谬以千里”，不可同日而语。

【125】刘观时问[1]：“未发之中是如何？”先生曰：“汝但戒慎不睹，恐惧不闻，养得此心纯是天理，便自然见。”观时请略示气象。先生

只有自己的切身体认才能获得“真知”。

曰：“哑子吃苦瓜[2]，与你说不得；你要知此苦，还须你自吃。”

时曰仁在傍，曰：“如此才是真知即是行矣[3]。”一时在座诸友皆有省。

[注释]

[1] 刘观时：字易仲，号见斋，人称沙溪先生，湖南辰州府沅陵（今湖南怀化市沅陵县）人,《沅陵县志》卷三十有传。 [2]“哑子吃苦瓜”以下四句：出自《碧岩录》第 3 则。 [3] 真知即是行：乃是阳明知行合一说的一项主要内容，意为真正的知，必同时伴随与此相应的行，否则便不是“真知”，反之亦然，真正的行必同时伴随真正的知，否则也就不是“真行”。

【126】萧惠问死生之道。先生曰：“知昼夜[1]，即知死生。”问昼夜之道。曰：“知昼则知夜。”曰：“昼亦有所不知乎？”先生曰：“汝能知昼？懵懵而兴[2]，蠢蠢而食[3]。行不著，习不察。终日昏昏，只是梦昼。惟‘息有养，瞬有存’[4]，此心惺惺明明[5]，天理无一息间断，才是能知昼。这便是天德，便是‘通乎昼夜之道而知’[6]。更有甚么死生？”

[注释]

[1]“知昼夜”以下二句：了解了日夜运行的道理，也就知道了生死的道理。见朱子《论语集注·先进篇》引程颐语：“昼夜者，死生之道也。知生之道，即知死之道。” [2]懵(méng)懵：糊涂、无知。 [3]蠢蠢：虫类蠕动的样子，这里喻指生理活动。 [4]息有养，瞬有存：出自张载《正蒙·有德篇》：“言有教，动有法；昼有为，宵有得；息有养，瞬有存。”息，呼吸。瞬，目视。 [5]惺惺：清醒。 [6]通乎昼夜之道而知：语本《易·系辞上传》：“范围天地之化而不过，曲成万物而不遗，通乎昼夜之道而知，故神无方而易无体。”

【127】马子莘问[1]：“修道之教[2]，旧说谓‘圣人品节，吾性之固有，以为法于天下，若礼乐刑政之属’[3]，此意如何？”先生曰：“道即性即命，本是完完全全，增减不得，不假修饰的，何须要圣人品节？却是不完全的物件。礼乐刑政是治天下之法，固亦可谓之教，但不是子思本旨。若如先儒之说，下面由教入道的，缘何舍了圣人礼乐刑政之教，别说出一段戒慎恐惧工夫，却是圣人之教为虚设矣。”

“教”被解释为“礼乐刑政”，这不是子思作《中庸》的根本旨趣。

子莘请问。先生曰：“子思性、道、教，皆从本原上说。天命于人，则命便谓之性；率性而行，则性便谓之道；修道而学，则道便谓之教。

阳明《答季明德》：“率性而行，则性谓之道；修道而学，则道谓之教。谓修道之为教可也，谓修道之为学亦可也。”(《全集》卷六)

率性是诚者事，所谓‘自诚明，谓之性’也[4]；修道是诚之者事，所谓‘自明诚，谓之教’[5]也。圣人率性而行，即是道。圣人以下，未能率性于道，未免有过不及，故须修道。修道则贤知者不得而过，愚不肖者不得而不及，都要循着这个道，则道便是个教。此‘教’字与‘天道至教’[6]，‘风雨霜露，无非教也’之‘教’同[7]。‘修道’字与‘修道以仁’同[8]。人能修道，然后能不违于道，以复其性之本体，则亦是圣人率性之道矣。下面‘戒慎恐惧’便是修道的工夫，‘中和’便是复其性之本体，如《易》所谓‘穷理尽性，以至于命’[9]，中和位育便是尽性至命。”

［注释］

[1] 马子莘：马明衡。见第 40 条。 [2] 修道之教：即指《中庸》“修道之谓教”。 [3] 以上引文出自朱子《中庸章句》对“修道之谓教”的解释：“修，品节之也。性道虽同，而气禀或异，故不能无过不及之差。圣人因人物之所当行而品节之，以为法于天下，则谓之教。若礼乐刑政之属，是也。”品节：按等级、层次加以节制。 [4] 自诚明，谓之性：见《中庸》第二十一章，意谓由真实之德入手而德无不明，此是性所具备者。自，由也。诚，真实，指德之实。 [5] 自明诚，谓之教：见《中庸》第二十一章，意谓由明德入手而至于真实之德，此之谓圣人之教。 [6] 天道

至教：至上的教化乃是天道的体现。语见《礼记·礼器》："天道至教，圣人至德。" [7]风雨霜露，无非教也：二句出自《礼记·孔子闲居》："天有四时，春夏秋冬。风雨霜露，无非教也。"形容任何事物都可以用来教化。 [8]修道以仁：用"仁"来推行"修道"实践。语见《中庸》第二十章："修身以道，修道以仁。" [9]穷理尽性，以至于命：由穷理而尽性，最终可直达"天命"的实现。语见《易·说卦传》。

[点评]

本条主要讨论"修道之谓教"的诠释问题，同时也涉及《中庸》首章"天命之谓性"以下三句命题的诠释问题。大致可以分两段看，第一段阳明主要批评了朱子用"圣人品节"来解释"修道"的观点，认为天道是完全具足、不假修饰的，故无需"品节"；至于用"礼乐刑政"来解释"教"这一朱子的观点，阳明也表示了反对，认为子思所作《中庸》之本旨不在于强调"礼乐刑政"。

至于如何确切地来理解"教"，在第二段问答中，阳明从"性、道、教"这三个层面对此问题展开了论述。概而言之，在阳明看来，天命之谓性，率性之谓道，修道之谓教这三句命题在义理上具有彼此关联的整体性，正可互相诠释，因为从根本上说（即阳明所谓的"从本原上说"），天便是命，命便是性，性便是道，道便是教，环环相扣，互相涵摄，缺一不可。阳明晚年又有《修道说·戊寅》（《全集》卷七）之作，以"诚"为核心观念，来解释"修道之谓教"的涵义，认为《中庸》一书就是

“为诚之者而作”的观点，颇具新意，可备一参。

孟子称颜渊为“具体而微”，谓其已具备圣人之全体，但未臻广大。阳明略去“而微”两字，直称颜渊为“具体圣人”，盖另有深意在焉。

颜子是个克己向里、德上用心的人。

【128】黄诚甫问：“先儒以孔子告颜渊为邦之问[1]，是立万世常行之道，如何？”先生曰：“颜子具体圣人，其于为邦的大本大原都已完备。夫子平日知之已深，到此都不必言，只就制度文为上说[2]。此等处亦不可忽略，须要是如此方尽善。又不可因自己本领是当了，便于防范上疏阔，须是要‘放郑声、远佞人’[3]。盖颜子是个克己向里、德上用心的人，孔子恐其外面末节或有疏略，故就他不足处帮补说。若在他人，须告以‘为政在人，取人以身，修身以道，修道以仁’，‘达道’‘九经’及‘诚身’许多工夫[4]，方始做得，这个方是万世常行之道。不然，只去行了夏时，乘了殷辂，服了周冕，作了《韶》舞[5]，天下便治得？后人但见颜子是孔门第一人，又问个‘为邦’，便把做天大事看了。”

[注释]

[1]“先儒以孔子告颜渊为邦之问”以下二句：孔子回答了颜渊的如何才是治理国家之道的问题，对此，先辈学者认为孔子所

讲的一套话可以视作“万世常行之道”。语见《论语·卫灵公》：“颜渊问为邦。子曰：‘行夏之时，乘殷之辂，服周之冕，乐则《韶》舞。放郑声，远佞人。郑声淫，佞人殆。’” [2] 文为：文饰。 [3] 放郑声、远佞人：放弃不听郑国的音乐，远离那些邪气之小人。 [4] 以上引文所言之工夫，均见《中庸》第二十章。九经，修身、尊贤、亲亲、敬大臣、体群臣、子庶民、来百工、柔远人、怀诸侯。 [5]“只去行了夏时”以下四句：见注 1。辂（lù），大车。冕，冠冕（帝王或官员戴的帽子）。《韶（sháo）》舞，舜时乐舞的名称；《韶》，乐名。

【129】蔡希渊问：“文公《大学》新本，先格致而后诚意工夫，似与首章次第相合。若如先生从旧本之说[1]，即诚意反在格致之前。于此尚未释然。”先生曰：“《大学》工夫即是明明德，明明德只是个诚意，诚意的工夫只是格物致知。若以诚意为主，去用格物致知的工夫，即工夫始有下落，即为善去恶无非是诚意的事。如新本先去穷格事物之理，即茫茫荡荡，都无着落处，须用添个‘敬’字[2]，方才牵扯得向身心上来，然终是没根源。若须用添个‘敬’字，缘何孔门倒将一个最紧要的字落了，直待千余年后要人来补出？正谓以诚意为主，即不须添‘敬’字。所以

经查朱子《大学章句》，未见“敬”字，唯在《大学或问》对“敬”有专门讨论。阳明以为朱子“添”个“敬”字，是为强说。

诚意两字才是学问的“大头脑”。

提出个诚意来说，正是学问的大头脑处。于此不察，直所谓毫厘之差，千里之谬。大抵《中庸》工夫只是诚身，诚身之极便是至诚；《大学》工夫只是诚意，诚意之极便是至善[3]。工夫总是一般。今说这里补个‘敬’字，那里补个‘诚’字，未免画蛇添足。”

[注释]

[1] 旧本：又称《大学古本》，即《礼记》所收《大学》。 [2] 须用添个“敬”字：意谓朱子《大学章句》擅自添了一个“敬”字来补充解释《大学》。 [3]“大抵《中庸》工夫只是诚身”以下四句：表明阳明用“诚”来贯穿《中庸》《大学》的旨意，认为《中庸》讲“诚身”与《大学》讲“诚意”所追求的终极目标“至诚”与“至善”，其实是一回事。

传习录中

【钱德洪序】

德洪曰[1]：昔南元善刻《传习录》于越[2]，凡二册。下册摘录先师手书，凡八篇。其《答徐成之》二书[3]，吾师自谓："天下是朱非陆[4]，论定既久，一旦反之为难。"二书姑为调停两可之说，使人自思得之。故元善录为下册之首者，意亦以是欤？今朱陆之辨明于天下久矣。洪刻先师《文录》[5]，置二书于《外集》者[6]，示未全也，故今不复录。其余指“知行之本体”，莫详于《答人论学》与答周道通、陆清伯、欧阳崇一四书[7]；而谓“格物为学者用力日可见之地”，莫详于《答罗整庵》一书[8]。平生冒天下之非诋推陷，万死一生，遑遑然不忘讲学，惟恐吾人不闻斯道，流于功利机智，以日堕于夷狄禽兽而不觉，其一体同物之心，譊譊终身[9]，至于毙而后已；此孔孟已来贤圣苦心，虽门人子弟未足以慰其情也。是情也，莫详于《答聂文蔚》之第一书[10]。此皆仍元善所录之旧[11]。而揭“必有事焉即致良知功夫”[12]，明白简切，使人言下即得入手，此又莫详于《答文蔚》之第二书，故增录之。

阳明一生遑遑然不忘讲学，体现“其一体同物之心”，也就是“万物一体”之精神。

元善当时汹汹，乃能以身明斯道，卒至遭奸被斥[13]，油油然惟以此生得闻斯学为庆，而绝无有纤芥愤郁不平之气[14]。斯《录》之刻，人见其有功于同志甚大，而不知其处时之甚艰也。今所去取，裁之时义则然，非忍有所加损于其间也。[15]

[注释]

[1] 德洪：钱德洪（1496—1574），字洪甫，号绪山，浙江余姚人。嘉靖十一年（1532）进士，阳明大弟子。 [2] “昔南元善刻《传习录》于越”以下四句：这是述南大吉《续刻传习录》之缘起，分上下两册，又称“南本”，上册即今本《传习录》上卷，1518 年薛侃刻于虔（今江西），是为初刻本，下册为南本所增。据钱《序》，其中收阳明与友人弟子书信凡八封，即《答徐成之》二书、《答友人问》（即《答顾东桥》）《答周道通》《答陆原静》《答欧阳崇一》《答罗整庵》《答聂文蔚》第一书。《阳明先生年谱》系此刻于嘉靖三年（1524）。南元善，南大吉（1487—1541），字元善，号瑞泉，陕西渭南人，正德六年（1511）进士，以绍兴知府拜阳明为师。越，绍兴。 [3]《答徐成之》二书：见《全集》外集卷二十一。《年谱》系二书作于壬午（1522），盖误。据嘉靖十二年（1533）黄绾序刻本《阳明先生文录》，当作于壬申（1512）。 [4] “天下是朱非陆”以下三句：见《答徐成之》第一书。 [5]《文录》：即《阳明先生文录》，钱德洪于嘉靖十五年（1536）刻于苏州，即今隆庆本《全书》卷四至卷二十五。 [6] “置二书于《外集》者”以下二句：意谓阳明《答徐成之》二书中言犹有未备，故钱德洪将此从《传习录》中删除，移至《文录》外集。 [7]《传习录》中《答陆原静》有二书（陆清伯即陆原静），故四书当作五书。 [8]《答罗整庵》一书：为王阳明与罗整庵激辩朱学之是非之书。 [9] 哓（náo）哓：喧嚣，争辩。 [10]《答聂文蔚》之第一书：论万物一体，然不及“拔本塞源”论为著名。 [11] 此皆仍元善所录之旧：意谓以上所收各书均为南大吉《续刻传习录》之原本，删《答徐成之》二书，析《答陆原静》为二书，共七书，另增下述《答聂文蔚》第二书，总八书，构成今本《传习录》中卷。 [12] “而揭‘必有事焉即

致良知功夫’”以下五句：钱德洪叙述了重刻《传习录》中卷的过程。唯其所云南本已非嘉靖三年之原刻本，因其所收《答顾东桥书》《答欧阳崇一》以及《答聂文蔚》第一书分别成于嘉靖四、五、六年，而其增收的《答聂文蔚》第二书则已是嘉靖七年十月，即阳明逝世前一月。 [13] 遭奸被斥：系指南大吉于嘉靖五年（1526）入觐考察而被罢官一事。 [14] 纤芥（jiè）：小草，喻轻微纤细之事。 [15] 以上钱德洪《序》见今传隆庆本《全书》，未见落款，或是德洪于嘉靖十五年刻《文录》时所撰。由《序》中所述，钱德洪所见之南本已非原本，且多有增删。

答顾东桥书[1]

【130】来书云："近时学者务外遗内，博而寡要，故先生特倡'诚意'一义，针砭膏肓，诚大惠也。"

社会上普遍存在向外穷理、广求知识而忽略身心涵养的思想现象。

吾子洞见时弊如此矣，亦将何以救之乎？然则鄙人之心，吾子固已一句道尽，复何言哉？复何言哉？若"诚意"之说，自是圣门教人用功第一义，但近世学者乃作第二义看，故稍与提掇紧要出来[2]，非鄙人所能特倡也。

［注释］

[1] 顾东桥：顾璘（1476—1545），字华玉，号东桥，南京上元（今江苏江宁）人，弘治九年（1496）进士。据《阳明先生年

谱》,此书作于嘉靖四年(1525)。 [2] 提掇(duō):提举、提起。

[点评]

本书作于嘉靖四年(1525),其时,阳明早已提出“致良知”,而阳明在这里却称“‘诚意’之说,自是圣门教人用功第一义”,这一点值得关注。这虽然是阳明因顾东桥所问而答之,但是也表明即便阳明提出致良知学说之后,仍然坚持《大学古本序》所说的“《大学》之要,诚意而已矣”的立场,因为在阳明看来,诚意与致良知在工夫上其实是一致的。从哲学上说,阳明所理解的“诚”含有真诚恻怛之意,这也正是良知本体的涵义,因为良知就是最为真实无妄的而又充满道德情感的存在。

时人批评阳明学说立言太过高超玄妙,而工夫则太过简单轻松。

【131】来书云:“但恐立说太高,用功太捷,后生师传,影响谬误,未免坠于佛氏明心见性、定慧顿悟之机[1],无怪闻者见疑。”

区区“格致诚正”之说,是就学者本心、日用事为间,体究践履,实地用功,是多少次第、多少积累在?正与空虚顿悟之说相反。闻者本无求为圣人之志,又未尝讲究其详,遂以见疑,亦无足怪。若吾子之高明,自当一语之下便了然矣。乃亦谓立说太高,用功太捷,何邪?

[注释]

[1] 明心见性、定慧顿悟：意谓抛弃尘世间一切杂念，以展现自己的本心本性，并通过禅定、智慧等意识修习的方法，以领悟和把握本性的妙理与真体，为佛学特别是禅宗的常套语，也是佛学修行的主要方法。

【132】来书云："所喻知行并进，不宜分别前后，即《中庸》'尊德性而道问学'之功交养互发[1]，内外本末，一以贯之之道。然工夫次第不能无先后之差，如知食乃食，知汤乃饮，知衣乃服，知路乃行，未有不见是物，先有是事。此亦毫厘倏忽之间，非谓截然有等今日知之，而明日乃行也。"

既云"交养互发，内外本末，一以贯之"，则知行并进之说，无复可疑矣。又云"工夫次第不能不无先后之差"[2]，无乃自相矛盾已乎？"知食乃食'等说，此尤明白易见，但吾子为近闻障蔽[3]，自不察耳。夫人必有欲食之心，然后知食，欲食之心即是意，即是行之始矣。食味之美恶[4]，必待入口而后知，岂有不待入口而已先知食味之美恶者邪？必有欲行之心，然后知路，欲行之心

心即是意，意一旦启动，即已经是行了。

即是意，即是行之始矣。路岐之险夷，必待身亲履历而后知，岂有不待身亲履历而已先知路岐之险夷者邪？“知汤乃饮”“知衣乃服”，以此例之，皆无可疑。若如吾子之喻，是乃所谓不见是物而先有是事者矣。吾子又谓“此亦毫厘倏忽之间，非谓截然有等今日知之，而明日乃行也”，是亦察之尚有未精。然就如吾子之说，则知行之为合一并进，亦自断无可疑矣。

邓艾民于本条注谓：“王守仁此处‘合一并进’即合一之义，‘并进’二字系未经详细斟酌所用语。欧阳德说：‘谓之并进，谓之交修，犹有二也。’（《欧阳南野文集》卷一《答傅石山》）”的确，“并进”说源自朱子“合一并进”（《大学或问》下）语。然阳明亦并不讳言，另参第136条。

［注释］

[1] 尊德性而道问学：遵从自己的德性，追求学问知识。语见《中庸》第二十七章。　[2] 工夫次第不能不无先后之差：后一“不”字为衍字。　[3] 近闻：近来的见闻，喻指程朱理学，特指朱子学的“知先行后”说。　[4] “食味之美恶”以下十四句：阳明列举了一系列事例来论述知行合一的问题，大意是说：若要知道食味之美恶，必然入口而后知；如若行走到其他地方去，“欲行之心”就已经是“行之始矣”，而路途之险恶，必有待亲身履之而后知；再如“知汤乃饮”“知衣乃服”等，无不如此，都可以证明知行合一的道理。

［点评］

本条论“知行合一”。按照顾东桥的看法，知与行之间必存在一定的时间差，哪怕只有“毫厘倏忽”的差异，他列举了知食乃食、知汤乃饮、知衣乃服、知路乃行等事例来说明这一点，并强调“未有不见是物，先有是事”的观点。这其实是典型的朱子“知先行后”说。对此，阳明举例反驳道：“欲食之心即是意，即是行之始矣”，“欲行之心即是意，即是行之始矣。”这里的关键在于：心即是意，而意识一旦启动，便意味着已经是“行”的开始。因此，一个人如果有“欲食之心”，便意味着这个人已经有了吃东西的意愿，一旦有了意愿就意味着意的启动，这就意味着相应的行为已经发生。此即阳明所谓“一念发动处，便即是行了”（第226条）的观点。

问题是，阳明的这个说法能否说服顾东桥呢？看来未必。因为，“知食”或“知路”的“知”为何等同于意愿的“欲食之心”或“欲行之心”？显然需要另一番讨论。这就涉及何谓“知”的问题。假设“知食”或“知路”都是一种单纯的知识活动，是有关食品或道路的某种知识，那么，了解这种知识是否便意味着这个人必然吃这个食品或走这条道路，回答将是否定的。退一步讲，即便这个人的确有想吃这个东西的欲望，那也应当是在“知食”之后，哪怕这里的先后只有非常短暂的瞬间差异，但毕竟仍有时间差。由此看来，如何理解这里的“知”才是问题的关键。所以，在接下来的讨论中，就进而涉及何谓“知”的问题领域。

【133】来书云：“真知即所以为行，不行不足谓之知。此为学者吃紧立教，俾务躬行则可[1]。若真谓行即是知，恐其专求本心，遂遗物理，必有暗而不达之处。抑岂圣门知行并进之成

法哉？”

邓艾民评此语为阳明晚年对知行合一说的深入阐发。同样的说法，又见《全集》卷六《答友人问·丙戌》。

从本体工夫的角度讲，知行本来就是合一的。

知之真切笃实处，即是行；行之明觉精察处，即是知。知行工夫本不可离。只为后世学者分作两截用功，失却知行本体，故有“合一并进”之说[2]。“真知即所以为行，不行不足谓之知”，即如来书所云“知食乃食”等说可见，前已略言之矣。此虽吃紧救弊而发，然知行之体本来如是，非以己意抑扬其间，姑为是说，以苟一时之效者也[3]。

“专求本心，遂遗物理”，此盖失其本心者也。夫物理不外于吾心[4]，外吾心而求物理，无物理矣；遗物理而求吾心，吾心又何物邪？心之体，性也；性即理也。故有孝亲之心，即有孝之理；无孝亲之心，即无孝之理矣。有忠君之心，即有忠之理；无忠君之心，即无忠之理矣。理岂外于吾心邪？晦庵谓：“人之所以为学者，心与理而已。心虽主乎一身，而实管乎天下之理，理虽散在万事，而实不外乎一人之心。”[5]是其一分一合之间，而未免已启学者心理为二之弊。此后世所以有专求本心，遂遗物理之患，正由不知心即理耳。夫外心以求物理，是以有暗而不达之处；此告子“义外”之说，孟子所以谓之“不知义”也[6]。心，一而已。以其全体恻怛而言谓之仁，以其得宜而言谓之义，以其条理而言谓之理；不可外心以求仁，不可外心以求义，独可外心以求理乎？外心以求理，此知行之所以二也。求理于吾心，此圣门知行合一之教，吾子又何疑乎？

从心即理的角度讲，知行合一就是“圣门”（儒学）之教。

［注释］

[1]俾：使。 [2]合一并进：是指朱子的“知行齐头并进”“知行常相须”等说。 [3]苟：轻率，苟得。 [4]“夫物理不外于吾心”以下五句：这是阳明“心外无物”“心外无理”的观点重申，其意是说：物理不在心外，离开了吾心去求物理，便无物理可寻；另一方面，遗弃事物存在的道理而去寻求吾心，那么同样也有问题，不知吾心又变成了什么东西。 [5]以上引朱子语，见《大学或问》下“此谓知本”章。 [6]不知义：孟子批评告子语，因为告子持“仁内义外”的观点：“告子未尝知义，以其外之也。”（《公孙丑上》）

［点评］

本条讨论触及“知行合一”命题的问题核心，也是阳明自提出致良知之后，能从良知理论的角度对知行合一展开了新的论证。这项论证可以两句命题为标志：“知之真切笃实处，即是行；行之明觉精察处，即是知。”

但是接下来，阳明并没有专就两句命题展开解说，那么，我们不妨参照一下阳明在嘉靖五年（1526）《答友人问·丙戌》中的一个重要说法："行之明觉精察处，便是知；知之真切笃实处，便是行。若行而不能精察明觉，便是冥行，便是'学而不思则罔'，所以必须说个知；知而不能真切笃实，便是妄想，便是'思而不学则殆'，所以必须说个行，元来只是一个工夫。"（《全集》卷六）本来，"真切笃实"是就"行"而言的，要求人的行为须认真踏实，现在却用来描述"知"；本来，"明觉精察"是就"知"而言的，指的是"知"具有一种明锐的觉察能力，现在却用来描述"行"。这一互为颠倒的用法，有特别的理论意图，旨在表明在行的过程中已有知的参与，因为一个人的行为不可能没有"知"的引领；在知的过程中已有行的介入，因为一种真正的被叫做"明觉精察"的"知"必然会带来相应的行动。也就是说，行为过程中必有一个"明觉精察"的知在，知识过程中必有一个"真切笃实"的行在。换种说法，一个人的行为之所以不是盲目的"冥行"，是因为其中必有真正的知在发挥引领的作用，使得行为能够按照"明觉精察"之"知"的指引方向去做，也才叫做"真行"；而一个人的知识活动之所以不是"妄想"，是因为这种"知"必然引发相应的行为参与，使得这种"知"能够成为一种"真切笃实"的知识，也才叫做"真知"。而"真知"与"真行"得以结合的最终依据则在于：无论是"知"还是"行"，都被置于"心体"的统摄之下，亦即只有在心体的主宰之下才有可能。

阳明为了说明上述道理，进一步从反面来加以论述，他说如果在知识活动过程中，“其心不能真切笃实，则其知便不能明觉精察，不是知之时只要明觉精察，更不要真切笃实也”；同样，如果在行为过程中，“其心不能明觉精察，则其行便不能真切笃实，不是知之时只要明觉精察，更不要真切笃实也”（同上）。至此我们终于明白：原来，知行得以合一的理据就在于“心体”，换言之，心体良知具有统摄知行活动全过程的能力。那么，这个说法何以成立呢？阳明的回答是：“知天地之化育，心体原是如此；乾知大始，心体亦可原是如此。”（同上）这就是说，从整个宇宙存在的根源与发展来看，“心体”是永恒的、普遍的，它统摄一切，包括宇宙万物以及人类社会的所有活动，无不在“心体”的主宰之下。当然，阳明所谓的“心体”也就是“良知”，因此，正是由于心体良知的存在，所以人的知识和行为就是同一个过程，都不能摆脱心体良知的直接参与。

总之，知行合一论被严格置于良知学领域来审视，得到了全新的论证。如果说，知行问题原本属于知识论或认识论的问题领域，那么，经过阳明良知学的重新论证，知行问题合法地进入了伦理学、实践哲学的领域。至于本条在最后阳明又用“心即理”命题来论证“知行合一”，将知行问题至于“心即理”的命题关照之下，力证这样一个观点：“外心以求理，此知行之所以二也。求理于吾心，此圣门知行合一之教，吾子又何疑乎？”这是我们在阅读《传习录》上卷徐爱所录的有关知行合一问题的讨论中，已经有所了解的观点，这里也就无须赘述了。

【134】来书云："所释《大学》古本，谓'致其本体之知'[1]，此固孟子尽心之旨。朱子亦以虚灵知觉为此心之量[2]。然尽心由于知性[3]，致知在于格物[4]。"

阳明《大学古本序·戊寅》："致其本体之知而动无不善，然非即其事而格之，则亦无以致其知。故致知者，诚意之本也。格物者，致知之实也。物格则知致、意诚，而有以复其本体，是之谓至善。"（《全集》卷七）

"尽心由于知性，致知在于格物"，此语然矣。然而推本吾子之意，则其所以为是语者，尚有未明也。朱子以尽心、知性、知天为物格知致；以存心、养性、事天为诚意、正心、修身；以夭寿不贰、修身以俟为"知至、仁尽"[5]，圣人之事。若鄙人之见，则与朱子正相反矣。夫尽心、知性、知天者，生知安行，圣人之事也；存心、养性、事天者，学知利行，贤人之事也；夭寿不贰、修身以俟者，困知勉行，学者之事也。岂可专以尽心知性为知，存心养性为行乎？吾子骤闻此言，必又以为大骇矣。然其间实无可疑者，一为吾子言之。

夫心之体，性也；性之原，天也。能尽其心，是能尽其性矣。《中庸》云"惟天下至诚为能尽其性"[6]，又云"知天地之化育"[7]，"质诸鬼神而无疑，知天也"[8]。此惟圣人而后能然，故曰

“此生知安行，圣人之事也”。存其心者，未能尽其心者也，故须加存之之功；心存之既久，不待于存而自无不存，然后可以进而言尽。盖“知天”之“知”如“知州”“知县”之“知”，知州则一州之事皆己事也，知县则一县之事皆己事也，是与天为一者也；事天则如子之事父，臣之事君，犹与天为二也。天之所以命于我者，心也，性也，吾但存之而不敢失，养之而不敢害，如“父母全而生之、子全而归之”者也[9]，故曰“此学知利行，贤人之事也”。

所谓“知天”，并不是抽象高妙的事情，就好比地方长官一样，管理好地方所有的事务，也就意味着能“与天为一”了。

至于“夭寿不贰”，则与存其心者又有间矣。存其心者虽未能尽其心，固已一心于为善，时有不存，则存之而已；今使之夭寿不贰，是犹以夭寿贰其心者也，犹以夭寿贰其心，是其为善之心犹未能一也，存之尚有所未可，而何尽之可云乎？今且使之不以夭寿贰其为善之心，若曰死生夭寿皆有定命，吾但一心于为善，修吾之身以俟天命而已，是其平日尚未知有天命也。事天虽与天为二，然已真知天命之所在，但惟恭敬奉承之而已耳；若“俟之”云者，则尚未能真知天命之儒学就是掌握自己命运的“立命”之学。

所在，犹有所俟者也，故曰“所以立命”。立者“创立”之“立”，如“立德”“立言”“立功”“立名”之类[10]，凡言立者，皆是昔未尝有而今始建立之谓，孔子所谓“不知命，无以为君子”者也[11]。故曰“此困知勉行，学者之事也”。

今以尽心、知性、知天为格物致知，使初学之士尚未能不贰其心者，而遽责之以圣人生知安行之事，如捕风捉影，茫然莫知所措其心，几何而不至于“率天下而路”也[12]！今世致知格物之弊，亦居然可见矣。吾子所谓“务外遗内、博而寡要”者，无乃亦是过欤？此学问最紧要处，于此而差，将无往而不差矣！此鄙人之所以冒天下之非笑，忘其身之陷于罪戮，呶呶其言[13]，其不容已者也。

［注释］

[1] 致其本体之知：致知是对“本体之知”的把握，而非理学意义上的格物致知。语见《全集》卷七《大学古本序·戊寅》。 [2] 虚灵知觉：见朱子《中庸章句序》，亦见《传习录》上第 32 条。心之量：指心的能量，语见朱子《孟子集注·尽心篇上》。 [3] 尽心由于知性：原本《孟子·尽心上》：“尽其心者，知其性也；知其性，则知天矣。”从工夫次序讲，由尽心而知性，

然后知天，这是孟子的本意。然而朱子却颠倒次序，主张先“知性”然后才能“尽心”，故有“尽心由于知性”之说（《朱子语类》卷六十等）。 [4] 致知在于格物：此句为《大学》经文，意为致知工夫须落实在格物上讲。 [5] 夭寿不贰、修身以俟：我们不要把短命与长寿分开来看，只要通过修身以等待天命。语见《孟子 · 尽心上》：“夭寿不贰、修身以俟之，所以立命也。”知至、仁尽：知与仁得以充分实现。语见朱子《孟子集注 · 尽心篇上》：“知天而不以夭寿贰其心，智之尽也；事天而能修身以俟死，仁之至也。” [6] 惟天下至诚为能尽其性：结合《中庸》第二十二章整段语脉来看，其意是说，天底之下唯有圣人之德是最为真实无妄的，故能充分扩展和发挥自己的本性。 [7] 知天地之化育：结合该章的语脉看，意为圣人通过“尽物之性”“尽人之性”，最后便能参与天地万物的生长发育之过程。此句“知”字，《中庸》第二十二章原作“参”，犹助也。 [8] 质诸鬼神而无疑，知天也：问诸鬼神，也不容置疑，就能实现“知天”。语见《中庸》第二十九章。 [9] 父母全而生之、子全而归之：父母将自己生命的全部赋予了子女，当子女临死之际，也应当将其全部归还给父母。语见《礼记 · 祭义》。 [10] 立德、立言、立功：即世称“三不朽”，意指一个人所追求的最高人生境界是树立不朽的德行、留下传世的学说、建立伟大的事功。语见《左传》襄公二十年。 [11] 不知命，无以为君子：不了解和把握天命的话，就不足以成为君子。语见《论语 · 尧曰》。 [12] 率天下而路：将率天下之人整天忙于在道路上奔走。语见《孟子 · 滕文公上》。 [13] 呶（náo）呶：说起话来没完没了。

[点评]

本条集中讨论了孟子“尽心、知性、知天”与“存心、养性、事天”这两句命题的涵义，并针对朱子的解释，阳明表达了不同的见解并提出了批评。根据朱子的理解，孟子将“尽心”工夫放在首位，以此推进而及至“知性”“知天”，如果按照这个次序来落实工夫的话，那么“尽心”工夫就变得十分关键，成为一切工夫的开端。这个观点与朱子的即物穷理的工夫论思想就存在差异。因为按照朱子工夫论的设想，工夫实践不能从推广扩充“吾心”做起，而应当从即物穷理以了解事物之理开始着手，了解和掌握事物之理，这是属于“知性”的工夫——了解和掌握事物存在的各种本性；在此基础上，然后才能回到“尽心”工夫上来，所以朱子主张应当将孟子的“尽心、知性”倒转过来，从工夫论的可操作性的角度看，只有先从“知性”做起才是现实可行的。顾东桥对朱子此意应当是有充分了解的，所以他说“然尽心由于知性”。这是本条的一个重要理论背景。

对于朱子的上述观点以及顾东桥的问题之由来，阳明当然是心知肚明的，而且他明确坦白：“若鄙人之见，则与朱子正相反矣。”表明了与朱子解释不同的立场。但是随着问题的展开，事实上，阳明开始陈述自己有关“尽心、知性、知天”“存心、养性、事天”的独到看法，甚至将孟子的后面一句话“夭寿不贰、修身以俟之，所以立命也”的问题也牵涉了进来，其核心旨意是明确的，也就是在阳明看来，孟子所说的所有这些工夫论话题，都是在“夫心之体，性也；性之原，天也”的命题前提下得以成立的，正是由此出发，结论必然是：“能尽其心，是能尽其性矣。”反过来讲，从“天”的角度看，“天之所以命于我者，心也，性也”，这就是意味着心、性、天在存在论上本来就是一体之存在，因此落实在工夫论上，就必然是“吾但存之而不敢失，养之而不敢害”，意为“存心”“养性”正是为了“事天”。

总之，阳明对于朱子将“尽心”等工夫解释成“物格知致”的工夫实现并理解为“圣人生知安行之事”的观点，竭力表示反对，坚持自己的一贯心学立场，认为工夫必须从“尽心”和“存心”做起，而且这与朱子的那套“格物致知”理论必须加以明确的区分，由此才能避免“今世致知格物之弊”，充分展现了阳明心学所主张的在心体上用功的工夫论思想特色。

【135】来书云：“闻语学者，乃谓‘即物穷理’之说，亦是玩物丧志；又取其‘厌繁就约’‘涵养本原’数说标示学者[1]，指为晚年定论[2]，此亦恐非。”

朱子所谓“格物”云者，在即物而穷其理也。即物穷理，是就事事物物上求其所谓“定理”者也。是以吾心而求理于事事物物之中，析心与理而为二矣。夫求理于事事物物者，如求孝之理于其亲之谓也。求孝之理于其亲，则孝之理其果在于吾之心邪？抑果在于亲之身邪？假而果在于亲之身，则亲没之后，吾心遂无孝之理欤？见孺子之入井[3]，必有恻隐之理，是恻隐之理果在于孺子之身欤？抑在于吾心之良知欤？其或不可以从之于井欤？其或可以手而援之欤？是皆所谓理也，是果在于孺子之身欤？抑果出于吾心之良知欤？以是例之，万事万物之理莫不皆然，是可以知析心与理为二之非矣。

夫析心与理而为二，此告子“义外”之说，孟子之所深辟也。“务外遗内，博而寡要”，吾子既已知之矣。是果何谓而然哉？谓之玩物丧志，尚犹以为不可欤？若鄙人所谓致知格物者，致吾心之良知于事事物物也。吾心之良知，即所谓天理也。致吾心良知之天理于事事物物，则事事物物皆得其理矣。致吾心之良知者，致知也；事事物物皆得其理者，格物也。是合心与理而为一者也。合心与理而为一，则凡区区前之所云，与朱子晚年之论，皆可以不言而喻矣！

格物致知就是致良知于事事物物，以使事事物物皆得其理。

[注释]

[1] 厌繁就约：讨厌繁琐复杂而喜欢做简约而能把握要领的学问。语见《朱子文集》卷三十五《与刘子澄书》。涵养本原：就心性本原上做一番涵养工夫。语见《朱子文集》卷四十七《答吕

子约》。[2] 晚年定论：指阳明编撰的《朱子晚年定论》，刊行于1518年，后附于《传习录》卷下。[3]“见孺子之入井”以下二句：见孟子“今人乍见孺子将入于井，皆有怵惕恻隐之心”这一著名典故（《公孙丑上》）。恻隐：不忍、同情之心。

［点评］

本条涉及“朱子晚年定论”的问题。其背景是，顾东桥对刊刻于1518年的阳明所编的《朱子晚年定论》意有不满，认为阳明摘取了几段朱子语录，便以为朱子晚年推翻了自己的“即物穷理”这一根本主张，不免有断章取义之嫌。阳明则借此话题，进一步展开了对朱子格物说的批评，认为其错误的关键在于：割裂了心与理的关系，分心与理为二。进而追问：“理”究竟何在的问题？是就事事物物上追求所谓的“定理”？还是应当返回自己的内心，去体认和把握心中之理？阳明又以“孝亲”为例，强调指出“孝亲”行为的“孝”之理，不可能存在于行孝行为的对象身上，而必然存在于行孝者的内心之中，以此证明“心即理”、理不在心外、心外无理等思想命题。

最后，阳明亮出了自己的有关格物致知的新解：即基于其良知理论，提出了所谓格物致知就是致良知的实践。具体而言，就是在事事物物等所有一切的存在世界当中，来实践自己的良知，将自己的良知之天理推广扩充于事事物物当中，最终就能使事事物物“皆得其理”——即事事物物都能与良知之天理相符，并由此而获得其存在的意义。这也就是所谓的“格物”和“致知”，同时也充分表明了“合心与理而为一者也”的道理。

阳明的上述观点不仅是把握其格物致知理论的关键，更是牵涉到对其整个心学思想的理解和评估，其中凸显出阳明学的致良知与心即理的理论整合性，及其与朱子学的那种向外求理的思想趣向的明显分歧。表面看，阳明对朱子格物论的批评，似乎有轻视外在客观知识的倾向，不免走向所谓“反知识主义”的路径，然而阳明所欲追问的是，所谓“知识”以及“事物”的存在价值和意义究竟是谁赋予的这一根本问题，离开人或脱离了心体良知，那么事物或者知识的存在意义就不可能彰显出来。

因此究极而言，阳明所关心的不是知识如何获得的问题，也不是知识是否必要的问题，而是知识对人而言有何意义的问题，在阳明看来，唯有在心体良知的主导下和参与下，事事物物的存在（包括所有一切有关事物的知识）才会变得有意义。用阳明的话来讲，也就是唯有通过致良知于事事物物，才能使“事事物物皆得其理”；换言之，事物的存在是否“皆得其理”，须通过致吾心之良知的实践活动才有可能。由此可以说，阳明的致良知理论不是对客观知识或事物存在的否定，而是强调遗忘了心体良知的存在或抽离于心体良知之外，去追求所谓的客观知识是没有意义的。故而在接下来的一条当中，我们可以看到阳明对实践的重视：“天下岂有不行而学者邪？岂有不行而遂可谓之穷理者邪？”

【136】来书云："人之心体本无不明，而气拘物蔽[1]，鲜有不昏，非学问思辨以明天下之理，则善恶之机，真妄之辨，不能自觉；任情恣意，其害有不可胜言者矣。"

此段大略似是而非，盖承沿旧说之弊，不可以不辨也。夫学问思辨行皆所以为学，未有学而不行者也。如言学孝，则必服劳奉养，躬行孝道，然后谓之学，岂徒悬空口耳讲说，而遂可以谓之学孝乎？学射，则必张弓挟矢，引满中的；学书，则必伸纸执笔，操觚染翰[2]；尽天下之学，无有不行而可以言学者，则学之始，固已即是行矣。笃者，敦实笃厚之意，已行矣，而敦笃其行，不息其功之谓尔。盖学之不能以无疑，则有问，问即学也，即行也；又不能无疑，则有思，思即学也，即行也；又不能无疑，则有辨，辨即学也，即行也。辨既明矣，思既慎矣，问既审矣，学既能矣，又从而不息其功焉，斯之谓笃行。非谓学问思辨之后而始措之于行也。

天下之学就是实践之学，实践就是学的开始。

是故以求能其事而言谓之学，以求解其惑而言谓之问，以求通其说而言谓之思，以求精其察而言谓之辨，以求履其实而言谓之行。盖析其功而言则有五，合其事而言则一而已。此区区心理合一之体，知行并进之功，所以异于后世之说者，正在于是。

阳明《答友人问·丙戌》：“知行原是两个字说一个工夫。这一个工夫须着此两个字方说得完全无弊病，若头脑处见得分明，见得原是一个头脑，则虽把知行分作两个说，毕竟将来做那一个工夫。”（《全集》卷六）

今吾子特举学问思辨以穷天下之理，而不及笃行，是专以学问思辨为知，而谓穷理为无行也已。天下岂有不行而学者邪？岂有不行而遂可谓之穷理者邪？明道云：“只穷理[3]，便尽性至命。”故必仁极仁，而后谓之能穷仁之理；义极义，而后谓之能穷义之理。仁极仁则尽仁之性矣，义极义则尽义之性矣。学至于穷理至矣，而尚未措之于行，天下宁有是邪？是故知不行之不可以为学[4]，则知不行之不可以为穷理矣；知不行之不可以为穷理，则知知行之合一并进，而不可以分为两节事矣。

不行不足以谓之“学”，也无所谓“穷理”。

夫万事万物之理不外于吾心，而必曰穷天下之理，是殆以吾心之良知为未足，而必外求于天下之广，以裨补增益之，是犹析心与理而为二也。夫学问思辨笃行之功，虽其困勉，至于“人一己百”而扩充之极，至于尽性知天，亦不过致吾心

从学问思辨行到尽性知天等所有儒家工夫，都不过是致良知而已，离却良知便无工夫之可言。

之良知而已。良知之外，岂复有加于毫末乎？今必曰穷天下之理，而不知反求诸其心，则凡所谓“善恶之机”“真妄之辨”者，舍吾心之良知，亦将何所致其体察乎？吾子所谓“气拘物蔽”者，拘此蔽此而已。今欲去此之蔽，不知致力于此，而欲以外求，是犹目之不明者，不务服药调理以治其目，而徒伥伥然求明于其外[5]，明岂可以自外而得哉？“任情恣意”之害，亦以不能精察天理于此心之良知而已。此诚毫厘千里之谬者，不容于不辨，吾子毋谓其论之太刻也。

[注释]

[1] 气拘物蔽：意谓人受气禀的局限以及外物利欲之牵引而导致种种弊端。 [2] 觚（gū）：竹简。翰：笔。 [3]“只穷理”以下二句：只需穷理，便能完全实现本性以至于直达天命。语见《程氏遗书》卷二上：“穷理、尽性、至命，三事一时并了，元无次序，不可将穷理作知之事。若实穷得理，即性命亦可了。” [4]“知不行之不可以为学”以下五句：意谓不行不足以为学，不行不足以为穷理，知道了这一点，也就明白了为什么说知行合一并进，而不能将知行分作两节的道理了。 [5] 伥（chāng）伥：迷茫不知所措的样子。

[点评]

本条涉及朱子学对心学的一个重要批评，即在朱子看来，例如陆象山之流的心学思想的最大弊端就在于忽视了气禀对人心的影响作用而只顾喊“发明本心”的口号。朱子认为，构成世界存在的两大基本要素就是理和气，任何事物都不可能欠缺其一，人的存在也是同样的道理。因此，尽管说“心之本体本无不明”——即从心体的本来意义上说，心知本体本无不善，这一点亦能被朱子所认同，不过，更重要的是，人心亦不免受气禀的影响而出现各种差异现象，例如人的感官知觉、生理欲求、视听言动、食色需求乃至喜怒哀乐等生理活动、情感活动，无不受到气质之性的影响乃至牵引，如果没有性之本体或天理的引导，那么这些气质蠢动、知觉运作就很有可能走入歧途、出现异化。怎么办？按照朱子的想法，唯有通过格物致知、学问思辨等读书明理的方法，让人了解自己的局限，明白天下的道理，掌握“善恶之机”“真妄之辨”，最终才能克服“气拘物蔽”的影响，否则的话，光凭本心而动，难免导致“任情恣意”的作为，其后果将是十分可怕的。

毫无疑问，阳明对于朱子的这类言说非常熟悉，认为这是“承沿旧说之弊”而发的，但是在阳明看来，朱子批评心学的上述言词的背后显然存在更为严重的理论弊端，就是将知行割裂了开来，将学问思辨与躬行实践分开来看。顾东桥受此影响，“特举学问思辨以穷天下之理，而不及笃行”，其结果是“专以学问思辨为知，而谓穷理为无行”，这在阳明看来，就显得十分荒唐，于是，发出了一句强烈的反问：“天下岂有不行而学者邪？岂有不行而遂可谓之穷理者邪？”进而提出了一个重要观点：

“不行之不可以为学”“不行之不可以为穷理”，了解了这一点，也就可以证明“知行之合一并进，而不可以分为两节事”。

根据阳明的观点，学问思辨行以至于尽性知天等所有工夫，都不过是“致吾心之良知而已”，因为在良知之外，更无所谓的工夫可行。换言之，致良知是一切工夫的出发点也是归宿点。如果站在这个立场上看，那么，结论必然是：“则凡所谓‘善恶之机’‘真妄之辨’者，舍吾心之良知，亦将何所致其体察乎？”换言之，善恶、真妄等问题必须置于良知的视域中才能获得真正的体察。至此，阳明的观点已经非常明确清楚，由“气拘物蔽”所导致的所谓“善恶之机”“真妄之辨”的失察，归根结底，是对自我良知的失察；同样的道理，所谓“‘任情恣意’之害”，也是由于“不能精察天理于此心之良知”的结果而已。

上述这段针对顾东桥质疑的回答，其实是对朱子思想的根本批判，观点非常尖锐。阳明显然也意识到这一点，所以他在最后希望对方不要以为“论之太刻也”。这也反证了上述阳明的观点表达触及了朱子学的核心要害。

【137】来书云：“教人以致知明德，而戒其即物穷理，诚使昏暗之士深居端坐，不闻教告，遂能至于知致而德明乎？纵令静而有觉，稍悟本性，则亦定慧无用之见，果能知古今，达事变，而致用于天下国家之实否乎？其曰‘知者意之

体，物者意之用’[1]，‘格物’如‘格君心之非’之‘格’[2]，语虽超悟独得，不踵陈见[3]，抑恐于道未相吻合。”

区区论致知格物，正所以穷理。未尝戒人穷理，使之深居端坐而一无所事也。若谓即物穷理，如前所云务外而遗内者，则有所不可耳。昏暗之士，果能随事随物精察此心之天理，以致其本然之良知，则“虽愚必明，虽柔必强”[4]，“大本”立而“达道”行[5]，九经之属可一以贯之而无遗矣[6]，尚何患其无致用之实乎？彼顽空虚静之徒，正惟不能随事随物精察此心之天理，以致其本然之良知，而遗弃伦理，寂灭虚无以为常[7]。是以要之不可以治家国天下。孰谓圣人穷理尽性之学而亦有是弊哉？

心者身之主也[8]，而心之虚灵明觉[9]，即所谓本然之良知也。其虚灵明觉之良知，应感而动者谓之意，有知而后有意，无知则无意矣。知非意之体乎？意之所用[10]，必有其物。物即事也。如意用于事亲，即事亲为一物；意用于治民，即治民为一物；意用于读书，即读书为一物；意用

物，即意识对象物；同时，又是社会日常实践之事。

于听讼，即听讼为一物；凡意之所用，无有无物者，有是意即有是物，无是意即无是物矣。物非意之用乎？

“格”字之义，有以“至”字训者，如“格于文祖”、“有苗来格”[11]，是以“至”训者也。然格于文祖，必纯孝诚敬，幽明之间，无一不得其理，而后谓之格；有苗之顽，实以文德诞敷而后格[12]，则亦兼有“正”字之义在其间，未可专以“至”字尽之也。如“格其非心”[13]，“大臣格君心之非”之类，是则一皆正其不正以归于正之义，而不可以“至”字为训矣。且《大学》格物之训，又安知其不以“正”字为训，而必以“至”字为义乎？如以“至”字为义者，必曰“穷至事物之理”，而后其说始通。是其用功之要全在一“穷”字，用力之地，全在一“理”字也。若上去一“穷”字[14]，下去一“理”字，而直曰“致知在至物”，其可通乎？

格物之学就是端正心态之学、就是敢于纠正君主错误的政治之学。

夫“穷理尽性”，圣人之成训，见于《系辞》者也[15]。苟格物之说而果即穷理之义，则圣人何不直曰“致知在穷理”，而必为此转折不完之语，以启后世之弊邪？盖《大学》格物之说，自与《系辞》穷理大旨虽同，而微有分辨。穷理者，兼格致诚正而为功也，故言穷理则格致诚正之功皆在其中，言格物则必兼举致知、诚意、正心，而后其功始备而密。今偏举格物而遂谓之穷理，此所以专以穷理属知，而谓格物未尝有行，非惟不得格物之旨，并穷理之义而失之矣。此后世之学所以析知行为先后两截，日以支离决裂，而圣学益以残晦者，其端实始于此。吾子盖亦未免承沿积习，则见以为于道未相吻合，不为过矣。

[注释]

[1] 知者意之体，物者意之用：底本谓可能出自《大学古本傍释》，然此书已佚。《集评》谓《函海》本《大学古本傍释》为伪作而不取。今考《大学古本傍释》确有此语，而顾东桥引述之，则可知《傍释》有部分为阳明语。另见第 78、174、201 条有相关论述。 [2]"格君心之非"之"格"：见《大学古本傍释》"格物如'格君'之格"。"格君"见《孟子·离娄上》"格君心之非"，意谓纠正君主心中的错误观念。 [3] 踵（zhǒng）：追随，依从。 [4] 虽愚必明，虽柔必强：意谓通过努力，愚蠢可以变得聪明，柔弱可以变得坚强。语见《中庸》第二十章。 [5] 大本、达道：见《中庸》第一章"中也者天下之大本也，和也者天下之达道也"。意谓"中"是天下之最大根本，"和"是天下之最大法则。达，循，通。 [6] 九经：见

第128条注5。 [7]遗弃伦理，寂灭虚无：遗弃人伦，追求一种寂静虚无的境界。这是宋明儒者用以批判佛老的常套语。 [8]心者身之主：心是身体的主宰。见《大学古本傍释》。 [9]心之虚灵明觉：心体具有一种虚灵的明亮的知觉能力。朱子常用“虚灵知觉”来形容心的知觉能力，而阳明晚年则常以“虚灵明觉”来指称良知。一字之差，涵义迥别。 [10]“意之所用”以下二句：即第78条“意之所着为物”或《大学古本傍释》“物者意之用”的意思。参见第78条注1。 [11]格于文祖：见《尚书·尧典》。文祖，相传为尧的祖先。有苗来格：见《尚书·大禹谟》。有苗，上古时代南方的国名，亦称三苗。 [12]文德诞敷：采用遍布文德（指礼乐等）的方式以施教化。语见《尚书·大禹谟》“帝乃诞敷文德”。诞敷，遍布。 [13]格其非心：见《尚书·冏命》。 [14]字：原脱，据他本补。 [15]《系辞》：误。“穷理尽性”见《易·说卦传》。

[点评]

本条论“格物”。阳明不赞同东汉郑玄以及宋代朱子的训“格”为“至”等传统注解，他以《尚书》《孟子》等出现的“格其非心”“格君心之非”等说法为依据，提出训“格”为“正”的观点。与此相应，关于“物”，阳明也提出新解，认为物不是外在客观物，而是“意之用”，即第78条所说的“意之所着为物”，于是，物就变成了意识对象物，这个世界是由主体意识建构起来的。由于意识指向又表现为“事”，故“物”又等同于“事”，“如意用于事亲，即事亲为一物”等。结论是：意之所向，必有其物，而物即事也。

以上就是阳明对格物的新解。一方面，通过重释“格”

字的意义，推翻了朱子学的传统解释；与此同时，通过重释“物”字的意义——“物即意之物”“物即心之物”等，进而对《大学》“身心意知物”的一套概念系统进行了全新解释，凸显了“意”在这套工夫系统中的重要地位。不仅如此，阳明还强调良知是意之主体这一重要观点，这里涉及良知与意念的关系问题，阳明在另一处强调指出：“意与良知当分别明白，凡应物起念处，皆谓之意。意则有是有非，能知得意之是与非者，则谓之良知。依得良知，即无有不是矣。”（《王阳明全集》卷六《答魏师说·丁亥》）

基于上述观点，阳明重建了心学格物论。这套理论认为，格物不是向外寻求客观定理，而是返向内在意识以端正意识活动的一种实践活动。因此，格物不再是即物穷理的求知活动，而是纠正心中之物——即指向意识对象的一种道德实践活动。

【138】来书云：“谓致知之功，将如何为温清？如何为奉养？即是诚意，非别有所谓格物。此亦恐非。”

此乃吾子自以己意揣度鄙见而为是说，非鄙人之所以告吾子者矣。若果如吾子之言，宁复有可通乎？盖鄙人之见，则谓意欲温清，意欲奉养者，所谓意也，而未可谓之诚意。必实行其温清奉养之意[1]，务求自慊而无自欺，然后谓之诚意。知如何而为温凊之节，知如何而为奉养之宜者，所谓知也，而未可谓之致知。必致其知如何为温凊之节者之知，而实以之温凊，致其知如何为奉养之宜者之知，而实以之奉养，然后谓之致知。

温凊之事，奉养之事，所谓物也，而未可谓之格物。必其于温凊之事也，一如其良知之所知，当如何为温凊之节者而为之，无一毫之不尽；于奉养之事也，一如其良知之所知，当如何为奉养之宜者而为之，无一毫之不尽，然后谓之格物。温凊之物格，然后知温凊之良知始致；奉养之物格，然后知奉养之良知始致，故曰“物格而后知至”[2]。致其知温凊之良知，而后温凊之意始诚，致其知奉养之良知，而后奉养之意始诚，故曰“知至而后意诚[3]”。此区区诚意、致知、格物之说盖如此。吾子更熟思之，将亦无可疑者矣。

只有按照良知之所知，才能真心实意地做到“温凊定省”等奉养父母的仪节。

[注释]

[1] 其：他本作“欲”。 [2] 物格而后知至：格物工夫的完成也就是致知的实现。为《大学》经文。 [3] 知至而后意诚：致知工夫的完成也就是诚意的实现。为《大学》经文。

【139】来书云:“道之大端易于明白,所谓良知良能[1],愚夫愚妇可与及者。至于节目时变之详,毫厘千里之谬,必待学而后知。今语孝于温凊定省,孰不知之?至于舜之不告而娶[2],武之不葬而兴师[3],养志养口[4],小杖大杖[5],割股庐墓等事[6],处常处变,过与不及之间,必须讨论是非,以为制事之本,然后心体无蔽,临事无失。”

良知良能是“圣凡一致”“即凡而圣”之所以可能的依据。

“道之大端易于明白”,此语诚然。顾后之学者,忽其易于明白者而弗由,而求其难于明白者以为学,此其所以“道在迩而求诸远,事在易而求诸难”也[7]。孟子云:“夫道若大路然[8],岂难知哉?人病不由耳!”良知良能,愚夫愚妇与圣人同。但惟圣人能致其良知,而愚夫愚妇不能致,此圣愚之所由分也。节目时变,圣人夫岂不知?但不专以此为学。而其所谓学者,正惟致其良知,以精察此心之天理,而与后世之学不同耳。吾子未暇良知之致,而汲汲焉顾是之忧,此正求其难于明白者以为学之弊也。

夫良知之于节目时变,犹规矩尺度之于方圆

长短也。节目时变之不可预定，犹方圆长短之不可胜穷也。故规矩诚立，则不可欺以方圆，而天下之方圆不可胜用矣；尺度诚陈，则不可欺以长短，而天下之长短不可胜用矣；良知诚致，则不可欺以节目时变，而天下之节目时变不可胜应矣。毫厘千里之谬，不于吾心良知一念之微而察之，亦将何所用其学乎？是不以规矩而欲定天下之方圆，不以尺度而欲尽天下之长短，吾见其乖张谬戾，日劳而无成也已。

吾子谓"语孝于温凊定省，孰不知之？"然而能致其知者鲜矣。若谓粗知温凊定省之仪节，而遂谓之能致其知，则凡知君之当仁者皆可谓之能致其仁之知，知臣之当忠者皆可谓之能致其忠之知，则天下孰非致知者邪？以是而言，可以知致知之必在于行，而不行之不可以为致知也明矣。知行合一之体，不益较然矣乎？

致知必在于行，不行不可以为致知，这是对知行合一的又有一新论述。

夫舜之不告而娶，岂舜之前已有不告而娶者为之准则，故舜得以考之何典，问诸何人，而为此邪？抑亦求诸其心一念之良知，权轻重之宜，不得已而为此邪？武之不葬而兴师，岂武之前已有不葬而兴师者为之准则，故武得以考之何典，问诸何人，而为此邪？抑亦求诸其心一念之良知，权轻重之宜，不得已而为此邪？使舜之心而非诚于为无后[9]，武之心而非诚于为救民，则其不告而娶，与不葬而兴师，乃不孝不忠之大者。而后之人不务致其良知，以精察义理于此心感应酬酢之间，顾欲悬空讨论此等变常之事，执之以为制事之本，以求临事之无失，其亦远矣！其余数端，皆可类推，则古人致知之学，从可知矣。

行为的道德动机比行为的经典依据更为重要！

［注释］

[1]“所谓良知良能”以下二句：即便是愚夫愚妇也是具备良知良能的。此说的依据在《中庸》第十二章“君子之道，费而隐，夫妇之愚可以与知焉。及其至也，虽圣人亦有所不知焉。夫妇之不肖，可以能行焉，及其至也，虽圣人亦有所不能焉。” [2] 舜之不告而娶：舜没有通过父母的允许，便自行娶妻。语见《孟子·万章上》。 [3] 武之不葬而兴师：武王未安葬其父文王便兴师讨伐商纣王。事见《史记·伯夷列传》。 [4] 养志养口：侍养父母既要满足父母饮食的需求，又要顺从父母的意愿。据《孟子·离娄上》载：曾子（曾参）侍养其父曾皙，能做到“养志”，即顺从曾皙的意愿，而曾皙死后，曾参之子曾元侍养曾子却只能做到“养口”，即满足曾子的饮食。最后孟子说：“事亲若曾子者，可也。” [5] 小杖大杖：讲的是舜服侍其父瞽瞍的故事。瞽瞍用“大杖”重重惩罚舜之际，舜则逃之，而瞽瞍用“小杖”施罚时，

舜则以身“待过”。孔子评曰：如果舜受“大杖”而不逃，则会“陷父于不义”。语见《孔子家语·六本篇》。 [6] 割股：割自己的肉，以治疗父母的疾病。见《新唐书·孝友列传》。庐墓：在墓地傍筑室而居以服丧。 [7]“道在迩而求诸远，事在易而求诸难”：见《孟子·离娄上》。 [8]“夫道若大路然”以下三句：见《孟子·告子下》。由：原作“求”。 [9] 无后：没有子女。孟子说：“不孝有三，无后为大。”(《离娄上》)

[点评]

所谓“舜之不告而娶”，是说舜在没有父母的媒妁之言甚至在没有告知父母的情况下，就擅自娶妻；所谓“武之不葬而兴师”，是说周武王竟然在没有安葬父王周文王的情况下，便兴师讨伐商纣王的故事。这两个案例都属于“变常”之事，对此应当如何理解呢？难道不需要学习相应的知识才能弄清楚其中的是非对错吗？由此说明，知识很重要。

然而阳明却强调规矩尺度是死的，必须顺应“时变”，经典知识也是死的，必须顺应良知活动。对行为进行是非判断，不能硬套规矩尺度或书本知识，而应当看其行为的动机是否正确，是否顺应自己的良知。因为任何行为都先有动机，动机的善恶才是最重要的，而行为结果则是次要的。结合上述舜和武王的案例来看，阳明认为他们的动机分别是出于担心没有子嗣（即“无后”）以及为“救民”于水火。更重要的是，他们这些看似违背常识的行动，毫无任何先例或书本知识作为依据，而是他们凭自己的良知判断而不得不做出的“变常之事”，这就说明一个人的行为必须诉诸自己心中的“一念之良知”。由此推论，任何规矩尺度、典章规范也都须诉诸个体良知的判断之后才对行为有规范意义。总之，阳明强调良知才是行为的最终依据。

【140】来书云：“谓《大学》格物之说，专求本心，犹可牵合；至于《六经》《四书》所载多闻多见[1]，前言往行，好古敏求，博学审问，温故知新，博学详说，好问好察，是皆明白求于事为之际，资于论说之间者，用功节目固不容紊矣。”

格物之义，前已详悉，牵合之疑，想已不俟复解矣。至于多闻多见[2]，乃孔子因子张之务外好高，徒欲以多闻多见为学，而不能求诸其心以阙疑殆，此其言行所以不免于尤悔，而所谓见闻者，适以资其务外好高而已。盖所以救子张多闻多见之病，而非以是教之为学也。夫子尝曰：“盖有不知而作之者[3]，我无是也。”是犹孟子“是非之心，人皆有之”之义也。此言正所以明德性之良知，非由于闻见耳。若曰“多闻[4]，择其善者而从之，多见而识之”，则是专求诸见闻之末

孔子所讲的“知而作之”的“知”也就是孟子所说的人人都有的“是非之心”的良知。

而已，落在第二义矣，故曰“知之次也”[5]。

夫以见闻之知为次，则所谓知之上者，果安所指乎？是可以窥圣门致知用力之地矣。夫子谓子贡曰[6]：“赐也，汝以予为多学而识之者欤？非也，予一以贯之。”使诚在于多学而识，则夫子胡乃谬为是说以欺子贡者邪[7]？“一以贯之”，非致其良知而何？《易》曰：“君子多识前言往行[8]，以畜其德。”夫以畜其德为心，则凡多识前言往行者，孰非畜德之事？此正知行合一之功矣。

孔子所说的吾道“一以贯之”，也就是致良知啊！

“好古敏求”者，好古人之学而敏求此心之理耳。心即理也；学者，学此心也；求者，求此心也。孟子云：“学问之道无他[9]，求其放心而已矣。”非若后世广记博诵古人之言词以为好古，而汲汲然惟以求功名利达之具于其外者也。“博学审问”，前言已尽。“温故知新”，朱子亦以温故属之尊德性矣[10]。德性岂可以外求哉？惟夫知新必由于温故，而温故乃所以知新，则亦可以验知行之非两节矣。

“好古”就好（hào）“古之学者为己”的“为己”之学，所以“敏求”也就是追求能成就自己的心中之理。

“博学而详说之”者，“将以反说约也”，若无“反约”之云，则博学详说者果何事邪？舜之好问好察，惟以用中而致其精一于道心耳。道心者，良知之谓也。君子之学，何尝离去事为而废论说？但其从事于事为、论说者，要皆知行合一之功。正所以致其本心之良知，而非若世之徒事口耳谈说以为知者，分知行为两事，而果有节目先后之可言也。

[注释]

[1]“至于《六经》《四书》所载多闻多见”以下七句：分别见诸：《论语·为政》“多闻阙疑……多见阙殆”。殆，不安；《易·大畜》卦辞“君子以多识前言往行”；《论语·述而》“好古敏以求之者也”；《中庸》第二十章“博学之，审问之”；《论语·为政》“温故而知新”；《孟子·离娄下》“博学而详说之，将以反说约也”；《中庸》第六章“舜好问而好察迩言”。 [2]“至于多闻多见”以下五句：子张好高骛远，喜欢以“多闻多见”为学术追求，而不能反求诸心，以保留自己见闻时的疑问，以至于自己的言行不免发生错误或懊悔。语见《论语·为政》：“子张学干禄。子曰：多闻阙疑，慎言其余，则寡尤。多见阙殆，慎行其余，则寡悔。”阙，保留。疑殆，同“疑问”。尤，错误。悔，懊悔。 [3]“盖有不知而作之者”以下二句：见《论语·述而》。 [4]“多闻”以下三句：见《论语·述而》“子曰：盖有不知而作之者，我无是也。多闻，择其善者而从之，多见而识之，知之次也”。意为“多闻”和“多见”是一种次要的“知”。 [5]知之次也：参见上

注。[6]“夫子谓子贡曰”以下五句：孔子对子贡说：你以为我是“多学而识”的人吗？非也，我是“一以贯之”的。语见《论语·卫灵公》。[7]胡乃：为何。[8]“君子多识前言往行”以下二句：此句为《易·大畜》卦辞。畜(xù)，培养，培植。[9]“学问之道无他”以下二句：做学问没有其他的途径可走，只要将放失掉的心找回来就行了。语见《孟子·告子上》。[10]朱子亦以温故属之尊德性矣：朱子语：“温故只是存得这道理在，便是尊德性。”(《朱子语类》卷六十四)

[点评]

本条又论“知行合一”。针对顾东桥引用七句儒家经典中的名言，从“多闻多见”直到“好问好察”等等，阳明认真地一一拆解，并对这些经典的记载进行了独到的解释，得出的结论恰与顾东桥的理解正相反，所有这些经典语句无不与阳明主张的“知行合一”相吻合。非常值得回味。我们就以“多闻多见”为例，略加进一步的说明。如果单独地看“多闻多见”一词，其意无非是指多多地增强知识见闻。然而如果我们将此置入《论语》的整体文本，将《为政篇》所录“多闻阙疑”“多见阙殆”与《述而篇》所录“多闻多见”“知之次也”的记载整合起来看，就会发现孔子对“多闻多见”之类的求知行为的评价并不高。

例如我们不妨再来看《卫灵公篇》记载的孔子那段话：“赐也，汝以予为多学而识之者欤？非也，予一以贯之。”很显然，孔子所追求的不是“多学而识”而是“一以贯之”之道。那么，何谓“一以贯之”呢？我们再看孔子对曾参的一句话：“子曰：‘参乎！吾道一以贯之。’”

（《论语·里仁》）只是孔子没有对此作详细论述，于是，当孔子离开后，其他门人就问曾参，这句话是什么意思？曾子答道："夫子之道，忠恕而已矣。"（同上）至此我们终于了解，原来孔子最终所追求的是实现"一以贯之"的"忠恕之道"。阳明在这里虽未提及《里仁》的那段对话，但是他对此肯定是心领神会的。

以上这些对文本的分析告诉我们一个道理：阅读经典文本，特别是对经典文本的思想内涵进行诠释之际，重要的是，我们要把经典文本看作是一个整体，以使文本中个别语句的意义解释达到诠释学的良性循环，否则的话，往往会导致断章取义的结果。就阳明对"多闻多见"的分析来看，他显然已经做到将文本的某些语句表述置于文本的整体语境中来加以审视，从而提出了融会贯通的理解。尽管这些理解或许与朱子学者的解释并不一致，但至少可以说，这些理解与阳明自身的"知行合一""心即理"等心学视域是可以融合的，因此在哲学上实现了理论自洽性。

【141】来书云："杨、墨之为仁义[1]，乡愿之辞忠信[2]，尧、舜、子之之禅让[3]，汤、武、楚项之放伐[4]，周公、莽、操之摄辅[5]，谩无印正，又焉适从？且于古今事变，礼乐名物，未尝考识，使国家欲兴明堂[6]，建辟雍[7]，制历律[8]，草封禅[9]，又将何所致其用乎？故《论语》曰'生

而知之’者[10]，‘义理耳。若夫礼乐名物，古今事变，亦必待学，而后有以验其行事之实’。此则可谓定论矣。”

所喻杨、墨、乡愿、尧、舜、子之、汤、武、楚项、周公、莽、操之辨，与前舜、武之论，大略可以类推。古今事变之疑，前于良知之说，已有规矩尺度之喻，当亦无俟多赘矣。至于明堂、辟雍诸事，似尚未容于无言者。然其说甚长，姑就吾子之言而取正焉，则吾子之惑，将亦可以少释矣。

夫明堂、辟雍之制，始见于《吕氏》之《月令》、汉儒之训疏[11]，《六经》《四书》之中，未尝详及也。岂吕氏、汉儒之知乃贤于三代之贤圣乎？齐宣之时[12]，明堂尚有未毁，则幽、厉之世[13]，周之明堂皆无恙也。尧、舜茅茨土阶[14]，明堂之制未必备，而不害其为治；幽、厉之明堂，固犹文、武、成、康之旧[15]，而无救于其乱，何邪？岂能以不忍人之心而行不忍人之政，则虽茅茨土阶，固亦明堂也；以幽、厉之心而行幽、厉之政，则虽明堂，亦暴政所自出之地邪？武帝肇讲于汉[16]，而武后盛作于唐，其治乱何如邪？

三代之学的归趣就在于揭示人伦本质的伦理学。

天子之学曰辟雍，诸侯之学曰泮宫[17]，皆象地形而为之名耳。然三代之学，其要皆所以明人伦，非以辟不辟、泮不泮为重轻也。孔子云："人而不仁[18]，如礼何！人而不仁，如乐何！"制礼作乐[19]，必具中和之德，声为律而身为度者，然后可以语此。若夫器数之末，乐工之事，祝史之守[20]，故曾子曰"君子所贵乎道者三"，"笾豆之事，则有司存也"[21]。尧命羲和[22]，钦若昊天，历象日月星辰，其重在于敬授人时也。舜在璇玑玉衡[23]，其重在于以齐七政也。是皆汲汲然以仁民之心，而行其养民之政，治历明时之本，固在于此也。

羲和历数之学，皋、契未必能之也，禹、稷未必能之也；"尧舜之知而不遍物"[24]，虽尧舜亦未必能之也。然至于今，循羲和之法而世修之，虽曲知小慧之人[25]，星术浅陋之士，亦能推步占候而无所忒[26]，则是后世曲知小慧之人，反贤于禹、稷、尧、舜者邪？

封禅之说，尤为不经。是乃后世佞人谀士，所以求媚于其上，倡为夸侈，以荡君心，而靡国费。盖欺天罔人，无耻之大者，君子之所不道，司马相如之所以见讥于天下后世也[27]。吾子乃以是为儒者所宜学，殆亦未之思邪？

阳明严厉批评后世的所谓“封禅之说”乃“欺天罔人，无耻之大者，君子之所不道”。

夫圣人之所以为圣者，以其生而知之也。而释《论语》者曰：“生而知之者，义理耳。若夫礼乐名物，古今事变，亦必待学而后有以验其行事之实。”夫礼乐名物之类，果有关于作圣之功也，而圣人亦必待学而后能知焉，则是圣人亦不可以谓之生知矣！谓圣人为生知者，专指义理而言，而不以礼乐名物之类，则是礼乐名物之类无关于作圣之功矣。圣人之所以谓之生知者，专指义理而不以礼乐名物之类，则是学而知之者，亦惟当学知此义理而已。困而知之者，亦惟当困知此义理而已。今学者之学圣人，于圣人之所能知者，未能学而知之，而顾汲汲焉求知圣人之所不能知者以为学，无乃失其所以希圣之方欤？凡此皆就吾子之所惑者，而稍为之分释，未及乎“拔本塞源”之论也。

所谓圣人“生而知之”者，是指圣人能明心中之义理，与礼乐名物之类的客观知识无关。所谓“困而知之”者，也应当以追求义理为目标。

［注释］

[1] 杨、墨之为仁义：出自《孟子·滕文公上》：“杨墨之道不息，孔子之道不著，是邪说诬民，充塞仁义也。”杨，杨朱，主

张“为我”。墨，墨子，主张“兼爱”。程颢有一解释：“杨氏为我，疑于义；墨氏兼爱，疑于仁。”（《近思录》卷十三）疑：拟。 [2] 乡愿之辞忠信：乡愿者看似讲求忠信，其实对忠信构成了祸乱。语见《孟子·尽心下》：“同乎流俗，合乎污世，居之似忠信，行之似廉洁，众皆悦之，自以为是，而不可与入尧舜之道，故曰德之贼也。’” [3] 子之：战国燕王哙（kuài）让位于其相子之，三年，国大乱。见《史记·燕召公世家》。禅让：将王位让给贤者。尧让位给舜，而不传子。 [4] 汤、武、楚项之放伐：汤伐夏桀，汤伐商纣，楚项羽杀义帝而自称西楚霸王。 [5] 周公、莽、操之摄辅：周公辅政周成王，王莽篡位摄政，曹操立汉献帝而自封魏王。 [6] 明堂：古代施政行礼之场所。 [7] 辟雍：古代天子所设的大学。 [8] 历律：历法律吕。 [9] 封禅：古代帝王祭天地的大典。 [10]“故《论语》曰‘生而知之’者”以下五句：为朱子《论语集注·述而篇》引尹焞（tūn）注：“盖‘生而知之’者，义理尔。若夫礼乐名物，古今事变，亦必待学，而后有以验其实也。” [11]《月令》：记十二个月的时令、政令及相关事物。秦相吕不韦（前 235 年卒）集诸家之说而著《吕氏春秋》，篇首皆有月令，称“十二月纪”。又见《礼记·月令篇》。 [12]“齐宣之时”以下二句：指齐宣王与孟子的一场对话，齐宣王曾对孟子说：大家都说我毁坏明堂，那么，我就把它销毁，怎么样？孟子劝诫道：“夫明堂者，王者之堂也。王欲行王政，则勿毁之矣。”（《梁惠王下》） [13] 幽、厉：分别指西周时期的幽王和厉王，都是著名的暴君。 [14] 茅茨土阶：茅覆的房屋，土筑的台阶。尧舜时代人们居住的简陋屋舍。 [15] 文、武、成、康：分别指西周的四代君主：文王、武王、成王、康王。 [16]武帝：汉武帝。下文“武后”指唐武则天。史载两人曾分别建明堂以行政令。 [17] 泮（pàn）宫：周代诸侯的学宫。 [18]“人而不仁”以下四句：人而不仁的话，那么，又如何能做到仁义呢？语见《论语·八佾》。 [19]“制礼作乐”以下三句：此句称颂大禹推行礼乐能做到以身作则，事见《史记·夏本纪》。 [20]祝史：古代掌祭祀之官。 [21]以上两条引文为曾子语，见《论语·泰伯》。他列举了君子所推重的“道”有三条：端正容貌、颜色和词气；至于笾豆（指祭祀礼器）之事，则有专门的司者人员管理，“而非君子之所重也”（朱子语，《论语集注·泰伯篇》）。 [22]“尧命羲和”以下四句：见《尚书·尧典》：“乃命羲和，钦若昊天，历象日月星辰，敬授人时。” [23]“舜在璇玑玉衡”以下二句：见《尚书·尧典》。璇玑玉衡，观测天文之器。七政，日月与五星之运行轨道，喻指国家行政。 [24]“尧舜之知而不遍物”以下二句：即便是尧舜，也不是无所不知、无所不能的。语见《孟子·尽心上》“尧舜之知而不遍物”。 [25]曲知：一隅之知。小慧：小聪明。 [26]忒（tè）：差错。 [27]司马相如之所以见讥于天下后世也：指司马相如（约前179—前118）撰《封禅文》，迎合汉武帝，为后世不取。见《史记·司马相如传》。

［点评］

以上整段文字为王阳明与顾东桥继续辩论良知重要还是知识重要的问题，从明堂、辟雍之制说起，其中涉及历史上一些著名的典故、人名以及固有概念，最后一直讲到“生而知之”的圣人亦有所不知和有所不能，其所知者“义理尔”而非“礼乐名物之类”，要之，阳明通过对这些典故或概念的重新诠释，仍然强调了自己的心学立场，认为从心学的立场出发，完全可以重新理解这些经典文本的涵义，并由此再三强调把握良知的重要性。

另需特别说明的是，以下一段文字即著名的《拔本塞源论》，底本据明隆庆六年《王文成公全书》刻本而不分段，《全书》标点本亦同，而《集评》本另分出两条为第142和143条。根据长文应适当分段的原则，故今从《集评》本分为两条。其实，《拔本塞源论》在晚明曾被单独刊刻出版，被视为一篇独立的文字。

此段为著名的《拔本塞源论》，其中阳明揭示了“天地万物一体之仁”的重要观点。

【142】夫拔本塞源之论不明于天下[1]，则天下之学圣人者将日繁日难，欺人沦于禽兽夷狄，而犹自以为圣人之学；吾之说虽或暂明于一时，终将冻解于西而冰坚于东，雾释于前而云滃于后[2]，呶呶焉危困以死，而卒无救于天下之分毫也已！

夫圣人之心，以天地万物为一体，其视天下之人，无外内远近，凡有血气，皆其昆弟赤子之亲，莫不欲安全而教养之，以遂其万物一体之念。天下之人心，其始亦非有异于圣人也。特其间于有我之私，隔于物欲之蔽，大者以小，通者以塞，人各有心，至有视其父子兄弟如仇雠者。圣人有忧之，是以推其天地万物一体之仁以教天下，使之皆有以克其私，去其蔽，以复其心体之同然。其教之大端，则尧、舜、禹之相授受，所谓“道心惟微，惟精惟一，允执厥中”。而其节目，则舜之命契，所谓“父子有亲，君臣有义，夫妇有别，长幼有序，朋友有信”五者而已。唐、虞、三代之世，教者惟以此为教，而学者惟以此为学。当是之时，人无异见，家无异习，安此者谓之圣，勉此者谓之贤，而背此者，虽其启明如朱[3]，亦谓之不肖。下至闾井田野、农工商贾之贱，莫不皆有是学，而惟以成其德行为务。何者？无有闻见之杂，记诵之烦，辞章之靡滥，功利之驰逐，而但使之孝其亲，弟其长，信其朋友，以复其心体之同然。是盖性分之所固有，而非有假于外者，则人亦孰能之乎？

学校之中，惟以成德为事，而才能之异，或有长于礼乐，长于政教，长于水土播植者，则就其成德，而因使益精其能于学校之中。迨夫举德而任，则使之终身居其职而不易，用之者惟知同心一德，以共安天下之民。视才之称否，而不以崇卑为轻重，劳逸为美恶。效用者亦惟知同心一德，以共安天下之民，苟当其能，则终身处于烦剧而不以为劳，安于卑琐而不以为贱。当是之时，天下之人，熙熙皞皞[4]，皆相视如一家之亲。其才质之下者，则安其农工商贾之分，各勤其业以相生相养，而无有乎希高慕外之心。其才能之异，若皋、夔、稷、契者，则出而各效其能，若一家之务，或营其衣食，或通其有无，或备其器用，集谋并力，以求遂其仰事俯育之愿，惟恐当其事者之或怠而重己之累也。故稷勤其稼，而不耻其不知教，视契之善教，即己之善教也；夔司其乐，而不耻于不明礼，视夷之通礼，即己之通礼也。

将“三代社会”描绘成“心学纯明”的理想社会，成为王阳明政治哲学的一项重要论述。

盖其心学纯明，而有以全其万物一体之仁，故其精神流贯，志气通达，而无有乎人己之分，物我之间。譬之一人之身，目视、耳听、手持、足行，以济一身之用。目不耻其无聪，而耳之所涉，目必营焉；足不耻其无执，而手之所探，足必前焉。盖其元气充周，血脉条畅，是以痒疴呼吸[5]，感触神应，有不言而喻之妙。此圣人之学所以至易至简，易知易从，学易能而才易成者，正以大端惟在复心体之同然，而知识技能非所与论也。

心体之同然与知识之技能被列为一对相对之词，值得注意。

[注释]

[1] 拔本塞源：拔除木之本，塞住水之源，喻指从根本上解决问题。语见《左传》昭公九年。 [2] 滃（wěng）：云起状。 [3] 朱：丹朱，尧之子。 [4] 熙熙：和乐貌。皞（hào）皞：广大貌。 [5] 痒：疮。疴：病。

【143】三代之衰，王道熄而霸术焻[1]；孔孟既没，圣学晦而邪说横。教者不复以此为教，而学者不复以此为学。霸者之徒，窃取先王之近似者，假之于外，以内济其私己之欲，天下靡然而宗之，圣人之道遂以芜塞，相仿相效，日求所以富强之说，倾诈之谋，攻伐之计，一切欺天罔人，苟一时之得，以猎取声利之术，若管、商、苏、张之属者[2]，至不可名数。既其久也，斗争劫夺，不胜其祸，斯人沦于禽兽夷狄，而霸术亦有所不能行矣。世之儒者，慨然悲伤，搜猎先圣王之典章法制，而掇拾修补于煨烬之余[3]，盖其为心，良亦欲以挽回先王之道。

三代之衰、孔孟之后，历史仿佛不断倒退，在这种“历史倒退论”的悲观情绪中，却蕴含着强烈的现实主义批判精神。

圣学既远，霸术之传，积渍已深，虽在贤知，皆不免于习染，其所以讲明修饰，以求宣畅光复于世者，仅足以增霸者之藩篱，而圣学之门墙遂

圣学衰亡导致两个严重弊端：政治上，王道失落而霸道猖獗；学术上，道学失传而支离之学畅行。

不复可睹。于是乎，有训诂之学，而传之以为名；有记诵之学，而言之以为博；有词章之学，而侈之以为丽。若是者纷纷籍籍，群起角立于天下，又不知其几家，万径千蹊，莫知所适。世之学者，如入百戏之场，欢谑跳踉，骋奇斗巧，献笑争妍者，四面而竞出，前瞻后盼，应接不遑，而耳目眩瞀[4]，精神恍惑，日夜遨游，淹息其间，如病狂丧心之人，莫自知其家业之所归。时君世主亦皆昏迷颠倒于其说，而终身从事于无用之虚文，莫自知其所谓。间有觉其空疏谬妄，支离牵滞，而卓然自奋，欲以见诸行事之实者，极其所抵，亦不过为富强功利、五霸之事业而止。圣人之学日远日晦，而功利之习愈趋愈下。其间虽尝瞽惑于佛老，而佛老之说，卒亦未能有以胜其功利之心。虽又尝折衷于群儒，而群儒之论终亦未能有以破其功利之见。

由上述两个严重的政治与学术的弊端所造成的更为严重的社会后果是：功利主义毒素已经深入人之心髓。

盖至于今，功利之毒沦浃于人之心髓，而习以成性也，几千年矣。相矜以知，相轧以势，相争以利，相高以技能，相取以声誉。其出而仕也，理钱谷者则欲兼夫兵刑，典礼乐者又欲与于铨轴[5]，处郡县则思藩臬之高[6]，居台谏则望宰执之要[7]。故不能其事，则不得以兼其官；不通其说，则不可以要其誉；记诵之广，适以长其敖也；知识之多，适以行其恶也；闻见之博，适以肆其辩也；辞章之富，适以饰其伪也。是以皋、夔、稷、契所不能兼之事，而今之初学小生皆欲通其说，究其术。其称名僭号，未尝不曰吾欲以共成天下之务，而其诚心实意之所在，以为不如是则无以济其私而满其欲也。

呜呼！以若是之积染，以若是之心志，而又讲之以若是之学术，宜其闻吾圣人之教，而视之以为赘疣枘凿[8]，则其以良知为未足，而谓圣人之学为无所用，亦其势有所必至矣！呜呼！士生斯世，而尚何以求圣人之学乎！尚何以论圣人之学乎！士生斯世而欲以为学者，不亦劳苦而繁难乎！不亦拘滞而险艰乎！呜呼，可悲也已！所幸天理之在人心，终有所不可泯，而良知之明，万古一日，则其闻吾拔本塞源之论，必有恻然而悲，戚然而痛，愤然而起，沛然若决江河而有所不可御者矣！非夫豪杰之士无所待而兴起者，吾谁与望乎？

尽管历史没有停止倒退的步伐，然而普遍超越的天理良知却是不可泯灭的，犹如“万古一日”一般，永远照亮着人心。

[**注释**]

[1] 焻：一本作“昌”。 [2] 管：管仲，春秋时齐国宰相，助齐桓公成霸业。商：商鞅，战国时秦孝公宰相，行变法。苏：苏秦，战国时纵横家。张：张仪，战国时纵横家。 [3] 煨烬：灰烬。指秦始皇焚书。 [4] 瞀（mào）：目眩。 [5] 铨：选官。轴：要位。 [6] 藩臬：藩，藩司，行政之官；臬，臬司，主惩治官吏。 [7] 台谏：御史台与谏议大夫。宰执：执政的大官，宰相。 [8] 枘（ruì）凿：榫头和卯眼，喻指互相抵触而不相容。语本《楚辞》。

[**点评**]

《答顾东桥书》一书可谓长篇大论，内容极为丰富，在《传习录》当中不多见。其核心观点无疑是“拔本塞源”论中的“万物一体”论，整段文字长达二千余字，纵论古今，气势磅礴，读来令人酣畅淋漓，为阳明文字中少见的充满激情的一篇大文章。明末刘宗周称孟子之后“仅见此篇”，从中可见“（阳明）先生一腔真血脉，洞彻万古”（《刘宗周全集》第 5 册《阳明传信录》），当非虚言。

在中国思想史上，以孔子“践仁知天”、孟子“万物皆备”为主要表述形式的“天人合一”“万物一体”之观念对于中国传统思想具有重要的形塑作用。自宋儒张载提出“天人合一”命题之后，接着程颢有“天人本无二，不必说合”之说，这个说法表明“天人合一”对于儒者来说几乎是不证自明的命题，而他在《识仁篇》等处再三强调“仁者，浑然与物同体”“仁者，以天地万物为一体”等著名观点，将万物一体置于“仁学”领域来加以思考，建构了具有“仁学”特色的万物一体论。这一万物一体论表明人的存在就是“天地万物之关系中的存在”，是与“其他人物相感通”的存在（唐君毅：《中国哲学原论·原道篇》，第134页），因而它既有境界说的意义，又是一种社会理论。

王阳明继承了程颢思想，提出了“天地万物一体之仁”的命题，以“一体之仁”作为万物一体论的理论基础，同时，阳明又将万物一体论置于良知心学的基础之上。阳明认为，“良知之明，万古一日”“天下人心，皆吾之心”，这是万物一体得以成立的心学前提；对阳明来说，万物一体不仅是宇宙的存在方式、仁者的精神境界，更是实现“一体同善”的社会理想。这是一种充满道德理想主义的社会：必须打破“人己之分，物我之间”的隔阂，人与自然、人与社会的休戚相关、和谐与共的关系应当重建。充分表明万物一体论是王阳明将其良知学说在社会政治领域进一步拓展和落实的理论结果，充分展现出阳明学对政治社会的关切，具有重要的理论意义。

首先，阳明从“夫圣人之心，以天地万物为一体”这一观念说起，为我们描述了三代社会的理想状态：圣人“是以推其天地万物一体之仁以教天下”，整个社会处在“心体之同然”“同心一德”“一家之亲”的和谐与共的状态之中，而每个人都能做到“全其万物一体之仁”。对阳明而言，三代社会是理想社会的一种象征，是重新安排社会秩序的理想寄托。继而阳明对三代之后、孔孟既没的社会历史进行了批判：政治上，陷入了王道息而霸道昌的严重困境；学术上，圣人之学已然失传而支离之学大行其道；社会上，造成了功利主义的泛滥，处在相矜、相轧、相争、相高、相取于知识、权势、私利、技能、声誉等私欲流行的一片黑暗时代，人伦关系完全割裂，和谐共生的社会理想丧失殆尽。然而正是在这种看似历史倒退论的悲观论调中，我们却可读取出阳明充满激情的现实理性主义情怀，其中蕴含着强烈的现实批判精神，而现实批判正寄托了对未来的理想。

最后，阳明对历史、现实、社会、人心等现状深感忧虑之同时，并没有丧失对道德人文主义的坚定信念，他坚信天理之在人心终不可泯，良知之明犹如万古一日，是永远不会消失的。因此，只要有人听到他的“拔本塞源之论”，必然会有“恻然而悲，戚然而痛，愤然而起”的“豪杰之士”涌现出来。进而阳明表达了自己的一个宏愿：“非夫豪杰之士无所待而兴起者，吾谁与望乎？”这令人想起孔子的一句名言：“吾非斯人之徒与而谁与！”

总之，阳明学万物一体论的思想意义在于：重新安排宇宙万物与人类共同体的联系方式——重建整个天下的整体性、一体性之联系，进而为人类社会的秩序重建奠定“心学纯明”这一道德理想主义的基础，只有朝着“一体之仁”的方向才有望实现个人的理想人格以及人与宇宙万物和谐共存的理想世界。

启周道通书[1]

【144】吴、曾两生至，备道道通恳切为道之意，殊慰相念！若道通，真可谓笃信好学者矣。忧病中[2]，曾不能与两生细论[3]，然两生亦自有志向，肯用功者，每见辄觉有进，在区区诚不能无负于两生之远来，在两生则亦庶几无负其远来之意矣。临别，以此册致道通意，请书数语。荒愦无可言者，辄以道通来书中所问数节，略下转语。奉酬草草，殊不详细，两生当亦自能口悉也。

来云书："日用工夫只是立志。近来于先生诲言时时体验，愈益明白。然于朋友不能一时相离。若得朋友讲习，则此志才精健阔大，才有生意。若三五日不得朋友相讲，便觉微弱，遇事便会困，亦时会忘。乃今无朋友相讲之日，还只静坐，或看书，或游衍经行[4]，凡寓目措身，悉取以培养此志，颇觉意思和适。然终不如朋友讲聚，精神流动，生意更多也。离群索居之人，当更有何法以处之？”

王阳明《答人问良知二首》其二：“知得良知却是谁？自家痛痒自家知。若将痛痒从人问，痛痒何须更问为？”（《全集》卷二十）

此段足验道通日用工夫所得，工夫大略亦只是如此用，只要无间断，到得纯熟后，意思又自不同矣。大抵吾人为学紧要大头脑只是立志，所谓困忘之病，亦只是志欠真切。今好色之人未尝病于困忘，只是一真切耳。自家痛痒，自家须会知得，自家须会搔摩得。既自知得痛痒，自家须不能不搔摩得。佛家谓之方便法门，须是自家调停斟酌[5]，他人总难与力，亦更无别法可设也。

[注释]

[1] 据《阳明先生文录》，此书作于甲申（1524）。启：底本作“答”，据《全书》本改。道通：周道通（1485—1532），名冲，号静庵，常州宜兴人。正德五年（1510）举人，曾授业于王阳明、湛若水。 [2] 忧病：嘉靖元年（1522）二月，阳明丁父忧。嘉靖三年尚在丧中。 [3] 曾：原作“会”，据他本改。 [4] 游衍经行：散步之意。 [5] 须：底本、参校本均作“非”，据他本改。

【145】来书云："上蔡尝问'天下何思何虑'[1]，伊川云'有此理，只是发得太早'[2]。在学者工夫，固是'必有事焉而勿忘'，然亦须识得'何思何虑'底气象，一并看为是。若不识得这气象，便有'正'与'助长'之病[3]。若认得'何思何虑'，而忘'必有事焉'工夫，恐又堕于无也。须是不滞于有，不堕于无。'然乎否也？"

所论亦相去不远矣，只是契悟未尽。上蔡之问与伊川之答，亦只是上蔡、伊川之意，与孔子《系辞》原旨稍有不同。《系》言"何思何虑"，是言所思所虑只是一个天理，更无别思别虑耳，非谓无思无虑也，故曰："同归而殊途，一致而百虑，天下何思何虑。"云"殊途"，云"百虑"，则岂谓无思无虑邪？心之本体即是天理，天理只是一个，更有何可思虑得？天理原自寂然不动，原自感而遂通。学者用功，虽千思万虑，只是要复他本来体用而已，不是以私意去安排思索出来，故明道云："君子之学，莫若廓然而大公，物来而顺应。"若以私意去安排思索，便是"用

从何思何虑到无思无虑，结论是"何思何虑"是体认"无思无虑"之天理的工夫。

智自私”矣[4]。“何思何虑”正是工夫，在圣人分上便是自然的，在学者分上便是勉然的。伊川却是把作效验看了，所以有“发得太早”之说，既而云“却好用功”，则已自觉其前言之有未尽矣。濂溪“主静”之论[5]，亦是此意。今道通之言，虽已不为无见，然亦未免尚有两事也。

［注释］

[1] 上蔡：谢良佐（1050—1103），字显道，蔡州上蔡（在今河南）人，二程弟子，传学于胡安国。天下何思何虑：原本《易·系辞下传》：“天下何思何虑，天下同归而殊途，一致而百虑，天下何思何虑。” [2] 有此理，只是发得太早：意谓程颐对谢良佐所讲的“何思何虑”虽表认同，但却认为他讲得太过轻易了，还须慎重。原文见《程氏外书》卷十二。 [3] 以上数句引文中的“必有事焉而勿忘”以及“正”“助长”等，均为孟子语，见第87条。 [4] 以上引明道（程颢）语，均见《定性书》。 [5] 主静：见周敦颐《太极图说》“圣人定之以中正仁义而主静（自注：无欲故静），立人极焉”。

［点评］

本条论“何思何虑”的问题，涉及为学工夫应指向于“无”还是应落实在“有”这一“有无”问题，在阳明心学当中属于重要的理论问题。周道通借助谢良佐与程颐的一场对话，认为“何思何虑”恐怕与“必有事焉”

未免令人两难，他主张为学工夫应以“不滞于有”又“不堕于无”为理想境地。

从道理上讲，阳明承认道通此说无误，但在阳明看来，这种讲法容易流于泛泛之论。重要的是如何理解“何思何虑”，这句话是否意味着“无思无虑”因而也就无须工夫可言呢？的确，从字面看，“何思何虑”含有否定的语气，意味着不用“思虑”，若此，则工夫恐怕就会“堕于无”，而与孟子“必有事焉”这一“有”的立场形成矛盾冲突。这是周道通所担忧的问题。然而，阳明指出：何思何虑的言外之意在于“所思所虑只是一个天理，更无别思别虑”，而不意味着对思虑的否定：“无思无虑”。因为，一个人的意识活动不会停息，它必表现为思虑活动，只是当思虑指向天理，而此天理又是心体本身，那么，思虑的根源就在心体本身，从而构成根源性的内在意识，这种思虑不是指向外物的“别思别虑”。只是天理作为绝对存在，非人的经验思虑所可企及，故而“更有何可思虑得”？亦不能用“私意去安排思索出来”，否则就落入了程颢所说的“用智自私”之窠臼。在这个意义上，阳明强调心体天理非思虑可得，然而对于“何思何虑”的道理，却应当做一番“所思所虑”的工夫。由此，才能实现“不滞于有”又“不堕于无”的理想境界。

【146】来书云：“凡学者才晓得做工夫[1]，便要认识得圣人气象。盖认得圣人气象，把做准的，乃就实地做工夫去，才不会差，才是作圣工

夫。未知是否？”

“先认圣人气象”，昔人尝有是言矣，然亦欠有头脑。圣人气象自是圣人的，我从何处识认？若不就自己良知上真切体认，如以无星之称而权轻重，未开之镜而照妍媸[2]，真所谓以小人之腹而度君子之心矣。圣人气象何由认得？自己良知原与圣人一般，若体认得自己良知明白，即圣人气象不在圣人而在我矣。程子尝云：“觑着尧[3]，学他行事，无他许多聪明睿智，安能如彼之动容周旋中礼？”又云：“心通于道[4]，然后能辨是非。”今且说通于道在何处？聪明睿智从何处出来？

究极而言，圣人气象就在我心。

“道”就是心中的是非善恶的一杆秤。

[注释]

[1]“凡学者才晓得做工夫”以下二句：为程颐语：“凡看文字，非只是要离会语言，要识圣贤气象。”（《程氏遗书》卷二十二上） [2] 媸（chī）：丑陋，与“妍”相对。 [3]“觑（qù）着尧”以下四句：语见《程氏遗书》卷十八。觑，看，窥探。动容周旋中礼：意谓举止言行的运作无不合乎礼节，语本《孟子·尽心下》。 [4]“心通于道”以下二句：为程颐语，见《伊川文集》卷九《答朱长文书》。

【147】来书云："事上磨炼，一日之内不管有事无事，只一意培养本原。若遇事来感，或自己有感，心上既有觉，安可谓无事？但因事凝心一会，大段觉得事理当如此，只如无事处之，尽吾心而已。然乃有处得善与未善，何也？又或事来得多，须要次第与处，每因才力不足，辄为所困，虽极力扶起，而精神已觉衰弱。遇此未免要十分退省，宁不了事，不可不加培养。如何？"

所说工夫，就道通分上，也只是如此用，然未免有出入在。凡人为学，终身只为这一事。自少至老、自朝至暮，不论有事无事，只是做得这一件，所谓"必有事焉"者也。若说"宁不了事，不可不加培养"，却是尚为两事也。"必有事焉而勿忘勿助"，事物之来，但尽吾心之良知以应之，所谓"忠恕违道不远"矣[1]。凡处得有善有未善及有困顿失次之患者，皆是牵于毁誉得丧，不能实致其良知耳。若能实致其良知，然后见得平日所谓善者未必是善，所谓未善者，却恐正是牵于毁誉得丧，自贼其良知者也。

"终身只为这一事"就是致良知，更不论有事无事、动境内外，此便是"事上磨练"。

在阳明看来，以致良知去应对事事物物，便是实践孔子所说的"忠恕之道"。

[注释]

[1] 忠恕违道不远：语见《中庸》第十三章："忠恕违道不远矣，施诸己而不愿，亦勿施于人。"

【148】来书云："致知之说，春间再承诲益[1]，已颇知用力，觉得比旧尤为简易。但鄙心则谓与初学言之，还须带格物意思，使之知下手处。本来致知格物一并下，但在初学，未知下手用功，还说与格物，方晓得致知"云云。

格物是致知工夫，知得致知，便已知得格物。若是未知格物，则是致知工夫亦未尝知也。近有一书与友人[2]，论此颇悉，今往一通，细观之当自见矣。

[注释]

[1] 春间再承诲益：当指另一书。据底本考证，《全集》与周道通书，仅此一件，此处所云另一书或指日本天理大学所藏阳明答周道通五封书信中的"所谓良知"第四封。按此五封书信已收入《全集》（新编本）下编卷三十九"补录一"。 [2] 近有一书：据底本考证，当指《答罗整庵书》。

【149】来书云："今之为朱陆之辨者尚未已。每对朋友言，正学不明已久，且不须枉费心力为

朱陆争是非，只依先生‘立志’二字点化人。若其人果能辨得此志来，决意要知此学，已是大段明白了。朱陆虽不辨，彼自能觉得。又尝见朋友中见有人议先生之言者，辄为动气。昔在朱陆二先生所以遗后世纷纷之议者，亦见二先生工夫有未纯熟，分明亦有动气之病，若明道则无此矣。观其与吴涉礼论介甫之学[1]，云：‘为我尽达诸介甫[2]，不有益于他，必有益于我也。’气象何等从容！尝见先生与人书中亦引此言[3]，愿朋友皆如此。如何？”

朱陆之辨各有“动气之病”。程颢之于王安石虽有意见，然程颢却能做到不动气。

此节议论得极是极是，愿道通遍以告于同志，各自且论自己是非，莫论朱陆是非也。以言语谤人，其谤浅；若自己不能身体实践，而徒入耳出口，呶呶度日，是以身谤也，其谤深矣。凡今天下之议论我者，苟能取以为善，皆是砥砺切磋我也，则在我无非警惕修省进德之地矣。昔人谓“攻吾之短者是吾师”[4]，师又可恶乎？

孔子云“三人行，必有我师”；亚里士多德云“吾爱吾师，吾更爱真理”。按阳明的说法，即“千圣皆过影，良知乃吾师”（《全集》卷二十《长生》）。

［注释］

[1] 吴涉礼：当作吴师礼，字安仲，杭州人。参《宋史》卷三四七、《宋元学案》卷六。介甫：王安石（1021—1086），字介甫，

号半山，临川（今江西）人。 [2]“为我尽达诸介甫”以下三句：语见《程氏遗书》卷一。 [3]引此言：见《全集》卷四《答汪石潭内翰书》“不有益于兄，必有益于我也”。 [4]攻吾之短者是吾师：为荀子语，见《荀子·修身》：“故非我而当者，吾师也。”

按照朱子的这个解释，“不容说”是指性还未形成之前，“不是性”是指已经夹杂了气质之性。所以，两个“性”字的意味迥别。

【150】来书云：“有引程子‘人生而静以上不容说[1]，才说性，便已不是性。’何故不容说？何故不是性？晦庵答云：‘不容说者[2]，未有性之可言；不是性者，已不能无气质之杂矣。’二先生之言皆未能晓，每看书至此，辄为一惑。请问？”

“生之谓性”[3]，“生”即是“气”字，犹言气即是性也。气即是性，“人生而静以上不容说”，才说气即是性，即已落在一边，不是性之本原矣。孟子“性善”是从本原上说。然性善之端，须在气上始见得，若无气亦无可见矣。恻隐、羞恶、辞让、是非即是气，程子谓“论性不论气不备[4]，论气不论性不明”，亦是为学者各认一边，只得如此说。若见得自性明白时，气即是性，性即是气，原无性气之可分也。

[注释]

[1]“人生而静以上不容说”以下三句：在人生而静（语本《礼记·乐记》）以上的原初世界，是不能用语言来加以表述的，当我们一说到“性”字，已经不是原来意义上的那个“性”了。语见《程氏遗书》卷一。《近思录》引为程颢语。 [2]“不容说者”以下四句：见《朱子文集》卷六十一《答严时亨》第一书：“‘人生而静’是未发时，以上即是人物未生之时，不可谓性。才谓之性，便是人生以后，此理堕在形气之中，不全是性之本体矣。” [3]生之谓性：为告子语。 [4]“论性不论气不备”以下二句：光讲性而不讲气则有所欠缺，光讲气而不讲性则有所不明。语见《程氏遗书》卷六。朱子以为前一句暗指孟子，后一句暗指荀子。

[点评]

本条涉及“人生而静以上不容说”这一程颢命题，素称难解。按朱子的解释，人生而静是指人物未生之时的原初世界，盖当其时，虽已有天命之性的存在，如同“理”先于气而存在一样，但是我们却无法用语言来表述，当我们用语言来表述“性”的时候，此时的“性”便已经是人生以后的气质之性，理已经“堕在形气之中”，故已不是“性之本体”。此即程颢“才说性，便已不是性”的确切涵义。前者之“性”是指气质之性，后者之“性”是指“性之本体”。按朱子性理学的理路，此说是可以讲得通的。

然而阳明却有另一套解释，他从“生之谓性”命题着手，认为“生”就是“气”的意思，就好比说“气即性也”，这表明阳明对“生之谓性”的命题是基本认同的。基于此，阳明对“人生而静以上不容说”进行了解释，而他的解释却与朱子显然是相通的。接下去，阳明话语一转，强调指出孟子“性善”之旨原是从“性之本原”上讲的，但是性善须由“气”才能呈现——而不是性体之发动的“情”。于是，孟子所说的恻隐、羞恶、辞让、是非这四种良心之端倪，全部都是“气”之表现，这是阳明对告子“生之谓性”的一个重要解释。这个解释的理论后果是，既然“生”即“气”，而四端之心亦是气，善端又须从气上见，那么，就势必得出“气即是性”“性即是气”的命题，从而导致性气之不可分的结论，打破了气质之性与天命之性截然两分的人性两元构架，最终引发人们对告子“生之谓性”命题的重新审视。关于这一问题，《传习录》下卷还将涉及，此处不赘。

答陆原静书[1]

【151】来书云："下手工夫，觉此心无时宁静。妄心固动也[2]，照心亦动也。心既恒动，则无刻暂停也。"

是有意于求宁静，是以愈不宁静耳。夫妄心则动也，照心非动也；恒照则恒动恒静，天地之所以恒久而不已也[3]。照心固照也，妄心亦照也；"其为物不贰[4]，则其生物不息"，有刻暂停，则息矣，非"至诚无息"之学矣[5]。

良知就像永远散发着光芒的太阳一样，不会熄灭。这就叫做"恒照"。

［注释］

[1] 此书作于嘉靖三年（1524）。陆原静即陆澄，参见《传习录》上卷。 [2]"妄心固动也"以下二句：受外物牵累或私欲蒙

蔽的“妄心”固然已经动了，由心体明觉而照物的“照心”也是一种动。　[3]天地之所以恒久而不已也：出自《易·恒卦·彖辞》：“天地之道，恒，久而不已也。”　[4]“其为物不贰”以下二句：意谓作为天地之道是唯一的存在，而其在生生不息的生物过程中则是微妙不测的。语见《中庸》第二十六章：“天地之道，可一言而尽也，其为物也不贰，则其生物不测。”　[5]至诚无息：终极的至上的“诚”是不会停息的。语见《中庸》第二十六章：“故至诚无息，不息则久。”

[点评]

本条涉及“妄心”与“照心”这对概念以及“生生不息”“恒久不已”的问题。陆澄提出了无论是“妄心”还是“照心”都已经是一种“动”，因而此心无片刻停顿的问题，阳明指出，这种想法的背后存在的一个观念是：追求所谓的“宁静”。按阳明的思路，心体因明觉而有“照心”之用，其实，就本体而言，它具有“恒照”的特性，即永远不会停息地照亮所有一切存在。在这个意义上，“恒照”也就等于“恒动恒静”——意为超越经验现象中的动静，而直达“至诚无息”的境地。这里所表述的观点，是阳明经常用来表述心体良知的本质特征。下面我们还会不断遇到相似的问题出现。

【152】来书云：“良知亦有起处”云云。

此或听之未审。良知者心之本体，即前所谓恒照者也。心之本体无起无不起，虽妄念之发，而良知未尝不在，但人不知存，则有时而或放耳。虽昏塞之极，而良知未尝不明，但人不知察，则有时而或蔽耳。虽有时而或放，其体实未尝不在也，存之而已耳；虽有时而或蔽，其体实未尝不明也，察之而已耳。若谓良知亦有起处，则是有时而不在也，非其本体之谓矣。

［点评］

本条接续上条的问题而来。问良知是否有“起处”，实质上，是在质疑“心体”为何没有片刻“暂停”的问题。对此，阳明基于良知本体即所谓“恒照”者这一前提，提出了一个重要命题：“心之本体无起无不起。”具体而言，“恒照”即意味着良知是时时刻刻都在发挥着自身的光芒，天地所有一切存在都在其光芒的笼罩之下，意味着良知本体是永恒绝对的、无所不在的。因此，即便是妄念之发动，在人的意识深处，良知依然存在；即便是昏暗之极的人，但其内心良知也依然存在；即便有的时候，人心意识会走散或迷失方向，但其心中的良知本体依然存在。因此结论是，良知心体“无起无不起”。阳明的这个观点对于我们了解其良知学说至关重要，他告诉我们心体良知没有绝对的动也没有绝对的静，而是超越于动静之上的无动无不动、无起无不起的。

【153】来书云：“前日‘精一’之论，即作

圣之功否？”[1]

“精一”之“精”以理言，“精神”之“精”以气言。理者气之条理，气者理之运用。无条理则不能运用，无运用则亦无以见其所谓条理者矣。精则精，精则明，精则一，精则神，精则诚；一则精，一则明，一则神，一则诚，原非有二事也。但后世儒者之说与养生之说，各滞于一偏，是以不相为用。前日“精一”之论[2]，虽为原静爱养精神而发，然而作圣之功实亦不外是矣。

[注释]

[1] 底本注云：“来书云”一句各本均脱，据王本补。 [2]“前日‘精一’之论”以下二句：参看《全集》卷五《答陆原静·辛巳》所云：“闻以多病之故，将从事于养生。”可知，陆原静爱讲“养生”，而“前日‘静一’之说”或是指该书。

[点评]

本条揭示了“理者气之条理，气者理之运用”的重要观点，向来以为阳明与朱子不同，不太重视理气问题的探讨，更是缺乏理气宇宙论的理论建构。不过事实表明，阳明在理气问题上自有独到见解，上述这句命题便典型反映了阳明的理气合一的观点。

按照我们的分析，既然“理是气之条理”，那么理气便是不可分离的关系，而“气者理之运用”则表明理气不仅在结构论上不可分离，而且在体用论上也构成了独特的呈现关系，理必在气上呈现自身。但与朱子不同的是，阳明毕竟不是借此而意欲重建宇宙论。在阳明的问题意识中，理气问题首先不是其理论的核心关怀，所以我们看不到阳明有关理气问题的详细论述。只是由此理气问题的思维模式来看，我们可推知阳明在良知本体领域，也必然遇到良知与气的关系问题。也就是说，作为道德本体的良知也必然在发用流行过程中展现自身，而在此发用过程中，气的因素就不得不加以考虑。当然这并等于说，良知本体的自足圆满性必须借助气而存在，而是说良知的意义须借助气的流行而呈现出来。从这个角度看，就与上述阳明的理气合一命题存在一定的理论关联。

【154】来书云：“元神、元气、元精必各有寄藏发生之处[1]，又有真阴之精，真阳之气”云云。

夫良知一也，以其妙用而言谓之神，以其流行而言谓之气，以其凝聚而言谓之精，安可以形象方所求哉？真阴之精，即真阳之气之母；真阳之气，即真阴之精之父。阴根阳，阳根阴，亦非有二也。苟吾良知之说明，则凡若此类皆可以不阳明针对陆澄偏爱养生，曾一语道破："大抵养德养身，只是一事。"(《全集》卷五《答陆原静·辛巳》）当然前提是"苟吾良知之说明"。

言而喻。不然，则如来书所云"三关、七返、九还"之属[2]，尚有无穷可疑者也。

［注释］

[1]元神、元气、元精：道教养身术语，参看第57条。 [2]三关、七返、九还：道教术语。"三关"见《黄庭经》，系指：口为天关，手为人关，足为地关。此外另有其他说法，不赘。"七返、九还"见《周易参同契》中篇："刚施而退，柔化以滋，九返七反，八归六居。"七返：精气运转七次，降心火于心田。九还：精气运转一周期，又称九转还丹，复返精气神于先天之境。

［点评］

本条对道教术语的借用并不重要，重要的是，阳明在此讨论了良知与气的关系问题。阳明认为，良知本体在展现自身的过程中，有三种不同的形态，可以分别以三种道教术语来加以描述——即"元神、元气、元精"，这三个概念分别喻指良知的"妙用""流行""凝聚"这三种发用样态。但是归根结底，良知之发用毕竟取决于良知之体，即所谓"体即良知之体，用即良知之用"（见下条），而与"气"存在本质差异。倘若依傍道教炼丹术而去寻求"气"之流行过程中的"形象方所"则更是莫大的误会。

又[1]

【155】来书云："良知，心之本体，即所谓性善也，未发之中也，寂然不动之体也，廓然大公也。何常人皆不能而不待于学邪？中也、寂也、公也，既以属心之体，则良知是矣。今验之于心，知无不良，而中、寂、大公，实未有也。岂良知复超然于体用之外乎？"

所谓良知超然于体用之外，即意为良知有体而无用矣。

性无不善，故知无不良，良知即是未发之中，即是廓然大公，寂然不动之本体，人人之所同具者也。但不能不昏蔽于物欲，故须学以去其昏蔽，然于良知之本体，初不能有加损于毫末也。知无不良，而中、寂、大公未能全者，是昏蔽之未尽去，而存之未纯耳。体即良知之体，用即良知之用，宁复有超然于体用之外者乎[2]？

[注释]

[1] 又：当指第二书。《传习录》中卷钱德洪《序》亦计答陆有二书。 [2]“性无不善”以下十七句：是说作为知无不良的良知，即体而言，便是未发之中、廓然大公、寂然不动之本体；就用而言，应当就是发而皆中节、物来而顺应、感而遂通天下之故。阳明此处虽未明言，然“体即良知之体，用即良知之用”一句，实已内含此意。即阳明喜欢引用程颐的话：“体用一源”。参见下条。

【156】来书云：“周子曰‘主静’，程子曰‘动亦定，静亦定’，先生曰‘定者心之本体’[1]，是静定也，决非“不睹不闻”“无思无为”之谓。必常知、常存、常主于理之谓也。夫常知、常存、常主于理，明是动也，已发也，何以谓之静？何以谓之本体？岂是静定也[2]，又有以贯乎心之动静者邪？”

理无动者也。“常知、常存、常主于理”，即“不睹不闻”“无思无为”之谓也。“不睹不闻”“无思无为”非槁木死灰之谓也，睹闻思为一于理，而未尝有所睹闻思为，即是动而未尝动也，所谓

"动亦定，静亦定"，"体用一原"者也。

[注释]

[1] 定者心之本体：见第 41 条。 [2]"岂是静定也"以下二句：难道还有贯穿"心之动静"之上的什么存在吗？陆澄似乎以为心体本身必处在动静两端，不可能在心体之上存在另一个超越动静的第三者。

[点评]

本条显示陆澄有一个固执的观点，他认定"静"才是本体，而心体良知的常知、常存、常主于理等说法表明，心体处在"动"——即"已发"的状态之中，因而不再是"静"，也就无所谓"本体"，最终，陆澄提出了"又有以贯乎心之动静者邪"的质疑。针对于此，阳明的答复很简单，"理无动者也"。这其实朱子理学以来的一贯主张，阳明对此亦能认同。意思是说，从本体的层面看，理之本体是无所谓动亦无所谓静的，动静只是理之本体在现象界的两种不同状态，从本体界而言，理是超越于动静之上的。

同样，对阳明而言，心体良知作为本体存在，也是无所谓动亦无所谓静的。道理都是一样的。用阳明在这里的表述，例如良知本体展现为睹闻思为这四种意识活动，看似处在"动"的状态，其实就良知本体而言，则是"动而未尝动"的，在动的过程中，良知本体又能保持自身不为外物牵动的"静"之状态。所以说，这种超越于动静之上的良知本体是即体即用、即动即静的。此即程颢所言“动亦定，静亦定”，程颐所言“体用一源”的意义所在。

【157】来书云：“此心未发之体，其在已发之前乎？其在已发之中而为之主乎？其无前后内外而浑然一体者乎？今谓心之动静者，其主有事无事而言乎？其主寂然感通而言乎？其主循理从欲而言乎？若以循理为静，从欲为动，则于所谓‘动中有静，静中有动’‘动极而静，静极而动’者[1]，不可通矣。若以有事而感通为动，无事而寂然为静，则于所谓‘动而无动，静而无静’者[2]，不可通矣。若谓未发在已发之先，静而生动，是至诚有息也，圣人有复也，又不可矣。若谓未发在已发之中，则不知未发已发，俱当主静乎？抑未发为静，而已发为动乎？抑未发已发俱无动无静乎？俱有动有静乎？幸教。”

良知本体的浑然一体性表现为：良知是贯穿未发已发、动静内外、有事无事、寂然感通等现象界所有的两分状态。

“未发之中”即良知也，无前后内外而浑然一体者也。有事无事，可以言动静，而良知无分于有事无事也。寂然感通，可以言动静，而良知无分于寂然感通也。动静者所遇之时，心之本体固无分于动静也。理无动者也，动即为欲。循理则虽酬酢万变而未尝动也，从欲则虽槁心一念而未尝静也。“动中有静，静中有动”，又何疑乎？有事而感通，固可以言动，然而寂然者未尝有增也；无事而寂然，固可以言静，然而感通者未尝有灭也。“动而无动，静而无静”，又何疑乎？无前后内外而浑然一体，则至诚有息之疑，不待解矣。未发在已发之中，而已发之中未尝别有未发者在；已发在未发之中，而未发之中未尝别有已发者存，是未尝无动静，而不可以动静分者也。

凡观古人言语，在以意逆志而得其大旨[3]，若必拘滞于文义[4]，则“靡有孑遗”者，是周果无遗民也。周子“静极而动”之说，苟不善观，亦未免有病。盖其意从“太极动而生阳”“静而生阴”说来[5]。太极生生之理[6]，妙用无息，而常体不易。太极之生生，即阴阳之生生。就其生生之中，指其妙用无息者而谓之动，谓之阳之生，非谓动而后生阳也；就其生生之中，指其常体不易者而谓之静，谓之阴之生，非谓静而后生阴也。若果静而后生阴，动而后生阳，则是阴阳动静截然各自为一物矣。阴阳一气也，一气屈伸而为阴阳；动静一理也，一理隐显而为动静。春夏可以为阳为动，而未尝无阴与静也；秋冬可以为阴为静，而未尝无阳与动也。春夏此不息，秋冬此不息，皆可谓之阳，谓之动也；春夏此常体，秋冬此常体，皆可谓之阴，谓之静也。自元会运世、岁月日时以至刻杪忽微[7]，莫不皆然。所谓"动静无端，阴阳无始"[8]，在知道者默而识之，非可以言语穷也。若只牵文泥句，比拟仿像，则所谓心从法华转，非是转法华矣[9]。

道：默识体认的对象而非语言所能界定。

[注释]

[1] 动中有静，静中有动：语见二程："静中便有动，动中便有静。"（《程氏遗书》卷七）动极而静，静极而动：语见周敦颐《太极图说》："无极而太极，太极动而生阳，动极而静，静而生阴，静极复动。" [2] 动而无动，静而无静：语见周敦颐《通书·动静》："动而无静，静而无动，物也。动而无动，静而无静，神也。动而无动，静而无静，非不动不静也。" [3] 以意逆志：出自《孟子·万章上》："故说《诗》者，不以文害辞，不以辞害志；以意逆志，是为得之。"意为阅读经典，须通过思考去了解文本中的旨意。逆：追溯。志：意向、意趣。 [4]"若必拘滞于文义"以下三句：意谓如果相信《诗经》所载"靡有孑遗"为真的话，那么，周朝就真的没有"遗民"了。语见《孟子·万章上》。 [5] 太

极动而生阳、静而生阴：二句为《太极图说》语，参见上注2。 [6]"太极生生之理"以下十六句：这是对周敦颐"太极动静"问题的解释，意为太极是生生不息之理，这种生生不息的运动过程展现为神妙不测而永不停息的特征，与此同时，太极作为"常体"——即永恒不变之体，其本身是不会发生变易的。太极之生生也就是阳明两气之生生，在生生过程中的神妙不测之运动可谓是"动"，叫做"阳之生"，不是说"动"之后而产生出"阳"；在太极的生生过程中，不变之太极"常体"可谓是"静"，叫做"阴之生"，不是说"静"之后而产生出"阴"。倘若"静"之后会产生出"阴"，"动"之后会产生出"阳"，那么，阴阳两气的动静就会被截然割裂，各自成为一物矣。 [7]元会运世：邵雍语，一元为十二会，一会为三十运，一运为十二世，一世为三十年，见《皇极经世》卷十一《观物内篇》。 [8]动静无端，阴阳无始：语见程颐《经说》卷一。 [9]心从法华转，非是转法华：意谓心无主见，便会被物所转，这里喻指阅读经典不能拘泥穿凿于文字之间，而忘却了文本的精义之所在。语本《六祖坛经·机缘品》："心迷法华传，心悟转法华。"

[点评]

本条揭示了一个看似非常高妙而又有点难解的命题：良知是"无前后内外而浑然一体者也"，包括陆澄的提问在内的话，竟然一共出现了三次。如果再稍微说得具体一点的话，那么，还可以加上这样的表述：良知是"动而无动，静而无静"、不分"未发已发""有事无事"也不分"寂然不动"与"感而遂通"的浑然一体之存在。按照阳明的论述，良知是贯穿心体之未发已发、泯灭现象界两分两元等一切现象的统一的整体性存在。这是因为良知不仅仅是一种道德情感的良心或善良的知觉，更是无所不在、永恒普遍的心体、天理、道体之本身。上述阳明的观点充分反映阳明良知学的一个重要思想特色在于强调存在同一性以及万物一体性。

良知之于情，是主人还是不相干者？

【158】来书云："尝试于心，喜怒忧惧之感发也，虽动气之极，而吾心良知一觉，即罔然消阻，或遏于初，或制于中，或悔于后。然则良知常若居优闲无事之地而为之主，于喜怒忧惧若不与焉者，何欤？"

知此则知未发之中，寂然不动之体，而有发而中节之和，感而遂通之妙矣。然谓良知常若居于优闲无事之地，语尚有病。盖良知虽不滞于喜怒忧惧，而喜怒忧惧亦不外于良知也。

[点评]

本条记述虽然简略，但是涉及的问题却相当重要。陆澄的问题是：即良知之于情感发动，究竟"为之主"还是"若不与"？一般而言，按照理学的常识，性为心之主，情为心之发，心统性情。只是在程朱理学的系统中，由于心只是知觉心而非道德本心，因此，心对情的统摄和主宰，主要体现为意识功能的作用对于情感发动的调整或纠偏，归根结底，心之本身须有性之本体来主导，所以，对程朱理学而言，他们不能认同心体作为本体的存在，所以对情感的引领还是要取决于心中的“性”或“理”。这个观点表明，理学家虽然意识到“情”的发动不能听之任之，须有“心”来主导，但是他们所说的“心”只是一种知觉意识，由于知觉之心容易走偏，故须通过“主一无适”的主敬工夫来收摄此心。这就出现一个悖论：心既是性情之“统领”，同时心又是主敬的工夫对象，其本身不能直接发挥主导作用。

阳明心学对心的定位显然发生了根本的扭转，心被提升到本体的地位，心体本身就是天理、就是良知，心之本体不再是单纯的知觉活动，而是作为道德本体的存在，是人天生具有的根本性意识，它对感性的知觉活动、情感发动乃至一切知行活动都具有直接的引领和主导的作用，其理据就在于良知具有自知自觉的根本能力。阳明晚年提出致良知教之后，这层意思就更为清楚明确，此即说心体对情感必具有“为之主”的主导地位和作用。也正由此，所以有陆澄一问：尽管“喜怒忧惧之感发也，虽动气之极，而吾心良知一觉，即罔然消阻。”意为良知自觉便能察识并引领各种“喜怒忧惧”等情感走向，然而更为根本的质疑是：为什么良知的主导往往不能直接干预情感的发动？却表现为“若居优闲无事之地而为之主”的样态？这个问题的实质是：良知为何不能在情感未发或将发之际，便能预先察知，进而预先做直接的干预？由此引申出另一问题是：良知本体是否与情感活动不发生直接关联而是处在“不与”的关系？显然，陆澄的这些问题是重要的，他要追问良知主宰情感活动的机制究竟如何的问题。从心学的语境来看，问题的实质在于不能光说良知是打通已发未发而浑然一体的存在，更要从理论上讲清楚良知在情感未发或已发之际，它是如何做到“为之主”的？

对于陆澄的上述追问，阳明的回答简洁明了。首先，良知就是未发之中，就是寂然不动之体，因而良知在情感未发之际已然存在，一旦情感发动，便自能“发而中节”，自有“感而遂通之妙矣”，而良知的这种存在方式不能以“良知常若居于优闲无事之地”来加以表述，显得良知本体似乎并不具有积极主动的能力，当然这个表述只是“语病”而不是问题的关键；其次，由于良知的存在方式既“不滞于有”又“不堕于无”，因此，良知之于情感也就处在“不滞”而又“不离”的状态，这就表明情感不能自外于良知而可以不受良知的主宰。

总之，良知作为本体存在，其本身不等同于情感，但是良知作为一种道德本心，其本身又必然内含道德情感。归根结底，良知既是未发之中，同时又是中节之和；既是寂然不动，同时又是感而遂通。在这个意义上可以说，良知本体既是情的主宰者，同时又是情的参与者。结论就是：“盖良知虽不滞于喜怒忧惧，而喜怒忧惧亦不外于良知也。”

【159】来书云：“夫子昨以良知为照心。窃谓良知，心之本体也，照心，人所用功，乃戒慎

恐惧之心也，犹思也。而遂以戒慎恐惧为良知，何欤？”

能戒慎恐惧者，是良知也。

［点评］

戒慎恐惧当然是心体之发动，而将此与良知直接等同，这是陆澄的误解。对此，阳明的回答仅一句：“能戒慎恐惧者，是良知也。”其关键词就是一个“能”字。意为戒慎恐惧等情感活动的背后之依据就是“良知”，若无良知的存在，那么，戒慎恐惧便会流为单纯的戒慎恐惧而已，失去其价值和意义。犹如阳明对主敬工夫的批评那样，若无心体作为主宰而仅以“主一”释主敬，那么就必会坠入“好货便一心在好货上”“好色便一心在好色上”的窠臼之中，主敬也就变得毫无价值和意义，变成单纯的知觉心理活动而已。可见，阳明十分强调各种工夫需要有“主脑”，用阳明的术语来说，叫做“本体工夫”，否则的话，主敬等工夫即便能使意识达到高度集中，也会用在违背正义公道（如好货好色等）的错误地方，导致行为的偏失。当然必须说明的是，阳明虽然反对用“敬”字来诠释《大学》，也反对程朱理学一味主张“居敬”而不免欠缺心体的主导意识，但是这并不意味着阳明对孔孟以来的“敬”的问题采取了全盘否定的态度。只是在这里不便就此展开细说。

【160】来书云：“先生又曰‘照心非动也’[1]，

岂以其循理而谓之静欤？‘妄心亦照也’，岂以其良知未尝不在于其中，未尝不明于其中，而视听言动之不过则者皆天理欤？且既曰妄心，则在妄心可谓之照[2]，而在照心则谓之妄矣。妄与息何异[3]？今假妄之照以续‘至诚之无息’[4]，窃所未明，幸再启蒙。”

心体何以既有“照心”又有“妄心”？

“照心非动”者，以其发于本体明觉之自然，而未尝有所动也。有所动即妄矣。“妄心亦照”者，以其本体明觉之自然者，未尝不在于其中，但有所动耳。无所动即照矣。无妄无照，非以妄为照，以照为妄也。照心为照，妄心为妄，是犹有妄有照也。有妄有照则犹贰也。贰则息矣。无妄无照则不贰。不贰则不息矣。

[注释]

[1] 照心非动也：与下文“妄心亦照也”，参见第 151 条。 [2]“则在妄心可谓之照”以下二句：如果妄心也可说是照，那么，照心也可说是妄了。岂不自相矛盾？ [3] 妄与息何异：妄心之妄对照心而言，是一种停息。 [4] 今假妄之照以续“至诚之无息”：意谓如果假设妄心亦照，那么为何接着又说“至诚无息”？如此，则妄心亦可谓之“至诚无息”吗？这里的解读显然对第 151 条的阳明论述有所误解。

[**点评**]

本条的讨论又回到了第151条阳明提出的两个命题："照心非动也""妄心亦照也"。其中的关键在于如何理解"照心"与"妄心"。我们不妨先稍作回顾。在第151条，阳明已经深刻地洞察到，无论是心体之作用表现的"照心"还是偏离心体方向的"妄心"，其根源都在于"心"，而不能把恶的心（妄心）说成与我无关的，将其责任和根源推诿给他人或其他因素，就好比一个人犯错，总是强调客观原因而跟自己无关一般，阳明认为这是不对的。第101条"去花间草"章，阳明强调了善恶在心而不在物的观点，就是要把恶的根源归诸人的内心意识活动，只有从内心发掘根源，才能从根本上铲除恶的根源。也正由此，所以阳明强调："照心固照也，妄心亦照也。"他指出，如果"照"有片刻的停顿"则息矣"，这就不符合儒学"'至诚无息'之学矣"。显然，陆澄的发问："今假妄之照以续'至诚之无息'"，语意含混而未免有所误解。

现在再来看阳明的回答。"照心"是源自"本体明觉"之照，犹如良知自然会"知"，良知亦自然会"照"，即良知按其本然状态而有"照亮"一切的作用，故谓之"未尝有动"。好比太阳普照大地是其本性使然，而非有意为"照"，故其"照"而"未尝有动"。另一方面，"妄心亦照"的意思是说，妄心亦是"心"而非别为一物，只是"妄心"已不免有"动"，一旦有"动"便不免有私欲杂念等各种因素掺杂其间，于是就会偏离心体明觉自然之"照"。归根结底，"妄""照"的根源在于"心"，不能说照心是照而妄心不是照。所以必须打破将照心与妄心割裂为二的错误见解，从根本上了解心体本身是“无妄无照”的，此便是心体“不贰”，此便是“至诚不息”。

有没有一种绝妙的方法：在人欲萌动之前即将其彻底删除干净？

【161】来书云：“养生以清心寡欲为要。夫清心寡欲，作圣之功毕矣。然欲寡则心自清，清心非舍弃人事而独居求静之谓也。盖欲使此心纯乎天理，而无一毫人欲之私耳。今欲为此之功，而随人欲生而克之，则病根常在，未免灭于东而生于西。若欲刊剥洗荡于众欲未萌之先，则又无所用其力，徒使此心之不清。且欲未萌而搜剔以求去之，是犹引犬上堂而逐之也[1]，愈不可矣。”

在人欲“未萌”与“方萌”之际如何作扫除廓清的工夫？值得深思。

必欲此心纯乎天理，而无一毫人欲之私，此作圣之功也。必欲此心纯乎天理而无一毫人欲之私，非防于未萌之先而克于方萌之际，不能也。防于未萌之先而克于方萌之际，此正《中庸》“戒慎恐惧”，《大学》“致知格物”之功，舍此之外，无别功矣。夫谓“灭于东而生于西，引犬上堂而逐之者”，是自私自利、将迎意必之为累[2]，而非克治洗荡之为患也。今曰“养生以清心寡欲为要”，只“养生”二字，便是自私自利、将迎意必之根。有此病根潜伏于中，宜其有“灭于东而生于西，引犬上堂而逐之”之患也。

［注释］

[1] 是犹引犬上堂而逐之也：语本二程：“至养犬者，不欲其升堂，则时其升堂而扑之。若既扑其升堂，又复食之于堂，则使孰从？虽日挞而求其不升，不可得也。”（《程氏遗书》卷二下）比喻行为自相矛盾。 [2] 将迎：迁就迎合。语本《庄子·知北游》。意必：私意、自以为是。语本《论语·子罕》。

［点评］

本条涉及如何克制私欲萌发的问题。陆澄的问题是：从道理上讲，对人欲的克制最好是防患于未然，在人欲未萌发之先，便施以克治铲除之功，这是最为理想的。然而现实是，没有一个人能够做到这一点。退一步讲，即便有人做到“随人欲生而克之”，但也只能是一时之效，而其“病根常在”，结果终将是“灭于东而生于西”，无法从根源上彻底铲除欲根。如何是好呢？

应当说，陆澄的上述提问是重要的，涉及人心欲望的根源性问题。这个问题可以说在阳明学的发展过程中始终存在，特别是在阳明后学中的“归寂派”代表人物聂豹和罗洪先的思想中有突出的表现，他们提出归寂豫养等主张来试图解决这一问题，此且不赘。对于陆澄的提问。阳明强调指出，须在人欲“未萌”而又“方萌”之际，着手下功夫，努力向“纯乎天理而无一毫人欲之私”的方向努力。

具体而言，阳明认为这就是《中庸》“戒慎恐惧”之工夫、《大学》“格物致知”之工夫，除此之外更无妙法可言。若按“养生”或“主静”之工夫来应对，就必将产生“灭于东而生于西，引犬上堂而逐之者”的遗患。

总之，阳明认为人欲“未萌”而又“方萌”之际的所谓工夫其实并无捷径可走，而必须按照《中庸》《大学》所说的“戒慎恐惧”和“格物致知”的工夫方法去做，等到工夫一旦圆熟，则自然能在“未萌”与“方萌”之际，将人欲彻底“刊剥洗荡”干净。

【162】来书云：“佛氏于‘不思善、不思恶时，认本来面目’[1]，于吾儒‘随物而格’之功不同。吾若于不思善、不思恶时用致知之功，则已涉于思善矣。欲善恶不思，而心之良知清静自在，惟有寐而方醒之时耳。斯正孟子“夜气”之说[2]。但于斯光景不能久，倏忽之际，思虑已生，不知用功久者，其常寐初醒而思未起之时否乎？今澄欲求宁静，愈不宁静，欲念无生，则念愈生。如之何而能使此心前念易灭，后念不生，良知独显，而与造物者游乎？”

良知，即人人的本来面目。良知明白，更不必如此说。

“不思善、不思恶时，认本来面目”，此佛氏为未识本来面者设此方便。本来面目即吾圣门所谓良知。今既认得良知明白，即已不消如此说矣。'随物而格'是致知之功，即佛氏之"常惺惺"[3]，亦是常存他本来面目耳。体段工夫大略相似。但佛氏有个自私自利之心，所以便有不同耳。今欲善恶不思[4]，而心之良知清静自在，此便有自私自利、将迎意必之心，所以有"不思善、不思恶时，用致知之功，则已涉于思善"之患。孟子说"夜气"，亦只是为失其良心之人指出个良心萌动处，使他从此培养将去。今已知得良知明白，常用致知之功，即已不消说"夜气"；却是得兔后不知守兔而仍去守株，兔将复失之矣。欲求宁静，欲念无生，此正是自私自利、将迎意必之病，是以念愈生而愈不宁静。

良知只是一个良知，而善恶自辨，更有何善何恶可思？良知之体本自宁静，今却又添一个求宁静；本自生生，今却又添一个欲无生，非独圣门致知之功不如此，虽佛氏之学亦未如此将迎意必也。只是一念良知，彻头彻尾，无始无终，即是"前念不灭，后念不生"[5]。今却欲前念易灭而后念不生，是佛氏所谓"断灭种性"[6]，入于

良知本体，善恶自辨，更何善恶可思？良知本体，本自宁静，更何宁静可求？良知本体，本自生生，更何无生可欲？

"槁木死灰"之谓矣。

[**注释**]

[1] 不思善、不思恶时，认本来面目：佛氏语，见《六祖坛经·行由品》："不思善、不思恶，正与么时，那个是明上座本来面目。" [2] 夜气：孟子语，参见第 47 条。 [3] 常惺惺：意谓，时常保持心灵的警觉状态。原为明觉禅师语。 [4] "今欲善恶不思"以下六句：现在如果连善恶都不加以认真思索，而只是追求良知心的所谓"清静自在"，那么恐怕便沦落为佛老的"自私自利"之心态，或沦落为迁就迎合、妄自揣测、固执已见的形态，这才是你所说的忧虑：在"不思善、不思恶"之际而用"致知"的工夫，便已经落入"思善"的窠臼。 [5] 前念不灭，后念不生：语本《六祖坛经·机缘品》："前念不生即心，后念不灭即佛；成一切相即心，离一切相即佛。" [6] 断灭种性：语本《成唯识论》，谓大乘法有"二种种姓"，"本性住种姓"与"习所成种姓"，若断灭"种姓"则不能悟入唯识。

【163】来书云："佛氏又有'常提念头'之说[1]，其犹孟子所谓'必有事'，夫子所谓'致良知'之说乎？其即常惺惺、常记得、常知得、常存得者乎？于此念头提在之时，而事至物来，应之必有其道。但恐此念头提起时少，放下时多，则工夫间断耳。且念头放失，多因私欲客气之动而始，忽然惊醒而后提。其放而未提之间，心之

昏杂多不自觉。今欲日精日明，常提不放，以何道乎？只此常提不放，即全功乎？抑于常提不放之中，更宜加省克之功乎？虽曰常提不放，而不加戒惧克治之功，恐私欲不去；若加戒惧克治之功焉，又为思善之事，而于'本来面目'又未达一间也。如之何则可？"

"戒惧克治"，即是"常提不放"之功，即是"必有事焉"，岂有两事邪？此节所问，前一段已自说得分晓，末后却是自生迷惑[2]，说得支离，及有"本来面目未达一间"之疑，都是自私自利、将迎意必之为病。去此病，自无此疑矣。

[注释]

[1] 常提念头：《集评》谓：出处未考。 [2] 末后：盖指上述陆澄提问的末尾"虽曰常提不放"以后两段话。

[点评]

以上两条可以合观。陆澄提出了一系列有关如何静养的问题，根据阳明的回答，"此节所问，前一段已自说得分晓"，可知以上两条的问题是连贯的。陆澄心中总是缠绕着一个老问题，即如何在情感未发、心体未动之先，对私欲做一番防患于未然的工夫，荡涤扫除人欲之病根？而他心中始终难以解除的一个悖论是：愈是刻意想在未萌之前或已萌之际，对人欲施以克治之功，却反而愈增思念杂虑，愈使此心搅乱得不能宁静。

然而，阳明尖锐地指出，陆澄的后一段疑问其实是在若不加克治之功则私欲不去，而若加克治之功则又有刻意“思善”之弊的问题当中缠绕不清，故而导致“自生迷惑”的结果。而陆澄所谓于“本来面目”尚有“一间未达”的疑虑，也不过是庸人自扰而已，其根源仍在于用功方向已然犯错，未能认得良知明白，却有各种“将迎意必”的意识病根在作祟的缘故。所以阳明在后面批评道：此是“将迎意必之为病”，此病不除，终无法释疑，那么，陆澄心头的“迷惑”也就无法从根本上得到解决。

【164】来书云：“质美者明得尽[1]，查滓便浑化。如何谓明得尽？如何而能便浑化？”

良知本体原来自明，但人受气禀影响而呈现出差异性。

良知本来自明。气质不美者查滓多，障蔽厚，不易开明；质美者查滓原少，无多障蔽，略加致知之功，此良知便自莹彻。些少查滓，如汤中浮雪，如何能作障蔽？此本不甚难晓。原静所以致疑于此，想是因一“明”字不明白[2]。亦是稍有欲速之心。向曾面论“明善”之义，“明则诚”矣，非若后儒所谓“明善”之浅也。

[**注释**]

[1]“质美者明得尽”以下二句：为程颢语，见《程氏遗书》卷十一。查，同“渣”。下同。 [2]不：他本作“欠”。

【165】来书云：“聪明睿知果质乎[1]？仁义礼智果性乎？喜怒哀乐果情乎？私欲客气果一物乎？二物乎？古之英才，若子房、仲舒、叔度、孔明、文仲、韩、范诸公[2]，德业表著，皆良知中所发也，而不得谓之闻道者，果何在乎？苟曰此特生质之美耳，则生知安行者，不愈于学知困勉者乎？愚意窃云，谓诸公见道偏则可，谓全无闻则恐后儒崇尚记诵训诂之过也。然乎？否乎？”

性一而已[3]，仁义礼知，性之性也；聪明睿知，性之质也；喜怒哀乐，性之情也；私欲客气，性之蔽也。质有清浊，故情有过不及，而蔽有浅深也。私欲客气，一病两痛，非二物也。张、黄、诸葛及韩、范诸公，皆天质之美，自多暗合道妙。虽未可尽谓之知学，尽谓之闻道，然亦自其有学，违道不远者也。使其闻学知道，即伊、傅、周、召矣[4]。若文中子则又不可谓之不知学者，其书虽多出于其徒，亦多有未是处，然其大略则亦居然可见，但今相去辽远，无有的然凭证，不可悬断其所至矣。

良知之在人心，圣凡无间。

夫良知即是道，良知之在人心，不但圣贤，虽常人亦无不如此。若无有物欲牵蔽，但循着良知发用流行将去，即无不是道。但在常人多为物欲牵蔽，不能循得良知。如数公者，天质既自清明，自少物欲为之牵蔽，则其良知之发用流行处，自然是多，自然违道不远。学者学循此良知而已。谓之知学，只是知得专在学循良知。

若知的良知明白，即是圣人矣。

数公虽未知专在良知上用功，而或泛滥于多岐，疑迷于影响，是以或离或合而未纯。若知得时，便是圣人矣。后儒尝以数子者，尚皆是气质用事，未免于"行不著，习不察"，此亦未为过论。但后儒之所谓"著察"者，亦是狃于闻见之狭，蔽于沿习之非，而依拟仿象于影响形迹之间，尚非圣门之所谓"著察"者也。则亦安得以己之昏昏而求人之昭昭也乎[5]？所谓"生知安行"，知行二字亦是就用功上说；若是知行本体，即是良知良能，虽在困勉之人，亦皆可谓之"生知安行"

知行两字就是致良知工夫；良知两字就是知行本体。

矣。知行二字更宜精察。

[**注释**]

[1] 聪明睿知果质乎：聪明睿智是“生而知之”之人的一种特殊材质。语见朱子《中庸章句》第三十章注：“聪明睿智，生知之质。” [2] 子房、仲舒、叔度、孔明、文仲、韩、范：指张良、董仲舒、黄宪、诸葛亮、王通、韩琦、范仲淹。 [3]“性一而已”以下十五句：此数句从“性一而已”说起，阳明一方面强调人之德性本自圆满，另一方面也承认人性有各种不同的差异性表现，特别是由于受气禀等影响，而有各种弊端；但归结而言，人欲也好客气也罢，病症不同而病根则一。性之性，他本作“性之德”。 [4] 伊、傅、周、召：指伊尹、傅说、周公、召公。 [5] 安得以己之昏昏而求人之昭昭也乎：见《孟子·尽心下》：“贤者以其昭昭使人昭昭，今以其昏昏使人昭昭。”

【166】来书云：“昔周茂叔每令伯淳寻仲尼、颜子乐处[1]。敢问是乐也，与七情之乐，同乎？否乎？若同，则常人之一遂所欲，皆能乐矣。何必圣贤？若别有真乐，则圣贤之遇大忧大怒大惊大惧之事，此乐亦在否乎？且君子之心，常存戒惧，是盖终身之忧也[2]，恶得乐？澄平生多闷，未尝见真乐之趣，今切愿寻之。”

精神上的快乐和愉悦就是“心之本体”，就是“真乐”。

乐是心之本体。虽不同于七情之乐，而亦不

外于七情之乐。虽则圣贤别有真乐，而亦常人之所同有。但常人有之而不自知，反自求许多忧苦，自加迷弃。虽在忧苦迷弃之中，而此乐又未尝不存。但一念开明，反身而诚[3]，则即此而在矣。每与原静论，无非此意。而原静尚有“何道可得”之问，是犹未免于骑驴觅驴之蔽也[4]。

［注释］

[1] 周茂叔每令伯淳寻仲尼、颜子乐处：宋明理学史上的著名典故。《程氏遗书》卷二上：“昔受学于周茂叔，每令寻颜子仲尼乐处，所乐何事。”乐处，语见《论语·雍也》：“子曰：贤哉回也。一箪食，一瓢饮，在陋巷，人不堪其忧，回也不改其乐。贤哉回也。” [2] 终身之忧：语见《孟子·离娄下》：“君子有终身之忧，而无一朝之患也。” [3] 反身而诚：通过反身践履之工夫而达到“诚”的境界。《孟子·尽心上》：“万物皆备于我，反身而诚，乐莫大焉。” [4] 骑驴觅驴：佛语，见《景德传灯录》卷二十九等。

［点评］

本来，自宋代新儒学特别是从周敦颐令二程“寻孔颜乐处”这一学说观点得以流行之后，快乐与敬畏、自然和乐与戒慎恐惧作为相对概念，便构成了理学理论的一种内在紧张，在程朱理学看来，一味追求所谓的“快乐”而忽视内心对于天道天命的敬畏之心，是十分危险的，朱子甚至断言后人对于孔子的“吾与点也”的观点都理解错了，在孔门当中根本没有什么“安乐法”(《朱子语类》卷一一三)。程朱理学在工夫论上之所以特别强调“居敬”，其缘由就在于此。

然而，阳明却提出了“乐是心之本体”这一重要思想命题。他认为圣贤之“乐”才是“真乐”，而常人之乐在本质上也是一样的。至于“乐是心之本体”，意思是说，“乐”就是心体的本来应有之状态，换言之，心体并不是为我们带来忧闷愁苦的存在，而会为我们带来真正意义上的精神愉悦。这种愉悦感既是精神性的，通过有意义的道德实践必然会给我们带来这种精神快乐，同时这种快乐又存在于人的一般情感活动当中。例如阳明通过对孔子“学而时习之，不亦说乎”“有朋自远方来，不亦乐乎”的解读，结合其“万物一体”的思想，强调指出：“乐是心之本体。仁人之心，以天地万物为一体。欣合和畅，原无间隔。……本体之欣合和畅，本来如是，初未尝有所增也。就使无朋来，而天下莫我知焉，初未尝有所减也。”(《全集》卷五《与黄勉之》第二书)这说明，阳明学所说的“快乐”就存在于日常生活之中，但不是功利主义的幸福最大化，也不是通过宗教修炼给人带来的神秘愉悦，而是心体良知“本来如是”的精神性、道德性的愉悦感。

阳明学的这一思想对泰州学派产生了重要影响，王艮撰有《乐学歌》，对“乐是心之本体”的思想有进一步发挥，对后世产生了深远影响，其子王襞更是提出了“乐即道也”的命题。另一方面，在晚明所引发的批评也同样强烈，王时槐（1521—1605）就严厉批评：“后儒有以乐为学者，致其流弊，猖狂纵恣，大坏名教。”（《王时槐集·友庆堂合稿》卷四《三益轩会语》）关于泰州学派，参见拙著《泰州学派研究》。

【167】来书云：“《大学》以心有‘好乐、忿懥、忧患、恐惧为不得其正’，而程子亦谓‘圣人情顺万事而无情’[1]。所谓‘有’者，《传习录》中以病疟譬之[2]，极精切矣。若程子之言则是圣人之情不生于心而生于物也，何谓耶？且事感而情应，则是是非非可以就格。事或未感时，谓之有则未形也；谓之无则病根在有无之间，何以致吾知乎？学务无情，累虽轻，而出儒入佛矣，可乎？”

圣人致知之功，至诚无息，其良知之体，皦如明镜，略无纤翳。妍媸之来，随物见形，而明镜曾无留染，所谓“情顺万事而无情”也。“无所住而生其心”[3]，佛氏曾有是言，未为非也。明镜之应物，妍者妍，媸者媸，一照而皆真，即是生其心处；妍者妍，媸者媸，一过而不留，即是无所住处。病疟之喻，既已见其精切，则此节所问可以释然。病疟之人，疟虽未发，而病根自在，则亦安可以其疟之未发而遂忘其服药调理之功乎？若必待疟发而后服药调理，则既晚矣。

致知之功无间于有事无事，而岂论于病之已发未发邪？大抵原静所疑，前后虽若不一，然皆起于自私自利、将迎意必之为祟。此根一去，则前后所疑，自将冰消雾释，有不待于问辨者矣。

［注释］

[1] 圣人情顺万事而无情：见程颢《定性书》："天地之常，以其心普万物而无心。圣人之常，以其情顺万事而无情。"意谓圣人之情是顺应万事而发，而又不刻意地表现出来，故谓"无情"。 [2] 病疟譬之：见第 76 条。 [3] 无所住而生其心：佛语，见《金刚经》第十品"应无所住而生其心"。住，对尘世的留恋。心，对佛理的了悟。

［点评］

阳明此前有言"圣人之心如明镜"，此处又言"良知之体，皦如明镜"，可见，阳明喜用"明镜"喻心体良知。明镜高悬，物来自形，原因在于明镜之体毫无灰尘"留染"，故能发挥其照物之大用。良知心体亦然，若心体不受外物牵累蒙蔽，则应对事物之来，善恶自辨、是非自明，而其心体本身却无任何是非善恶之痕迹存在。此即程颢所言"情顺万事而无情"的奥义所在，同样也是佛教所说"应无所住而生其心"的道理所在。说法虽不同，其要旨则相通：不为世相所滞、不受外物牵累。阳明不惜借用禅宗话头，以明镜之体“一照而皆真”为喻，解释禅宗的“生其心处”；又以明镜照物“一过而不留”为喻，解释禅宗的“无所住处”。无疑地，阳明之意不在于融儒佛而为一，而是在理论之精微处，阳明自觉借佛教之智慧以阐发儒学之旨趣，其目的在于论证一条道理：儒学的良知本体“犹如明镜”一般，本体之明，随感而应，“一照皆真”而又“过而不留”，由此便可实现心体之“有无”的有机合一，这才是儒学应追求的物来顺应、廓然大公的精神境界。

【钱德洪跋】

答原静书出，读者皆喜澄善问，师善答，皆得闻所未闻。师曰："原静所问，只是知解上转，不得已与之逐节分疏。若信得良知，只在良知上用功，虽千经万典，无不吻合，异端曲学，一勘尽破矣。何必如此节节分解？佛家有"扑人逐块"之喻[1]，见块扑人，则得人矣，见块逐块，于块奚得哉"？在坐诸友闻之，惕然皆有惺悟。此学贵反求，非知解可入也。

［注释］

[1] 扑人逐块：语见《金刚经》等佛书，《涅槃经》第二十六品载："凡一切凡夫，虽观于果，不观因缘。如犬逐块而不逐人，亦复如是。"

答欧阳崇一[1]

针对孔子所说的“无知”，一般解释为这是孔子的“谦辞”（《论语集注》），阳明却解释为“良知之外，别无知”之意。故阳明再传弟子罗汝芳称这是“圣人实说”，讲的是良知“无知无不知”这层道理（参见拙著《〈传习录〉精读》，第128页）。

【168】崇一来书云：“师云：‘德性之良知[2]，非由于闻见。若曰多闻择其善者而从之，多见而识之，则是专求之见闻之末，而已落在第二义。’窃意良知虽不由见闻而有，然学者之知未尝不由见闻而发；滞于见闻固非，而见闻亦良知之用也。今曰落在第二义，恐为专以见闻为学者而言。若致其良知而求之见闻，似亦知行合一之功矣。如何？”

良知不由见闻而有[3]，而见闻莫非良知之用，故良知不滞于见闻，而亦不离于见闻。孔子云：“吾有知乎哉[4]？无知也。”良知之外，别无知矣。故“致良知”是学问大头脑，是圣人教人第一义。今云专求之见闻之末，则是失却头脑，而已落在第二义矣。近时同志中盖已莫不知有“致良知”之说，然其工夫尚多鹘突者[5]，正是欠此一问。

大抵学问工夫，只要主意头脑是当。若主意头脑专以致良知为事，则凡多闻、多见，莫非致良知之功。盖日月之间，见闻酬酢，虽千头万绪，莫非良知之发用流行，除却见闻酬酢，亦无良知可致矣，故只是一事。若曰致其良知而求之见闻，则语意之间未免为二，此与专求之见闻之末者虽稍不同，其为未得“精一”之旨，则一而已。“多闻，择其善者而从之，多见而识之”，既云“择”，又云“识”，其良知亦未尝不行于其间，但其用意乃专在多闻、多见上去择识，则已失却头脑矣。

崇一于此等处见得当已分晓，今日之问，正为发明此学，于同志中极有益。但语意未莹，则毫厘千里，亦不容不精察之也。

[注释]

[1] 此书作于嘉靖五年（1526），参见《年谱》嘉靖五年条。欧阳崇一：欧阳德（1495—1554），字崇一，号南野，江西泰和人。

嘉靖二年（1523）进士，阳明弟子。 [2]“德性之良知”以下六句：见《答顾东桥书》第140条。 [3]“良知不由见闻而有”以下四句：涉及德性之知的良知与见闻之知的知识的关系问题。阳明表明了基本立场：良知不滞于见闻亦不离于见闻。可归结为：良知与知识的不滞不离。 [4]“吾有知乎哉”以下二句：见《论语·子罕》。 [5]鹘（hú）突：混乱，糊涂。

[点评]

本条围绕“第一义”与“第二义”的问题展开了讨论。这一问题涉及宋代以来一直争论不休的德性之知与见闻之知何者为第一性的问题，同时也涉及朱子与陆九渊之间发生的究竟应当以“尊德性”为主还是以“道问学”为主的问题。从哲学上讲，也就是道德与知识的问题。阳明的基本观点有二：首先，良知不由见闻而有，这表明良知作为不学而能、不虑而知的良知良能，是“我固有之”的先天存在，同时良知作为本体存在，不依赖于任何后天的经验条件“而有”，故而良知是不以见闻之知为条件的独立存在。其次，见闻之知无非是良知本体之发用，如果抽离于良知之外，那么，见闻之知的价值和意义便无法呈现。任何一种“知”都与主体存在密切相关，都须由主体赋予其价值和意义，如果是与主体存在毫无关联的所谓“知识”，那么我们就只能将此置入“括号”而付诸不问。

阳明有关道德与知识之关系的上述看法，与其“心外无物”“心外无理”的心学立场是完全一致的。一切外在的“知识”脱离了心体存在就将变得没有意义。所以说“见闻莫非良知之用”。由此，阳明阐发了一个基本观点：“良知不滞于见闻亦不离于见闻”。正是基于上述立场，故阳明强调“良知之外，别无知”，进而强调致良知才是儒学“第一义”；反之，专求于见闻之知的知识末节，则已落入“第二义”。

所谓“第一义”与“第二义”只是表明主次本末的层次差异，并不意味两者完全脱节、毫不相干。因为，良知之体必有发用，良知存在必展现为具体的知识运用。所以阳明最后又强调只要“主意头脑是当”——意为在良知“头脑”的主宰之下，那么，日用之间、见闻酬酢，就“莫非良知之发用流行”，如果抽离于“见闻酬酢”，那么“亦无良知可致矣”。这就是为何强调良知不离见闻的意义所在。

【169】来书云：“师云‘《系》言何思何虑，是言所思所虑只是天理，更无别思别虑耳，非谓无思无虑也。心之本体即是天理，有何可思虑得？学者用功，虽千思万虑，只是要复他本体，不是以私意去安排思索出来。若安排思索，便是自私用智矣。’[1]学者之蔽，大率非沉空守寂，则安排思索。德辛壬之岁着前一病[2]，近又着后一病。但思索亦是良知发用，其与私意安排者何所取别？恐认贼作子，惑而不知也。”

人之思有两种偏向：一是耽于静养，一是安排思索，不免沦为“沉空守寂”“自私用智”。

“思曰睿，睿作圣”[3]，“心之官则思，思则得之”[4]，思其可少乎？沉空守寂与安排思索，正是自私用智，其为丧失良知，一也。良知是天理之昭明灵觉处，故良知即是天理。思是良知之发用。若是良知发用之思，则所思莫非天理矣。良知发用之思自然明白简易，良知亦自能知得。若是私意安排之思，自是纷纭劳扰，良知亦自会分别得。盖思之是非邪正，良知无有不自知者。所以认贼作子，正为致知之学不明，不知在良知上体认之耳。

良知自知：自能察觉自己意识的是非邪正。

[注释]

[1]以上一段引文，见《启周道通书》第145条。 [2]辛壬：辛亥(1521)、壬子(1522)。 [3]思曰睿，睿作圣：见《尚书·洪范》。 [4]心之官则思，思则得之：见《孟子·告子上》。官，官能。

[点评]

所谓“良知无有不自知者”，是阳明学的“良知自知”理论。其说有基本两义：一是如第8条所示，“见父自然知孝，见兄自然知弟，见孺子入井自然知恻隐”的德性良知，构成道德行为的动力；一是如本条所示，即便是“私意安排之思”或“思之是非邪正”，“良知亦自会分别得”，因为“良知无有不自知者”，这是指德性之知在意识活动过程中，自己能意识到自己的一种自我判断能力，故称之为“自知”。

阳明学的“良知自知”理论非常重要，成为阳明良知学的一项重要特征，充分表明“良知”乃是一种“根源性意识”，其特征在于“每个意识作用都同时知道自己”，故从根本上说，良知就是“关于自己的知”而不是关于“他人”的“知”（参见拙著《〈传习录〉精读》，第111—115页；［瑞士］耿宁《心的现象——耿宁心性现象学研究文集》，第127、190页）。这个说法符合阳明有关良知是他人无所“与力”的根本知这一基本观点。

事实上，关于“自知”问题还可以追溯到孔子与颜渊的一场对话，据《荀子·子道》的记录：“子曰：‘回！知者若何？仁者若何？’颜渊对曰：‘知者自知，仁者自爱。’子曰：‘可谓明君子矣。’”在孔子看来，仁与知首先都是一种关于“自己”的仁与知，应当从“为己之学”的立场出发，通过“为仁由己”然后才能“推己及人”，其立足点就在于“自知”。至此可见，阳明学的良知自知理论是符合孔子以来儒学的基本立场的。

【170】来书又云：“师云‘为学终身只是一事。不论有事无事，只是这一件。若说宁不了事，不可不加培养，却是分为两事也。’[1] 窃意觉精力衰弱，不足以终事者，良知也。宁不了事，且加休养，致知也。如何却为两事？若事变之

来，有事势不容不了，而精力虽衰，稍鼓舞亦能支持，则持志以帅气可矣[2]。然言动终无气力，毕事则困惫已甚，不几于暴其气已乎[3]？此其轻重缓急，良知固未尝不知，然或迫于事势，安能顾精力？或困于精力，安能顾事势？如之何则可？”

“宁不了事，不可不加培养”之意，且与初学如此说，亦不为无益。但作两事看了，便有病痛在。孟子言“必有事焉”，则君子之学，终身只是集义一事。义者宜也，心得其宜之谓义。能致良知，则心得其宜矣，故“集义”亦只是致良知。君子之酬酢万变，当行则行，当止则止，当生则生，当死则死。斟酌调停，无非是致其良知，以求自慊而已。故“君子素其位而行”“思不出其位”[4]。凡谋其力之所不及，而强其知之所不能者，皆不得为致良知。

而凡“劳其筋骨，饿其体肤，空乏其身，行拂乱其所为，动心忍性，以增益其所不能”者[5]，皆所以致其良知也。若云“宁不了事，不可不加培养”者，亦是先有功利之心，较计成败利钝，而爱憎取舍于其间，是以将了事自作一事，而培养又别作一事，此便有是内非外之意，便是"自私用智"，便是"义外"，便有"不得于心，勿求于气"之病，便不是致良知以求自谦之功矣。

所云"鼓舞支持，毕事则困惫已甚"，又云"迫于事势，困于精力"，皆是把作两事做了，所以有此。凡学问之功，一则诚，二则伪。凡此皆是致良知之意欠诚一真切之故。《大学》言诚其意者，"如恶恶臭，如好好色。此之谓自慊"。曾见有恶恶臭，好好色，而须鼓舞支持者乎？曾见毕事则困惫已甚者乎？曾有迫于事势，困于精力者乎？此可以知其受病之所从来矣。

凡做学问，要在专注，便是"诚"，否则便是"伪"。致良知最讲求的是要做到"诚一真切"。

[注释]

[1] 以上一段引文，见《启周道通书》第 147 条。 [2] 持志以帅气：用自己的意志来统率自己身体内的气。语见《孟子·公孙丑上》："夫志，气之帅也。"帅，率。 [3] 暴其气：参见第 73 条。 [4] 素其位：语见《中庸》第 14 章"君子素其位而行，不愿乎其外"，意谓君子并不要看重自己的身份地位，当行则行。思不出其位：《论语·宪问》"君子思不出其位"，意为君子所思所想不会越出自己的身份地位。又见《易·艮卦·象辞》。 [5] 以上一段引文，意谓磨砺他的心志，劳累他的筋骨，让其忍饥挨饿，困乏他的身体，使其行为不扰乱，以此来振奋其心，坚定其性，

增强其原本缺少的能力。见《孟子·告子下》。

【171】来书又有云："人情机诈百出，御之以不疑，往往为所欺，觉则自入于逆、亿[1]。夫逆诈，即诈也，亿不信，即非信也，为人欺又非觉也。不逆、不亿而常先觉，其惟良知莹彻乎？然而出入毫忽之间，背觉合诈者多矣[2]。"

不逆、不亿而先觉，此孔子因当时人专以逆诈、亿不信为心，而自陷于诈与不信，又有不逆、不亿者，然不知致良知之功，而往往又为人所欺诈，故有是言。非教人以是存心，而专欲先觉人之诈与不信也。以是存心，即是后世猜忌险薄者之事[3]，而只此一念，已不可与入尧舜之道矣。不逆、不亿而为人所欺者，尚亦不失为善，但不如能致其良知，而自然先觉者之尤为贤耳。

良知是"亘万古、塞宇宙"的超越时空的永恒存在。

崇一谓其惟良知莹彻者，盖已得其旨矣。然亦颖悟所及，恐未实际也。盖良知之在人心，亘万古，塞宇宙，而无不同。"不虑而知"[4]，"恒易以知险"；"不学而能"，"恒简以知阻"。"先天而天不违[5]。天且不违，而况于人乎？况于鬼神乎？”夫谓“背觉合诈”者，是虽不逆人，而或未能无自欺也；虽不亿人，而或未能果自信也。是或常有求先觉之心，而未能常自觉也。常有求先觉之心，即已流于逆、亿而足以自蔽其良知矣。此“背觉合诈”之所以未免也。

君子学以为己，未尝虞人之欺己也，恒不自欺其良知而已；未尝虞人之不信己也，恒自信其良知而已；未尝求先觉人之诈与不信也，恒务自觉其良知而已。是故不欺，则良知无所伪而诚，诚则明矣；自信，则良知无所惑而明，明则诚矣，明诚相生。

是故良知常觉常照。常觉常照，则如明镜之悬，而物之来者自不能遁其妍媸矣。何者？不欺而诚，则无所容其欺。苟有欺焉，而觉矣；自信而明，则无所容其不信，苟不信焉而觉矣。是谓“易以知险，简以知阻”，子思所谓“至诚如神，可以前知”者也[6]。然子思谓“如神”，谓“可以前知”，犹二而言之。是盖推言思诚者之功效，是犹为不能先觉者说也。若就至诚而言，则至诚之妙用即谓之神，不必言如神。至诚则无知而无

良知犹如明镜一般，具有“常觉常照”的能力。

无知无不知，犹如第150条所说的“无起无不起”，都是指良知本体的特质。

不知，不必言可以前知矣。

[注释]

[1] 逆、亿：意为臆测他人之欺己，揣测他人之疑己。逆，意料。亿，揣测。语见《论语·宪问》“子曰：不逆诈，不亿不信，抑亦先觉者，是贤乎”。 [2] 背觉合诈：背离“先觉”而合谋欺诈。 [3] 险：加害，阴险。薄（bó）：鄙视。 [4]“不虑而知”以下四句：“不虑而知”的良知就好比对于危险常能了如指掌，“不学而能”的良能就好比对于险阻常能了然于心，形容良知良能是简易之知、易简之能。“知险”与“知阻”，语见《易·系辞下传》。 [5]“先天而天不违”以下四句：意谓圣人能与天地合其德，与日月合其明，能够上达“先天”而不与“天”相违背，由此，圣人之德也就不至于远离人、背离鬼神。语见《易·乾卦·文言》。 [6] 至诚如神，可以前知：实现“至诚”就能展现出“神”一样的妙用，甚至可以预知未发生的事情。语见《中庸》第二十四章“至诚之道，可以前知”。前知：预知未来。

[点评]

本条就孔子的“不逆不亿”为话题，展开讨论了良知自信自觉的问题。按照阳明的良知学说，良知之在人心，是“亘万古，塞宇宙，而无不同”的普遍存在，这是讨论一切问题的前提。基于此，良知本体自然不会“逆人”“自欺”，相反，良知自能“自信”“自觉”。作为儒家君子之学，就是“为己之学”，不必担忧他人欺骗自己，只要经常做到不“自欺”良知而已；良知也不必担忧他人不相信自己，只要经常做到自己相信自己的良知而已；

良知也不必先要察觉他人的欺诈与不信，只要经常做到自觉自己的良知存在而已。

归根结底，良知是永远自觉的明亮的，叫做“常觉常照”，犹如一面“明镜”高悬头上，一切事物都不能逃不过它的审视。显然，阳明在这里再三强调了良知自信、良知自觉的重要性，同时也强调了良知存在的普遍性、绝对性，展现出阳明对良知理论的深度探讨，因而值得重视。

答罗整庵少宰书[1]

【172】某顿首启[2]：昨承教及《大学》，发舟匆匆，未能奉答。晓来江行稍暇，复取手教而读之。恐至赣后[3]，人事复纷沓，先具其略以请。

来教云："见道固难，而体道尤难。道诚未易明，而学诚不可不讲。恐未可安于所见，而遂以为极则也。"幸甚幸甚！何以得闻斯言乎？其敢自以为极则而安之乎？正思就天下之有道以讲明之耳。而数年以来，闻其说而非笑之者有矣，诟訾之者有矣[4]，置之不足较量辨议之者有矣。其肯遂以教我乎？其肯遂以教我，而反覆晓谕，恻然惟恐不及救正之乎？然则天下之爱我者，固莫有如执事之心深且至矣！感激当何如哉！

夫“德之不修，学之不讲”[5]，孔子以为忧。而世之学者稍能传习训诂，即皆自以为知学，不复有所谓讲学之求，可悲矣！夫道必体而后见，非已见道而后加体道之功也；道必学而后明，非外讲学而复有所谓明道之事也。然世之讲学者有二[6]：有讲之以身心者，有讲之以口耳者。讲之以口耳，揣摸测度，求之影响者也；讲之以身心，行著习察，实有诸己者也。如此则知孔门之学矣。

《论语·述而》：“子曰：德之不修，学之不讲，闻义不能徙，不善不能改，是吾忧也。”

讲学：就是儒家的“明道之事”。

[注释]

[1] 此书作于正德十五年（1520），六月罗整庵有书来（《困知记》卷五附录），阳明答之。罗整庵（1465—1547），名钦顺，字允升，号整庵。江西泰和人。弘治五年（1492）进士。著《困知记》等，今存。少宰：一作“太宰”。 [2] 某：指罗整庵。 [3] 赣：江西别称。 [4] 訾（zǐ）：诋毁、指责。 [5] 德之不修，学之不讲：为孔子语，不修德，不讲学，是孔子四大忧的首两条。 [6] “然世之讲学者有二”以下九句：此数句强调了讲学的重要性。阳明认为世间讲学有两种类型，一是“讲之以身心”，一是“讲之以口耳”。前者是指通过身体力行，然后来讲述自己有关“体道之功”的切身体会；后者是指通过书本学习，然后来讲述有关“传习训诂”的书本知识。

[点评]

本条阳明对于罗整庵的“学诚不可不讲”的观点表示了赞赏，并且强调了“讲学”的重要性，他以孔子“学之不讲”“是吾忧也”为据，指出讲学其实是儒家的历来传统，所以阳明一生非常重视“讲学”，从某种意义上可以说，阳明所掀起的心学运动，其实就是一场讲学运动（参见拙著《阳明后学研究》第九章“阳明后学与讲学活动”）。他甚至把讲学喻为“婚姻”，把自己喻作“媒妁”之人，并劝其门人积极参与讲学、吸引后进，互讲互学，他强调讲学才是士人学者的“本分内事”，而且是“天下之首务”（《集评》本“传习录拾遗”第14条）。

所以，当有人称阳明在“文章”“政事”“气节”“勋烈”四个方面已经兼而有之，若能“除却讲学一节，即圣人矣”，阳明对此毅然答道：“某愿从事讲学一节，尽除却四者，亦无愧全人。”（邹守益《阳明先生文录序》，见《王阳明全集》卷四十一）这就充分表明，阳明志在通过讲学，以实现“觉民行道”的宏伟理想。本条阳明对何谓“讲学”又做了两种区分，力主“讲之以身心”的传道解惑之方式，而反对“将之以口耳”的学问传授之方式。此不赘述。

【173】[1] 来教谓某“《大学古本》之复[2]，以人之为学但当求之于内，而程朱格物之说，不免求之于外，遂去朱子之分章，而削其所补之传[3]。”非敢然也。学岂有内外乎？《大学古本》乃孔门

相传旧本耳。朱子疑其有所脱误，而改正补缉之。在某则谓其本无脱误，悉从其旧而已矣。失在于过信孔子则有之，非故去朱子之分章而削其传也。

夫学贵得之心。求之于心而非也，虽其言之出于孔子，不敢以为是也，而况其未及孔子者乎？求之于心而是也，虽其言之出于庸常，不敢以为非也，而况其出于孔子者乎！且旧本之传数千载矣，今读其文词，既明白而可通；论其工夫，又易简而可入，亦何所按据，而断其此段之必在于彼，彼段之必在于此，与此之如何而缺，彼之如何而误[4]，而遂改正补缉之？无乃重于背朱而轻于叛孔已乎？

阳明学对威权主义的批判精神莫过于这句话："求之于心而非也，虽其言之出于孔子，不敢以为是也。"这在晚明时代引起了轩然大波。

［注释］

[1] 以下数段，底本不列条目数，将整篇《答罗整庵少宰书》视作一条。此据《集评》分条标示，故比底本多出第 173 至 177 条共五条。 [2]《大学古本》：参见第 1 条及徐爱《序》。 [3] 补之传：指朱子《大学章句》第五章"格物补传"。 [4] 误：《全书》本作"补"，据他本改。

［点评］

本条阳明说出了一句惊世骇俗的言论："求之于心而

非也，虽其言之出于孔子，不敢以为是也，而况其未及孔子者乎？求之于心而是也，虽其言之出于庸常，不敢以为非也，而况其出于孔子者乎！”从字面看，当然阳明并没有否定孔子的意思，但是在任何一种观点表述的背后，不免有其另一层言外之意则须格外注意。阳明在此处所欲表达的言外之意无非是，孔子尽管不会有错，但是世间却有不少人假借孔子之名义而忘却自己的内心，一切唯经典文本为是，这就有悖阳明一贯坚持的心学立场，迷失了自己的心灵而以外在的经典权威是从，这就叫做“心从法华转，非是转法华”（第157条）。为了打破这种对威权主义的迷信心态，阳明不得已而说出了上述看似惊世骇俗的观点。

不过，阳明对于知识权威的这种看法，却是由来有之（参见《全集》卷四《答甘泉·己卯》），也的确在晚明思想史上引发了巨大的反响，对于启发人们从自己的本心出发，重新审视一切，破除对朱子学的绝对信赖，具有重要的启发意义。所以，黄宗羲称阳明学在晚明产生了“震庭启寐，烈耀破迷”之作用，应当不是空穴来风，尽管我们不宜对此做过度的诠释，倘若以为阳明以上的观点是对儒学价值体系的根本质疑或颠覆，是从儒学知识的长期压抑中彻底解放“自我”，这就显然是诠释过度了。

【174】来教谓“如必以学不资于外求，但当反观内省以为务，则‘正心诚意’四字，亦何不尽之有？何必于入门之际，便困以格物一段工

夫也？”

诚然诚然。若语其要，则“修身”二字亦足矣，何必又言正心？“正心”二字亦足矣，何必又言诚意？“诚意”二字亦足矣，何必又言致知，又言格物？惟其工夫之详密，而要之只是一事，此所以为精一之学，此正不可不思者也。夫理无内外，性无内外，故学无内外。讲习讨论，未尝非内也；反观内省，未尝遗外也。夫谓学必资于外求，是以己性为有外也，是义外也，用智者也；谓反观内省为求之于内，是以己性为有内也，是有我也，自私者也。是皆不知性之无内外也。故曰：“精义入神[1]，以致用也；利用安身，以崇德也。”“性之德也，合内外之道也。”[2]此可以知格物之学矣。

所谓“只是一事”，旨在打通所有工夫的关节，将《大学》工夫视作彼此密切关联的一套系统，而其核心仍然是“诚意”。

格物者，《大学》之实下手处，彻头彻尾，自始学至圣人，只此工夫而已。非但入门之际有此一段也。夫正心、诚意、致知、格物，皆所以修身而格物者，其所用力，实可见之地。故格物者，格其心之物也，格其意之物也，格其知之物也；正心者，正其物之心也；诚意者，诚其物之

仅看此句，格物似乎成了《大学》的首要工夫，然而观下文便可知，原来，格物乃是格其心之物也、格其意之物也。

意也；致知者，致其物之知也。此岂有内外彼此之分哉？理一而已。以其理之凝聚而言则谓之性[3]，以其凝聚之主宰而言则谓之心，以其主宰之发动而言则谓之意，以其发动之明觉而言则谓之知，以其明觉之感应而言则谓之物。故就物而言谓之格，就知而言谓之致，就意而言谓之诚，就心而言谓之正。正者，正此也；诚者，诚此也；致者，致此也；格者，格此也。皆所谓"穷理以尽性"也。天下无性外之理，无性外之物。学之不明，皆由世之儒者认理为外，认物为外，而不知义外之说，孟子盖尝辟之，乃至袭陷其内而不觉，岂非亦有似是而难明者欤？不可以不察也。

[注释]

[1]"精义入神"以下四句：求义理之精微，以当其用；而用以安身，则以崇尚和提升自己的品德为目标。见《易·系辞上传》。 [2]性之德也，合内外之道也：见《中庸》第二十五章。根据上下文脉，"成己，仁也；成物，知也。性之德也，合外内之道也"，则"性之德"是指"成己成物"乃性之品德的本身要求，"合外内"则是指"成己成物"的合一。 [3]"以其理之凝聚而言则谓之性"以下五句：此数句分别对性、心、意、知、物以及格、致、诚、正等一系列概念进行了界定，显然比第78、139条等有关"心意知物"的论述在理论上更为严密。

[点评]

本条对心意知物、格致诚正的重新界定值得注意，特别是早先的《大学古本傍释》“意者物之用”以及第78条“意之所着为物”的简洁说法被修改为“以其明觉之感应而言则谓之物”，其中的代词“其”显然是接着前一句而讲的“知”——即良知。于是，“物”无非是良知明觉之感应，而非简单的“所用”或“所着”。这个“明觉之感应”的提法在理论上显得更为重要，良知不仅是“明觉精察”的道德判断力，更是万事万物之感应变化的根本。从理论效应来看，这就使得在“心物同构”的框架中明确了良知的地位，作为感应现象的“物”被统摄在本体良知之下，这在理论上有利于挺立良知作为实体之存在、万有之根本的意义，使得良知获得了如同天理一般的本体地位，良知不仅是人心意识的个体化或差异性存在，更实现了良知实体化，成为宇宙万物、人类存在的形上根源，这与阳明晚年再三强调良知即天理而非仅仅是非之心的观点立场是完全一致、一脉相通的。

【175】凡执事所以致疑于格物之说者[1]，必谓其是内而非外也；必谓其专事于反观内省之为而遗弃其讲习讨论之功也；必谓其一意于纲领本原之约，而脱略于支条节目之详也；必谓其沉溺于枯槁虚寂之偏，而不尽于物理人事之变也。审如是，岂但获罪于圣门，获罪于朱子？是邪说

诬民，叛道乱正，人得而诛之也，而况于执事之正直哉？审如是，世之稍明训诂，闻先哲之绪论者，皆知其非也，而况执事之高明哉？凡某之所谓格物[2]，其于朱子“九条”之说，皆包罗统括于其中，但为之有要，作用不同。正所谓毫厘之差耳。然毫厘之差而千里之谬实起于此，不可不辨。

［注释］

[1]“凡执事所以致疑于格物之说者”以下七句：这是罗整庵概括了阳明格物说的四大弊端：“是内而非外”“专事于反观内省”“一意于纲领本原之约”“沉溺于枯槁虚寂之偏”。 [2]“凡某之所谓格物”以下五句：意谓阳明所说的“格物”已经全部包含了朱子的“九条”之说的内容，只是在如何实施的问题上另有要诀，因而工夫所显示的作用也就有所不同。九条：为朱子综括格物致知之要目及其工夫次第之说。底本引录朱子《大学或问》原文，而未分别出何谓“九条”，《集评》据《四库全书珍本》六集所收《四书大全》本《大学或问》作“十条”，其下注释引元代《四书附纂》却言“九条”。

［点评］

关于朱子“九条”之说，详见《大学或问》。根据上海图书馆藏元刻《四书章句集注》所附《大学或问》，实非“九条”而是“十条”。而“十条”之说，原为朱子语：

"……此十条者，皆言格物致知所当用力之地，与其次第功程也。"(《四书或问》下，第21—22页）然而，《四书大全》本《大学或问》引元代《四书附纂》一书，则将第一和第二合并为一条，故有"九条"之说，阳明此处所引"九条"之说，或本诸《四书大全》本。

至于阳明所言"凡某之所谓格物，其于朱子'九条'之说，皆包罗统括于其中"，则另有深说。按照阳明晚年的良知说，其对"格物"的解释是："致吾心之良知于事事物物也。吾心之良知，即所谓天理也。致吾心良知之天理于事事物物，则事事物物皆得其理矣。致吾心之良知者，致知也；事事物物皆得其理者，格物也。"（第135条）我们只有从阳明此处所谓的"格物"说的角度，才能理解阳明为何直言他的格物说其实已经囊括了朱子的"九条"之说。原来，在阳明看来，朱子"九条"所涉及的格物致知说完全可以被统摄在"致吾心之良知于事事物物"的格物论当中。更重要的是，依阳明，格物就是致良知，反过来也一样，致良知就是格物。也正由此，故阳明的结论是：朱子"九条"之说都已被致良知说"包罗统括"。

【176】孟子辟杨墨至于"无父无君"[1]，二子亦当时之贤者，使与孟子并世而生，未必不以之为贤。墨子"兼爱"，行仁而过耳；杨子"为我"，行义而过耳。此其为说，亦岂灭理乱常之

甚，而足以眩天下哉？而其流之弊，孟子至比于禽兽夷狄，所谓“以学术杀天下后世”也[2]。

此所谓“洪水猛兽”，依照下文，不仅是指孟子之时“天下之尊信杨墨”，同时也是指“今日之崇尚朱说”。这不啻是当时的骇人听闻之言，引起后世的强烈反弹和批评。

今世学术之弊，其谓之学仁而过者乎？谓之学义而过者乎？抑谓之学不仁不义而过者乎？吾不知其于洪水猛兽何如也。孟子云：“予岂好辩哉[3]？予不得已也。”杨、墨之道塞天下，孟子之时，天下之尊信杨墨，当不下于今日之崇尚朱说，而孟子独以一人呶呶于其间，噫，可哀矣！韩氏云：“佛、老之害[4]，甚于杨、墨。”韩愈之贤不及孟子，孟子不能救之于未坏之先，而韩愈乃欲全之于已坏之后，其亦不量其力，且见其身之危，莫之救以死也。

罗整庵认为《定论》所收《答何叔京书》四封书信均为朱子46岁前之作，以此为朱子晚年之“定论”以及认定《四书章句集注》《四书或问》等著为朱子“中年未定之说”，均不免“考之欠详而立论太果也”，参见《罗整庵先生存稿》卷一《与王阳明书》。

呜呼！若某者，其尤不量其力，果见其身之危，莫之救以死也矣。夫众方嘻嘻之中，而独出涕嗟若[5]，举世恬然以趋，而独疾首蹙额以为忧[6]，此其非病狂丧心，殆必诚有大苦者隐于其中，而非天下之至仁，其孰能察之？其为《朱子晚年定论》[7]，盖亦不得已而然。中间年岁早晚诚有所未考[8]，虽不必尽出于晚年，固多出于晚年者矣。然大意在委曲调停，以明此学为重，平生于朱子之说如神明蓍龟，一旦与之背驰，心诚有所未忍，故不得已而为此。“知我者谓我心忧[9]，不知我者谓我何求”，盖不忍牴牾朱子者，其本心也；不得已而与之牴牾者，道固如是，“不直则道不见”也[10]。执事所谓“决与朱子异”者，仆敢自欺其心哉？

夫道，天下之公道也；学，天下之公学也，非朱子可得而私也，非孔子可得而私也。天下之公也，公言之而已矣。故言之而是，虽异于己，乃益于己也；言之而非，虽同于己，适损于己也。益于己者己必喜之，损于己者己必恶之。然则某今日之论，虽或于朱子异，未必非其所喜也。“君子之过[11]，如日月之食，其更也，人皆仰之”，而“小人之过也必文”[12]。某虽不肖，固不敢以小人之心事朱子也。

[注释]

[1] 无父无君：参见第94、141条。 [2] 以学术杀天下后世：陆九渊语，见《陆九渊集》卷一《与曾宅之》。 [3] “予岂好辩哉”以下二句：见《孟子·滕文公下》。 [4] “佛、老之害”以下二句：为韩愈语，见《韩愈集》卷十八《与孟简尚书书》：“释老

之言，过于杨墨。” [5] 出涕嗟若：意为忧戚嗟叹。语见《易·离卦·爻辞》。 [6] 蹙（cù）：皱，收缩。 [7]《朱子晚年定论》：阳明作于1515年左右，刊刻于1518年，收朱子书信34封，其中有些书信未必朱子晚年之作，故而引起当时学界的强烈反弹和批评。 [8] “中间年岁早晚诚有所未考”以下三句：盖指罗整庵对《朱子晚年定论》所收朱子书信的年代失考提出了批评。 [9] “知我者谓我心忧”以下二句：见《诗经·国风·黍离篇》。 [10] 不直则道不见：不直率则不可见“道”。语见《孟子·滕文公上》。 [11] “君子之过”以下四句：君子犯错如日月之蚀，暂时遮挡了其光芒，其过错人皆见之，而其改错，则人人都会仰望而佩服。语见《论语·子张》。食，同“蚀”。更，改正。 [12] 小人之过也必文：小人犯错往往文过饰非。语见《论语·子张》。文，文饰，掩盖。

[点评]

本条围绕《朱子晚年定论》的问题与罗整庵展开了论辩。罗整庵以为该《定论》之作对于朱子书信的年代考证不够详密，认为阳明断言《四书章句集注》为朱子“中年未定之论”也失之武断。针对这一批评，阳明首先表明了不得已之苦衷，并承认“中间年岁早晚诚有所未考”的事实。

但是，阳明强调他的醉翁之意不在此而在彼，亦即他所欲揭示的是一层更为重要的道理：在面对世人唯以朱子之说为是的时代背景下，他要以“公道”“公学”“公言”这一理性原则立场，强调“道”“学”“言”并非一己之私而可以窃为己有，而是天下公共的普遍性存在，正是出于公共性、普遍性的立场，故而不得已而对朱子有所批评，目的却在于为朱子挽回名声而不在于诋毁朱子。其中，阳明有两句话被后人视作惊世骇俗之言：一是隐晦地将“今日之崇尚朱说”者，比附为“洪水猛兽”；一是说出了“学，天下之公学也，非朱子可得而私也，非孔子可得而私也”的大胆言论，可与上面的第173条“求之于心而非也，虽其言之出于孔子，不敢以为是也”之说合起来看。这里两段话的核心旨意是一致的：都充分表现出对以朱子学为代表的经典权威的批判意识。

当然，这种批判是基于理性的立场，而并不意味着对朱子学的全面否定，相反，在阳明的意识中，他的《朱子晚年定论》恰恰是对朱子的最大肯定。只不过经过阳明的一番解读，朱子晚年思想已经面目全非，这从哲学诠释的角度看，由于任何哲学性的诠释都必然带有立场预设，因而其诠释就不可能完全符合解释对象的文本原义，带有了自身的主观哲学见解。但是有一点是明确的，阳明之所以不盲从权威，因为他有一个坚定的信念：道、学、言具有公共性、普遍性，都可以在良知天理的审视之下，来重新估值所有的思想文本。

【177】执事所以教，反覆数百言，皆以未悉鄙人格物之说。若鄙说一明，则此数百言皆可以不待辩说而释然无滞，故今不敢缕缕以滋琐屑之渎[1]。然鄙说非面陈口析，断亦未能了了于纸笔间也。

嗟乎！执事所以开导启迪于我者，可谓恳到详切矣。人之爱我，宁有如执事者乎？仆虽甚愚下，宁不知所感刻佩服？然而不敢遽舍其中心之诚，然而姑以听受云者，正不敢有负于深爱，亦思有以报之耳。秋尽东还，必求一面，以卒所请，千万终教。

[注释]

[1] 渎：亵渎，冒渎。

[点评]

本书信是王阳明答复罗整庵《与阳明书》第一书（见《困知记》）。后人以为此答书对朱子未免批评太过，这里仅举一例。汤斌（1627—1687）指出："来谕阳明尝比朱子于'洪水猛兽'，是诋毁先儒莫如阳明也。今亦黜毁先儒者耳，庸何伤？窃谓阳明之诋朱子也，阳明之大罪过也。于朱子何损？今人功业文章，未能望阳明之万一，而止效法其罪过。如两口角骂，何益之有？恐朱子亦不乐有此报复矣。"（《汤文正公全书》卷二《答陆稼书》，转引自《集评》本条注）

答聂文蔚[1]

【178】春间远劳迂途枉顾[2]，问证惓惓，此情何可当也！已期二三同志，更处静地，扳留旬日[3]，少效其鄙见，以求切劘之益[4]。而公期俗绊，势有不能。别去极怏怏，如有所失。忽承笺惠，反覆千余言，读之无甚浣慰[5]。中间推许太过，盖亦奖掖之盛心，而规砺真切，思欲纳之于贤圣之域。又托诸崇一以致其勤勤恳恳之怀[6]，此非深交笃爱，何以及是？知感知愧，且惧其无以堪之也。

虽然，仆亦何敢不自鞭勉，而徒以感愧辞让为乎哉？其谓思、孟、周、程[7]，无意相遭于千载之下，与其尽信于天下，不若真信于一人。道固自在，学亦自在，天下信之不为多，一人信之不为少者，斯固“君子不见是而无闷”之心[8]。岂世之谫谫屑屑者知足以及之乎[9]？乃仆之情则有大不得已者存乎其间，而非以计人之信与不信也。

［注释］

[1] 底本系此书为一条，即第 171 条。今从《集评》，分列第 178 至 184 条共七条。聂文蔚：聂豹（1487—1563），字文蔚，号双江，江西永丰人。正德十二年（1517）进士。于阳明没后的 1532 年，在王畿、钱德洪的见证下，正式拜阳明为师。今有标点本《聂豹集》。 [2] 春间：《年谱》作“夏间”，系此书于嘉靖五年（1526）。 [3] 扳留：挽留。 [4] 劘（mó）：磨砺。 [5] 浣（huàn）慰：快慰。浣，涤除。 [6] 崇一：即欧阳德。 [7] 思、孟、周、程：指子思、孟子、周敦颐、二程。 [8] 君子不见是而无闷：君子隐世而无愤懑。语见《易・乾卦・文言》。 [9] 谫（jiǎn）谫：浅薄。

【179】夫人者，天地之心。天地万物，本吾一体者也，生民之困苦荼毒，孰非疾痛之切于吾身者乎？不知吾身之疾痛，无是非之心者也。是非之心，不虑而知，不学而能，所谓良知也。良知之在人心，无间于圣愚，天下古今之所同也。

良知是“无间于圣愚”“天下古今之所同”的普遍存在。

世之君子惟务致其良知，则自能公是非，同好恶，视人犹己，视国犹家，而以天地万物为一体，求天下无治，不可得矣。

良知又有“公是非”“同好恶”的公共性特征。

古之人所以能见善不啻若己出，见恶不啻若己入，视民之饥溺[1]，犹己之饥溺，而一夫不获[2]，若己推而纳诸沟中者[3]，非故为是而以蕲天下之信己也[4]，务致其良知，求自慊而已矣。尧、舜、三王之圣，言而民莫不信者[5]，致其良知而言之也；行而民莫不说者，致其良知而行之也。是以其民熙熙皞皞[6]，杀之不怨[7]，利之不庸，施及蛮貊[8]，而凡有血气者莫不尊亲，为其良知之同也。呜呼！圣人之治天下，何其简且易哉！

［注释］

[1]“视民之饥溺”以下二句：见《孟子·万章上》：“禹思天下有溺者，由己溺之也。稷思天下有饥者，由己之饥也。” [2]一夫不获：一人不得其所。语见《尚书·说命下》：“一夫不获，则曰时予之辜。” [3]若己推而纳诸沟中：就好比自己被推入沟中。语见《孟子·万章上》：“匹夫匹妇有不被尧舜之泽者，若己推而内之沟中。”内：同“纳”。 [4]蕲（qí）：同“祈”。 [5]民莫不信：与下文“民莫不说（yuè）”见《中庸》第三十一章：“见而民

莫不敬，言而民莫不信，行而民莫不说。” [6] 熙熙皞（hào）皞：和乐、舒适。皞，舒适、自得貌。 [7]“杀之不怨”以下二句：百姓牺牲而不怨恨，得到好处也不知酬谢。见《孟子·尽心上》。庸，酬谢。 [8]“施及蛮貊（mò）”以下二句：见《中庸》第三十一章。貊，上古时代东北方少数民族。

[点评]

本条是阳明“万物一体”论的又一重要表述，可与《拔本塞源论》合观。阳明在这里再次强调了“天地万物，本吾一体”的观点，并从良知普遍性的角度，强调了良知存在的公共性品格，基于此，阳明进而从社会政治的角度强调，欲求“天下之治”，只要做到“致良知”即可，因为倘若每个人都能做到致其良知，那么就能实现天下国家成为“一体”之存在，人人都能“视人犹己，视国犹家”，把他人视作自己的亲人，国与家也更无隔阂。原因就在于我们每个人的人心良知都是一样的，对于是非好恶都有相通相感的感通力。因此，圣人治理天下其实是非常简易直截的，只需要大家都切实做到“致其良知”即可。

可见，阳明心学的致良知学说推广至社会政治领域，就必然得出“万物一体”的结论，反过来说，“万物一体”又是致良知学说在社会政治领域的具体落实。因此，万物一体论不是单纯的宇宙论——将宇宙万物视作有机联系的一体存在，与此同时，它更是一种社会政治学说，是指向实现理想社会以及安顿天下秩序的政治学。然而从根本上说，阳明的万物一体论具有天下主义的伦理关怀精神，所以说“一夫不获，若己推而纳诸沟中”。

【180】后世良知之学不明，天下之人用其私智以相比轧，是以人各有心，而偏琐僻陋之见，狡伪阴邪之术，至于不可胜说。外假仁义之名，而内以行其自私自利之实，诡辞以阿俗，矫行以干誉[1]，掩人之善而袭以为己长，讦人之私而窃以为己直[2]。忿以相胜，而犹谓之徇义；险以相倾，而犹谓之疾恶。妒贤忌能，而犹自以为公是非；恣情纵欲，而犹自以为同好恶。相陵相贼[3]，自其一家骨肉之亲，已不能无尔我胜负之意，彼此藩篱之形，而况于天下之大，民物之众，又何能一体而视之？则无怪于纷纷籍籍，而祸乱相寻于无穷矣[4]。

［注释］

[1] 干誉：钓取名誉。干，求。 [2] 讦（jié）：揭露。 [3] 陵：同“凌”，侵犯，欺侮。 [4] 寻：续。

【181】仆诚赖天之灵，偶有见于良知之学，以为必由此而后天下可得而治。是以每念斯民之陷溺，则为之戚然痛心，忘其身之不肖，而思以此救之，亦不自知其量者。天下之人见其若是，

阳明自承他是“赖天之灵”而重新发现了“良知之学”。

遂相与非笑而诋斥之，以为是病狂丧心之人耳。呜呼！是奚足恤哉？吾方疾痛之切体，而暇计人之非笑乎！

人固有见其父子兄弟之坠溺于深渊者，呼号匍匐，裸跣颠顿[1]，扳悬崖壁而下拯之[2]。士之见者，方相与揖让谈笑于其傍[3]，以为是弃其礼貌衣冠而呼号颠顿若此，是病狂丧心者也。故夫揖让谈笑于溺人之傍而不知救，此惟行路之人，无亲戚骨肉之情者能之，然已谓之无恻隐之心非人矣[4]。若夫在父子兄弟之爱者，则固未有不痛心疾首，狂奔尽气，匍匐而拯之。彼将陷溺之祸有不顾，而况于病狂丧心之讥乎？而又况于蕲人之信与不信乎？

鸣呼！今之人虽谓仆为病狂丧心之人，亦无不可矣。天下之人心皆吾之心也，天下之人犹有病狂者矣，吾安得而非病狂乎？犹有丧心者矣，吾安得而非丧心乎？

［注释］

[1] 裸跣（xiǎn）颠顿：裸脚走路、颠连困顿。跣，光着脚。颠顿，倾仆、困顿。 [2] 扳：通“攀”。 [3] 揖让：作揖谦让。 [4] 无

恻隐之心非人：为孟子语，见《孟子·公孙丑上》。

［点评］

以上两条阳明之论“万物一体”，充满悲愤之情，指出后世良知之学不明而带来的种种严重的社会后果，导致“天下之大”“民物之众”犹如分崩离析的一堆乱沙而不再是原本的“一体”之存在，最终导致整个天下纷乱祸害接踵而至、永无宁息。对于世间人人视若陌人，对于他人缺乏同情之心、怜爱之情，阳明发出了痛心疾首的呼唤。他采用了一个非常特殊的说法，不惜自我揶揄为“病狂丧心之人”，认为整个世界已经完全陷入了“丧心病狂”的状态，不仅见“斯民之陷溺”而毫无“戚然痛心”之感，甚且“揖让谈笑于溺人之傍而不知救”，若按孟子之说，岂非个个都变成了“非人”，也就与“禽兽”相差无几了。因此，这个世界只要仍处在这种“丧心病狂”的状态之中，那么，我王阳明也甘愿自认就是一个“病狂丧心之人”。很显然，从中我们可以感受到阳明为实现“万物一体”之理想而甘愿忍受一切骂名的一种愤世嫉俗的豪情壮志。

【182】昔者孔子之在当时，有议其为谄者[1]，有讥其为佞者[2]，有毁其未贤[3]，诋其为不知礼[4]，而侮之以为东家丘者[5]，有嫉而沮之者[6]，有恶而欲杀之者[7]。晨门、荷蒉之徒[8]，皆当时之贤士，且曰：“是知其不可而为之者

欤？”“鄙哉硁硁乎[9]！莫己知也，斯已而已矣。”虽子路在升堂之列[10]，尚不能无疑于其所见[11]，不悦于其所欲往[12]，而且以之为迂[13]。则当时之不信夫子者，岂特十之二三而已乎？

然而夫子汲汲遑遑，若求亡子于道路，而不暇于煖席者，宁以蕲人之知我信我而已哉？盖其天地万物一体之仁，疾痛迫切，虽欲已之，而自有所不容已。故其言曰：“吾非斯人之徒与而谁与[14]？”“欲洁其身[15]，而乱大伦”，“果哉，末之难矣[16]。”

“天地万物一体之仁”也就是孔子的精神。

呜呼！此非诚以天地万物为一体者，孰能以知夫子之心乎？若其“遁世无闷”“乐天知命”者[17]，则固“无入而不自得”[18]，“道并行而不相悖”也[19]。

[注释]

[1] 谄：谄媚。见《论语·八佾》。 [2] 佞：以言取悦于人。见《论语·宪问》。 [3] 毁其未贤：见《论语·子张》。 [4] 诋其为不知礼：见《论语·八佾》。 [5] 东家丘：时人对孔子的一种贬称。见南朝梁沈约《沈隐侯集》卷一《辩圣论》：“当仲尼在世之时，世人不言为圣人也。……或以为东家丘，或以为丧家犬”。 [6] 嫉而沮之：见《论语·微子》。沮，阻止。 [7] 恶而

欲杀之：指孔子适宋，司马桓魋（tuí）欲杀之。见《论语·述而》。[8] 晨门、荷蒉之徒：称孔子是知其不可而为之的人。见《论语·宪问》。[9]“鄙哉硁（kēng）硁乎”以下三句：是说荷蒉讥孔子为不知已，也就可以到此为止了（意为知难而退）。见《论语·宪问》。硁硁，鄙陋而顽固的样子。[10] 虽子路在升堂之列：意谓，子路虽已“升堂”（意为已入门径），但却“未入于室”（意为未臻精微）。见《论语·先进》。[11] 尚不能无疑于其所见：指“子见南子，子路不说（yuè）”的故事。见《论语·雍也》。[12] 不悦于其所欲往：指孔子欲应公山弗扰（季氏宰）之召而“子路不说”的故事，见《论语·阳货》。[13] 以之为迂：指子路批评孔子“必也正名乎”的治政方略为“迂”。见《论语·子路》。[14] 吾非斯人之徒与而谁与：我如果不参与世人的事务还能参与什么事情呢？表明了孔子的社会关怀。见《论语·微子》。[15]“欲洁其身”以下二句：一个人想洁身自好，却往往会搞乱了最重要的伦常关系。见《论语·微子》。[16]“果哉”以下二句：这是孔子感叹荷蒉的志意已决，出处进退已无所难。见《论语·宪问》。[17] 遁世无闷：参见第 178 条。乐天知命：是说人应当保持一种乐观主义态度。语见《易·系辞上传》。[18] 无入而不自得：君子无论处在什么情况，无不在内心有自得之感。见《中庸》第十四章。[19] 道并行而不相悖：道在天地之间与万物并行不悖。见《中庸》第三十章。

[点评]

本条阳明列举了一系列孔子在当时受人冷落、揶揄、讥讽乃至批评等遭遇的案例，例如有的议论以为他是一个谄媚者，有人讥笑他是喜欢以言词取悦于人，有人诋毁他并非贤人，有人指责他不知礼节，有人侮辱他为“东家丘”，有人非常厌恶他而想方设法阻止他的列国周游的行动，还有一次在他访问宋国的时候，竟有人想要加害于他，甚至在当时的有些名士如晨门、荷蒉之流，批评他自不量力、无自知之明，而且学问和行为也都十分肤浅、鄙陋，一副顽固不化的样子，更为严重的是，就连其门人子路也对他“见南子”的行为不以为然，批评他迂腐得很，等等。

然而，孔子面对社会上的这些冷言冷语、诋毁指责、批评挖苦，完全没有放在心上，仍然奋不顾身、一如既往，以“汲汲遑遑”“席不暇煖”的精神，只想着如何用自己的学说和主张，来治理当时各国的政治，重新安顿社会的秩序，意图拯救整个天下。重要的是，阳明将孔子的这种现实关怀、人文精神与“天地万物一体之仁”的观念联系了起来，认为“一体之仁”所体现的正是一种欲罢不能、自不容已的精神，所以他表示要以孔子为榜样，学习孔子的“吾非斯人之徒与而谁与”的人文精神，而在阳明看来，孔子的积极参与社会的这一宏愿正是“天地万物一体之仁”的思想精神的真实体现。反过来说，如果我们缺乏“天地万物一体之仁”的信念，那么就根本无法深切地理解当时孔子为何拥有面对各种社会困境却仍然能够坚忍不拔、勇往直前的儒学精神。

总之，天地万物一体之仁的思想是一种深切的人文关怀意识，阳明满怀一腔救世热情，充分表明其思想的最终归趣就在于唤醒个人良知乃至社会良知；在他看来，只要我们每个人都真正拥有“一体之仁”的坚定信念，并将此向整个社会推广普及，那么“万物一体”的理想社会就必定会实现。应当说，阳明的“一体之仁”的思想充分体现了其良知心学不是一种抽象观念，而是一种如何安顿社会秩序、重新人类共同体的社会实践理论，因而其心学思想具有强烈的社会性、实践性特征。

【183】仆之不肖，何敢以夫子之道为己任？顾其心亦已稍知疾痛之在身，是以彷徨四顾，将求其有助于我者，相与讲去其病耳。今诚得豪杰同志之士扶持匡翼，共明良知之学于天下，使天下之人皆知自致其良知，以相安相养，去其自私自利之蔽，一洗谗妒胜忿之习，以济于大同[1]，则仆之狂病，固将脱然以愈，而终免于丧心之患矣。岂不快哉！

“共明良知之学于天下”也就是实现了“大同”社会理想。

嗟乎！今诚欲求豪杰同志之士于天下，非如吾文蔚者而谁望之乎？如吾文蔚之才与志，诚足以援天下之溺者，今又既知其具之在我而无假于外求矣，循是而充[2]，若决河注海，孰得而御哉？文蔚所谓“一人信之不为少”，其又能逊以委之何人乎？

[注释]

[1]大同：即著名的大同社会理想。见《礼记·礼运》。[2]充：

他本作“往”。

【184】会稽素号山水之区[1]，深林长谷，信步皆是，寒暑晦明，无时不宜，安居饱食，尘嚣无扰，良朋四集，道义日新，优哉游哉！天地之间宁复有乐于是者？孔子云：“不怨天[2]，不尤人，下学而上达。”仆与二三同志，方将请事斯语，奚暇外慕？独其切肤之痛，乃有未能恝然者[3]，辄复云云尔。咳疾暑毒，书札绝懒。盛使远来，迟留经月，临歧执笔，又不觉累纸。盖于相知之深，虽已缕缕至此，殊觉有所未能尽也。

[注释]

[1] 会稽：古越地，因会稽山而得名，即今浙江绍兴。　[2]“不怨天”以下三句：语见《论语·宪问》。　[3] 恝（jiá）：淡然。

[点评]

以上《答聂文蔚》一书，阳明集中阐发了“万物一体”的思想，其论述角度虽与《拔本塞源论》有所不同，但其核心观点是一致的，即以良知理论为基础，以“一体之仁”的观念来建构其“万物一体”思想，并且着重阐发了孔子思想就体现了“天地万物一体之仁”的精神，而“万物一体”所体现的人文关怀也就是孔子的思想精神，同时也是儒学重建“大同”社会理想的精神体现。

根据阳明的“天地万物一体之仁”的思想，充分表明阳明的一个根本观念——亦即在他看来，宇宙与人类、社会与自然、人与他者、人与万物等一切存在都是互为感通、休戚相关的整体性存在，而天地万物一体之仁的思想所指向的便是人类社会共同体的重建。这一思想充分反映了阳明心学绝不是单纯的心性理论，更是饱含人文关怀、天下关怀之精神的一种社会伦理学，是建基于“同是非”“公好恶”这一良知观念之上的以实现“一体之仁”为目标的普遍主义伦理学。

答聂文蔚二[1]

【185】得书见近来所学之骤进[2]，喜慰不可言。谛视数过[3]，其间虽亦有一二未莹彻处，却是致良知之功尚未纯熟。到纯熟时，自无此矣。譬之驱车，既已由于康庄大道之中，或时横斜迂曲者，乃马性未调，衔勒不齐之故，然已只在康庄大道之中，决不赚入傍蹊曲径矣。

近时海内同志到此地位者，曾未多见，喜慰不可言，斯道之幸也。贱躯旧有咳嗽畏热之病，近入炎方，辄复大作。主上圣明洞察，责付甚重，不敢遽辞。地方军务冗沓，皆舆疾从事。今却幸已平定，已具本乞回养病[4]，得在林下稍就清凉，或可瘳耳。人还，伏枕草草，不尽倾企。外惟濬一简[5]，幸达致之。[6]

[**注释**]

[1] 底本系此书为一条，即第 172 条。今从《集评》本，列为第 185 至第 194 条共 10 条。此书写于嘉靖七年（1528）十月，发自广西，为阳明临逝世前一月的书信。 [2] 得书，指聂豹来书，见《聂豹集》卷八。 [3] 谛：审视，过目。 [4] 具本：条陈，呈文。指阳明于是年十月上疏告病。 [5] 惟濬：即陈九川。参第 201 条注 2。 [6] 以上一段除了一些寒暄语以外，阳明谈了一些自己的近况，表明病情加重，已上疏告病请假，然一月之后，便遽然逝世。

【186】来书所询，草草奉复一二。近岁来山中讲学者，往往多说“勿忘勿助”工夫甚难，问之，则云才着意便是助，才不着意便是忘，所以甚难。区区因问之云：“忘是忘个甚么？助是助个甚么？”其人默然无对，始请问。

区区因与说，我此间讲学[1]，却只说个“必有事焉”，不说“勿忘勿助”。“必有事焉”者，只是时时去“集义”。若时时去用“必有事”的工夫，而或有时间断，此便是忘了，即须“勿忘”；时时去用“必有事”的工夫，而或有时欲速求

“必有事焉”便是“时时去‘集义’”，也就是时时刻刻做致良知的实践工夫。参见下条。

效，此便是助了，即须“勿助”。其工夫全在“必有事焉”上用，“勿忘勿助”，只就其间提撕警觉而已。若是工夫原不间断，即不须更说“勿忘”；原不欲速求效，即不须更说“勿助”。此其工夫何等明白简易，何等洒脱自在！今却不去“必有事”上用工，而乃悬空守着一个“勿忘勿助”。此正如烧锅煮饭，锅内不曾渍水下米[2]，而乃专去添柴放火，不知毕竟煮出个甚么物来？吾恐火候未及调停，而锅已先破裂矣。

近日一种专在“勿忘勿助”上用工者，其病正是如此。终日悬空去做个“勿忘”，又悬空去做个“勿助”，漭漭荡荡[3]，全无实落下手处。究竟工夫只做个沉空守寂[4]，学成一个痴騃汉[5]，才遇些子事来，即便牵滞纷扰，不复能经纶宰制[6]。此皆有志之士，而乃使之劳苦缠缚，担阁一生，皆由学术误人之故，甚可悯矣。[7]

［注释］

[1]“我此间讲学”以下十六句：阳明强调为学工夫须按照孟子的“必有事焉”来实行，更不必刻意去追求什么“勿忘勿助”的工夫，所谓“必有事焉”也就是孟子所说的“集义”工夫，即

平时不断地通过修身实践的积累，没有丝毫的时间间断，所谓“勿忘勿助”也就是在工夫发生间断之际，立即对自己的“提撕警觉”。 [2] 渍：一本作“注”。 [3] 湓（bèn）湓：渺茫。 [4] 沉空守寂：喻指专说空寂的佛老之学。 [5] 痴骙（ái）：愚蠢笨拙。 [6] 经纶宰制：筹划治理社会事务。 [7] 本条阳明强调须在日常生活当中每时每刻不间断地进行工夫实践，此即“必有事焉”的工夫，如果只在意念上刻意追求所谓“勿忘勿助”的工夫，无疑是一种“全无实落下手处”的犹如佛老一般的“沉空守寂”之学，必将为害不浅。

【187】夫“必有事”焉，只是“集义”，“集义”只是“致良知”。说“集义”则一时未见头脑，说“致良知”即当下便有实地步可用工。故区区专说“致良知”。随时就事上致其良知，便是格物；着实去致良知，便是诚意；着实致其良知，而无一毫意必固我[1]，便是正心；着实致良知则自无忘之病，无一毫意必固我则自无助之病。故说格致诚正[2]，则不必更说个忘助。孟子说忘助，亦就告子得病处立方。告子强制其心，是助的病痛，故孟子专说助长之害。告子助长，亦是他以义为外，不知就自心上集义，在必有事焉上用功，是以如此。

“集义”工夫就是“致良知”工夫。

若时时刻刻就自心上集义，则良知之体洞然明白，自然是是非非，纤毫莫遁。又焉有“不得于言，勿求于心。不得于心，勿求于气”之弊乎[3]？孟子“集义”“养气”之说，固大有功于后学，然亦是因病立方，说得大段，不若《大学》格致诚正之功，尤极精一简易为彻上彻下，万世无弊者也。

［注释］

[1] 意必固我：即孔子“四勿”说，意为不要凭空揣测，不要绝对肯定，不拘泥固执，不要唯我独是。语见《论语·子罕》“子绝四：勿意、勿必、勿固、勿我。” [2] 格致诚正：格物、致知、诚意、正心。《大学》经文。 [3] 以上引文即著名的孟子“知言养气”章，参见第 81 条。

［点评］

以上两条可以关联起来看，主要讨论了孟子所说的一系列工夫主张，“必有事焉”“勿忘勿助”“集义”“养气”以及孔子的“四勿”说等。在阳明看来，所有这些先秦儒家所主张的工夫学说，都可以统摄在致良知工夫当中，以“随时就事上致其良知”的工夫就可以统领其他所有工夫。所以说，“着实去致良知”便是诚意、便是格物、便是致知、便是正心、便是勿忘勿助，而“集义”须从“自心上集义”，那么，“良知之体洞然明白，自然是是非非，纤毫莫遁。”诸如此类，阳明竭力强调了致良知工夫的普遍性，用他的话来讲，叫做“彻上彻下，万世无弊”。

【188】圣贤论学，多是随时就事，虽言若人殊，而要其工夫头脑，若合符节。缘天地之间，原只有此性，只有此理，只有此良知，只有此一件事耳。故凡就古人论学处说工夫，更不必搀和兼搭而说，自然无不吻合贯通者。才须搀和兼搭而说，即是自己工夫未明彻也。

做工夫若有个“头脑”来主宰，事事都能“若合符节”。

近时有谓“集义”之功必须兼搭个“致良知”而后备者，则是“集义”之功，尚未了彻也；“集义”之功，尚未了彻，适足以为“致良知”之累而已矣。谓“致良知”之功，必须兼搭一个“勿忘勿助”而后明者，则是“致良知”之功，尚未了彻也；“致良知”之功，尚未了彻，适足以为“勿忘勿助”之累而已矣。若此者，皆是就文义上解释牵附，以求混融凑泊，而不曾就自己实工夫上体验，是以论之愈精，而去之愈远。

文蔚之论，其于大本达道，既已沛然无疑，至于致知穷理及忘助等说，时亦有搀和兼搭处。却是区区所谓康庄大道之中，或时横斜迂曲者，到得工夫熟后，自将释然矣。

［点评］

上一条阳明指出“集义”工夫就是“致良知”工夫，本条阳明却反过来说，“集义”工夫不须“兼搭个致良知”，两种说法看似矛盾，其实不然，对此，我们需要善加领会。显然，阳明针对聂豹等人往往将各种工夫“搀和兼搭”在一起说，以求所谓“融合”，然在阳明看来，此正落入“就文义上解释牵附，以求混融凑泊”之窠臼。阳明之意在于指出，只要把握住“工夫头脑”，则各种工夫自然能融会贯通，做“集义”的同时，也就意味着致良知的落实，反之亦然，所以“更不必搀和兼搭而说”。关于这层道理，只要“到得工夫熟后，自将释然矣”。总之，关键还是在于“就自己实工夫上”一件一件落实体验。

【189】文蔚谓“致知之说，求之事亲、从兄之间，便觉有所持循”者，此段最见近来真切笃实之功。但以此自为不妨，自有得力处，以此遂为定说教人，却未免又有因药发病之患，亦不可不一讲也。

盖良知只是一个天理自然、明觉发见处，只是一个真诚恻怛[1]，便是他本体。故致此良知之真诚恻怛以事亲，便是孝；致此良知之真诚恻怛以从兄，便是弟；致此良知之真诚恻怛以事君，便是忠：只是一个良知，一个真诚恻怛。若是从兄的良知不能致其真诚恻怛，即是事亲的良知不能致其真诚恻怛矣；事君的良知不能致其真诚恻怛，即是从兄的良知不能致其真诚恻怛矣。故致得事君的良知，便是致却从兄的良知；致得从兄的良知，便是致却事亲的良知。不是事君的良知不能致，却须又从事亲的良知上去扩充将来，如此又是脱却本原，着在支节上求了。

良知只是一个，随他发见流行处，当下具足，更无去求，不须假借。然其发见流行处却自有轻重厚薄，毫发不容增减者，所谓“天然自有之中”也[2]。虽则轻重厚薄毫发不容增减，而原又只是一个；虽则只是一个，而其间轻重厚薄又毫发不容增减。若可得增减，若须假借，即已非其真诚恻怛之本体矣。此良知之妙用，所以无方体，无穷尽，“语大天下莫能载，语小天下莫能破”者也[3]。

良知的“当下具足”性便在“流行发用”处自我呈现。

[注释]

[1] 恻怛（dá）：同情怜悯。 [2] 天然自有之中："中"是天然自有、必然存在的。程颐："事事物物上皆有个中在那上，不待人安排也。"（《程氏遗书》卷十七）朱子《大学或问》引此语："程子谓天然自有之中。" [3] 语大天下莫能载，语小天下莫能破：要说到"大"，大到天下都无法承载，要说到"小"，小到天下都无法消解。语见《中庸》第十二章。

[点评]

本条阳明首次提出了一个特殊概念："真诚恻怛"，以此来形容描述良知本体的特质，值得注意。意思是说，良知本体是最为真实无妄的实体存在，同时又是最能体现人类所具有的同情心、怜悯心等情感因素。也就是说，良知本体包含了性与情两个方面的重要因素，它不仅是形上存在的性体，同时又是内在情感的表现，而两者之间是密不可分的。

进而阳明强调指出，良知"只是一个"，在所有的有关仁义礼智等伦理行为中，良知无所不在，与此同时，良知也只是"一个真诚恻怛"，在所有的有关事君之忠、侍父之孝等伦理行为中，无不贯穿着"真诚恻怛"的情感，要求做到真心实意。但是，这并不意味着"忠"有"忠"的真诚恻怛，"孝"有"孝"的真诚恻怛，而是说作为良知本体的真诚恻怛必然贯通于所有的伦理行为中。比方说，事君之忠的良知并不是从事父之孝的良知那里扩充过来（假借过来），倘若如此，则良知就被割裂了，而"良知只是一个"，它可以同时贯通所有的伦理行为。

其所以可能的关键就在于，良知不是观念论意义上的抽象假设，而是充满真诚恻怛之情感的存在，由此情感之发动，良知“当下具足”“不须假借”，反之，“若须假借，即已非其真诚恻怛之本体矣”，也就意味着良知本体的丧失。关于这一点，下一条有更详尽的理论发挥。

【190】孟氏“尧舜之道，孝弟而已”者[1]，是就人之良知发见得最真切笃厚、不容蔽昧处提省人，使人于事君、处友、仁民、爱物，与凡动、静、语、默间，皆只是致他那一念事亲、从兄真诚恻怛的良知，即自然无不是道。

事君、处友、仁民、爱物等伦理行为乃至动、静、语、默等一般行为，无不贯穿着“那一念事亲、从兄真诚恻怛的良知”。

盖天下之事[2]，虽千变万化，至于不可穷诘，而但惟致此事亲、从兄一念真诚恻怛之良知以应之，则更无有遗缺渗漏者，正谓其只有此一个良知故也。事亲、从兄一念良知之外，更无有良知可致得者，故曰“尧舜之道，孝弟而已矣”。此所以为惟精惟一之学，放之四海而皆准，施诸后世而无朝夕者也。

文蔚云“欲于事亲、从兄之间，而求所谓良知之学”，就自己用工得力处，如此说亦无不可。若曰“致其良知之真诚恻怛，以求尽夫事亲、从兄之道焉”，亦无不可也。明道云“行仁自孝弟始，孝弟是仁之一事，谓之行仁之本则可，谓是仁之本则不可”[3]。其说是矣。

［注释］

[1] 尧舜之道，孝弟而已：此句见《孟子·告子下》。弟，同“悌”。 [2]“盖天下之事”以下六句：天下事物纷繁复杂、千变万化，不能一一穷尽，只需按照“事亲、从兄一念真诚恻怛之良知”去应对，便自然不会有任何缺憾遗漏，因为良知只有一个的缘故。 [3] 以上引文非程颢语而是程颐语，见《程氏遗书》卷十八。

［点评］

本条借用孟子的“尧舜之道，孝弟而已”的话头，强调“事亲从兄”这一孝悌行为也只须依从“一念真诚恻怛之良知”便可，换言之，所有的道德行为其实都必须以“一念真诚恻怛之良知”为依据。应该说，这是阳明良知学的一个固有立场。末尾所引程颢语，实为程颐语，涉及如何解读孔子“孝弟也者，其为仁之本与”（《论语·述而》）的问题。这里的“为”字有两种解释：一释作“是”；二训为“行”。依程颐的观点，他显然是持后一见解。“本”字的训释也有两种：一释作根本；二训为开始。依程颐上述语脉，他是将“本”理解为根本。因此结论是，孝悌是“行仁”的根本而不是“仁”之根本。

【191】亿逆、先觉之说，文蔚谓“诚则旁行

曲防[1]，皆良知之用”，甚善甚善！间有搀搭处，则前已言之矣。惟濬之言亦未为不是，在文蔚须有取于惟濬之言而后尽，在惟濬又须有取于文蔚之言而后明。不然，则亦未免各有倚着之病也。

舜察迩言而询蒭荛[2]，非是以迩言当察，蒭荛当询，而后如此，乃良知之发见流行，光明圆莹，更无罣碍遮隔处[3]，此所以谓之大知。才有执着意必，其知便小矣。讲学中自有去取分辨，然就心地上着实用工夫，却须如此方是。

［注释］

[1]防：他本作“行”。 [2]察迩言：观察身边的言论。语见《中庸》第六章“舜好问而好察迩言”。询蒭荛（chú ráo）：询问采薪之人。语见《诗经·大雅·板》：“先民有言，询于蒭荛。”蒭荛，采薪者。蒭，同“刍”，割草。荛，打柴。 [3]罣（guà）：同“挂”。

【192】尽心三节[1]，区区曾有生知、学知、困知之说，颇已明白，无可疑者。盖尽心、知性、知天者，不必说存心、养性、事天，不必说夭寿不贰、修身以俟，而存心养性与修身以俟之功已在其中矣。存心、养性、事天者，虽未到得尽心、知天的地位，然已是在那里做个求到尽心、知天

“尽心、知性、知天”与“存心、养性、事天”是一套工夫系统，彼此互动、互相关联。

的工夫，更不必说夭寿不贰、修身以俟，而夭寿不贰、修身以俟之功已在其中矣。

譬之行路[2]。尽心、知天者，如年力壮健之人，既能奔走往来于数千百里之间者也；存心、事天者，如童稚之年，使之学习步趋于庭除之间者也；夭寿不贰、修身以俟者，如襁抱之孩，方使之扶墙傍壁而渐学起立移步者也。既已能奔走往来于数千里之间者，则不必更使之于庭除之间而学步趋，而步趋于庭除之间自无弗能矣；既已能步趋于庭除之间，则不必更使之扶墙傍壁而学起立移步，而起立移步自无弗能矣。然学起立移步，便是学步趋庭除之始；学步趋庭除，便是学奔走往来于数千里之基，固非有二事。但其工夫之难易，则相去悬绝矣。心也、性也、天也，一也，故及其知之、成功则一，然而三者人品力量自有阶级，不可躐等而能也[3]。

从工夫系统上讲，心、性、天自成一套互为关联的系统；从个人力量上讲，须依循尽心、知性、知天的工夫程序着手而不可乱。

细观文蔚之论，其意以恐尽心、知天者废却存心、修身之功，而反为尽心、知天之病。是盖为圣人忧工夫之或间断，而不知为自己忧工夫之未真切也。吾侪用工，却须专心致志在夭寿不贰、修身以俟上做，只此便是做尽心、知天功夫之始。正如学起立移步，便是学奔走千里之始。吾方自虑其不能起立移步，而岂遽虑其不能奔走千里？又况为奔走千里者而虑其或遗忘于起立移步之习哉？

文蔚识见，本自超绝迈往，而所论云然者，亦是未能脱去旧时解说文义之习。是为此三段书分疏比合，以求融会贯通，而自添许多意见缠绕，反使用工不专一也。近时悬空去做“勿忘勿助”者，其意见正有此病，最能担误人，不可不涤除耳。

[注释]

[1] 三节：指孟子所言“尽心”“知性”“知天”，详下。 [2]“譬之行路”以下十句：阳明打了比方：能做到“尽心、知天”者犹如年强力壮之人，“存心、事天”者犹如童稚之年，“夭寿不贰、修身以俟”者犹如襁褓小孩，旨在表明工夫程序仍需考虑个人才力之不同而有所区别。穉（zhì）：同“稚”。 [3] 躐（liè）等：逾越等级，不循次序。

[点评]

本条阳明针对孟子的“尽心”“知性”“知天”“存心”“养性”“事天”以及“夭寿不贰、修身以俟”的三项工夫，指出所有这些工夫自成一套系统，互为关联，然而若从个人才力的角度来考量，则又有工夫次第之讲究而不可乱。“尽心、知天”为工夫实现的境界，“存心、事天”则是工夫实践的中间关节，而“夭寿不贰、修身以俟”的修身工夫才是工夫着力下手处。归结而言，“心也、性也、天也”都是同一的存在，对每个人而言都是一样的，更无本质上的差异，所不同者则取决于个人才力之大小，须从“修身”工夫开始，经“存心、事天”而最终达到“尽心、知天”。如果只是单纯地追求三节工夫的所谓“融会贯通”，反而平添许多“意见缠绕”，这表明阳明虽然强调工夫是一套系统，彼此关联而不可分割，但是这并不意味着可以不讲工夫次第。显然，这是阳明针对聂豹一味追求工夫的“融会贯通”以及“勿忘勿助”等主张而提出的批评。这表明阳明所讲的良知虽然具有“无前后内外而浑然一体”（第157条）的基本特征，本可以打通所有的工夫环节，但良知绝非抽象观念，一旦落实在具体工夫层面上，仍须循序而进，这才是最为重要的。

【193】所谓“尊德性而道问学”一节，至当归一，更无可疑。此便是文蔚曾着实用工，然后能为此言。此本不是险僻难见的道理，人或意见不同者，还是良知尚有纤翳潜伏[1]。若除去此纤翳，即自无不洞然矣。

如果良知明白的话，也就不会发生朱陆之间的有关“尊德性”与“道问学”孰先孰后、孰本孰后的争辩。

[注释]

[1] 纤翳（yì）：细微的障碍。

【194】已作书后，移卧檐间，偶遇无事，遂复答此。文蔚之学既已得其大者，此等处久当释然自解，本不必屑屑如此分疏。但承相爱之厚，千里差人远及，谆谆下问，而竟虚来意，又自不能已于言也。然直戆烦缕已甚[1]，恃在信爱，当不为罪。惟濬处及谦之、崇一处各得转录一通寄视之[2]，尤承一体之好也。

右南大吉录[3]

[注释]

[1] 直戆：耿直、鲁莽。烦缕：烦言不绝。 [2] 谦之：邹守益（1491—1562），字谦之，号东廓，江西安福人。正德六年（1511）进士。 [3] 南本无此“五字”，系钱德洪所加。

[卷末注]

据《全书》本，此条后附有《训蒙大意示教读刘伯颂等》《教约》两篇文字。另据南本以及胡宗宪本，此条后又附有《示弟子立志说》，底本全部照录这三篇文字。今据《全书》本，以下略去《示弟子立志说》，条目数字仍从《集评》本。

训蒙大意示教读刘伯颂等[1]

【195】古之教者，教以人伦[2]。后世记诵词章之习起，而先王之教亡。今教童子，惟当以孝弟忠信、礼义廉耻为专务[3]。其栽培涵养之方，则宜诱之歌诗以发其志意，导之习礼以肃其威仪，讽之读书以开其知觉[4]。今人往往以歌诗、习礼为不切时务，此皆末俗庸鄙之见，乌足以知古人立教之意哉？

“古人立教之意”也就是“先王立教之意”。

大抵童子之情，乐嬉游而惮拘检[5]，如草木之始萌芽，舒畅之则条达，摧挠之则衰痿。今教童子，必使其趋向鼓舞，中心喜悦，则其进自不能已。譬之时雨春风，霑被卉木[6]，莫不萌动发越，自然日长月化；若冰霜剥落，则生意萧索，日就枯槁矣。故凡诱之歌诗者，非但发其志意而已，亦所以泄其跳号呼啸于咏歌[7]，宣其幽抑结滞于音节也；导之习礼者，非但肃其威仪而已，亦所以周旋揖让，而动荡其血脉，拜起屈伸，而固束其筋骸也[8]；讽之读书者，非但开其知觉而已，亦所以沈潜反复而存其心，抑扬讽诵以宣其志也。凡此皆所以顺导其志意，调理其性情，潜消其鄙吝[9]，默化其粗顽，日使之渐于礼义而不苦其难，入于中和而不知其故。是盖先王立教之微意也。

若近世之训蒙稚者[10]，日惟督以句读课仿[11]，责其检束，而不知导之以礼；求其聪明，而不知养之以善；鞭挞绳缚，若待拘囚。彼视学舍如囹狱而不肯入[12]，视师长如寇仇而不欲见；窥避掩覆以遂其嬉游，设诈饰诡以肆其顽鄙，偷薄庸劣[13]，日趋下流。是盖驱之于恶而求其为善也，何可得乎？

凡吾所以教，其意实在于此。恐时俗不察，视以为迂，且吾亦将去，故特叮咛以告。尔诸教读，其务体吾意，永以为训，毋辄因时俗之言，改废其绳墨，庶成“蒙以养正”之功矣[14]。念之念之！

[注释]

[1] 正德十五年（1520），阳明平定南赣（今江西）地区之乱，四月班师。在当地各县，兴立社学，延请教读，发布《训蒙大意》给教读官刘伯颂等人。《年谱》系于正德十三年，误。据《王阳明全集》所收《颁布社学教条》，似即《教约》《训蒙大意》，系于正德十五年，邹守益《王阳明先生图谱》系阳明兴社学于正德十五年。刘伯颂：不详。 [2] 教以人伦：以人伦道德教化百姓。语见《孟子·滕文公上》：“人之有道也，饱食暖衣，逸居而无教，则近于禽兽，圣人有忧之，使契为司徒，教以人伦：父子有亲，君臣有义，夫妇有别，长幼有叙，朋友有信。” [3] 礼义廉耻：见《管子》卷一《牧民》：“何谓四维？一曰礼，二曰义，三曰廉，四曰耻。” [4] 讽：引导。 [5] 惮（dàn）：害怕。 [6] 霑（zhān）：同“沾”。 [7] 跳号呼啸：跳跃呼叫，形容儿童调皮喜动。 [8] 筋骸：胫骨。 [9] 鄙吝：见识短浅。 [10] 穉（zhì）：同“稚”。 [11] 课仿：科举考试程文。 [12] 囹狱：同“囹圄”。 [13] 偷薄：浇薄、不敦厚。 [14] 蒙以养正：从童年开始就施以正确的教育。语见《易·蒙卦·象传》。

[点评]

本文《训蒙大意》是阳明为社学训导儿童而作的一篇谕示文。阳明强调指出，对于儿童的启蒙教育不宜以记诵词章之学为教导方针，而首先须从人伦教育着手，从学习“孝悌忠信、礼义廉耻”开始，具体而言，可以从“歌诗”（诵读《诗经》）“习礼”（学习基本礼仪）以及“读书”做起。启蒙教育的目的在于开导志向、条理性情、启迪知识。因此，不宜唯以句读之学、科举程文为教学对象。要之，阳明注重对儿童的启发式教育以及人伦知识的基本教育。

教　约

【196】每日清晨，诸生参揖毕，教读以次。遍询诸生：在家所以爱亲敬长之心，得无懈忽，未能真切否？温清定省之仪，得无亏缺，未能实践否？往来街衢[1]，步趋礼节，得无放荡，未能谨饬否？一应言行心术，得无欺妄非僻[2]，未能忠信笃敬否[3]？诸童子务要各以实对，有则改之，无则加勉。教读复随时就事，曲加诲谕开发。然后各退就席肄业[4]。

[注释]

[1] 街衢（qú）：街道。　[2] 僻：怪癖、乖僻。　[3] 笃敬：诚实恭敬。见《论语 · 卫灵公》：“子曰：言忠信，行笃敬。”　[4] 肄：学习。

[点评]

本条为《教约》首条，从每天清晨学生见面互相作揖，一直到各自就席开始读书学习为止，其间有四项“考德”（见以下第200条“每日工夫，先考德”）的内容，值得注意：第一、问在家是否做到“爱亲敬长”，第二、问对父母是否做到“温凊定省”，第三、在外面是否做到一举一动合乎“礼节”，第四、一切言行是否能做到“忠信笃敬”而没有任何“欺妄非僻”。最后还要求学童必须以实相告、不得欺瞒，并做到“有则改之，无则加勉”，作为教读官还要随时督查、认真开发启导。以上这些课程结束之后，才开始读书学习。这项规定属于“考德问业”中的“考德”内容，阳明显然十分重视这项内容，并做出了具体的操作规定。可见，在阳明的教育思想中，德育教化占有首要的地位。

【197】凡歌诗，须要整容定气，清朗其声音，均审其节调；毋躁而急，毋荡而嚣[1]，毋馁而慑[2]。久则精神宣畅，心气和平矣。每学量童生多寡，分为四班，每日轮一班歌诗，其余皆就席，敛容肃听。每五日则总四班递歌于本学。每朔望[3]，集各学会歌于书院。

每天轮班诵读《诗经》，作为一天学习的开始。

[注释]

[1] 嚣：喧哗。 [2] 慑（shè）：害怕。 [3] 朔望：每月

初一、十五。

【198】凡习礼，须要澄心肃虑，审其仪节，度其容止[1]；毋忽而惰，毋沮而怍[2]，毋径而野[3]；从容而不失之迂缓，修谨而不失之拘局。久则礼貌习熟，德性坚定矣。童生班次，皆如歌诗。每间一日，则轮一班习礼，其余皆就席敛容肃观。习礼之日免其课仿。每十日则总四班递习于本学。每朔望，则集各学会习于书院。

每天轮班展示行为礼仪，作为教育的重点内容。

［注释］

[1]度（duó）：审视。 [2]沮而怍：气阻而色变。 [3]径而野：率直而粗野。

【199】凡授书不在徒多，但贵精熟。量其资禀，能二百字者，止可以授一百字。常使精神力量有余，则无厌苦之患，而有自得之美。讽诵之际，务令专心一志，口诵心惟[1]，字字句句细绎反覆，抑扬其音节，宽虚其心意。久则义礼浃洽[2]，聪明日开矣。

[注释]

[1] 惟：同“维”。 [2] 礼：一本作“理”。

【200】每日工夫，先考德[1]，次背书诵书，次习礼，或作课仿，次复诵书讲书，次歌诗。凡习礼、歌诗之类，皆所以常存童子之心，使其乐习不倦，而无暇及于邪僻。教者知此，则知所施矣。虽然，此其大略也，“神而明之，则存乎其人”[2]。

每天工夫须以考察平日的德行为首务。

[注释]

[1] 考德：考察德行。 [2] 神而明之，则存乎其人：意谓通过上述学习步骤，可以使儿童逐渐成长，最终使每个人充分发扬心中的“神明”。神明，意同聪明。语见《易·系辞上传》。

[点评]

《教约》共由五条组成，主要是以社学的儿童教育为对象，大致相当于今天所谓的幼儿教育或小学教育。阳明在文中对儿童教育的方法、步骤、程序以及大致内容等作了具体的设计以及详细的解说。规定了每日清晨开始学习之前，首先应当互相行礼，并且汇报在家庭以及社会上的言行举止是否合乎礼节规范等情况，然后从歌诗、习礼、授书等知识讲授开始，循序渐进、按部就班，使儿童从学习中懂得为人做事的道理、基本的礼仪方式以及必要的书本知识，而重点则在于培养儿童的道德习惯以及学习乐趣，在课本学习之外，更要注意引导学童的礼仪行为。这篇短文以及上面的《训蒙大意》充分展现了阳明注重童蒙教育、道德教育的思想特色。《传习录》的编者把这两篇原本不属于问答体、语录体的文字收录其中，是有一定道理的。

传习录下

以下陈九川录

【201】正德乙亥[1]，九川初见先生于龙江[2]，先生与甘泉先生论格物之说[3]，甘泉持旧说。先生曰："是求之于外了。"甘泉曰："若以格物理为外，是自小其心也。"九川甚喜旧说之是。先生又论"尽心"一章，九川一闻，却遂无疑。后家居，复以格物遗质。先生答云：但能实地用功，久当自释。山间乃自录《大学》旧本读之，觉朱

如果说“意之所在为物”的话，这个“物”到底成了什么“物”？

子格物之说非是，然亦疑先生以意之所在为物，物字未明。

己卯[4]，归自京师，再见先生于洪都[5]。先生兵务倥偬，乘隙讲授。首问：“近年用功何如？”九川曰：“近年体验得‘明明德’功夫只是‘诚意’。自‘明明德于天下’，步步推入根源到诚意上，再去不得，如何以前又有格致工夫？后又体验，觉得意之诚伪，必先知觉乃可。以颜子‘有不善未尝知之，知之未尝复行’为证[6]，豁然若无疑，却又多了格物功夫。又思来吾心之灵，何有不知意之善恶，只是物欲蔽了，须格去物欲，始能如颜子‘未尝不知’耳。又自疑功夫颠倒，与诚意不成片段。后问希颜，希颜曰：‘先生谓格物致知是诚意功夫，极好。’九川曰：‘如何是诚意功夫？’希颜令再思体看。九川终不悟，请问。”

先生曰：“惜哉！此可一言而悟！惟濬所举颜子事便是了，只要知身、心、意、知、物是一件。”九川疑曰：“物在外，如何与身、心、意、知是一件？”先生曰：“耳目口鼻四肢，身也，非心安能视听言动？心欲视听言动，无耳目口鼻四肢，亦不能，故无心则无身，无身则无心。但指其充塞处言之谓之身，指其主宰处言之谓之心，指心之发动处谓之意，指意之灵明处谓之知，指意之涉着处谓之物：只是一件。意未有悬空的，必着事物，故欲诚意则随意所在某事而格之，去其人欲而归于天理，则良知之在此事者无蔽而得致矣。此便是诚意的功夫。”九川乃释然破数年之疑。

身、心、意、知、物“只是一件”，故必推出格致诚正修“只是一事”（参见《大学问》）。此即阳明晚年的《大学》工夫系统论。

又问：“甘泉近亦信用《大学》古本，谓‘格物’犹言‘造道’[7]。又谓‘穷理’如穷其巢穴之穷，以身至之也。故‘格物’亦只是‘随处体认天理’[8]，似与先生之说渐同。”先生曰：“甘泉用功，所以转得来。当时与说‘亲民’字不须改，他亦不信，今论格物亦近，但不须换‘物’字作‘理’字，只还他一‘物’字便是。”

后有人问九川曰：“今何不疑‘物’字？”曰：“《中庸》曰‘不诚无物’，程子曰‘物来顺应’，又如‘物各付物’‘胸中无物’之类[9]，皆古人常用字也”。他日，先生亦云然[10]。

[注释]

[1] 乙亥：正德十年（1515）。 [2] 九川：陈九川（1494—1562），字惟濬，号明水，江西临川人。正德九年（1514）进士。著有《明水陈先生文集》，今存。龙江：今南京。 [3] 甘泉：湛若水（1466—1560），字元明，号甘泉，广东增城人。陈献章门人。 [4] 己卯：正德十四年（1519）。 [5] 洪都：今江西南昌。 [6] 有不善未尝知之，知之未尝复行：为孔子称赞颜回语，"知之"当作"不知"。语见《易·系辞下传》。 [7] 造道：意为对"道"的深入把握。语见《甘泉先生文录》卷七《答阳明书》："格即造诣之义，格物者，即造道也。" [8] 随处体认天理：是湛若水思想的标志性命题，意指在日常生活过程中去切身"体认"天理的存在。参见《甘泉先生文录》卷七《答陈宗亨》等。阳明对此的评价，参见《全集》卷六《寄邹谦之》。 [9] 物各付物：为程颐语，见《程氏遗书》卷十八："盖人万物皆备，遇事时各因其心之所重者，更互而出，才见得这事重，便有这事出，若能物各付物，便自不出来也。"胸中无物：未见出处，据《集评》本，似是总述程颐之意。 [10] 据闾东《阳明先生文集》本，此条前有钱德洪撰于嘉靖甲寅（1554）夏六月的《续刻传习录序》。底本全文转录，又见《全集》卷四十一"序说、序跋增补"，第1583—1585页。

[点评]

本条为《传习录》下卷之首，约记录于正德十四年（1519），主要围绕身心意知物的问题展开对话，特别是对"物"的解释，阳明坚持"意未有悬空的，必着事物"以及"意之所在便是物"的观点，将"物"解释为意识指向的对象物。因此，格物也就变成了随意之所在而“格之”的诚意工夫，而“去人欲存天理”的诚意工夫也就意味着“良知之在此事者无蔽而得致矣”，即致良知工夫的实现。

在《传习录》上卷已在前年1518年刊行的背景下，阳明的一些心学观点开始引起社会的关注，并遭到了来自朱子学阵营的批评和围攻，本条开头所举“疑先生以意之所在为物，物字未明”便是被批评的标靶之一，因为按照这一解释，程朱理学的格物说便要从根本上得以颠覆。然而对阳明而言，“意之所在便是物”乃是不可放弃的一项原则，因为这与阳明“心外无物”的心学立场密切相关，容不得任何退让。阳明再传弟子王时槐的评估值得参考：“阳明先生以‘意之所在为物’，此义最精。……故意之所在为物，此物非内非外，是本心之影也。”(《王时槐集·友庆堂合稿》卷四《三益轩会语》，第488页)

关于湛甘泉“随处体认天理”的观点，阳明在这里表达了求同存异的立场，而不愿与自己多年的志同道合的好友在思想上产生激烈的对抗。尽管在阳明逝世之后，很快在阳明后学当中，与甘泉心学一派产生了各种争议，至少从阳明的言词来看，他对于甘泉思想采取的态度是比较温和的。

【202】九川问：“近年因厌泛滥之学，每要静坐，求屏息念虑。非惟不能，愈觉扰扰，如

何？”先生曰：“念如何可息？只是要正。”曰：“当自有无念时否？”先生曰：“实无无念时。”曰：“如此，却如何言静？”曰：“静未尝不动，动未尝不静。戒谨恐惧即是念，何分动静？”曰：“周子何以言‘定之以中正仁义而主静’[1]？”曰：“‘无欲故静’[2]，是‘静亦定，动亦定’的‘定’字[3]，主其本体也。戒惧之念是活泼泼地，此是天机不息处。所谓‘维天之命，於穆不已’[4]，一息便是死。非本体之念，即是私念。”

良知心体离不开意念，故“实无无念时”，但逸出本体之念，则成“私念”。

[注释]

[1]定之以中正仁义而主静：语见周敦颐《太极图说》。[2]无欲故静：乃周敦颐对“圣人定之以中正仁义而主静”的“主静”一词所下的“自注”。见《太极图说》。[3]“是‘静亦定，动亦定’的‘定’字”以下二句：是以“定”字释“静”字，又以“本体”释“主静”之“主”字，意谓在心体良知的主导之下，才能实现“静亦定，动亦定”，同时也就实现了“静”。[4]维天之命，於（wū）穆不已：意谓上天之命是永不停息的。语见《诗经·周颂·维天之命》。於，感叹、赞美之语气词。

[点评]

本条涉及“无念”的问题。阳明断然表示“实无无念时”，竭力主张“本体之念”不可无的重要观点。我们知道，阳明历来非常强调“良知一念”或“一念良知”“念念致良知”（分别见第139、162、190、222条）的重要性。在这里，阳明提出了“本体之念”的概念，这显然涉及“一念”的问题。

事实上，关于“念”的问题，早在第101条“侃去花间草”章当中，阳明就有集中论述。他针对薛侃的天地之间为何“善难培，恶难去”的疑问，一针见血地指出：“此等看善恶，皆从躯壳起念，便会错。”意为心中“起念”而将善恶外在对象化，这种“念”便是执着于外相的“躯壳起念”，其结果会导致“心体便有贻累，便有许多动气处”，便会沦为“私念”。所以关键在于诚意，而“诚意只是循天理”，即便是循天理，“亦着不得一分意”。本条所谓“本体之念”正是“躯壳起念”的反义词。重要的是，由良知本体而起念却又“着不得一分意”，故而叫做“一念而无念”。阳明打了一个比方：“就如眼着不得些子尘沙。些子能得几多，满眼便昏天黑地了。”而且“这一念不但是私念，便好的念头，亦着不得些子。如眼中放些金玉屑，眼亦开不得了。”（第335条）因此在阳明看来，《尚书》所谓“无所作好”“无有作恶”等说法所表明的正是“一念而无念”的境界。

总之，“本体之念”既是“戒惧之念”“不作一念”（参见《传习录拾遗》第16条）之意，同时又是“念念不息”之意，如同“天机不息”一般，而“本体之念”就是“念念致良知”的意思，即将致良知落实在念念不息的整个过程中，这才是阳明良知学的正面提法。阳明在这里最后借用“维天之命，於穆不已”的观念来强调念念不息的重要性，可见，本体之念在阳明思想系统中具有重要的理论意义。劳思光指出："'致良知'从源头上说，要念念不息以显主宰性；从扩充上说，要在无穷的世界历程中念念不息地求正。工夫每一个段落，各有特殊要点可讲，但工夫总的主脉通观各段落，则只是'良知'念念不息的开拓。这即是阳明工夫论的真宗旨所在。"（劳思光：《王门功夫问题之争议及儒学精神之特色》，见其著：《思辨录——思光近作集》，第93页）这是一项值得重视的论断。

以前有人静坐，程颐却称赞他"甚敬"。

【203】又问："用功收心时[1]，有声有色在前，如常闻见，恐不是专一。"曰："如何欲不闻见？除是槁木死灰、耳聋目盲则可。只是虽闻见而不流去便是。"曰："昔有人静坐，其子隔壁读书，不知其勤惰，程子称其甚敬[2]。何如？"曰："伊川恐亦是讥他。"

[注释]

[1]"用功收心时"以下四句：用功收摄内心，不使其放失，但却常常有声色干扰，不能做到不闻不见，这恐怕就没有做到专心致志。 [2]"昔有人静坐"以下四句：此典故见《程氏遗书》卷三："许渤与其子隔一窗而寝，乃不闻其子读书与不读书。先生谓此人持敬如此。"先生：指程颐。敬，即理学家的主敬涵养。

[点评]

以上两条均涉及“主静”或“静坐”的问题，这是宋代自理学思潮发生之初起既已存在的老问题，特别是被奉为理学开山祖师的周敦颐竟然说出“无欲故静”的“主静”说，更是引起后世儒者的纷纷议论，以为儒家似亦不必回避“主静”或“静坐”的工夫。然而，按照儒家传统的观念，所谓静坐工夫乃是佛老所擅长的领域，其结果不免有遗弃人伦、隐遁出世等偏向，故大多数理学家认为不可取。但是，如何消解意识活动中各种杂念的缠绕，即如何使心灵得以纯化而不为外物所牵累等问题，却也是理学家不得不面对的问题。例如当程颐提出“主敬”以取代“主静”之际，便不断受到来自弟子的质疑，一个根本的疑问就是：通过“主一无适”的主敬工夫而达到的意识高度集中，究竟与通过静坐工夫而能达到的消除杂念、心灵平静的境地有何区别？对此，程颐不得不严肃地指出：“才说静，便入于释氏之说也。不用静字，只用敬字。”（《程氏遗书》卷十八）说得非常斩钉截铁。

至于本条所引程颐语，朱子有一个解释：“许渤为人，不可知其详。……隔窗事者，非必有寄寂之意而欲其不闻也。况此条之下，一本注云‘曷尝有如此圣人’，则是先生盖亦未之许也。”（《朱子文集》卷五十四《答陈正己》）这个判断与阳明之意相吻合，都是从儒家正统的立场出发，不愿从正面肯定“主静”工夫。阳明依照程颢《定性书》的说法，将“静”转换成“定”字来作重新诠释，他在《象山文集序·庚辰》中指出：“至宋周、程二子，始复追寻孔颜之宗，而有‘无极而太极’‘定之以中正仁义而主静'之说，'静亦定，动亦定''无内外，无将迎'之论，庶几精一之旨矣。"(《全集》卷七)其论调无疑与上述第202条是一致的。要之，阳明强调的观点和立场是：讲"静"不免偏向于"槁木死灰"，而儒家所主张的"定"才是超越动静、不离尘世的一种心灵安宁。

【204】又问："静坐用功[1]，颇觉此心收敛，遇事又断了。旋起个念头，去事上省察，事过又寻旧功，还觉有内外，打不作一片。"先生曰："此格物之说未透。心何尝有内外？即如惟濬今在此讲论，又岂有一心在内照管？这听讲说时专敬，即是那静坐时心，功夫一贯，何须更起念头？人须在事上磨炼做功夫乃有益。若只好静，遇事便乱，终无长进。那静时功夫亦差似收敛，而实放溺也。"

后在洪都，复与于中、国裳论内外之说[2]。渠皆云"物自有内外，但要内外并着功夫，不可有间耳"，以质先生。曰："功夫不离本体[3]，本体原无内外。只为后来做功夫的分了内外，失其本体了。如今正要讲明功夫不要有内外，乃是本体功夫。"是日俱有省。

本体工夫合一论。

［注释］

[1]“静坐用功”以下八句：用静坐工夫，颇觉有效，能收敛此心，只是一遇到外面事物，却又中断了，旋即又启一个念头去事上进行省察，然而事情结束之后，却仍然觉得意识活动有内外之分，不能收摄到内心中来，打成一片。 [2]于中：夏良胜，字于中，号东洲，江西南城人，正德三年（1508）进士，《建昌府志》有传。著有《东洲初稿》，今存。国裳：舒芬（1484—1527），字国裳，号梓溪，江西进贤人。正德十二年（1517）进士。 [3]“功夫不离本体”以下六句：意谓，工夫与本体是相即不离的，本体原是如此的，只因为后人在工夫做错了，把本体分作内外来看待，这就失去了本体的原来状态。所以，当今正需要讲清楚工夫没有内外之别，这就是本体工夫了。所谓“本体工夫”，意同“本领工夫”，是说工夫需要由“本体”作为“本领”或“主脑”。参见第117条。

【205】又问：“陆子之学何如[1]？”先生曰：“濂溪、明道之后，还是象山，只是粗些[2]。”九川曰：“看他论学，篇篇说出骨髓，句句似针膏肓，却不见他粗。”先生曰：“然他心上用过功夫[3]，与揣摹依仿求之文义自不同。但细看有粗处，用功久当见之。”

象山之学仍然有一些“粗”。

［注释］

[1]陆子：陆九渊。 [2]只是粗些：意谓陆九渊的思想尚未

达到精辟入里的程度，在某些问题上的见解仍有商讨的余地。参见《全集》卷五《与席元山·辛巳》等。 [3]“然他心上用过功夫”以下二句：陆九渊的确在自己心地上用过工夫，与那些在知识上揣测、文义上模仿之流自然有所不同。后一句显然是指朱子之学。

【206】庚辰往虔州[1]，再见先生，问：“近来功夫虽若稍知头脑，然难寻个稳当快乐处。”生曰：“尔却去心上寻个天理，此正所谓理障[2]，此间有个诀窍。”曰：“请问如何？”曰：“只是致知。”

这里用“尔那一点良知”来回答如何“致知”的问题，结合下文的“我亦近年体贴出来如此分明”来看，这表明其时阳明已经有了致良知的明确意识。

曰：“如何致？”曰：“尔那一点良知，是尔自家底准则。尔意念着处，他是便知是，非便知非，更瞒他一些不得。尔只不要欺他[3]，实实落落依着他做去，善便存，恶便去，他这里何等稳当快乐。此便是格物的真诀，致知的实功。若不靠着这些真机，如何去格物？我亦近年体贴出来如此分明，初犹疑只依他恐有不足，精细看无些小欠阙。”

[**注释**]

[1] 庚辰：正德十五年（1520）。虔州：今江西赣县。 [2] 理障：佛教用语。意谓被理的外在表象所迷惑。 [3]“尔只不要欺他”以下五句：你只要不欺瞒自己的良知，依着良知是在实在地做工

夫，遇到善便做善的工夫，遇到恶便做去恶的工夫，良知心体自然稳当快乐。

[点评]

本条所述在庚辰，即阳明49岁，根据本条的内容，可以看出阳明开始正式拈出“致良知”的观点，以下数条也集中讨论了良知问题，据此，可以纠正《年谱》系“致良知”学说于阳明50岁之误。

自阳明提出致良知之后，进一步对“乐是心之本体”（第166条）的命题进行了解释，显得更为简洁而明畅。一言以蔽之，依着良知实实在在地做一番为善去恶的工夫，就是最大的“快乐”。更重要的是，阳明将此解释为“格物的真诀”“致知的实功”，换言之，所谓格物致知并不是想象中那样繁琐困难，就是按照自己的良知去做，寻求人生最大的精神快乐，就是儒家所讲的格物致知。应当说，这个思想反映了阳明学的一个重要特质在于：对于人生快乐的追求必须奠基在道德实践之上，从而构成了以追求精神愉悦为指向的人生哲学，反映了阳明心学积极入世的思想精神，而与佛教把人生世俗视作一片“苦海”，寻求超脱此世而追求彼岸的思想旨趣格格不入。

【207】在虔，与于中、谦之同侍。先生曰：“人胸中各有个圣人，只自信不及，都自埋倒了。”因顾于中曰：“尔胸中原是圣人。”于中起，不

“人胸中各有个圣人”。圣人成了“良知”的符号。

敢当。先生曰："此是尔自家有的，如何要推？"于中又曰："不敢。"先生曰："众人皆有之，况在于中？却何故谦起来？谦亦不得。"于中乃笑受。

"良知在人"是个普遍命题。

又论："良知在人。随你如何不能泯灭，虽盗贼亦自知不当为盗。唤他做贼，他还忸怩。"于中曰："只是物欲遮蔽，良心在内，自不会失，如云自蔽日，日何尝失了！"先生曰："于中如此聪明，他人见不及此。"

［点评］

以上两条均讲了良知问题以及对静坐的批评。根据阳明"我亦近年体贴出来如此分明"的自述，可以推断，这是指"致良知"的观点。上一条强调了良知"是尔自家底准则"的观点，指出良知意念一旦启动，它便立即知道"是"或"非"，更不能欺瞒它，循其良知去做，便自然稳当快乐，这就是格物"诀窍"、致知"真功"；本条则强调了良知"是尔自家有的""人胸中各有个圣人"的观点，在根本旨趣上，这些说法是完全一致的。

可以看出，阳明良知观有两个重要特征：良知的内在性和普遍性。从内在性的角度看，良知体现为"自家准则""胸中圣人"；从普遍性的角度看，良知犹如太阳一般，是永恒存在的，而一时消失不见的原因则在于受到了"物欲遮蔽"的影响，犹如乌云遮蔽了太阳一般，而太阳本身则“自不会失”，这是由良知普遍性所决定的。阳明还打了一个比方，一个小偷如果被人称作“贼”，他一定会感到非常不自在，会竭力否认自己是小偷。这个现象说明每个人心中都清楚一个道理：做贼是不应该的。进而推论，心中明白这个道理的主体则非良知莫属。据此可以证明“良知在人”“良心在内，自不会失”乃是普遍命题。

【208】先生曰：“这些子看得透彻，随他千言万语，是非诚伪，到前便明。合得的便是，合不得的便非，如佛家说心印相似[1]，真是个试金石、指南针。”

良知真是个“试金石、指南针”。

[注释]

[1]心印：以心印证。原为禅宗语：“达摩西来，不立文字，单传心印。”（《祖庭事苑·八》）

【209】先生曰：“人若知这良知诀窍[1]，随他多少邪思枉念，这里一觉，都自消融。真个是灵丹一粒，点铁成金[2]。”

良知一觉，犹如太阳一出，魑魅魍魉无所遁形。

[注释]

[1]“人若知这良知诀窍”以下四句：意谓良知自会觉，只要良知一觉，不管有多少邪思妄念，都会立即被良知察觉，在良知

的照耀下消失踪影。 [2] 灵丹一粒，点铁成金：形容良知就像灵丹妙药一样，能使人化腐朽为神奇，成圣成贤。两句原为佛学语，见《景德传灯录》卷十八。

【210】崇一曰："先生致知之旨，发尽精蕴。看来这里再去不得。"先生曰："何言之易也？再用功半年，看如何？又用功一年，看如何？功夫愈久，愈觉不同，此难口说。"

[点评]

以上三条主要讲的都是良知问题，可以结合起来看。由第210条的记录看，欧阳德称阳明最近提出的"致知之旨，发尽精蕴"，这里的"致知"指的其实是"致良知"。结合第208条来看，其中虽然没有提及良知，但是，阳明用了"试金石""指南针"这样的术语，所指应当就是良知，因为只有良知才是判断是非善恶的"试金石""指南针"。同样，在第209条，阳明借用"灵丹一粒，点铁成金"这一佛学语，旨在强调"良知诀窍"是成圣成贤的关键。

【211】先生问九川："于'致知'之说体验如何？"九川曰："自觉不同。往时操持常不得个恰好处，此乃是恰好处。"先生曰："可知是体来与听讲不同[1]。我初与讲时，知尔只是忽易，

未有滋味。只这个要妙，再体到深处，日见不同，是无穷尽的。”又曰：“此‘致知’二字，真是个千古圣传之秘。见到这里，‘百世以俟圣人而不惑’[2]。”

致良知学说是“千古圣传之秘”。

[注释]

[1] 体来与听讲不同：由自己切身“体会”而得到的，与通过“听讲”而得到的东西是根本不同的。 [2] 百世以俟圣人而不惑：即便百年以后圣人复出，也不会对此置疑的。这是阳明表示他重新发现的“致知”二字的奥秘乃是“千古圣传之秘”。语见《中庸》第二十九章。

[点评]

总起来看，从第206条至本条，即从庚辰（1520）年以后，阳明在江西分别对陈九川、夏良胜、邹守益、欧阳德等大弟子再三强调了一个观点：致良知。按照上面一条的说法，就是“先生致知之旨，发尽精蕴”，而所谓充分发挥精妙之意蕴的“致知之旨”，显然就是“致良知”学说而不可能是其他的观点学说。如果按照本条的说法，所谓“此‘致知’二字，真是个千古圣传之秘”，指的就是阳明提出的“致良知”。

【212】九川问曰：“伊川说到‘体用一原，显微无间’处[1]，门人已说是泄天机。先生‘致

良知原是儒家所固有的，只是被后人掩盖起来，是由我（阳明）重新“发现”的。

知’之说，莫亦泄天机太甚否？”先生曰：“圣人已指以示人，只为后人掩匿，我发明耳，何故说泄？此是人人自有的，觉来甚不打紧一般。然与不用实功人说，亦甚轻忽，可惜彼此无益，与实用功而不得其要者提撕之，甚沛然得力。”

[注释]

[1]“伊川说到‘体用一原，显微无间’处”以下二句：程颐的“体用一原，显微无间”之说揭示了一条至上的道理，故其门人形容为捅破了天大的秘密。语见《程氏外书》第十二。

[点评]

表明看，阳明拒绝承认“良知”两字是他泄露的“天机”，因为良知两字是圣人之学早已“指以示人”的公开秘密了，然而事实上，在阳明看来，如同“道统”以及“圣人之学”自孔孟以降早已失传一般，良知两字也被“后人掩匿”，因此要等到他重新将此“发明”出来。这就意味着：良知学说的重新发现。如果我们结合道学史上程颢所说的那句著名的言论来看，就更能体会阳明此时此刻重新“发明”良知的喜悦心情，程颢曾说：“吾学虽有所受，‘天理’二字乃是自家体贴出来。”同样我们也可以说，“良知”两字其实是阳明经过“千死百难”之后，被他重新“发明”的。

【213】又曰："知来本无知，觉来本无觉。然不知则遂沦埋。"

良知自知，同时又是"无知无不知"的。

［点评］

"知来本无知，觉来本无觉"与第152条"无起无不起"、第171条"无知无不知"意同，在时间上，本条记述要早于《传习录》中卷。阳明在这里深刻揭示了良知在本体上是"无知无觉"的而在发用上却是"无所不知""无所不觉"的这层道理。按照"体用一源"的立场，从体用论上讲，良知也可说是"知来本无知，觉来本无觉"，这是说良知无所不知而又"本无知"，良知无所不觉而又"本无觉"。表面看，"无知无觉"与"良知自知""良知自觉"的观念构成了理论冲突，其实不然，两种说法恰恰构成了一套严密的良知理论系统。因为正是由于良知本无知、良知本无觉，所以良知才能真正发挥"无所不知""无所不觉"的能量。要之，"知来本无知""无知无不知"是对良知本体的存在方式及其作用方式的深刻阐发。关于良知本体的"有无"问题，我们将在分析第315条"天泉证道"之际，再来详细探讨。

【214】先生曰："大凡朋友，须箴规指摘处少，诱掖奖劝意多，方是。"后又戒九川云："与朋友论学，须委曲谦下，'宽以居之'[1]。"

[**注释**]

[1] 宽以居之：宽厚待人。见《易·乾卦·文言传》。

【215】九川卧病虔州，先生云：“病物亦难格，觉得如何？”对曰：“功夫甚难。”先生曰：“常快活便是功夫。”

【216】九川问：“自省念虑或涉邪妄[1]，或预料理天下事，思到极处，井井有味，便缱绻难屏。觉得早则易，觉迟则难，用力克治，愈觉捍格。惟稍迁念他事，则随两忘。如此廓清，亦似无害。”先生曰：“何须如此？只要在良知上着功夫。”

致良知工夫不容片刻间断，必须持续不断。

九川曰：“正谓那一时不知。”先生曰：“我这里自有功夫，何缘得他来？只为尔功夫断了，便蔽其知。既断了则继续旧功便是，何必如此？”九川曰：“直是难鏖[2]，虽知丢他不去。”先生曰：“须是勇。用功久，自有勇。故曰‘是集义所生者’。胜得容易，便是大贤[3]。”

[**注释**]

[1] “自省念虑或涉邪妄”以下十三句：念虑活动或正或邪，

很难掌控，发现得早，则容易克治，发现得迟，则难以去除，需要用力加以克治，但却愈是用力愈觉抵触，只有将意念放下，遣散内外二分的念头，这样来廓清意念，似亦可行。井井，津津。缱绻（qiǎn quǎn），缠绕、不分离。捍（hàn）格，互相抵触，格格不入。 [2] 鏖（áo）：奋战。 [3] 大贤：一本作“大勇”。

[点评]

本条又一次回到了如何克治或屏息念虑的问题。这次阳明从良知观念出发，指出只要在良知上做工夫便可解决上述问题，这应当是阳明揭示致良知之后的一个明确主张。然而，陈九川却察觉到一个问题：即良知也有“一时不知”的现象出现。对此，阳明一针见血地指出，这是因为致良知工夫发生了中断所导致的结果。按阳明的良知理论，良知是无所不在、无所不知的，在意识活动的每时每刻，都必然有良知的存在，否则就不是良知了。这正是良知区别于知识的一个重要特征。

一般而言，知识也具有引领行动的作用，但是经验知识作为一种描述性知识，其自身是有局限性的，并不具备伦理行为得以可能的规范性作用。良知与此不同，在阳明看来，良知作为一种价值标准、道德判断力，它是一种普遍的规范性知识，存在于任何人的行为过程和意识过程当中而不会有片刻的间断。陈九川虽然也明白“良知在人”“良心在内”（第 207 条）的道理，但他仍然表示自己的内心“直是难鏖”——意为内心中的闲思杂虑总是难以彻底克治。

那么，怎么办呢？阳明指出，值此之际，就应当用

“智仁勇”当中的“勇”的工夫，而且“用功久，自有勇”，除此之外，别无他法。当然，所谓“勇”不是指强力压制，而是指勇于做道德实践。在儒家看来，这样的“勇”就是一种道德勇气，如果一个人缺乏道德勇气，那么，就无法使得任何一个道德行为得以真正落实。

“解心”比“解书”更重要。

【217】九川问：“此功夫却于心上体验明白，只解书不通。”先生曰：“只要解心。心明白，书自然融会。若心上不通，只要书上文义通，却自生意见。”

在日常事务当中下工夫，才是“真格物”，也就是致良知。

【218】有一属官，因久听讲先生之学，曰：“此学甚好。只是簿书讼狱繁难[1]，不得为学。”先生闻之，曰：“我何尝教尔离了簿书讼狱，悬空去讲学？尔既有官司之事，便从官司的事上为学，才是真格物。如问一词讼，不可因其应对无状，起个怒心；不可因他言语圆转，生个喜心；不可恶其嘱托，加意治之；不可因其请求，屈意从之；不可因自己事务烦冗，随意苟且断之；不可因旁人谮毁罗织[2]，随人意思处之。这许多意思皆私，只尔自知，须精细省察克治，惟恐此心

有一毫偏倚，杜人是非[3]，这便是格物致知。簿书讼狱之间，无非实学[4]。若离了事物为学，却是着空。”

致良知无非就是“实学”，无非就是一种生活方式。

［注释］

[1] 簿书讼狱：起草文书，打官司。 [2] 谮（zèn）：诬蔑，中伤。 [3] 杜：《集评》本改作“枉”。 [4] 实学：实际有用之学。宋儒以来既已常用，以区别于“沉空守寂”之学。

［点评］

本条记录了王阳明与一官员的对话，针对官员以日常工作如“簿书讼狱”等十分繁忙为由，难以抽出时间来实践致良知工夫，阳明指出，此学就存在于日常事务当中，正是在日常事务当中，到处可以落实致良知的工夫，而且可以做到“精细省察克治”。因此，结论是“簿书讼狱之间，无非实学”。这是阳明提出致良知之后的又一重要见解，他再三强调致良知就是不离日用常行的“实学”。

从哲学上讲，阳明既强调良知本体的超越性，同时又强调良知不是抽离于日常生活之外的存在，充分表明良知具有实践性的基本特征。在这个意义上可以说，致良知就是“实学”，即最为真实的实际有用之学。推而言之，致良知就是每个人的一种生活方式。

【219】虔州将归，有诗别先生，云：“良知何事系多闻，妙合当时已种根。好恶从之为圣学，

将迎无处是乾元。”先生曰：“若未来讲此学，不知说好恶从之从个甚么？”敷英在座[1]，曰：“诚然。尝读先生《大学古本序》[2]，不知所说何事。及来听讲许时，乃稍知大意。”

［注释］

[1] 敷英：王时柯，字敷英，江西万安人，正德十二年（1517）进士。《明史》卷一九三有传。 [2]《大学古本序》：当是指正德十三年（1518）刊刻《大学古本》之际的“旧序”，《全集》卷七所收乃是嘉靖二年修改本的新序。“旧序”见罗钦顺《困知记三续》。

【220】于中、国裳辈同侍食。先生曰：“凡饮食只是要养我身，食了要消化。若徒蓄积在肚里，便成痞了[1]，如何长得肌肤？后世学者博闻多识，留滞胸中，皆伤食之病也[2]。”

［注释］

[1] 痞：由于过食而导致腹部的肿胀感觉。 [2] 伤食：中医学名，又称“食积”“宿食病”，消化不良症。

【221】先生曰：“圣人亦是学知，众人亦是生知。”问曰：“何如？”曰：“这良知人人皆有，

圣人只是保全无些障蔽，兢兢业业，亹亹翼翼[1]，自然不息，便也是学，只是生的分数多，所以谓之生知安行。众人自孩提之童，莫不完具此知，只是障蔽多，然本体之知自难泯息，虽问学克治，也只凭他，只是学的分数多，所以谓之学知利行。”[2]

本体之知是圣凡人人皆有的。

［注释］

[1] 亹（wěi）亹：连续前进而不倦怠。翼翼：勤勉貌。 [2] 本条末，他本有“门人陈九川录”六字。

［点评］

按儒家的传统说法，圣人是“生而知之”，众人是“学而知之”，而阳明特意倒过来说，其理由在于“良知人人皆有”，在这一点上，圣人与凡人是一样的。而且“孩提之童”亦无不如此，人人“完具此知”。当然，阳明这样说并不意味着众人、凡人或孩提之童，人人都已经是现实意义上的“圣人”。因为在现实状态中，人们往往有各种各样的“障蔽”，尽管“本体之知自难泯息”。

以下黄直录

【222】黄以方问[1]："先生格致之说，随时格物以致其知，则知是一节之知，非全体之知也，何以到得'溥博如天，渊泉如渊'地位[2]？"

心之本体即天之本体。

先生曰："人心是天渊。心之本体无所不该[3]，原是一个天。只为私欲障碍，则天之本体失了。心之理无穷尽，原是一个渊，只为私欲窒塞，则渊之本体失了。如今念念致良知，将此障碍窒塞，一齐去尽，则本体已复，便是天渊了。"乃指天以示之曰："比如面前见天[4]，是昭昭之天，四外见天，也只是昭昭之天。只为许多房子墙壁遮蔽，便不见天之全体。若撤去房子墙壁，总是一个天矣。不可道眼前天是昭昭之天，外面又不是昭昭之天也。于此便见一节之知即全体之知，全体之知即一节之知，总是一个本体。”

良知作为一种德性之知、价值之知，既是“一节之知”又是“全体之知”。质言之，就是本体之知。

[注释]

[1] 黄以方：黄直，字以方，江西金溪人。嘉靖二年（1523）进士。 [2] 溥博如天，渊泉如渊：浩博就像天一样，深渊就像深泉一般。语见《中庸》第三十二章。 [3]“心之本体无所不该”以下四句：人心就像天一样广大，无所不该，只是因为容易被私欲隔断，故而丧失了“天之本体”。 [4]“面前见天”以下六句：眼前之天与外面眼力所不及的天，都是一样的“昭昭之天”，只是因为有许多房子墙壁遮挡了人们的视线，于是，我们就看不见“天之全体”了。

[点评]

本条讨论了“一节之知”与“全体之知”的问题，对于理解良知本体具有重要理论意义。所谓“一节”和“全体”这对概念不难理解，两者的关系大致相当于部分与整体的关系。问题是，后面的两个“知”字究竟是指什么？这是需要特别注意的。从一般意义上讲，知识有部分与整体之分，例如格物致知所获得的有关“一草一木”的经验知识，这类知识有部分与整体之分，从有关草木的部分知识上升到整体知识，就可以构成“植物学”，形成有关草木的整体知识，然而这类整体知识只是相对性的，是相对于其他不同类型的例如“物理学”而言的，所以任何经验知识的整体性总会受到自身的局限。然而，阳明所关心的显然不是这类经验知识而是内含价值的道德知识，即不学而能、不虑而知的良知良能的德性之知。

那么，涉及价值领域的知识有没有“一节”与“全体”之分呢？严格说来，良知作为普遍的道德之知，其本身是自足圆满、无所亏欠的，它作为整体存在而不可分割。也正由此，所以阳明用“天”来比喻良知，并以“昭昭之天”来指称“天之全体”。至于人们往往看不到“天之全体”，其原因在于人的眼光受到周围许多房屋等障碍物的影响，如果撤除了这些障碍物，那么，“天”还是那个原来的“昭昭之天”。所以不能因为人受目光所限，便认定“天”也只不过是部分性的存在。阳明以此为喻，旨在强调良知如同“天之全体”而不可分割。然而，“全体之知”的良知又不得不在其发用流行的具体场景中，表现为“一节之知”，如事父应当知孝、事君应当知忠之类的知便是具体的“一节之知”。

重要的是，“一节之知”并不是对“全体之知”的分节化，而是全体之知的具体呈现。因此，正如阳明最后所说：“一节之知即全体之知，全体之知即一节之知。”原因在于良知“总是一个本体”，是本体之知。显然，这里涉及一个重大理论问题：即理一与分殊、普遍与特殊的关系问题。依阳明，良知的整体性和普遍性存在于分殊性和特殊性当中，反过来说，良知的分殊性和具体性也必然透过其整体性和普遍性得以呈现自身的价值和意义。

【223】先生曰："圣贤非无功业气节，但其循着这天理，则便是道，不可以事功气节名矣。"

【224】"发愤忘食"，是圣人之志如此，真无有已时。"乐以忘忧"，是圣人之道如此，真无有戚时。恐不必云得不得也。

[点评]

本条讲述了这样一个故事：叶公问子路，孔子是怎样一个人？子路没有回答，于是，孔子就对子路说，你应该这样告诉他："其为人也，发愤忘食，乐以忘忧。不知老之将至云尔？"（《论语·述而》）其中，"发愤忘食，乐以忘忧"是孔子的自我评价，在历史上成为两句脍炙人口的名言，激励人们奋发向上、积极乐观的人生态度。阳明指出，发愤忘食是孔子的意志表达，乐以忘忧则是圣人之道的体现。

然而，朱子《论语集注》却说："未得，则发愤而忘食。已得，则乐以而忘忧。"将两句话分别解释成孔子年轻时有所"未得"以及晚年时已经充分具备知识（"已得"）的两种状态。对此，阳明表示了反对。反映出朱子与阳明的经典诠释各有不同的立场预设。朱子且不论，就阳明的立场看，显然不能从知识论的角度来理解这一典故，而应当从圣人之志与圣人之道的角度出发才能对上述典故获得真正的善解。

【225】先生曰："我辈致知，只是各随分限所及。今日良知见在如此[1]，只随今日所知扩充到底，明日良知又有开悟，便从明日所知扩充到底。如此方是精一功夫。与人论学，亦须随人分限所及。如树有这些萌芽，只把这些水去灌溉。萌芽再长，便又加水。自拱把以至合抱[2]，灌溉之功皆是随其分限所及。若些小萌芽，有一桶水在，尽要倾上，便浸坏他了。"

良知的"见在性"意味着良知的遍在性、当下性，良知无所不在，同时又是当下呈现的。

［注释］

[1] 见在：读如"现在"。《传习录》一共出现三处，另参第79条、第281条。 [2] 拱把：表示物体不粗壮。拱：两手合围。把：一手可握。

［点评］

本条强调了两个观点：一是致良知的方法问题，个人应根据自己的才能所及，经过持续不断的努力，总会成功的，强调了致良知的不可间断性；一是良知是当下即刻的存在，过去已经发生的与未来尚未发生的并不重要，重要的是把握良知的"见在"性。这里的"见在"一词，表明良知是无所不在的，具有"遍在性"特征，同时良知又是一种"当下"存在，具有"当下性"特征，故而良知是可以当下呈现的。可以说，这是阳明的"良知见在”论或“见在良知”论。及至阳明后学，衍生出“良知现成”的问题。

阳明弟子王畿有一个深刻的洞见：“先师指出良知两字，正指见在而言，见在良知与圣人未尝不同。”（《王畿集》卷四《与狮泉刘子问答》）显然，这是就本体立论的。然而另一位阳明弟子罗洪先（1504—1664）却将“见在良知”偷换成“现成良知”，并质疑道：“世间那有现成良知？良知非万死工夫，断不能生也，不是现成可得。”（《罗洪先集》卷八《松原志晤》）无疑地，如果从本体上否认良知的见在性，那么，良知就成了一种后天性的存在，这就违反了阳明的良知“见在”说；如果从工夫上宣扬良知的现成性，那么，就有可能导致致良知工夫被一笔取消，其后果同样非常可怕。针对罗洪先的质疑，耿定向（1524—1597）提出了反诘：“良知若非现成，又岂有造作良知者乎？”（《明儒学案》卷三十五《泰州学案四·天台论学语》）这里将“现成”视同“见在”，显然与王畿“见在良知与圣人未尝不同”的立场是一致的。由此可见，自阳明提出“见在”问题之后，在阳明后学的发展过程中，“见在良知”或“现成良知”构成了重大的理论问题并引发了思想论辩。关于这一问题，这里不能深究，有兴趣者请参看拙著《阳明后学研究》序章“现成良知”。

【226】问知行合一。先生曰：“此须识我立言宗旨。今人学问，只因知行分作两件，故有一

念发动，虽是不善，然却未曾行，便不去禁止。我今说个知行合一，正要人晓得一念发动处，便即是行了。发动处有不善，就将这不善的念克倒了。须要彻根彻底，不使那一念不善潜伏在胸中。此是我立言宗旨。”

“一念发动即是行”既是知行合一的命题，更是良知伦理学的命题。

［点评］

本条对于“知行合一”问题提出了一个重要解释：“一念发动处，便即是行了。”对此，我们应该如何理解呢？按字面理解，一念之发动即便没有付诸实施，便已经是一种行了。倘若果真如此，并由此来量罪定刑的话，那么这个世界恐怕将是牢狱成灾。事实很显然，念头闪动并不等于行为的产生，这是一般的常识。然而，阳明却以此为依据来论证“知行合一”，在理论上如何成立呢？假设一个人的念头是无缘无故发生的，有的甚至是难以自控的，正如上面所看到的那样，陈九川常常“自省念虑或涉邪妄”，一旦用力克治，忽又“愈觉扞格”，诸如此类的现象之所以发生，就是因为意识活动的产生以及转化的机制很难自控，其中既有正念又有妄念，它们往往交错缠绕在一起，真是“缱绻难屏”（参见第216条）。面对这种情况，我们是否仍然可以说“一念发动即是行”呢？

其实，按照阳明的观点，念不分正邪，就在一旦发动的同时，良知自知自觉的机制便随之启动，善的便加以存养，不善的便加以“克倒了”，而且还要“彻根彻底”。可见，“一念发动即是行”的关键在于：在意念与行为的过程当中，阳明预设了良知的存在。也就是说，一念发动便意味着良知的启动，而良知自能察觉意念中的是非善恶，并同时对此做出存养或克除的决断，正如第209条所说“良知诀窍，随他多少邪思枉念，这里一觉，都自消融”。反之，如果缺乏良知自知的机制而任其念虑自身的转动，即便是邪妄之念也不管不顾，这必将导致知行割裂。可见，在“一念发动即是行”这一说法的背后，其实蕴含着另一更为重要的观点：即意识与行为的活动都须置于良知自知的机制下才能实现真正的“合一”，这表明意识的启动便意味着与此相应的行为已经开始。

最后须指出，关于“一念发动处便即是行了”这句命题，黄直辑录的《阳明先生遗言录》文本中却有不同的记录：“一念动处便是知，亦便是行。”（《王阳明全集》新编本卷四十补录二）其中多出“便是知”三字，却不见于《传习录》。在我看来，《遗言录》的记录应该是阳明有关“知行合一”论的一项完整论述，值得重视。这句命题的意义在于表明：“一念发动”意味着知和行的同时启动，知行在“一念”之中互相涵摄、彼此互动。

【227】圣人无所不知，只是知个天理；无所不能，只是能个天理。圣人本体明白，故事事知个天理所在，便去尽个天理。不是本体明后，却

即便是“生而知之”的圣人也只是“知个天理”，而于天下事物也“有所不知”。

于天下事物都便知得，便做得来也。天下事物，如名物度数、草木鸟兽之类，不胜其烦。圣人须是本体明了，亦何缘能尽知得？但不必知的，圣人自不消求知；其所当知的，圣人自能问人。如“子入太庙每事问”之类[1]。先儒谓“虽知亦问，敬谨之至”[2]，此说不可通。圣人于礼乐名物不必尽知，然他知得一个天理，便自有许多节文度数出来。不知能问，亦即是天理节文所在。

[注释]

[1] 子入太庙每事问：孔子进入太庙每每要询问有关事宜。语见《论语·八佾》。 [2] 虽知亦问，敬谨之至：为朱子《论语集注》引尹焞语：“礼者，敬而已矣。虽知亦问，谨之至也。”

[点评]

本条借圣人生而知之、无所不知的话题，阳明想要表明的观点是：知识论意义上的各种经验知识如名物度数、草木鸟兽之类，即便是圣人亦有所不知，故对于凡人而言，更是不必尽知的。那么，何以说圣人也无所不知呢？

阳明认为，圣人“只是知个天理”，然后应事接物、不耻下问，故“于天下事物都便知得，便做得来也”。这里涉及一个问题：天理与知识——即良知与知识的关系问题。在阳明看来，天理或良知是“本体”知识，而“名物度数”或“礼乐名物”则是“节文”知识；前者是道德知识，后者是见闻知识。阳明强调本体知识更为重要，而见闻知识是“不必尽知”也是不可能“尽知”的，只要本体知识明白，那么，“当知”的知识自然会通过“问人”等方式去获取，至于那些“不必知的”，圣人“自不消求知”。这说明良知与知识分属两种不同的层次而不可混同，另一方面，两者又有密切关联，知识可以促进良知的实践，换言之，良知又须借助于知识以展现自身。

归结而言，阳明所反对的是这样一种知识论取向：以为应当以无所不知的圣人为榜样，对天下事物的知识都必须全部掌握，其结果必将是被外在的见闻知识牵着鼻子走，而自己的本心反而会迷失方向。可见，阳明以良知本体知识为前提，但又不否认“礼乐名物”等见闻知识的重要性，只要是有益于本体知识的见闻知识是可以通过学习来掌握的；只是对于那些“不胜其烦”的各种客观知识，阳明坚持认为是“不必尽知”的，这是由于阳明学是良知伦理学而非知识论这一特质所决定的。至于这一心学特质是否有可能导致反智主义则是另一个问题，此处不能赘述。

【228】问：“先生尝谓‘善恶只是一物’[1]。善恶两端如冰炭相反，如何谓只一物？”先生曰：“至善者心之本体。本体上才过当些子，便是恶了。不是有一个善，却又有一个恶来相对也。故

善与恶，不是两物相对的，而是从同一个人心中转化出来的。

善恶只是一物。”

直因闻先生之说，则知程子所谓“善固性也，恶亦不可不谓之性”[2]，又曰“善恶皆天理[3]，谓之恶者本非恶，但于本性上过与不及之间耳”。其说皆无可疑。

[注释]

[1] 善恶只是一物：见第101条。 [2] 善固性也，恶亦不可不谓之性：程颢的观点。见《程氏遗书》卷一。 [3]“善恶皆天理”以下三句：程颢的观点。见《程氏遗书》卷二上。

[点评]

本条涉及宋明理学史上颇有争议的问题，即人性恶的问题。按照理学家的一般说法，人性本善的原因在于人生而就被赋予了天命之性，同时也禀受了清浊厚薄各有差异的气质之性；由于人的气质之性非常容易受到物欲牵引的影响，于是，人性中潜藏着“恶”的可能。按照程颢“善固性也，恶亦不可不谓之性”的说法，似乎将善恶都归为“性”。问题在于我们如何理解这里前后的两个“性”字？按朱子《明道论性说》的解释，前者是指天命之性，后者是指气质之性。这是理学家的解释套路，即人性二元正可解释善恶两分。然而，这是否符合程颢的本意呢？这需要结合程颢的另一段话来理解：“善恶皆天理，谓之恶者本非恶，但于本性上过与不及之间耳。”这段话究竟应如何理解呢？

我们知道，“吾学虽有所受，天理二字却是自家体贴出来”，这是程颢（或为二程共识）最为著名的言论，可谓是理学的思想宣言。“天理”作为理学的至上概念，成为理学的终极实体，因而也必然是绝对至善的。不完美乃至恶的现象乃是后天的因素所致，或受习俗影响或受气禀牵累。据此，我们就不能说“善恶皆天理”。事实上，程颢上述这段话中的所谓“天理”却有另解，意即合乎自然的道理，而不是指绝对实在的天理。基于此，程颢所谓善恶都是“天理”，其意就无非是说，善恶都是天底下合当如此、必不可少的现象。由此，恶的现象并不足以表明人性是恶的，只不过是行为在本性上表现出过与不及的原因所致。总之，善恶现象是人性的一种外在表现而不是内在的本质规定。

至于阳明所说的“善恶只是一物”“本体上才过当些子，便是恶了”的观点，应该与程颢的上述观点是一致的（参第 101 条“点评”）。须指出的是，阳明在这里强调恶的原因不能到外面的物上去找，更不必从气质上去找，而要返回人心本身去挖掘恶的根源。阳明的这个观点无疑是深刻的，杜绝了这样一种观念：总是以为恶的现象是出于某种客观原因或外在因素而不愿从自己身上或内心深处去寻找根源。

【229】先生尝谓：“人但得好善如好好色[1]，恶恶如恶恶臭，便是圣人。”直初时闻之觉甚易，

后体验得来此个功夫着实是难。如一念虽知好善恶恶，然不知不觉又夹杂去了。才有夹杂，便不是好善如好好色，恶恶如恶恶臭的心。善能实实的好[2]，是无念不善矣；恶能实实的恶，是无念及恶矣。如何不是圣人？故圣人之学，只是一诚而已。

圣人之学只讲求一个“诚”字。而实实在在地“好善恶恶”便是“诚”。

［注释］

[1]“人但得好善如好好色”以下三句：参见第 5 条。 [2]“善能实实的好”以下七句：好善要做到好比“好好色”一般，实实在在的“好（hào）”，就能实现“无念不善”；恶（wù）恶要做到好比“恶恶臭”一般，实实在在的“恶”，就能实现“无念及恶”。这就是《大学》所说的“所谓诚其意者，毋自欺也。如恶恶臭，如好好色”。圣人之学就是讲这个“诚”字。

【230】问：“《修道说》言‘率性之谓道’[1]，属圣人分上事，‘修道之谓教’，属贤人分上事。”先生曰：“众人亦率性也[2]，但率性在圣人分上较多，故‘率性之谓道’属圣人事。圣人亦修道也，但修道在贤人分上多，故‘修道之谓教’，属贤人事。”

又曰：“《中庸》一书，大抵皆是说修道的事。

故后面凡说君子，说颜渊，说子路，皆是能修道的。说小人，说贤知愚不肖，说庶民，皆是不能修道的。其他言舜、文、周公、仲尼，至诚至圣之类，则又圣人之自能修道者也。”

［注释］

[1]《修道说》：见《全集》卷七。 [2] 率性：依循本性而行。率，依循。

［点评］

本条有一句“说小人，……皆是不能修道的”，需要善加理会。照字面意思看，王阳明似乎主张“小人”“贤知愚不肖”以及“庶民”都是“不能修道的”，如此说来，岂不跟阳明一贯主张的良知之在人心、圣凡无别的思想发生了背离吗？所以问题是，这里的“不能”是指缺乏能力、无可救药的意思还是指其他的意思呢？根据上下文的语脉来看，这里的“不能”是相对于君子的“能”与圣人的“自能”而言的，也就是说，存在三种区别：能、不能与自能，看似条理分明。其实，所谓“不能”不是指客观上缺乏能力，而是指主观上不愿去做，所以，小人等庶民自然与君子、圣人存在差异。这一点是阳明所认同的。但是，这并不意味着愚夫愚妇就是天生缺乏“修道”的能力，而是说他们尽管有此能力却未能付诸行动，故说“不能”。

【231】问："儒者到三更时分[1]，扫荡胸中思虑，空空静静，与释氏之静只一般，两下皆不用，此时何所分别？"先生曰："动静只是一个。那三更时分空空静静的，只是存天理，即是如今应事接物的心。如今应事接物的心，亦是循此天理，便是那三更时分空空静静的心。故动静只是一个，分别不得。知得动静合一，释氏毫厘差处亦自莫掩矣。"

动静合一：应事接物的心即空空静静的心。

[注释]

[1] 三更：子时，即夜半十二时。

【232】门人在座，有动止甚矜持者。先生曰："人若矜持太过，终是有弊。"曰："矜持太过，如何有弊？"曰："人只有许多精神，若专在容貌上用功，则于中心照管不及者多矣。"有太直率者。先生曰："如今讲此学，却外面全不检束。又分心与事为二矣。"

【233】门人作文送友行。问先生曰："作文字不免费思，作了后，又一二日，常记在怀。"曰：

“文字思索亦无害。但作了常记在怀，则为文所累，心中有一物矣，此则未可也。”

又作诗送人。先生看诗毕，谓曰：“凡作文字要随我分限所及。若说得太过了，亦非‘修辞立诚’矣[1]。”

[注释]

[1] 修辞立诚：通过修饰文词等文化修养，做到立身诚实。语见《易·乾卦·文言传》。

【234】文公格物之说，只是少头脑。如所谓“察之于念虑之微”，此一句不该与“求之文字之中”“验之于事为之着”“索之讲论之际”混作一例看[1]，是无轻重也。

朱子学问就是缺少“头脑”。

察之于念虑之微，属诚意工夫，与格物工夫有别。

[注释]

[1] 以上数句引文为朱子语，见《大学或问》上。

【235】问“有所忿懥”一条。先生曰：“忿懥几件[1]，人心怎能无得？只是不可有耳！凡人忿懥着了一分意思，便怒得过当，非廓然大公之体了。故有所忿懥，便不得其正也。如今

人的情感都要有个“度”，过或不及，都非“廓然大公”，都非“本体之正”。

于凡忿懥等件，只是个物来顺应，不要着一分意思，便心体廓然大公，得其本体之正了。且如出外见人相斗，其不是的，我心亦怒；然虽怒，却此心廓然，不曾动些子气。如今怒人亦得如此，方才是正。”

[注释]

[1] 几件：指忿懥、恐惧、好乐、忧患。

[点评]

本条涉及情感的问题。阳明的观点是：人的基本情感如喜怒哀乐爱恶欲或者忿懥恐惧好乐忧患等，其本身是正当的，因为人不可能没有情感，但是，情感之发动是否“着了一分意思”？是否有所“过当”？是否未能“得其本体之正”？这才是问题的关键。最重要的是，如果能够做到顺其良知本体的发用流行，那么，情感活动必能“得其本体之正”，也就是正当合理的。可见，阳明学并不是主张“灭情”，而是主张引导“情”至合理中节的轨道上来。

【236】先生尝言：“佛氏不着相[1]，其实着了相。吾儒着相[2]，其实不着相[3]。”请问。曰：“佛怕父子累，却逃了父子；怕君臣累，却逃了

君臣；怕夫妇累，却逃了夫妇：都是为个君臣、父子、夫妇着了相，便须逃避。如吾儒有个父子，还他以仁；有个君臣，还他以义；有个夫妇，还他以别，何曾着父子、君臣、夫妇的相？”

王阳明：“古圣贤之学，明伦而已。……以言其伦，则为父子之亲、君臣之义、夫妇之别、长幼之序、朋友之信，而三才之道尽此矣。……是故明伦之外无学矣。”（《全集》卷七《万松书院记·乙酉》）

[注释]

[1] 相：外在表象。 [2] 吾儒着相：意谓儒家“着相”所“着”的是世间人伦之“相”。 [3] 其实不着相：意谓儒家“着相”是依循本心去“着”，故而不是“着”于外相。

以下黄修易录

【237】黄勉叔问[1]："心无恶念时，此心空空荡荡的，不知亦须存个善念否？"先生曰："既去恶念，便是善念，便复心之本体矣。譬如日光，被云来遮蔽，云去光已复矣。若恶念既去，又要存个善念，即是日光之中添燃一灯。"

[注释]

[1] 黄勉叔：名修易，其他不详。在阳明弟子中，另有王修易者，不知是否为同一人。王畿《在庵王公墓表》："丁亥，先师赴两广，道衢，君与栾君惠、王君修易、林君文琼、邓君礼辈，候于江浒，复求（阳明）印证。"《南昌府志》卷四十六《名宦》："王修易，江山人。嘉靖间，由岁贡任新建训导，终日对诸生讲学，贫者辄周恤之。故与巡抚山东张元冲为同门友。"张元冲为阳明

门人，故王修易亦当为阳明弟子。唯不知其何时入阳明门下而有以下 10 条记录。

[点评]

按照上面第 101 条和第 228 条所说，既然“善恶只是一物”，那么，就可以理解为何说“既去恶念，便是善念”的理由了。阳明在这里又举了一个老生常谈的例子，太阳被乌云遮蔽，只是暂时现象，乌云散去，太阳就会重新发出光芒。同样的道理，恶念就犹如乌云，恶念一旦除去，则善念存焉。也就意味着心之本体的恢复。

【238】问：“近来用功，亦颇觉妄念不生，但腔子里黑窣窣的[1]，不知如何打得光明？”先生曰：“初下手用功，如何腔子里便得光明？譬如奔流浊水，才贮在缸里，初然虽定，也只是昏浊的。须俟澄定既久，自然渣滓尽去，复得清来。汝只要在良知上用功，良知存久，黑窣窣自能光明矣。今便要责效，却是助长，不成功夫。”

[注释]

[1] 窣（sū）窣：细微不见，这里形容一片漆黑。

在格物上落实致良知工夫，才是“根本的学问”。

【239】先生曰：“吾教人致良知在格物上用

功，却是有根本的学问。日长进一日，愈久愈觉精明。世儒教人事事物物上去寻讨，却是无根本的学问。方其壮时，虽暂能外面修饰，不见有过。老则精神衰迈，终须放倒。譬如无根之树，移栽水边，虽暂时鲜好，终久要憔悴。”

【240】问“志于道”一章[1]。先生曰：“只‘志道’一句，便含下面数句功夫，自住不得[2]。譬如做此屋，‘志于道’是念念要去择地鸠材[3]，经营成个区宅。‘据德’却是经画已成，有可据矣。‘依仁’却是常常住在区宅内，更不离去。‘游艺’却是加些画采，美此区宅。艺者义也，理之所宜者也。如诵诗、读书、弹琴、习射之类，皆所以调习此心，使之熟于道也。苟不志道而游艺，却如无状小子[4]，不先去置造区宅，只管要去买画挂做门面，不知将挂在何处？”

[注释]

[1] 志于道：以道为志向。语见《论语·述而》：“志于道，据于德，依于仁，游于艺。” [2] 住：停止。 [3] 鸠：聚合。 [4] 无状：不懂礼貌，行为失检。

【241】问："读书所以调摄此心，不可缺的。但读之之时，一种科目意思牵引而来[1]，不知何以免此？"先生曰："只要良知真切，虽做举业，不为心累。总有累[2]，亦易觉克之而已。且如读书时，良知知得强记之心不是，即克去之；有欲速之心不是，即克去之；有夸多斗靡之心不是[3]，即克去之。如此，亦只是终日与圣贤印对，是个纯乎天理之心。任他读书，亦只是调摄此心而已。何累之有？"

举业并不妨碍成圣成贤。参见第103条。

曰："虽蒙开示，奈资质庸下，实难免累。窃闻穷通有命[4]，上智之人恐不屑此。不肖为声利牵缠，甘心为此，徒自苦耳。欲屏弃之，又制于亲，不能舍去。奈何？"先生曰："此事归辞于亲者多矣[5]，其实只是无志。志立得时，良知千事万为只是一事，读书作文安能累人？人自累于得失耳。"因叹曰："此学不明，不知此处担阁了几多英雄汉[6]。"

［注释］

[1] 科目：科举考试。 [2] 总：一本作"纵"。 [3] 夸多斗靡：以多为自夸而互相斗气。靡，多余。 [4] 穷通有命：穷困或通达

皆由命定。[5] 归辞：归因，归咎。辞，借口，口实。[6] 阁：同“搁”。

【242】问：“‘生之谓性’，告子亦说得是，孟子如何非之？”先生曰：“固是性，但告子认得一边去了，不晓得头脑。若晓得头脑，如此说亦是。孟子亦曰：‘形色，天性也’[1]，这也是指气说。”

又曰：“凡人信口说，任意行，皆说此是依我心性出来，此是所谓生之谓性，然却要有过差。若晓得头脑，依吾良知上说出来，行将去，便自是停当。然良知亦只是这口说，这身行，岂能外得气，别有个去行去说？故曰：‘论性不论气不备[2]，论气不论性不明’。气亦性也，性亦气也，但须认得头脑是当。”

气即性，性即气。

[注释]

[1] 形色，天性也：人之有形有色，这是人的天然属性。语见《孟子·尽心上》：“孟子曰：‘形色，天性也。惟圣人然后可以践形。’” [2]“论性不论气不备”以下二句：为二程语，参见第 150 条。

[点评]

本条是对告子“生之谓性”说的新诠释（参见第

150条），同时提出了“气亦性也，性亦气也”的命题，值得重视。告子人性说自被孟子批判以后，向来颇受非议，而其“性无善无不善”的观点正与“生之谓性”说有理论关联。因此如何理解“生之谓性”，其实涉及如何重新评估告子人性说。按理学家的一般理解，告子所说的“生”是指气质之性，由于气质之性也是一种性，故“生之谓性”也不能说全错。只是告子认定气质之性而不知另有更高层面的天命之性。这是阳明批评告子“认得一边去了”的意思。不过，就“生之谓性”而言，阳明也承认其有一定的合理性，如同孟子“形色，天性也”的命题一样，都是“指气说”。不过，由于“气”的不确定以及差异性等因素，毕竟“信口说，任意行”会导致“过差”。所以，重要的是必须要有个“头脑”。反过来说，由于良知离不开“口说”“身行”，故亦离不开“气”。在这个意义上，阳明得出了“气亦性也，性亦气也”的命题。

须注意的是，这一命题只是表明性亦气并不意味着性与气的直接同一，因为两者毕竟是异质异层的存在。所以，在性气问题上，须“认得头脑是当”最为关键，只有在良知的引领下，才能使“口说”“身行”等气质运动保持正确方向。从这个角度看，良知本性不等同于气，而是随气的运作发用流行。这表明良知与气是一种结构关系而非体用关系，正是从结构论的角度看，阳明才能认同“生之谓性”具有一定的合理性。

【243】又曰：“诸君功夫最不可助长。上智

绝少，学者无超入圣人之理。一起一伏，一进一退，自是功夫节次。不可以我前日用得功夫了，今却不济，便要矫强，做出一个没破绽的模样，这便是助长，连前些子功夫都坏了，此非小过。譬如行路的人，遭一蹶跌[1]，起来便走，不要欺人做那不曾跌倒的样子出来。诸君只要常常怀个'遁世无闷，不见是而无闷'之心[2]，依此良知，忍耐做去，不管人非笑，不管人毁谤，不管人荣辱，任他功夫有进有退，我只是这致良知的主宰不息，久久自然有得力处，一切外事亦自能不动。"

又曰："人若着实用功，随人毁谤，随人欺慢，处处得益，处处是进德之资。若不用功，只是魔也，终被累倒。"

［注释］

[1] 蹶（jué）：跌倒。　[2]"诸君只要常常怀个'遁世无闷，不见是而无闷'之心"以下十句：阳明强调致良知工夫既要循序渐进又要持久不断，更无须顾虑他人毁谤、荣辱得失。遁世无闷，不见是而无闷，避世而内心无忧，不被任用而内心无烦闷。"遁世无闷，不见是而无闷"，语见《易·乾卦·文言传》。

【244】先生一日出游禹穴[1]，顾田间禾曰：“能几何时，又如此长了。”范兆期在傍曰[2]：“此只是有根，学问能自植根，亦不患无长。”先生曰：“人孰无根？良知即是天植灵根，自生生不息，但着了私累，把此根戕贼蔽塞[3]，不得发生耳。”

良知即是天赋之灵根。喻指人心之根本。

［**注释**］

[1] 禹穴：即禹陵，在浙江绍兴会稽山一小山峰下。 [2] 范兆期：范引年（生卒不详），字兆期，号半野，浙江余姚人，《余姚县志》有传。 [3] 戕贼：伤害。

【245】一友常易动气责人。先生警之曰：“学须反己。若徒责人，只见得人不是，不见自己非。若能反己，方见自己有许多未尽处，奚暇责人？舜能化得象的傲[1]，其机括只是不见象的不是[2]。若舜只要正他的奸恶，就见得象的不是矣。象是傲人，必不肯相下。如何感化得他？”是友感悔。曰：“你今后只不要去论人之是非。凡当责辩人时，就把做一件大己私，克去方可。”

通过反省自己以感化他人。

[注释]

[1] 象：舜之弟，性格傲慢。事见《尚书·尧典》。 [2] 机括：关键，要害。

【246】先生曰："凡朋友问难，纵有浅近粗疏，或露才扬己，皆是病发。当因其病而药之可也，不可便怀鄙薄之心，非君子'与人为善'之心矣[1]。"

"与人为善"成为晚明劝善运动的一句思想口号。

[注释]

[1] 与人为善：为孟子名言："取诸人以为善，是与人为善者也，故君子莫大乎与人为善。"（《公孙丑上》）

【247】问："《易》，朱子主卜筮[1]，程《传》主理[2]。何如？"先生曰："卜筮是理，理亦是卜筮。天下之理孰有大于卜筮者乎？只为后世将卜筮专主在占卦上看了，所以看得卜筮似小艺。不知今之师友问答，博学、审问、慎思、明辨、笃行之类，皆是卜筮。卜筮者，不过求决狐疑，神明吾心而已。《易》是问诸天，人有疑，自信不及，故以《易》问天。谓人心尚有所涉，惟天不容伪耳。"

《易》究竟是卜筮易还是义理易？程朱之间存有分歧，阳明则兼取之。

[**注释**]

[1] 朱子主卜筮：朱子认为《易》是一部卜筮书。其云："《易》本为卜筮而作。"（《朱子语类》卷六十六） [2] 程《传》主理：程颐作《易传》，主张《易》是一部义理书。其云："吉凶消长之理，进退存亡之道，备于辞。推辞考卦，可以知变，象与占在其中矣。"（《易传序》，《程氏文集》卷八）

以下黄省曾录[1]

【248】黄勉之问[2]：“‘无适也[3]，无莫也，义之与比’，事事要如此否？”先生曰：“固是事事要如此，须是识得个头脑乃可。义即是良知，晓得良知是个头脑，方无执着。且如受人馈送，也有今日当受的，他日不当受的；也有今日不当受的，他日当受的。你若执着了今日当受的，便一切受去；执着了今日不当受的，便一切不受去。便是‘适’‘莫’，便不是良知的本体，如何唤得做义？”

［注释］

[1] 据陈荣捷《集评》本注释，黄省曾所录68条、黄以方

所录27条中，第260、297、313、315、337、338、342条，皆用钱德洪名，当为德洪所记。第260条至第315条，或全为钱德洪所录，亦未可知。 [2]黄勉之：黄省曾，字勉之，号五岳，苏州人。嘉靖十年（1531）举人。 [3]“无适也”以下三句：君子做事没规定要怎么做，也没规定不要怎么做，只要做得合理恰当。语见《论语·里仁》：“君子之于天下也，无适也，无莫也，义之与比。”比（bì），挨着，紧靠。

【249】问：“‘思无邪’一言[1]，如何便盖得《三百篇》之义？”先生曰：“岂特《三百篇》？《六经》只此一言，便可该贯，以至穷古今天下圣贤的话，‘思无邪’一言也可该贯。此外更有何说？此是一了百当的功夫。”

［注释］

[1]思无邪：不往邪恶处去想。语见《论语·为政》：“子曰：《诗》三百，一言以蔽之，思无邪。”

王阳明：“道心者，率性之谓，而未杂于人，无声无臭，至微而显，诚之源也。人心则杂于人而危矣，伪之端矣。”（《全集》卷七《重修山阴县学记》）

【250】问道心人心。先生曰：“‘率性之谓道’，便是道心。但着些人的意思在，便是人心。道心本是无声无臭，故曰‘微’。依着人心行去，便有许多不安稳处，故曰‘惟危’。”

【251】问："'中人以下[1]，不可以语上'，愚的人与之语上，尚且不进，况不与之语，可乎？"先生曰："不是圣人终不与语。圣人的心，忧不得人人都做圣人。只是人的资质不同，施教不可躐等。中人以下的人，便与他说性说命，他也不省得，也须慢慢琢磨他起来。"

[注释]

[1]"中人以下"以下二句：中等资质以下的人，不可告诉高深学问。语见《论语·雍也》："中人以上，可以语上也；中人以下，不可以语上也。"

【252】一友问："读书不记得，如何？"先生曰："只要晓得，如何要记得？要晓得已是落第二义了，只要明得自家本体。若徒要记得，便不晓得；若徒要晓得，便明不得自家的本体。"

[点评]

本条讨论了读书法。儒家历来重视读书法，尤其是朱子有一套读书方法论，相对而言，阳明对读书方法的问题讲的不多。这里用"记得""晓得"来区分二种读书方法，却颇有意味。"记得"相当于词章之学所讲求的背诵词句，"晓得"相当于义理之学的理解文义。但是在阳明看来这两种方法都不是做学问的最高境界，都已经落入第二义乃至第三义了。阳明认为做学问最重要的是必须“明得自家本体”，若只是追求“记得”或“晓得”，就无法实现“明得”的境界。

“自家本体”当然是指心体良知，又称“本体之知”。由于“本体之知”不是任何一种经验知识，所以光是依靠记诵方法是不行的，而须运用“明得”的方法。所谓“明得”，就是使心中原有的良知得以敞开，发扬光大内在的光明德性。如何使内在德性重新明亮起来，这就是“明得自家本体”的工夫。因此严格来说，“明得”就是致良知工夫。

【253】问：“‘逝者如斯’[1]，是说自家心性活泼泼地否[2]？”先生曰：“然。须要时时用致良知的功夫，方才活泼泼地，方才与他川水一般。若须臾间断，便与天地不相似。此是学问极至处。圣人也只如此。”

致良知工夫“不间断”就是学问的极致。

[注释]

[1] 逝者如斯：是孔子名言，见《论语·子罕》：“子在川上曰：‘逝者如斯夫，不舍昼夜。’” [2] 活泼泼地：宋以来俗语，意为自然灵动、生动活泼。二程曾用以解释“鸢飞鱼跃”，以形容道体流动不息（《程氏遗书》卷三），而阳明用以解释“逝者如斯夫”，来形容致良知工夫不容“须臾间断”。

【254】问"志士仁人"章[1]。先生曰："只为世上人都把生身命子看得来太重，不问当死不当死，定要宛转委曲保全，以此把天理却丢去了。忍心害理，何者不为？若违了天理，便与禽兽无异，便偷生在世上百千年，也不过做了千百年的禽兽。学者要于此等处看得明白，比干、龙逄只为他看得分明[2]，所以能成就得他的仁。"

做人把天理丢掉了，就会沦为"千百年的禽兽"！

［注释］

[1] 志士仁人：孔子名言：见《论语·卫灵公》："子曰：志士仁人，无求生以害仁，有杀身以成仁。" [2] 比干：殷人，因谏纣而被杀。龙逄：夏人，因谏桀而被杀。皆古之忠臣。

［点评］

阳明对"志士仁人"章非常看重，他的回答充满一股慷慨激昂的正气，同时表明了他对生死问题的洞彻。一个人无论生还是死，都要根据一条准则：就是要做到合乎天理。决不能做丧尽天良的事，如果一个人为了自家性命而做了违背天理的事，那么，即便此人能够在这世上长生"百千年"，也不过是成就了一个"千百年的禽兽"而已。所以，做人就应该像古代忠臣那样，为成就"仁"而可以牺牲自己的生命。

【255】问"叔孙武叔毁仲尼[1]，大圣人如

何犹不免于毁谤？”先生曰：“毁谤自外来的，虽圣人如何免得？人只贵于自修，若自己实实落落是个圣贤，纵然人都毁他，也说他不着。却若浮云掩日，如何损得日的光明？若自己是个象恭色庄、不坚不介的[2]，纵然没一个人说他，他的恶慝终须一日发露[3]。所以孟子说：‘有求全之毁[4]，有不虞之誉。’毁誉在外的，安能避得？只要自修何如尔。”

[注释]

[1] 叔孙武叔毁仲尼：是说叔孙武叔诋毁孔子的故事，见《论语·子张》。 [2] 象恭：表面上恭敬而心不然。色庄：外表庄重而心不然。 [3] 慝（tè）：邪恶。 [4]“有求全之毁”以下二句：人生中有过于苛求的责备，也有料想不到的赞美。见《孟子·离娄上》。虞：料想。

【256】刘君亮要在山中静坐[1]，先生曰：“汝若以厌外物之心去求之静，是反养成一个骄惰之气了。汝若不厌外物，复于静处涵养，却好。”

静中涵养未为不好，关键在于摆正心态，不能有遗弃外物的心态。

[注释]

[1] 刘君亮：名刘侯，字原道、元道，号充庵，浙江严州府寿昌县（今建德市）人。阳明有《与刘元道·癸未》(《全集》卷五)

一书。《明儒学案》卷十九有刘邦采，字君亮，与此君亮似非一人。

【257】王汝中、省曾侍坐[1]。先生握扇命曰："你们用扇。"省曾起对曰："不敢。"先生曰："圣人之学，不是这等綑缚苦楚的[2]。不是妆做道学的模样。"汝中曰："观'仲尼与曾点言志'一章略见[3]。"

先生曰："然。以此章观之，圣人何等宽洪包含气象。且为师者问志于群弟子，三子皆整顿以对[4]。至于曾点飘飘然不看那三子在眼，自去鼓起瑟来。何等狂态？及至言志，又不对师之问目，都是狂言。设在伊川[5]，或斥骂起来了。圣人乃复称许他，何等气象！圣人教人，不是个束缚他通做一般，只如狂者便从狂处成就他[6]，狷者便从狷处成就他。人之才气如何同得？"

［注释］

[1] 王汝中：王畿（1498—1583），字汝中，号龙溪，浙江山阴（今绍兴）人，嘉靖十一年（1532）进士，阳明大弟子。 [2] 綑：同"捆"。 [3] 仲尼与曾点言志：有关"曾点言志"章，参见第27条。 [4] 三子：分别指子路、冉有、公西华。 [5] 伊川：程

颐。[6]“只如狂者便从狂处成就他”以下二句：句中的狂狷意谓，狂者进取，狷者有所不为（《论语·子路》），分别指激进与保守而有失儒家“中道”。

［点评］

本条借“曾点言志”章，阳明强调“圣人之学”并不是叫人装作“道学的模样”，也不是束缚人的学问，而是运用因材施教的方法，各就不同人的才质而去成就他。从中可以看出，阳明对曾点的“狂者”气象颇有赞赏的意思。这一点可以从他的两句诗略窥一斑：“铿然舍瑟春风里，点也虽狂得我情。”（《全集》卷二十《月夜二首·与诸生歌于天泉桥》）特别是当我们将两句诗与前面的两句对比起来看，就更能体会阳明在对儒学人物褒贬取舍之际的思想风格，那两句诗同样有名：“影响尚疑朱仲晦，支离羞作郑康成。”不用说，朱仲晦即朱子，郑康成即东汉经学大家郑玄。在阳明的眼光里，这两位历史上赫赫有名的经学大家和理学大家都不过是“支离”之学，相反，得到孔子赏识的“风乎舞雩”的曾点气象却更被阳明所认同。

【258】先生语陆元静曰：“元静少年亦要解《五经》，志亦好博。但圣人教人，只怕人不简易，他说的皆是简易之规。以今人好博之心观之，却似圣人教人差了。”

圣人之学就是一种简易之学而非支离之学。

【259】先生曰："孔子无不知而作[1]，颜子有不善未尝不知[2]，此是圣学真血脉路。"

［注释］

[1]不知而作：语见《论语·述而》："子曰：盖有不知而作之者，我无是也。多闻，择其善者而从之，多见而识之，知之次也。" [2]颜子有不善未尝不知：颜回对于自己的过错都能自觉反省。语见《易·系辞下传》。

［点评］

本条虽然仅仅是一句话，却反映了阳明的一个重要观点，即"心学道统论"。经过阳明的重新解读，这里的颜回"未尝不知"的"知"乃是特指无所不知的"良知"，在阳明看来，只有良知才具有对自己的过错无所不知的能力。如果我们结合第77条有关"颜子没而圣学亡"的讨论，便可发现，原来阳明有关孔颜之道的判释标准就是"未尝不知"的良知，而且这才是"圣学真血脉路"。这里的"脉路"一词含有儒家"道统"的意义。

所谓"立志"，就是要根据自己的良知，树立起"必为圣人之志"，而不能有其他的念头干扰自己的良知。

【260】何廷仁、黄正之、李侯璧、汝中、德洪侍坐[1]。先生顾而言曰："汝辈学问不得长进，只是未立志。"侯璧起而对曰："珙亦愿立志。"先生曰："难说不立，未是必为圣人之志耳。"

对曰："愿立必为圣人之志。"先生曰："你真有圣人之志，良知上更无不尽。良知上留得些子别念挂带，便非必为圣人之志矣。”洪初闻时心若未服，听说到此，不觉悚汗。[2]

[注释]

[1] 何廷仁：字性之，号善山，初名秦（1486—1551），江西雩都（今于都）人。嘉靖元年（1522）举人。李侯璧：李珙，字侯璧，浙江永康人。《两浙名贤录》卷四有传。 [2] 据佐藤一斋《传习录栏外书》："此条已下，闾本分为《续录》卷下，题曰'钱德洪、王畿录'，陈本、张本并题曰'钱德洪录'。"转引自陈荣捷《集评》本。按，"闾本"谓闾东《续刻传习录》本；"陈本"谓陈龙正《阳明要书》本；"张本"谓张问达《阳明文抄》本。

【261】先生曰："良知是造化的精灵。这些精灵，生天生地，成鬼成帝，皆从此出，真是与物无对[1]。人若复得他完完全全，无少亏欠，自不觉手舞足蹈，不知天地间更有何乐可代？"

良知是天地鬼神的"精灵"，没有任何他物可以与之相对。

[注释]

[1] 与物无对：意谓良知是不与物相对的存在。典出程颢："此道与物无对。"（《程氏遗书》卷二上）

[点评]

本条将良知置于宇宙造化论的领域来进行讨论，把良知说成是天地造化过程中的“精灵”——某种最为精妙的灵气。而这些“精灵”是天地鬼神（包含万物）得以生成的根源性东西，甚至无法用语言明确规定它，只能说是“与物无对”。因为“无对”即无相对之意，故是“绝对”。在宋代理学史上，程颢曾有“此道与物无对”一语，想必阳明是从那里借用过来的，用以指称良知存在便是“与物无对”的绝对，从而成为宇宙万物的本体存在。阳明指出，若能完全把握良知本体，必然会使人产生一种精神愉悦，超越任何尘世间的快乐，而这种愉悦也就是最高的精神境界。

【262】一友静坐有见，驰问先生。答曰：“吾昔居滁时[1]，见诸生多务知解，口耳异同，无益于得，姑教之静坐，一时窥见光景，颇收近效。久之，渐有喜静厌动、流入枯槁之病，或务为玄解妙觉，动人听闻。故迩来只说致良知，良知明白[2]，随你去静处体悟也好，随你去事上磨炼也好，良知本体原是无动无静的，此便是学问头脑。我这个话头，自滁州到今，亦较过几番，只是‘致良知’三字无病。医经折肱[3]，方能察人病理。”

良知本体超越现象层面的动静状态，是无所谓动也无所谓静的，故良知本来就是“无动无静”的。

［注释］

[1]“吾昔居滁时”以下十一句：指阳明在滁州教门人弟子以

静坐，意在收摄身心，克服向外逐物之弊，收到了一定的效果，阳明称之为得“光景”，然后不久便又有另一种弊端发生，产生了“喜静厌动”之病。滁，滁州（今安徽滁州）。正德八年（1513）阳明为滁州督马政。 [2]“良知明白”以下五句：良知本体原是无所谓动无所谓静的，因此在“静处体悟”或在“事上磨练”都不妨。 [3]折肱（gōng）：比喻经受磨炼、积累阅历。语见《左传》定公十三年载：“三折肱为良医。”肱，手臂。

［点评］

根据《年谱》的记载，本条是阳明对正德九年（1514）在滁州教学的一番回顾。据载，当时阳明跟众弟子在僧寺“静坐”，以使各自体悟“性体”，竟然有“恍恍若有可即者”的体验，此即所谓“光景”。关于“光景”一词（另参第97和第162条），这是阳明晚年提出致良知之后曾经使用的词汇，含有批评之意。因为“光景”只是某种影子，即通常所谓随形如影而不是真实的存在。阳明晚年曾表示出一种担忧，他担心门人弟子尽管大都已经知道良知的道理，却不落实致良知工夫，而把“良知”两字当做一种“光景玩弄”，不免“辜负此知”。据《与辰中诸生·己巳》，阳明在1509年底出任庐陵知县，在赴任途中的湖南辰州曾进行讲学，当时阳明曾教人静坐，并将“静坐”说成是补充“小学”的一段工夫（《全集》卷四）。看来，阳明早已意识到静坐只是一种方便法门而不是终极教义。

及至晚年阳明在提出致良知之后，对于静坐问题的反省就更为彻底，提出了“良知本体原是无动无静”的重要观点。只是在阳明门下，仍有不少弟子不断就如何平息思虑、澄清杂念以把握良知的问题向阳明发问，故而阳明不得已而说了一句："良知明白，随你去静处体悟也好，随你去事上磨炼也好。"意思是说，致良知工夫本来就不应拘泥于静中涵养或动中省察，因为致良知其实是贯穿于一切动静的根本工夫。

【263】一友问："功夫欲得此知时时接续，一切应感处反觉照管不及。若去事上周旋，又觉不见了。如何则可？"先生曰："此只认良知未真，尚有内外之间。我这里功夫，不由人急心，认得良知头脑是当[1]，去朴实用功，自会透彻。到此便是内外两忘，又何心事不合一？"

［注释］

[1]"认得良知头脑是当"以下五句：良知才是真正的"头脑"，只要按照良知"朴实用功"，自然就会洞穿人间一切的是非善恶，到此之际，人心与事物之间的所有"内外"两分、"心事"两分的隔阂现象都将消失，最终实现内外两忘、心事合一。

［点评］

本条旨在强调，无论是内在意识还是外在事为，都能使致良知工夫得以持续运转。若能真诚朴实地致良知，最终就能实现"内外两忘""心事合一"的境地。内外两忘，原是程颢《定性书》中语，意指消除人心意识的内外分化，将区别内外的人心意识统一起来。所谓心事合一，则是指人心与人事的打通为一。这些都是致良知工夫达到“透彻”之后而能实现的境地。

【264】又曰：“功夫不是透得这个真机[1]，如何得他充实光辉？若能透得时，不由你聪明知解接得来，须胸中渣滓浑化，不使有毫发沾带始得[2]。”

《孟子·尽心下》：“充实而有光辉之谓大。”

[注释]

[1] 真机：指把握良知的真机巧。 [2] 沾带：牵连、连带。

[点评]

按照阳明的观念，良知就是最为真实的自己而有别于作为“躯壳”的自己，故叫做“真己”（第122条），而把握良知也讲求一个“真机”——即真正的机巧。所谓“真机”，也并不是什么玄妙的方法，按阳明的说法，只要就自己的意念所在，实实在在地依靠自我良知做一番“善便存，恶便去”的工夫，这就是“格物的真诀，致知的实功”，也就是“真机”之所在（参见第206条）。

【265】先生曰：“‘天命之谓性’，命即是性。‘率性之谓道’，性即是道。‘修道之谓教’，道即是教。”问如何道即是教？曰：“道即是良

知[1]。良知原是完完全全，是的还他是，非的还他非，是非只依着他，更无有不是处。这良知还是你的明师。”

良知就是“道”，也是每个人的“明师”。

［注释］

[1]“道即是良知”以下七句：良知即是性、即是道，良知是圆满具足的无有亏欠的，是对是非善恶的判断力，是非善恶都不能逃过良知的审查，究极而言，良知即是教，也就是我们每个人的“明师”。

【266】问：“‘不睹不闻’是说本体，‘戒慎恐惧’是说功夫否？”先生曰：“此处须信得本体原是不睹不闻的，亦原是戒慎恐惧的。戒慎恐惧不曾在不睹不闻上加得些子。见得真时，便谓戒慎恐惧是本体，不睹不闻是功夫。”

本体即是工夫。

［点评］

本条讲的是本体工夫合一论。按《中庸》，“不睹不闻”原是指道体，由于道体是形上存在，因而是无声无臭的，也是不睹不闻的，是超越于人的经验感觉的；“戒慎恐惧”则是指人面对至上的道体存在，应时刻保持一种谨慎敬畏的心态而不能有丝毫的放松懈怠，指的是一种工夫实践。所以有弟子会提出本条开头所见的问题。

然而，阳明对此下了一个重要的转语，这一转语不是禅宗式的机锋，也不是刻意地正言反说，而是正面提出了一个命题：本体工夫的合一。那么，何以见得呢？

王畿对此提出了一个解释，很有启发性，他说：如果说戒慎恐惧不是本体的话，那么，在本体上“便生障碍”，意为本体的发用就会受到窒碍而成为孤悬的东西；如果说不睹不闻不是工夫的话，那么，一切工夫就“尽成支离”，意为工夫就会失去本体的指引而成为追逐外物的支离之学。王畿认为，阳明之所以这样说，其因在于：“盖工夫不离本体，本体即是工夫，非有二也。”（《王畿集》卷一《冲元会纪》）此即所谓的本体工夫合一论。这一本体工夫的问题，成为阳明后学持续讨论的重大理论问题，这里无法展开讨论，可以明确的是，本体工夫如何合一的问题确是阳明良知学系统中充满理论紧张的一个问题。

【267】问“通乎昼夜之道而知”[1]。先生曰：“良知原是知昼知夜的。”又问：“人睡熟时，良知亦不知了。”曰：“不知？何以一叫便应？”曰：“良知常知，如何有睡熟时？”

曰：“向晦宴息[2]，此亦造化常理。夜来天地混沌，形色俱泯，人亦耳目无所睹闻，众窍俱翕[3]，此即良知收敛凝一时。天地既开，庶物露生，人亦耳目有所睹闻，众窍俱辟[4]，此即良知妙用发生时。可见人心与天地一体，故‘上下与天地同流’[5]。今人不会宴息，夜来不是昏睡，即是妄思魇寐[6]。”

分而言之，良知有“日间良知”和“夜间良知”；合而言之，良知原是“知昼知夜”的。

曰：“睡时功夫如何用？”先生曰：“知昼即知夜矣。日间良知是顺应无滞的，夜间良知即是收敛凝一的，有梦即先兆。”

[**注释**]

[1] 通乎昼夜之道而知：打通了昼夜运行之道便是一种“知”，语见《易·系辞上传》：“范围天地之化而不过，曲成万物而不遗，通乎昼夜之道而知，故神无方而易无体。” [2] 向晦宴息：入夜而息。语见《易·随卦·象》：“随，君子以向晦入宴息。”向晦：入夜。宴息，休息。 [3] 翕：和聚。 [4] 辟：开辟。与上面的“翕”字对应。 [5] 上下与天地同流：为孟子语：“夫君子所过者化，所存者神，上下与天地同流。”（《尽心上》）意谓君子所过之处能使人们感化，心中所存者有神妙作用，其精神能顺应上下天地一起发用流行。 [6] 魇（yǎn）：恶梦。

[**点评**]

本条讨论了一个重要的问题，就是良知的“不间断”何以可能？无论有事还是无事，无论白天还是黑夜，良知到底何以能做到贯穿始终？首先问题是：当人睡熟的时候，难道良知不是处在一个“不知”的状态吗？阳明觉得这个问题很奇怪，如果“不知”的话，为什么“一叫便应”？在阳明看来，良知是“常知”的，良知永远处在“知”的状态，它是不会昏睡过去的。接着，阳明提出了“向晦宴息”这一概念，指出了这样一些事实：在宇宙造化的过程中，既有天地混沌时又有天地开辟时，既有众窍俱翕时又有众窍俱辟时，既有“良知收敛凝一时”又有“良知妙用发生时”，由此可见，“人心与天地”是一体之存在。

那么，问题出在哪里呢？阳明认为，问题就出在人们已经不知道如何“向晦宴息”的道理，于是，“夜来不是昏睡，即是妄思魇寐”，结果导致良知迷失不见了。所谓“向晦宴息”无非是指如何使“日间良知”在发用流行中充分展现自己，如此便能使“夜间良知”回归“收敛凝一”的状态。故阳明说“良知原是知昼知夜的”，原是贯通昼夜的永恒存在。无疑，上述的讨论涉及一个关键问题，就是致良知工夫如何才能真正做到“不间断”，所谓“良知原是知昼知夜的”只是对良知存在事实的一种观念描述，如何落实在工夫层面，使“日间良知”真正做到“顺应无滞”才是最为关键的。

【268】又曰：“良知在夜气发的，方是本体，以其无物欲之杂也。学者要使事物纷扰之时，常如夜气一般，就是通乎昼夜之道而知。”

［点评］

本条延续了上一条的问题讨论，侧重点却放在了孟子“夜气”概念的问题上。本来，阳明曾断言“圣人则不消说夜气”（第47条），对于“夜气”问题似有保留。然就本条来看，阳明从另一角度强调了“夜气”问题的重要性。须注意的是，所谓“夜气”是本体，是指“夜气”标志着气的本来状态——澄清状态，按上条所述，即指“收敛凝一”的状态。然而，具体落实在工夫上，仍须从“日间良知”做起，若能使“日间良知”在“事物纷扰之时”保持如“夜气”一般的澄净状态，才能真正贯通昼夜之道。这也是阳明《夜气说·乙亥》一文强调的一个观点：“夜气之息，由于旦昼所养，苟梏亡之反覆，则亦不足以存矣。”（《全集》卷七）

【269】先生曰：“仙家说到虚，圣人岂能虚上加得一毫实？佛氏说到无，圣人岂能无上加得一毫有？但仙家说虚，从养生上来；佛氏说无，从出离生死苦海上来。却于本体上加却这些子意思在，便不是他虚无的本色了，便于本体有障碍。圣人只是还他良知的本色，更不着些子意在。良知之虚[1]，便是天之太虚；良知之无，便是太虚之无形。日月风雷、山川民物，凡有貌象形色，皆在太虚无形中发用流行，未尝作得天的障碍。圣人只是顺其良知之发用，天地万物，俱在我良知的发用流行中，何尝又有一物超于良知之外，能作得障碍？”

良知既是太虚无形，又内含一切存有。

[注释]

[1]“良知之虚”以下十三句：良知之虚就像天之太虚一样，良知也像太虚那样是无形无象的，但是世界上一切现象存在都内含在天之太虚之中，例如“日月风雷、山川民物”等“凡有貌象形色”所有一切无不在“太虚无形中发用流行”，与此同时，又不会成为“天的障碍”。圣人只是顺应良知的发用流行，在此过程中，天地万物所有一切也无不在“我良知的发用流行中”，没有任何一物能够超离于良知之外，能够成为良知的障碍。

[点评]

本条涉及良知本体的有无问题，特别是“无”的问题，阳明在此作出了重要理论阐发。向来以为儒家立场偏于现实世界的“有”，即对现实社会的肯定，而佛道则偏于彼岸世界的“无”，即对超越尘世的肯定。因此，佛教说无与道家说虚，都是儒家所能认同的。现在阳明却正面提出“良知之虚”和“良知之无”的概念，无疑是重新理解儒学的一项理论挑战。

本来作为道德意识或德性存在的个体性良知，在阳明的观念中，已经被提升到宇宙本体论的高度来加以论述，良知成了“乾坤万有”的本体存在，构成万有存在的实体性根源，导致了良知实体化，如同天理是终极实体一般，良知也是宇宙的终极实体，阳明“良知即天理”便已蕴含了这层意思。这是良知本体论不得不触及的理论问题。从本体的角度看，良知本体是超越经验界的无声无臭、无形无象的形上存在，因而良知具有超越一切现实之有的“太虚无形”的特征。但是，太虚无形只是对良知本体的一种描述而非定义，“无”不是对良知的本质规定，只是表明良知在太虚无形中蕴含着一切现实存有的可能性。

归根结底，“无”只是形式概念，表明良知的凝聚形式，而“有”才是一个本质概念，表明良知的实质内涵。用阳明的说法，良知本体本来无有而万事万物无不在感应流行的发用中展现出良知无所不有、无所不知的特质。从体用论的角度讲，“无”不是良知之体而“有”不是良知之用，相反，有无构成了良知整体性特征，它们的区别在于：“无”是良知之体的作用形式，而“有”才是良知之体的本质内涵。关于“有无”问题，我们将在第315条谈到“四句教”问题时再有详细的讨论。

【270】或问：“释氏亦务养心，然要之不可以治天下，何也？”先生曰：“吾儒养心，未尝离却事物，只顺其天则自然就是功夫。释氏却要尽绝事物，把心看做幻相，渐入虚寂去了，与世间若无些子交涉，所以不可治天下。”

【271】或问异端[1]。先生曰：“与愚夫愚妇同的，是谓同德。与愚夫愚妇异的，是谓异端。”

［注释］

[1] 异端：见《论语·为政》：“子曰：‘攻乎异端，斯害也已。’”

［点评］

本条反映了阳明对“异端”观念的一种颠覆，在晚明思想史上产生了深远影响。本来，在宋明理学史上，一说到“异端”，不是先秦时代的杨朱、墨子或告子，就是后世的佛老之学，是一种“道统”意义上的判教词。阳明则显然是从良知本体的立场出发，对“异端”做出了重新诠释，既然愚夫愚妇与圣人一般，都有良知存在，那么从良知教的角度来审视，与愚夫愚妇一样，所有人都拥有良知，因此良知就是“同德”，基于此，所谓“异端”便是背离了“同德”之良知的一种现象。故而“异端”不再是“教”与“教”之间的判释标准，而在佛老之学中就有正统与异端之别，同样，在儒学当中也存在正统与异端之分。

【272】先生曰：“孟子不动心与告子不动心，所异只在毫厘间。告子只在不动心上着功，孟子便直从此心原不动处分晓。心之本体原是不动的，只为所行有不合义，便动了。孟子不论心之动与不动，只是集义，所行无不是义，此心自然无可动处。若告子只要此心不动，便是把捉此心，将他生生不息之根反阻挠了。此非徒无益，而又害之。孟子集义工夫，自是养得充满，并无馁歉[1]，自是纵横自在活泼泼地，

孟子“不动心”源自“集义”工夫；告子“不动心”源自“把捉此心”。

此便是浩然之气[2]。”

[**注释**]

[1] 馁（něi）：胆怯，缺乏勇气。歉：亏歉。 [2] 浩然之气：一种正大刚直之精神。孟子语：“我知言，我善养吾浩然之气。”（《公孙丑上》）

【273】又曰：“告子病源从‘性无善无不善’上见来。性无善无不善，虽如此说，亦无大差，但告子执定看了，便有个无善无不善的性在内，有善有恶又在物感上看，便有个物在外，却做两边看了，便会差。无善无不善，性原是如此，悟得及时，只此一句便尽了，更无有内外之间。告子见一个性在内，见一个物在外，便见他于性有未透彻处。”

性原是无善无不善的。

[**点评**]

本条讨论了告子“性无善无不善”的观点，可以与上面第242条论告子“生之谓性”合起来看。与判定告子“生之谓性”本无大错，只是告子“执定一边看”一样，告子由“生之谓性”推出“性无善无不善”原本“亦无大差”，但是告子也同样犯了“执定看了”的毛病。即告子认定有一个无善无不善的“性在内”，有一个有善有恶的“物在外”。阳明的这个判断是有一定道理的，因为告子的确主张“仁内义外”，把仁义分成内外两端，而不同于孟子的仁义内在说。

但是，阳明的上述解释中所蕴含的信息是，阳明何以对“性无善无不善”的主张没有采取否定的坚定立场，反而说：“无善无不善，性原是如此，悟得及时，只此一句便尽了。”如果“原是如此”这一措辞法表明的是根本态度，那么，说“性原是如此”，无疑就是说性本来就是“无善无不善”的。于是，就会产生一个根本性的质疑：难道被孟子严厉批评的“性无善无不善”的告子人性论是可取的吗？关于这个问题，可参看第 101 条以及第 242 条的相关“点评”，也涉及后面第 315 条以“无善无恶心之体”为首句的“四句教”如何判定的问题，这里就不必细说了。只是须说明一句：对阳明而言，无善无不善的问题不单纯是人性论问题，更主要的是良知本体论的问题，甚至涉及人生境界论的问题。

【274】朱本思问[1]：“人有虚灵[2]，方有良知。若草木瓦石之类，亦有良知否？”先生曰：“人的良知就是草木瓦石的良知，若草木瓦石无人的良知，不可以为草木瓦石矣。岂惟草木瓦石为然？天地无人的良知，亦不可为天地矣。盖天地万物与人原是一体，其发窍之最精处，是人心一点灵明。风雨露雷、日月星辰、禽兽草木、山

万物与人，一体同在；万物之精灵即人心一点灵明。

川土石，与人原只一体。故五谷禽兽之类，皆可以养人；药石之类，皆可以疗疾。只为同此一气，故能相通耳。”

[注释]

[1] 朱本思：朱得之，字本思，号近斋，江苏靖江人。《常州府志》卷二十三有传。编有《稽山承语》，录阳明语，今存。 [2] 有：一本作“心”。

[点评]

本条与第261条“良知是造化的精灵”的内容相同，亦与“万物一体”论有相通之处。一般以为，良知是人心所特有的一种道德知觉或能力，除了人以外，植物动物、山川土石之类不可能具有良知。这应当是一种常识。但是，自宋代理学以来，由于受到佛教“一切众生悉有佛性”的思想影响，枯槁有性抑或无性的问题引发了讨论，这个问题的实质在于既然性是普遍存在的，那么不仅人类而且所有物质界都理应具备相应的本性。有关这一问题的讨论，我们不必在这里细说（参见《朱子语类》卷一二六）。

就本条来看，阳明显然认为良知的遍在性具体表现为人与万物的“一体”性，天地万物的“最精处”也就是“人心一点灵明”，彼此构成相互关联的整体性存在。基于此，所以阳明说，“人的良知就是草木瓦石的良知”“天地无人的良知，亦不可为天地矣”，重要的是，

“风雨露雷、日月星辰、禽兽草木、山川土石”等所有存在都与人类构成“一体”同在的关系，阳明的依据是万物“同此一气，故能相通”。按照这个说法，良知似乎也是由气所构成的。其实，单从结构论的角度看，良知与气固然构成一体的关系，然而若从体用论的角度看，良知之体不必借助于气而存在，因为良知是“乾坤万有基”的形上依据，只是良知之体应感而动，故良知之用则不得不借助于气而发用流行。要之，阳明在这里阐发了以良知为基础的“万物一体”论，而不是以气为基础的宇宙论。

【275】先生游南镇[1]，一友指岩中花树问曰：“‘天下无心外之物’，如此花树，在深山中自开自落，于我心亦何相关？”先生曰：“你未看此花时，此花与汝心同归于寂[2]；你来看此花时，则此花颜色一时明白起来，便知此花不在你的心外。”

人与物处在同一个意义世界。

［注释］

[1] 南镇：浙江会稽山之古称。《旧唐书》卷二十四《志第四·礼仪四》在隋代封天下“四大镇山”之一：“南镇会稽，（祭）于越州。” [2] 寂：寂然不动。与“感而遂通天下之故”相对而言。语见《易·系辞上传》。

[点评]

本条即著名的“南镇观花”，是理解阳明的“心即理”“心外无物”等思想的一条重要资料，也是阳明阐发“心物同构”论的典型案例。话题是从一个非常朴实的问题引起的，根据深山中的花树每年开花都是按照节气变化而“自开自落”的，与我们每个人的心都是没有任何关联的，如果承认这是一般事实，那么，我们就无法解释“天下无心外之物”这句阳明心学的标志性命题。对此，阳明的回答只有两段话，非常简洁明了，我们先把这两段话翻译成现代语，然后稍加分析。阳明说：当你还没到南镇来看这颗花树的时候，那么，这颗花树的存在与你的心同时归于“寂然不动”的原初状态；当你到南镇来看这颗花树的时候，那么，这颗花树的颜色就在你的心里一时明亮起来，由此我们就可推知，这颗花树并不在你的心外而存在。

那么，阳明的这个推论到底是强词夺理还是合理的呢？关键是看这个推论的前提。按照阳明的前提设定，这个世界有两种基本状态：一是“寂然不动”，一是“感而遂通”。前者是原初世界，处在一片混沌寂静的状态中，当然这样的世界对于我们人类而言，就没有任何意义或价值可言；后者则是现实世界，人类与其他一切存在构成一整体性、关联性的存在结构，这个世界为什么这样存在而不是那样存在的道理、意义以及价值就对我们人类展示了出来。就好比一个杯子为什么存在而其存在的意义究竟何在？这是跟我们的人有密切关联的，它是为了我们人喝水解渴而存在的，或许是由于其他的原因而存在的，但是不管怎么说，要而言之，总是跟我们人类有关，也就是说，它之所以存在的理由、价值和意义其实都是我们人类的活动所赋予的，离开了人的活动，它是否存在及其意义何在等问题都将无法回答。同样，深山中的花树到底是什么颜色、如何美丽，如果离开了人，那么，我们就无从了解这颗花树的颜色和美丽，但是这样说并不意味着这颗花树作为客体而不存在，而是意味着这颗花树的意义尚未对我们人类敞开。

究极而言，如果一种存在失去了意义，那么，这种存在之本身也就没有了存在的意义，而这个世界之所以存在的意义毕竟是向人敞开的，没有了人，这个世界的意义也就不复存在。阳明之所以强调花树的意义只有当人去进行观赏的时候，它才会在人心当中“一时明白起来”，其缘由也正在此。正是从这个角度看，所以说“天下无心外之物”。

【276】问：“‘大人与物同体’[1]，如何《大学》又说个厚薄[2]？”先生曰：“惟是道理自有厚薄。比如身是一体，把手足捍头目，岂是偏要薄手足，其道理合如此。禽兽与草木同是爱的，把草木去养禽兽，心又忍得？人与禽兽同是爱的，宰禽兽以养亲，与供祭祀、燕宾客，心又忍得？至亲与路人同是爱的，如箪食

在伦理学上，这就是著名的“伦理两难”论。

豆羹[3]，得则生，不得则死，不能两全[4]，宁救至亲，不救路人，心又忍得？这是道理合该如此。及至吾身与至亲，更不得分别彼此厚薄。盖以仁民爱物，皆从此出。此处可忍，更无所不忍矣。《大学》所谓厚薄，是良知上自然的条理，不可逾越，此便谓之义；顺这个条理，便谓之礼；知此条理，便谓之智；终始是这条理，便谓之信。”

[注释]

[1]大人与物同体：此句为阳明的“万物一体”论，见第93条，原文为“人心与物同体”。 [2]如何《大学》又说个厚薄：指《大学》“自天子以至于庶人，壹是皆以修身为本。其本乱而末治者否矣。其所厚者薄，而其所薄者厚，未之有也”。这里的厚薄做动词解，指重视和轻视。 [3]“如箪（dān）食豆羹”以下三句：见《孟子·告子上》。“一箪食，一豆羹，得之则生，不得则死。”箪、豆，食器。 [4]“不能两全”以下三句：所列举的案例，就是著名的伦理两难的问题，对此，阳明的答案非常坚决：“宁救至亲，不救路人。”理由很简单，就是“道理合该如此”。

[点评]

本条从《大学》文本有关“厚薄”的问题讨论开始，但所涉及的核心问题无疑是这样一段话：从仁爱精神出发，对于自己的亲人与路人的“爱”应当是一样的。但是，假设只有一碗饭或一瓢水，得到者则生，得不到者则死，那么，应该给自己的亲人还是应该给陌不相识的路人呢？而且其前提是“不能两全”，只能选择其中之一，这就是著名的伦理两难的问题。因为任何一个选择必将伤害到其他另一个人。这个问题早在《孟子》文本中就已出现，但孟子并没有对此作出明确的回答。阳明的判断直截了当：“宁救至亲，不救路人。”这就是儒家所讲的“爱有差等”原则。这一“差等”原则所体现的并不是“爱”之本身有分量轻重之差别，而是指“爱”的实施必须由近及远、从自己的亲人做起，然后扩充到他人，这就叫做“爱由亲始”。因此，“差等”意味着“爱”的行为始端存在差异。正是由此出发，阳明得出了“宁救至亲，不救路人”的结论，这是符合“爱有差等”原则的。阳明对此的解释是：“这是道理合该如此。”这个说法表明理学家们一贯秉持的一个重要观念：唯以“道理”最大，一切都由“道理”来安排来决定。

面对伦理两难的问题，理学家以“道理”最大为原则，而这个“道理”正可用来解释“爱有差等”原则。重要的是，爱有差等看似有远近亲疏之别，但并没有“厚薄”之分，由此推广扩充，及至仁民爱物，同样体现了儒家的仁爱精神，所以说“仁民爱物，皆从此出”。总之，仁爱虽有“差等”之别，但并没有“厚薄”之分，这说明儒家仁爱思想并不是一种抽象的仁爱而是具体的仁爱。如果说仁爱根诸每个人的道德本心、良知良能，因而具有普遍性，那么，这种普遍性由于必须根植于特殊的家庭伦理乃至社会伦理，所以就是一种具体的普遍性。

【277】又曰："目无体，以万物之色为体；耳无体，以万物之声为体；鼻无体，以万物之臭为体；口无体，以万物之味为体；心无体，以天地万物感应之是非为体。"

［点评］

本条的核心观点无疑是最后一句话："心无体，以天地万物感应之是非为体。"对此，应该如何理解呢？我们已经习惯"心体"或"心之本体"的概念，因为这是阳明心学的核心概念，例如"良知者心之本体"更是阳明学的标志性命题。在这些概念或命题当中，"体"无疑是观念性的本体概念，表明良知心体是一切表象作用的根本原因、最终理据。从体用论的角度讲，心之体就是一切"用"的根本，"体"本身不能自行消解；另一方面，由于体用关系又是密不可分的，没有了"用"也就无法呈现"体"，所以在体用之间又有一个如何"呈现"的问题——即"用"以显"体"，或"体"由"用"显。

再者，从工夫论的角度讲，心之本体本无不善，本体上无法着手下工夫，因此必须从"发用"上着手，这就叫做"即用求体"（阳明语）。这句话虽是工夫语，同时也是本体论意义上的呈现语。现在我们再来看"心无体，以天地万物感应之是非为体"也就不难理解了，原来，阳明所欲强调的是，心体不能孤悬于天地万物感应活动之外而存在，心体之所以为"体"，须以感应之"用"来呈现。这也是阳明为什么经常强调心体与万物"原是一体”存在的缘由所在。

【278】问“夭寿不贰”。先生曰：“学问功夫，于一切声利嗜好，俱能脱落殆尽，尚有一种生死念头毫发挂带，便于全体有未融释处。人于生死念头，本从生身命根上带来，故不易去。若于此处见得破，透得过，此心全体方是流行无碍，方是尽性知命之学[1]。”

破“声利嗜好”易，除“生死念头”难。

[注释]

[1] 尽性知命：《易·说卦传》：“穷理尽性，以至于命。”

[点评]

本条指出了学问工夫有两大关键：一是破除“声利嗜好”的欲望，一是根除“生死念头”的欲望。前者的工夫相对容易，而后者的工夫则困难得多，因为这是“从生身命根上带来”的。想当年，1508年阳明在龙场悟道之际，就是从破除生死一念着手的。直至晚年他仍然强调根除“生死念头”的重要性，认为这是性命全体得以充分发挥的前提，直接上达“尽性知命之学”的关键。反映了阳明学在生死观问题上的一种豁达乐观的精神。

【279】一友问：“欲于静坐时，将好名、好色、好货等根逐一搜寻，扫除廓清，恐是剜肉

人的病根就在于“好名好色好货”等欲根。

做疮否？”先生正色曰：“这是我医人的方子[1]，真是去得人病根。更有大本事人，过了十数年，亦还用得着。你如不用，且放起，不要作坏我的方子。”是友愧谢。少间曰：“此量非你事，必吾门稍知意思者为此说以误汝。”在坐者皆悚然。

[注释]

[1] “这是我医人的方子”以下八句：此数句表明从根本上彻底铲除“好名、好色、好货”等欲根，乃是阳明因病开方的一帖良药。即便有“大本事”的人，也历经十余年用功不断，因为这个“药方”是永远不会失效的。

【280】一友问“功夫不切”。先生曰：“学问功夫，我已曾一句道尽。如何今日转远，都不着根？”对曰：“致良知盖闻教矣，然亦须讲明。”先生曰：“既知致良知，又何可讲明？良知本是明白[1]，实落用功便是。不肯用功，只在语言上转说转糊涂。”

王阳明《别易仲》：“辰州刘易仲从予滁阳，一日问：‘道可言乎？’予曰：‘哑子吃苦瓜，与你说不得，尔要知我苦，还须你自吃。’”

曰：“正求讲明致之之功。”先生曰：“此亦须你自家求[2]，我亦无别法可道。昔有禅师，人来问法，只把麈尾提起。一日，其徒将麈尾藏过，试他如何设法，禅师寻麈尾不见，又只空手提起。我这个良知就是设法的麈尾。舍了这个有何可提得？”少间，又一友请问“功夫切要”。先生旁顾曰：“我麈尾安在？”一时在坐者皆跃然。

［注释］

[1]“良知本是明白”以下四句：致良知无须用语言来加以描述或规定，而是“实落用功”的工夫问题，如果不用功落实致良知工夫，光凭语言来印证，则必然导致“越说越糊涂”的尴尬境地。 [2]“此亦须你自家求”以下十二句：此是引用禅宗话头，出处不详。阳明借用这一话头，表达了一种机锋，旨在强调良知两字就是落实在行为上的根本工夫，更无须用语言去寻找什么答案。

【281】或问“至诚前知”[1]。先生曰：“诚是实理，只是一个良知。实理之妙用流行就是神，其萌动处就是几，诚、神、几曰圣人[2]。圣人不贵前知。祸福之来，虽圣人有所不免。圣人只是知几，遇变而通耳。良知无前后，只知得见在的几，便是一了百了。若有个前知的心，就是私心，就有趋避利害的意。邵子必于前知[3]，终是利害心未尽处。”

良知自能知道当下“见在”的“几”——在有无之间的一种微妙的时机。

[注释]

[1] 至诚前知：达到了极致的“诚”，则可以预测未来的事情。语见《中庸》第二十四章：“至诚之道，可以前知。国家将兴，必有祯祥。国家将亡，必有妖孽。……善必先知之，不善必先知之，故至诚如神。” [2] 诚、神、几曰圣人：“诚”是指寂然不动，“神”是指感而遂通，“几”是指“动而未形，有无之间”。语见周敦颐《通书・圣第四》：“寂然不动者，诚也；感而遂通者，神也；动而未形，有无之间者，几也。诚精故明，神应故妙，几微故幽。诚、神、几，曰圣人。” [3] 邵子：邵雍（1011—1077），字尧夫，谥康节，范阳（今河北涿州）人，晚年迁居洛阳，擅长易学，人以为其能前知。

[点评]

本条讨论了理学史上一个重要概念：“几”。这个概念源自《易・系辞上传》“研几”说：“夫《易》，圣人之所以极深而研几也。惟深也，故能通天下之志；惟几也，故能成天下之务；惟神也，故不疾而速，不行而至。”所谓“研几”，就是穷尽和把握事物的精微之处、变化之兆。“几”字本意是征兆、端倪、萌动。按照周敦颐的解释，“几”就是事物变化发展过程中，“动而未形，有无之间者”。但是仍然没有解释清楚这个“几”到底是什么。根据一般的理解，“几”就是指事物变化的微妙时机。

阳明显然接受了《周易》“研几”说以及周敦颐的解释，指出“实理”妙用流行的萌发处就是“几”。如果说良知就是“诚”，就是“实理”，那么良知的发用流行处也同样存在这个“几”。所以阳明说：“良知无前后，只知得见在的几，便是一了百了。”此处“见在的几”这个说法，值得注意。我们在上面已经看到阳明曾有“良知见在”说（第225条），与此处所说合观，我们发现阳明非常重视强调良知的“见在性”“当下性”。在阳明看来，良知存在更无时间上的前后之别，它自己知道“见在的几”，如果我们能够及时把握这个“见在的几”，就可以“一了百了”。当然，真正能做到这一点的大概只有圣人，“圣人只是知几，遇变而通耳”，而常人则须经过不断的刻苦努力，去把握良知在当下呈现的时机，这就是阳明所说良知“只知得见在的几”的真实涵义。

【282】先生曰：“无知无不知，本体原是如此。譬如日未尝有心照物，而自无物不照。无照无不照，原是日的本体。良知本无知，今却要有知；本无不知，今却疑有不知，只是信不及耳。”

太阳照物而未尝“有心”，又能“无物不照”，此即太阳的本体。

［点评］

我们在前面第171条已经看到阳明对“无知无不知”的命题有过重要阐发，本条又一次拈出“无知无不知”这一命题。显而易见，在阳明晚年的思想中，“无知无不知”不是偶发的命题，而是阳明一贯坚持的一种良知观念。在理论思路上，这一观念又与第213条的“知来本无知，觉来本无觉”以及第152条“无起无不起”等说法是一脉相承的，阳明力图揭示的是良知本体“无知无觉”而良知发用则是“无所不知”“无所不觉”的这层道理。这里阳明的语气有了进一步的加强，指出“良知本无知，今却要有知”“本无不知，今却疑有不知”，显得多么的荒唐？这是缺乏对良知的自信所导致的。

应当说，“无知无不知”这一命题充分说明阳明良知学具有“体用一原”的理论特征，换言之，在体用论的框架内，良知之体与良知之用表现为有与无的有机统一。分而言之，从本体上讲，良知之体“本来无知”，从发用上讲，良知之用“无所不知”；合而言之，良知的整体性特征表现为“无知无不知”“无起无不起”“无觉无不觉”。

【283】先生曰：“‘惟天下至圣[1]，为能聪明睿知’，旧看何等玄妙！今看来原是人人自有的[2]。耳原是聪，目原是明，心思原是睿知，圣人只是一能之尔。能处正是良知。众人不能，只是个不致知，何等明白简易！”

[注释]

[1]“惟天下至圣”以下二句：出自《中庸》第三十一章：“惟天下至圣为能聪明睿知，足以有临也。” [2]“今看来原是人人自有的”以下六句：原来，“聪明睿知”是人人自有的，例如耳目聪明、心思睿知，就是人人自有的，而圣人与常人的区别就在于“圣人只是一能之尔”，这个“能”字就是指良知。

【284】问："孔子所谓'远虑'[1]，周公'夜以继日'[2]，与'将迎'不同。何如？"先生曰："远虑不是茫茫荡荡去思虑，只是要存这天理。天理在人心，亘古亘今，无有终始；天理即是良知，千思万虑，只是要致良知。良知愈思愈精明，若不精思，漫然随事应去，良知便粗了。若只着在事上茫茫荡荡去思，教做远虑，便不免有毁誉、得丧、人欲搀入其中，就是'将迎'了。周公终夜以思，只是戒慎不睹、恐惧不闻的功夫，见得时，其气象与'将迎'自别。"

天理之在人心如同良知之在人心，具有"亘古亘今，无有终始"的超越性、永恒性、普遍性。

［注释］

[1]远虑：语见《论语·卫灵公》："人无远虑，必有近忧。" [2]夜以继日：见《孟子·离娄下》："周公思兼三王，以施四事。其有不合者，仰而思之，夜以继日，幸而得之，坐以待旦。"

［点评］

本条的核心观点是"千思万虑，只是要致良知"，阳明以此来解释孔子的"远虑"和周公的"夜以继日"，反映的其实是阳明的一贯主张，思虑等意识活动必须置于严密的致良知工夫实践中，才不至于导致妄想或冥行，才可避免私心或私欲的掺杂渗入。

【285】问："'一日克己复礼，天下归仁'，朱子作效验说[1]，如何？"先生曰："圣贤只是为己之学[2]，重功夫不重效验。仁者以万物为体[3]，不能一体，只是己私未忘。全得仁体，则天下皆归于吾仁，就是'八荒皆在我闼'意[4]，天下皆与，其仁亦在其中。如'在邦无怨，在家无怨'[5]，亦只是自家不怨，如'不怨天，不尤人'之意[6]。然家邦无怨，于我亦在其中，但所重不在此。"

"仁"就在宇宙天地万物之中，同时也在每个人的心中。

［注释］

[1] 朱子作效验说：意谓朱子把"克己复礼，天下归仁"的"归仁"看作是一种效验结果，见《论语集注·颜渊篇》注此句："极言其效之甚远而至大也。" [2] 圣贤只是为己之学：圣贤之学只是一种成就自己的修身之学。语见《论语·宪问》："古之学者为己，今之学者为人。" [3]"仁者以万物为体"以下三句：取自程颢《识仁篇》之大意。为体：一本作"为一体"。 [4] 八荒皆在我闼（tà）：此句意谓，整个宇宙天地都在我的心内。语见吕大临（1044—1090）《克己铭》（《宋元学案》卷三十一）。八荒，又称八方，极远之处，泛指宇宙天地。闼：门内，喻指心内。 [5] 在邦无怨，在家无怨：出自《论语·颜渊》。 [6] 不怨天，不尤人：出自《论语·宪问》。

[点评]

本条涉及对孔子"克己复礼，天下归仁"的解释，阳明反对朱子将"归仁"解释成克己复礼的"效验"，汲取了程颢《识仁篇》的思想，解释成"天地万物一体之仁"的实现。可与阳明的《拔本塞源论》以及《大学问》结合起来看。

【286】问："孟子巧力圣智之说，朱子云：'三子力有余而巧不足。'何如[1]？"先生曰："三子固有力，亦有巧，巧力实非两事。巧亦只在用力处，力而不巧，亦是徒力。三子譬如射：一能步箭，一能马箭，一能远箭。他射得到，俱谓之力；中处俱可谓之巧。但步不能马[2]，马不能远，各有所长，便是才力分限有不同处。孔子则三者皆长。然孔子之和，只到得柳下惠而极，清只到得伯夷而极，任只到得伊尹而极，何曾加得些子？若谓三子力有余而巧不足，则其力反过孔子了。巧力只是发明圣知之义，若识得圣知本体是何物，便自然了。"

良知即"圣知"或"圣智"，是一种圣人的智慧。

[注释]

[1] 三子力有余而巧不足：伯夷、伊尹、柳下惠三子有至于圣

之力量，但缺乏至于圣之智慧。朱子释曰："三子则力有余而巧不足。是以一节虽至于圣，而智不足以及乎时中也。"（《孟子集注·万章篇》）三子是指伯夷、伊尹、柳下惠，语见《孟子·万章》："伯夷，圣之清者也；伊尹，圣之任者也；柳下惠，圣之和者也。孔子，圣之时者也。" [2]"步不能马"以下四句：走路不及马力，马力不能及远，都是由于各有所长，这就说明三子虽能及圣，但是由于个人的才力有限，故有不同的表现。可以参见第99条"精金喻圣"。

天即良知，良知即天。

【287】先生曰："'先天而天弗违'[1]，天即良知也；'后天而奉天时'，良知即天也。"

［注释］

[1]先天而天弗违：与后一句"后天而奉天时"，均参见第171条。

［点评］

本条揭示了两个命题，表述虽不同，意思则完全一致："天即良知"与"良知即天"。这个说法如同理学家的"天即理"或"理即天"，依阳明，也就是"良知即天理""天理即良知"。要之，良知已经不再是单纯的个体性道德意识或是非判断力，更是宇宙万物的根源性存在，如同理是实理，良知也成了实理，即实体存在。黄宗羲对于阳明所说的"先天之学"与"后天之学"有一个解释，可备一参："先生言致良知以格物，便是先天而天弗违；先生言格物以致其良知，便是后天而奉天时。"（《明

儒学案》卷十《姚江学案》）

【288】良知只是个是非之心，是非只是个好恶，只好恶就尽了是非，只是非就尽了万事万变。又曰：“‘是非’两字是个大规矩，巧处则存乎其人。”

是非之心只是个好恶之心，更是一种道德动力。

［点评］

本条所揭示的“是非只是个好恶”，可视作阳明学的一个命题，具有相当重要的理论意蕴。何以见得呢？一般而言，良知者是非之心，这是自孟子以来的传统说法，良知便是判断是非善恶的标准。但是从词性上看，是非只是名词概念，然而好恶却是动词概念，伴随着一种好善恶恶的道德动力。那么，良知究竟是静态的是非概念，还是动态的好恶概念？阳明其实将两者结合了起来，是非就是好恶，好恶也就尽了是非，最终，万事万变也在其中。这就清楚地表明：良知不仅是是非标准，更是一种好恶的道德力量。换言之，道德动力的源泉就在于良知。至于道德动力如何发力，则自有“巧处”，也存乎每个人的内心。所以归结而言：“乃若致知，则存乎心。”（《全集》卷七《大学古本序·戊寅》）

【289】圣人之知如青天之日[1]，贤人如浮云天日，愚人如阴霾天日，虽有昏明不同，其能

良知如同“青天白日”。

辨黑白则一。虽昏黑夜里，亦影影见得黑白，就是日之余光未尽处。困学功夫，亦只从这点明处精察去耳！

［**注释**］

[1]“圣人之知如青天之日”以下五句：圣人、贤人、愚人之知，就好比晴天、多云天和阴霾天，其昏暗明亮的表现自然各有不同，但是具有辨别是非黑白的能力则是一致的。

【290】问：“知譬日，欲譬云，云虽能蔽日，亦是天之一气合有的，欲亦莫非人心合有否？”先生曰：“喜怒哀惧爱恶欲，谓之七情。七者俱是人心合有的，但要认得良知明白。比如日光，亦不可指着方所，一隙通明，皆是日光所在。虽云雾四塞，太虚中色象可辨，亦是日光不灭处，不可以云能蔽日，教天不要生云。七情顺其自然之流行[1]，皆是良知之用，不可分别善恶，但不可有所着；七情有着，俱谓之欲，俱为良知之蔽。然才有着时[2]，良知亦自会觉，觉即蔽去，复其体矣！此处能勘得破，方是简易透彻功夫。”

依靠良知自觉的力量，自会觉察良知心体的遮蔽而重新恢复良知本体。

[注释]

[1]“七情顺其自然之流行”以下四句：这是本条的核心观念，意思是说“喜怒哀惧爱恶欲”这七种情感只要能顺应良知的自然流行，那么情感都是良知的正当发用，不能以善恶去加以抽象的规定，但是重要的是，对于这七种情感，我们不能有任何执着的心态，去做过度的刻意的追求。[2]“然才有着时”以下四句：当良知受到外在利欲的遮蔽，依靠良知自觉的能力，自能马上察觉，一旦察觉之后，那些遮蔽自会消失而良知本体的本来面目就会得以重新恢复。

[点评]

本条首先肯定“喜怒哀惧爱恶欲”等人类的基本情感是人心合当拥有的，但需要以良知挂帅、认得良知头脑明白，即用良知来统领和主导情感的发动。打个比方，就好像太阳有时由于乌云而遮蔽了自身的光芒，然而太阳的光芒自不可灭；不过，不能因为云会遮挡太阳，于是就让天去阻止云的产生，这也是不可能的。重要的是，如何使得七种基本情感能顺应良知本体的发动，而不能有任何执着心去遮蔽它，情感发动一旦有所执着，便会落入利欲之心，都会成为良知的阻碍。但是归根结底，我们也不必担忧，因为良知自有一种自觉自察的能力，它自会觉察这种遮蔽的产生，从而立即去消除这种遮蔽，恢复良知本体的本来面目。

阳明的上述观点表明其对情感问题并没有采取全盘否定的态度，倘若以为理学家（包括心学）主张“去人欲，存天理”就是对人情的一种抹杀，则是一种误解。事实上，阳明承认情感本身是人心“合有”的，没有了情感也就无所谓人心了，因此对于人的基本情感，我们不能用一般的善恶概念去加以抽象的规定，例如认为“喜”是善的，“怒”是恶的，“爱”是善的，“欲”是恶的，然后加以分别对待，这样就从根本上抹杀了人情的正当性。其实，怒或欲等容易被认定为不好的情感，只要是顺应良知本体的发用，那么也是正当合理的。可见，阳明心学并没有忽视或贬低人的情感问题，相反，在其良知学说中，对情感是有正面肯定的。只是这种肯定必须建立在良知学的前提之上。

知行问题就是工夫问题。

【291】问：“圣人生知安行是自然的，如何有甚功夫？”先生曰：“知行二字即是功夫，但有浅深难易之殊耳。良知原是精精明明的，如欲孝亲，生知安行的[1]，只是依此良知，实落尽孝而已；学知利行者，只是时时省觉，务要依此良知尽孝而已；至于困知勉行者，蔽锢已深，虽要依此良知去孝，又为私欲所阻，是以不能，必须加人一己百、人十己千之功，方能依此良知以尽其孝。圣人虽是生知安行，然其心不敢自是，肯做困知勉行的功夫。困知勉行的却要思量做生知安行的事，怎生成得[2]！”

［注释］

[1]“生知安行的”以下十三句：句是说，生知安行者只要“依此良知”实实在在地去行孝；学知利行者只要“时时省觉”实实在在地去行孝；困知勉行者则由于受蔽已深，虽想依此良知去做，但又为私欲等因素所阻，故必须做一番“人一己百，人十己千”的刻苦努力，才能“依此良知以尽其孝”。锢，通“痼”。人一己百、人十己千，参见第99条。 [2]怎生：如何。

【292】问：“‘乐是心之本体’[1]，不知遇大故于哀哭时[2]，此乐还在否？”先生曰：“须是大哭一番方乐，不哭便不乐矣。虽哭，此心安处即是乐也。本体未尝有动。”

心安即乐。

［注释］

[1]乐是心之本体：参见第166条。 [2]大故：父母去世，是谓大故。

【293】问：“良知一而已。文王作《彖》[1]，周公系《爻》，孔子赞《易》。何以各自看理不同？”先生曰：“圣人何能拘得死格[2]？大要出于良知同，便各为说，何害？且如一园竹，只要同此枝节，便是大同。若拘定枝枝节节，都要高下大小一样，便非造化妙手矣。汝辈只要去培养

由人的差异性，故良知表现也有差异性。

良知。良知同，更不妨有异处。汝辈若不肯用功，连笋也不曾抽得，何处去论枝节？”

［注释］

[1]“文王作《彖》”以下三句：周文王作《易》的卦辞，解释每卦之义，周公作《易》的爻辞，解释一卦六爻的每爻之义，孔子作《十翼》，以赞明《易》之大义。 [2]“圣人何能拘得死格”以下十一句：圣人从不死守格套，凡事都依良知去做，其途径虽不同，又有何妨？例如这一片园林的竹子，它们枝节相同，便是最大的“同”，如果一定要求它们的枝枝节节、高低大小都完全一样，这就不是宇宙造化之道。所以，你们只需要注意去培养良知即可。

［点评］

本条揭示了良知表现的差异性问题。一方面，良知本体具有自身同一性，是人人同具、个个圆满的，但其表现则有所不同，例如圣人作《易》或系卦辞或作爻辞或演易义，虽然各有不同，然而都是“出于良知”则同；另一方面，犹如竹林虽其根相同，然其枝节却有高低大小之不同，如果要求事物全部同而无异，则恐违背了天地造化的规律，同样的道理，人心良知虽同，然而每个人的良知表现却有差异性。当然，这种差异不是良知本质的不同，而是良知作用的多样性。

【294】乡人有父子讼狱，请诉于先生，侍者欲阻之。先生听之，言不终辞，其父子相抱恸

哭而去。柴鸣治入问曰[1]："先生何言，致伊感悔之速[2]？"先生曰："我言舜是世间大不孝的子，瞽瞍是世间大慈的父[3]。"鸣治愕然，请问。

先生曰："舜常自以为大不孝，所以能孝。瞽瞍常自以为大慈，所以不能慈。瞽瞍只记得舜是我提孩长的，今何不曾豫悦我[4]？不知自心已为后妻所移了，尚谓自家能慈，所以愈不能慈。舜只思父提孩我时如何爱我，今日不爱，只是我不能尽孝，日思所以不能尽孝处，所以愈能孝。及至瞽瞍底豫时[5]，又不过复得此心原慈的本体。所以后世称舜是个古今大孝的子，瞽瞍亦做成个慈父。"

[注释]

[1] 柴鸣治：情况不详。 [2] 伊：他。 [3] 瞽瞍：舜之父，目盲。 [4] 豫悦：愉悦，快乐。 [5] 底豫：至为愉悦。底，至。语见《孟子·离娄上》："舜尽事亲之道，而瞽瞍底豫。"

[点评]

本条讲了舜何以为孝子，瞽瞍何以为慈父的故事。根据历史记载，一般认为舜为大孝子，而瞽瞍却未必是慈父（参见《孟子·万章上》）。阳明却指出瞽瞍所以不慈的原因在于自以为"能慈"而"愈不能慈"，及至舜竭尽事孝之道，而瞽瞍“底豫”时，便使瞽瞍成为了“慈父”。阳明通过这样的解释，意在告诉人们一个道理：通过道德的行为以成就自己，然后才能感化他人。阳明解决“父子讼狱”的问题，讲的就是这个道理。

【295】先生曰：“孔子有鄙夫来问，未尝先有知识以应之，其心只空空而已，但叩他自知的是非两端，与之一剖决，鄙夫之心便已了然。鄙夫自知的是非，便是他本来天则，虽圣人聪明，如何可与增减得一毫？他只不能自信，夫子与之一剖决，便已竭尽无余了。若夫子与鄙夫言时，留得些子知识在，便是不能竭他的良知，道体即有二了。”

鄙夫也有良知自知的能力，也有“本来天则”。

王阳明：“古之君子，惟有所不知也，而后能知之；后之君子，惟无所不知，是以容有不知也。”（《全集》卷七《别张常甫》）

［点评］

在《论语》中，记载了孔子与鄙夫的一段著名对话，却引发了后世的不同解释，故事是这样的：“子曰：有鄙夫问于我，空空如也。我叩其两端而竭焉。”（《子罕》）引发歧义的关键在于如何解释“空空如也”？第一，这是指鄙夫，第二，这是指孔子。经过朱子的解释，一般都认为这是孔子自称，这一点没有争议。但是又有如何解释的问题：第一，这是孔子自我谦虚的表示，意为自己没有一点知识；第二，这是孔子对知识表明的态度，他不先预设自己的知识以压人；第三，由第二点又引申出一种解释，认为这是孔子的实话实说，孔子的确没有任何知识。上述第一点是朱子的解释，后来成为主流解释，第二点就是阳明在这里表明的一种新解释，这个解释影响到阳明后学，罗汝芳就断言这是“夫子实说”而非“谦辞”。显然，关于“无知”的问题，出现了朱子和阳明为代表的两种不同解释。

阳明指出，在孔子与鄙夫的对话中，孔子首先以“空空如也”一词表明自己并未预设任何知识，其心态是一片“虚无”，然后扣问鄙夫心中自知的是非两端，与其进行了深入探讨，于是，“鄙夫之心便已了然”。至此还没有结束，阳明又进一步展开解释：说是鄙夫心中自知的是非两端，便是他自己的“本来天则”，这里的“自知”“本来天则”，毫无疑问，指的便是阳明所说的“良知”，对于鄙夫的良知，“虽圣人聪明，如何可与增减得一毫”？只是由于鄙夫缺乏自信，故来问孔子，经过孔子的一番点拨，终于使得鄙夫心中之知达到了“无所不知”的境地。阳明最后强调指出：如果孔子与鄙夫对话之际，先预设了一些什么知识，可能早就把鄙夫给吓跑了，便不可能彻底地将鄙夫心中的良知激发出来，结果将导致“道体”（即心体良知）的分裂。

在上述的经典解释中，阳明其实预设了自己的立场：作为本来天则的良知自知在孔子的时代就已经存在，在孔子与鄙夫的对话场景中已经有了充分的展示；由于良知是“无知无不知”“无觉无不觉”的，所以孔子才会自称“空空如也”，这里的“空空”二字，正是上面第 269

条所表达的“良知之虚”“良知之无”的意思。反过来说，正是由于阳明预设了良知“无知无不知”的立场，所以他才会对孔子与鄙夫的对话进行了全新诠释，目的在于揭示良知本体“本来无知”而又“无所不知”这层良知学的道理。

【296】先生曰：“‘烝烝乂，不格奸’[1]，本注说象已进进于义[2]，不至大为奸恶。舜征庸[3]后，象犹日以杀舜为事。何大奸恶如之！舜只是自进于乂，以乂薰烝[4]，不去正他奸恶，凡文过掩慝，此是恶人常态。若要指摘他是非，反去激他恶性。舜初时致得象要杀己，亦是要象好的心太急，此就是舜之过处。经过来，乃知功夫只在自己，不去责人，所以致得‘克谐’[5]。此是舜动心忍性，增益不能处。古人言语[6]，俱是自家经历过来，所以说得亲切，遗之后世，曲当人情；若非自家经过，如何得他许多苦心处？”

[注释]

[1] 烝烝乂（yì），不格奸：见《尚书·尧典》：“瞽子，父顽、母嚚、象傲，克谐以孝，烝烝乂，不格奸。”这是说瞽瞍之子舜，面对父母的顽劣、说谎以及弟象的狂傲，能以孝悌之心去对待，以使他们渐渐得以自我克治，不至于陷入奸恶的地步。烝烝，渐

渐。乂，自治，安定。格，到，至。 [2] 本注：是指蔡沈（1167—1230）《书集传》，其注“烝烝”云：“进进以善。” [3] 征庸：召用。指舜即位。 [4] 薰烝：熏染感化。 [5] 克谐：见上注 1。克，能。谐，谐和。 [6] “古人言语”以下七句：古代圣贤所留下的言语，都是自家经历一番之后才说出来的，所以说得非常亲切，流传后世，也能符合人情；如果不是自家亲自经历一番，如何可能体会他人的许多苦心？

【297】先生曰：“古乐不作久矣。今之戏子尚与古乐意思相近。”未达，请问。先生曰：“《韶》之九成[1]，便是舜的一本戏子。《武》之九变[2]，便是武王的一本戏子。圣人一生实事，俱播在乐中。所以有德者闻之[3]，便知他尽善尽美与尽美未尽善处。若后世作乐，只是做些词调，于民俗风化绝无关涉，何以化民善俗？今要民俗反朴还淳，取今之戏子，将妖淫词调俱去了，只取忠臣孝子故事，使愚俗百姓人人易晓，无意中感激他良知起来，却于风化有益。然后古乐渐次可复矣[4]。”

戏子唱本若善用之，却有益于社会教化，能激发起普通百姓的内心良知。

曰：“洪要求元声不可得[5]，恐于古乐亦难复。”先生曰：“你说元声在何处求？”对曰：“古人制管候气[6]，恐是求元声之法。”先生曰：“若要去葭灰黍粒中求元声[7]，却如水底捞月，如何可得？元声只在你心上求。”

曰：“心如何求？”先生曰：“古人为治，先养得人心和平，然后作乐。比如在此歌诗，你的心气和平，听者自然悦怿兴起[8]，只此便是元声之始。《书》云‘诗言志’[9]，志便是乐的本；‘歌永言’，歌便是作乐的本；‘声依永，律和声’，律只要和声，和声便是制律的本。何尝求之于外？”

曰：“古人制候气法，是意何取？”先生曰：“古人具中和之体以作乐[10]。我的中和，原与天地之气相应；候天地之气，协凤凰之音，不过去验我的气果和否。此是成律已后事，非必待此以成律也。今要候灰管，先须定至日[11]，然至日子时恐又不准，又何处取得准来？”

［注释］

[1]《韶》：舜乐总称。九成：从一奏到九奏，语见《尚书·益稷》。 [2]《武》：武王之乐。九变：即九成。详见《周礼·大司乐》。 [3]“所以有德者闻之”以下二句：真正有德者，听到《韶乐》和《武乐》便能知道其中的尽善尽美处以及尽美而未必尽善处。语见《论语·八佾》。 [4]“若后世作乐”以下十二句：后世制作音乐，只是制作一些词曲歌调，于民俗风化无关，如何能

使音乐起到风化民俗的作用？今天若要使老百姓返回淳朴，可以采取当今戏子所唱的戏本，去掉其中的淫词曲调，只吸取其中的忠臣孝子的故事，使普遍百姓人人易懂，便会在无意之中激发出他们的良知，这对社会风化是十分有益的，这样一来，“古乐”才能得以渐渐恢复。 [5] 洪：钱德洪。元声：黄钟之管。 [6] 制管候气：中国古代流行的一种候气法。其基本作法是将黄钟十二律的律管依序排列在密封的房间内，每一管与十二个半音程相应，在各个律管内填以葭（jiā：芦苇）灰，将其一端暴露埋于密室土中。古人相信当太阳行至各中气所在的位置时，某管中的葭灰就会在相应的时间飞出，这就表明气对适当气象的感应，以此来测定一月中的气节变化，这就叫做候气。根据管中葭灰的飞出，由此确定该管的声调是否正确。例如葭灰在冬至子时飞出，那么基调就接近于黄钟之管的音度，就是正确的。关于黍粒候气法，《汉书·律历志》以及东汉蔡邕《月令章句》有记载，可以参看，这里从略。 [7] 黍（shǔ）：草本植物，黄米。 [8] 怿（yì）：欢喜。 [9] “《书》云‘诗言志’”以下八句：《尚书·舜典》所说的“诗言志”的“志”就是制乐的根本；“歌咏言”的“歌”便是制乐的根本；“声依永，律和声”的“律”就是和声，和声便是制作音律的根本。永：长短。 [10] “古人具中和之体以作乐”以下六句：古人（指圣贤之人）内心具备中和之体以制作乐律，我的中和原是与天地之气相感应的，观察天地之气，协调凤凰之音，不过是验证我自己的气是否中和而已。 [11] 至日：冬至。

[点评]

关于“古乐”如何恢复，不仅在明代已成难题，其实早在宋代几乎已经失传，例如朱子明确指出：“自唐以前，乐律尚有制度可考，唐以后，都无可考。”（《朱子语类》卷九十二）由本条可见，阳明门下也在讨论“古乐”问题，例如什么叫“制管候气”，什么叫“元声之法”，对此类问题，阳明的回答出人意料，他主张不必去刻意追求复原古代“制管候气”的方法，利用“葭灰”的征兆去寻求“元声”的方法犹如“水底捞月”，更是不必仿效。关键还是在自己心上去寻求“元声”。阳明举例说道，如当今戏子所用的唱本，若能去除其中的淫词歪曲，吸取其中的忠臣孝子的故事，反而有益于社会教化，对于激发百姓的心中良知有着奇妙的作用。依此去做，那么“古乐”就会慢慢得以恢复。阳明的意思是说，所谓恢复“古乐”，重要的不在于乐律制度，而在于当今所用的音乐歌词是否有益于人心教化。在这个意义上，所以阳明竟然断言：“今之戏子尚与古乐意思相近。”对此，我们只能善加意会了。由此可以看出，阳明心学对于通俗文化所采取的态度是非常开放的，这也表明儒学发展到阳明心学，加速了儒学向庶民社会下移的世俗化转向。

由他人“点化”不如“自家解化”。

【298】先生曰：“学问也要点化，但不如自家解化者，自一了百当。不然，亦点化许多不得。”

【299】孔子气魄极大[1]，凡帝王事业，无不一一理会，也只从那心上来。譬如大树，有多少枝叶，也只是根本上用得培养功夫，故自然能如

此，非是从枝叶上用功做得根本也。学者学孔子，不在心上用功，汲汲然去学那气魄，却倒做了。

［注释］

[1]“孔子气魄极大”以下十三句：孔子气魄极大，能够全部领会帝王事业，但是孔子也不过是从“心上用功”，打个比方，大树有许多枝叶，只有从树根上施以溉灌培养之功，才是正确的方法，如果只是从枝叶上而不是从树根上着手用功，便是倒做了。同样的道理，学者学孔子如果不在自己心地上用功，而只是去学孔子气魄，便是倒做了。

【300】人有过，多于过上用功，就是补甑[1]，其流必归于文过。

［注释］

[1]甑（zèng）：古代蒸饭的一种瓦器。

【301】今人于吃饭时，虽无一事在前，其心常役役不宁[1]。只缘此心忙惯了，所以收摄不住。

［注释］

[1]役役：忙碌劳累不息。

【302】琴瑟简编[1]，学者不可无。盖有业

以居之[2]，心就不放。

［注释］

[1] 琴瑟简编：语见张载《论语说》："古人欲得朋友与琴瑟简编，常使心在于此。"（《近思录》卷五）简编，书籍。 [2] 业以居之：以此为业。语见《易·乾卦·文言传》。

【303】先生叹曰："世间知学的人，只有这些病痛打不破，就不是善与人同[1]。"崇一曰："这病痛只是个好高不能忘己尔[2]。"

［注释］

[1] 善与人同：孟子语。 [2] 这病痛只是个好高不能忘己尔：世间做学问的主要病痛，就是好高骛远和不能忘己。

【304】问："良知原是中和的[1]，如何却有过、不及？"先生曰："知得过、不及处，就是中和。"

［注释］

[1] 良知原是中和的：良知原是喜怒哀乐未发谓之中，发而皆中节谓之和。

【305】"所恶于上"是良知[1]，"毋以使下"即是致知。

[注释]

[1]“‘所恶于上’是良知”以下二句：不做令上面的人（如父母）所讨厌的事，就是良知；不做令下面的人（如臣民）所讨厌的事，就是致良知。“所恶于上，毋以使下”，出自《大学》第十章。

【306】先生曰：“苏秦、张仪之智，也是圣人之资。后世事业文章，许多豪杰名家，只是学得仪、秦故智。仪、秦学术善揣摸人情，无一些不中人肯綮[1]，故其说不能穷。仪、秦亦是窥见得良知妙用处，但用之于不善尔。”

苏秦、张仪竟然也能“窥见得良知妙用”，只是用在了不正当的地方。

[注释]

[1] 肯綮（qìng）：筋骨结合的地方，比喻要害或关键之处。

[点评]

关于战国时代两大纵横家苏秦和张仪，历来评价不高，往往与商鞅、申不害等并列，其学术被认为是擅于计谋的功利之学。然而，阳明在这里却说两人也是“圣人之资”，其学术能“揣摸人情”，而且凡事“无一些不中人肯綮”，甚至说他们两人亦窥见得“良知妙用”，但是，错就错在他们把自己的聪明才智用在了不正当的地方。如此说来，具备“圣人之资”、掌握“良知妙用”的人却可能做出“不善”的事，这似乎与一般常识相距甚远。这里涉及良知是否可能被“恶用”的问题。阳明对此问题谈得不多，在我们看来，阳明之意在于指出，即便是做出错事的人，他们也具备一定的甚至是很高的资质，并且利用聪明之知来揣度人情，巧妙周旋于人间事务之间，就此而言，对于这些人的事迹也应正面对待，只是就结果看，他们的良知是被误用了，而不是说他们犯错的根源在于良知本身。

【307】或问“未发、已发”。先生曰：“只缘后儒将未发、已发分说了[1]，只得劈头说个无未发、已发，使人自思得之。若说有个已发、未发，听者依旧落在后儒见解。若真见得无未发、已发，说个有未发、已发，原不妨，原有个未发、已发在。”

问曰：“未发未尝不和，已发未尝不中。譬如钟声，未扣不可谓无，既扣不可谓有，毕竟有个扣与不扣，何如？”先生曰：“未扣时原是惊天动地[2]，既扣时也只是寂天寞地。”

[注释]

[1]“只缘后儒将未发、已发分说了”以下九句：意谓，在未发、已发问题上，后世儒者往往将此截然分作两端，因此不得已只能劈头说个“无未发、已发”，意在使人自己去思考其中的奥妙，如果真能了解什么叫做“无未发、已发”的道理，那么即便说“有

未发、已发”亦无不可，因为事实上，毕竟存在情感发动与未发动的区别。 [2]“未扣时原是惊天动地”以下二句：意谓以扣钟为例，未扣时，钟声是“惊天动地”，已扣时，一切都归于“寂天寞地”。表明未发与已发不能截然分开。

【308】问：“古人论性，各有异同。何者乃为定论？”先生曰：“性无定体[1]，论亦无定体。有自本体上说者，有自发用上说者；有自源头上说者，有自流弊处说者。总而言之，只是这个性，但所见有浅深尔。若执定一边，便不是了。性之本体原是无善无恶的[2]，发用上也原是可以为善，可以为不善的，其流弊也原是一定善、一定恶的。譬如眼，有喜时的眼，有怒时的眼，直视就是看的眼，微视就是觑的眼[3]。总而言之，只是这个眼。若见得怒时眼，就说未尝有喜的眼；见得看时眼，就说未尝有觑的眼，皆是执定，就知是错。孟子说性，直从源头上说来，亦是说个大概如此。荀子性恶之说，是从流弊上说来，也未可尽说他不是，只是见得未精耳。众人则失了心之本体。”

如同物无“定理”一般，性亦无“定体”。

孟子说性，也只是说个大概如此；荀子说性，却未可都说他错了。

问：“孟子从源头上说性，要人用功在源头上明彻。荀子从流弊说性，功夫只在末流上救正，便费力了。”先生曰：“然。”

[注释]

[1]“性无定体”以下二句：人之本性没有一定不变之实体，因此人性的讨论也没有一定不变之论。 [2]“性之本体原是无善无恶的”以下四句：就性之本体看，原是无善无恶的；就性之发用看，原是可以为善可以为不善的；就性之流弊看，则一定有善也一定有恶的。 [3]觑（qù）：偷看，窥探。

[点评]

关于儒家人性论，自孟子以来，性本善的观念到了宋代以后，几乎已经深入人心，特别是经程朱理学“性即理”命题的论证，人性接受天地之性的禀赋，因而天生为善的观念几乎牢不可破。相应地，告子的“性无善无不善”以及汉代之后的诸如“性善恶混”“性三品”等人性学说，早已宣告彻底破产。但是正如我们在前面第150条、第242条、第273条等地方所看到的那样，阳明已经非常明确地宣称：“无善无不善，性原是如此，悟得及时，只此一句便尽了。”（第273条）

在这里阳明则首先指出：“性无定体，论亦无定体。”意思是说，论性可以从不同的角度来讲而没有固定不变的所谓“定体”。大致上有两对讲法：一对是从本体上讲和从发用上讲；一对是从本原上讲和从流弊上讲。在阳明看来，孟子论性善是从“源头上”讲的，荀子论性恶是从“流弊上”讲的，角度不同则所论便有异，但不可执定一个角度而不顾其他的角度，叫做“执定一边，便不是了”。这个说法看上去似乎缺乏原则性，其实不然。

其实阳明有他自己的论述角度，一言以蔽之，就是“性之本体”上讲，其结论是“原是无善无恶的”。正是从“本体”的立场出发，阳明认为孟子从源头处讲性善，也只是讲了个大概而已，荀子从流弊处讲性恶，也不可便说他错了，只是所见未达精微之处。与孟子和荀子的两种讲法不同，如果本体的角度立论，那么，由于“性无定体”而亦无“定论”，所以结论必然是“原是无善无恶”的，而“无善无恶”是对善恶现象的一种超越，故而可以说“无善而至善”，这一论证的思维方式如同“无极而太极”便是“无形而有理”一般，是对人性至善的本体论证而并非单纯的境界描述。既然说“性之本体原是无善无恶的”，问题的关键在于转换视角，从工夫的角度来重新审视性善性恶说的理论效应。在阳明看来，性善说告诉人们在性之源头上用功，而性恶说则有助于人们在性之发用上救正。两种说法的用力虽不同，然而却可达到复归本性之善这一殊途同归的效果。

总之，“性无定体，论亦无定体”“性之本体原是无善无恶的”这两句命题是阳明论性的核心观点，同时也是对先秦以来儒家人性论的创造性诠释，这与后面第315条将出现的“四句教”之首句“无善无恶心之体”有密切的理论关联，故应当合起来看。

【309】先生曰：“用功到精处，愈着不得言语，说理愈难。若着意在精微上，全体功夫反蔽

工夫达到上承者，已无法用语言来表述。

泥了[1]。”

[注释]

[1] 蔽：障蔽。泥：阻滞。

[点评]

本条与工夫论问题有关。阳明讲了两层意思：用功达到精微处，便无法用日常语言来加以表述，越说越难说清楚；然而如果一意只在精微处用功，则有可能使“全体工夫”受到阻碍。这里的“精微”两字，阳明虽未明说，然而根据阳明的一贯说法，精微当是指良知本体的虚灵明觉处。若此，则阳明的意思是说，如果把握了良知的精微处，也就不必再用语言来说三道四了，但须注意的是，不能着意在良知精微处下工夫而忽略了其他层面的具体工夫，因此必须以良知来贯穿“全体工夫”，使得全体工夫同时落实。

【310】杨慈湖不为无见[1]，又着在无声无臭上见了。

[注释]

[1] 杨慈湖：杨简（1140—1226），字敬仲，号慈湖，浙江慈溪人。陆九渊门人。

[**点评**]

《传习录》提到杨简仅此一条，而且只有简短的一句话。“不为无见”这是对杨简的肯定，认为杨简思想有一定的见解，但没有具体所指，所以意思不明确；后一句“又着在无声无臭上见了”，则是对杨简思想的批评，同样意思也不很明了。这就需要结合杨简思想的探讨才能揭晓阳明此说的真实涵义。简单来说，杨简思想有一个重要的核心观点，叫做“不起意”，他认为世上诸恶之源就在于人的意识念头，若能做到直接由本心发动而不让意念缠绕其中，并且做到不让“意念”启动，这样就能直入圣域。这就是阳明此处批评杨简“着在无声无臭上见了”的意思，意为杨简只讲本体之心而忽略了心体发动之后有必要做一番“诚意”工夫的重要性，尤其是杨简根据他的“不起意”说，甚至认为《大学》文本所强调的“诚意”工夫也已落入“第二义”，这在阳明看来，是完全不能认同的。

【311】人一日间，古今世界都经过一番，只是人不见耳。夜气清明时，无视无听，无思无作，淡然平怀，就是羲皇世界[1]。平旦时，神清气朗，雍雍穆穆[2]，就是尧舜世界。日中以前，礼仪交会，气象秩然，就是三代世界。日中以后，神气渐昏，往来杂扰，就是春秋战国世界。渐渐昏夜，万物寝息，景象寂寥，就是人消物尽世界。学者

信得良知过，不为气所乱，便常做个羲皇以上人。

[注释]

[1] 羲皇：指伏羲。 [2] 雍雍：和谐貌。穆穆：恭敬、平和的样子。

[点评]

人在一天之间可能经历五重“世界”：羲皇世界、尧舜世界、三代世界、春秋战国世界、人消物尽世界。听上去，似乎是一种天方夜谭，是根本不可能之事。然而事实上，阳明借助这个比喻性描述，却在严肃地指出：一个人在每天的日常生活过程中，如果一不小心而放松致良知的实践，那么，极有可能会在几重世界中不断滑落下坠；更重要的是，一个人在其一生当中不可避免地从头至尾经历几番上面所讲的五重世界，这是人生不必可少的历练，因此我们千万不可心抱幻想，以为永远可以停留在理想的羲皇世界。但是，阳明最后仍然强调，作为人生的理想追求，应做到出污泥而不染，在任何时段的世界当中，只要自信自己的良知，不被动气所乱，那么就能“常做个羲皇以上人”，实现超凡入圣的理想境界。

【312】薛尚谦、邹谦之、马子莘、王汝止侍坐[1]，因叹先生自征宁藩已来[2]，天下谤议益众，请各言其故。有言先生功业势位日隆，天下

忌之者日众；有言先生之学日明，故为宋儒争是非者亦日博；有言先生自南都以后[3]，同志信从者日众，而四方排阻者日益力。

先生曰："诸君之言，信皆有之。但吾一段自知处，诸君俱未道及耳。"诸友请问。先生曰："我在南都已前，尚有些子乡愿的意思在。我今信得这良知真是真非，信手行去，更不着些覆藏。我今才做得个狂者的胸次，使天下之人都说我'行不掩言'也罢。"尚谦出曰："信得此过，方是圣人的真血脉。"[4]

[注释]

[1] 王汝止：王艮（1483—1540），字汝止，号心斋，泰州安丰（今泰州市兴化市安丰镇）人。泰州学派创始人。 [2] 宁藩：宁王朱宸濠，武宗之叔。1519 年 6 月在南昌起兵谋乱，被阳明平定。 [3] 南都：南京。阳明自 1514 年至 1516 年在留都任鸿胪寺卿。 [4] 据《年谱》嘉靖二年（1523）二月条载，此条下更有"请问乡愿狂者之辨"三百余字。

【313】先生锻炼人处，一言之下，感人最深。一日，王汝止出游归，先生问曰："游何见？"对曰："见满街人都是圣人。"先生曰："你看满街

王艮和董澐都感叹"见满街人都是圣人"。

人是圣人，满街人到看你是圣人在[1]。”又一日，董萝石出游而归[2]，见先生曰：“今日见一异事。”先生曰：“何异？”对曰：“见满街人都是圣人。”先生曰：“此亦常事耳，何足为异？”盖汝止圭角未融[3]，萝石恍见有悟，故问同答异，皆反其言而进之。

洪与黄正之、张叔谦、汝中[4]，丙戌会试归[5]，为先生道途中讲学，有信有不信。先生曰：“你们拿一个圣人去与人讲学。人见圣人来，都怕走了，如何讲得行？须做得个愚夫愚妇，方可与人讲学。”洪又言：“今日要见人品高下最易。”先生曰：“何以见之？”对曰：“先生譬如泰山在前，有不知仰者，须是无目人。”先生曰：“泰山不如平地大，平地有何可见？”先生一言翦裁[6]，剖破终年为外好高之病。在座者莫不悚惧。

跟人讲学的时候，不能拿一副圣人的模样，而要先做出愚夫愚妇的样子来。

［注释］

[1] 到：他本作“倒”。 [2] 董萝石：董沄（1457—1533），字复宗，号萝石，晚号从吾道人，浙江海盐人。 [3] 圭角：棱角，锋芒。 [4] 张叔谦：张元冲，字叔谦，号浮峰，浙江山阴

（今绍兴）人。嘉靖十六年（1537）进士。 [5] 丙戌：嘉靖五年（1526）。 [6] 翦：同“剪”。

[点评]

本条讲了两个故事，可分两段，我们主要分析第一段，即“满街都是圣人”这一著名典故。按记录者的口吻，这一典故告诉人们阳明善于点化人，属于教法上因材施教的案例。然而这一典故在晚明所引发的轰动效应的缘故却不在此，而是“满街都是圣人”这一命题何以成立？如何理解？这才是后人注目于此的原因。从文字表面看，似乎“满街都是圣人”并不是出自阳明之口，故不能算作阳明的思想命题。的确，从阳明对王艮的批评看，他似乎并不认同这一命题，但是我们却不能因此而忽视后面一段阳明与董澐的对话，根据这段对话，显而易见，阳明内心其实是赞同这一命题的。问题在于如何理解这一命题。

如果我们孤立地看这句话，将它从阳明学的思想系统中抽离出来，那么，毫无疑问这句话显得荒唐离奇，满街上走路的普通人如何可能个个都是圣人？因此，我们有必要将此置入阳明心学的理论框架内来重新审视，何以王艮和董澐会分别说出同样的话？关键在于“满街都是圣人”的“圣人”一词，在阳明的良知学说当中已经被化作一种“符号”，象征着“良知”。如同我们上面第 207 条所看到的那样，“人胸中各有个圣人”“尔胸中原是圣人”。由此可以说，“满街都是圣人”是从良知立论的，满街人都是圣人就好比说满街人都拥有本然的良知，这对阳明心学而言，岂不是理所当然之事吗？可见，“满街都是圣人”对阳明而言，这是由良知本体论推出的必然命题。

但是这句话为什么会引发剧烈的轰动以及强烈的批评呢？例如阳明弟子聂豹就严厉批评王艮此说是“诬圣”莫此为甚，晚明东林党人批评心学末流更是以此为标靶，以为狂悖至此，骇人耳目。什么原因呢？因为他们并不是从良知本体论的角度而是直接地从字面上来理解这句话的，这就意味着所有人不用做任何儒家的一套工夫实践，而直截了当地就已是现成的圣人了。这种怪事在世界上任何一个地方都无法想象会是真实存在的事实。不用说，这类批评对阳明心学而言，都是风马牛不相及的事情。因为阳明难道会相信一个人不必做任何工夫实践，而在现实世界中个个都已然是现成圣人吗？显然不会。若从良知工夫论的角度看，阳明再三强调的观点是：“随时就事上致吾心之良知于事事物物”或是在一念发动处，将不善的念头“克倒了”而且“须要彻根彻底”，删除得干干净净，“不使那一念不善潜伏在胸中”（第226条），这是需要何等的毅力和勇气才能真正做到这一点？

归结而言，“满街都是圣人”不是工夫论命题而是本体论命题，是说每个人都拥有先天的良知而不是说每个人都已是现实的圣人。尽管理论预设、理想目标与现实之间总是存在难以消解的张力，轻率地将两者直接等同起来将是十分危险的，但是我们却不能由此而屈就于现实状态，不思进取，忘却了理想追求，甚至质疑于良知的普遍性，这就更不应该。

【314】癸未春[1]，邹谦之来越问学。居数日，先生送别于浮峰[2]。是夕，与希渊诸友移舟宿延寿寺，秉烛夜坐。先生慨怅不已，曰："江涛烟柳，故人倏在百里外矣。"

一友问曰："先生何念谦之之深也？"先生曰："曾子所谓'以能问于不能，以多问于寡，有若无，实若虚，犯而不较'[3]，若谦之者，良近之矣。"

[注释]

[1] 癸未：嘉靖二年（1523）。 [2] 浮峰：山名，在今绍兴。《山阴志》载："牛头山在县西六十五里。……王守仁改名浮峰。" [3] 以上引文意谓有能力的人向无能力的人请教，知识多的人却向缺少知识的人请教，有学问像没有学问一样，满腹知识像空无所有一样，纵被欺负也不计较。语见《论语·泰伯》。

【315】丁亥年九月[1]，先生起复[2]，征思、田[3]。将命行时，德洪与汝中论学。汝中举先生教言曰："无善无恶是心之体，有善有恶是意之动，知善知恶是良知，为善去恶是格物。"德洪

这就是著名的"四句教"。

王畿"四无说"："体用显微，只是一机；心意知物，只是一事。若悟得心是无善无恶之心，意即是无善无恶之意，知即是无善无恶之知，物即是无善无恶之物。盖无心之心则藏密，无意之意则应圆，无知之知则体寂，无物之物则用神。"（《王畿集》卷一《天泉证道纪》）

曰："此意如何？"

汝中曰："此恐未是究竟话头。若说心体是无善无恶，意亦是无善无恶的意，知亦是无善无恶的知，物亦是无善无恶的物矣。若说意有善恶，毕竟心体还有善恶在。"德洪曰："心体是天命之性[4]，原是无善无恶的。但人有习心，意念上见有善恶在。格、致、诚、正、修，此正是复那性体功夫。若原无善恶，功夫亦不消说矣。"

是夕侍坐天泉桥[5]，各举请正。先生曰："我今将行，正要你们来讲破此意。二君之见正好相资为用，不可各执一边。我这里接人原有此二种。利根之人直从本源上悟入[6]，人心本体原是明莹无滞的，原是个未发之中。利根之人一悟本体，即是功夫，人己内外，一齐俱透了。其次不免有习心在，本体受蔽，故且教在意念上实落为善去恶。功夫熟后，渣滓去得尽时，本体亦明尽了。汝中之见，是我这里接利根人的；德洪之见，是我这里为其次立法的。二君相取为用，则中人上下皆可引入于道。若各执一边，眼前便有失人，便于道体各有未尽。"

既而曰："已后与朋友讲学，切不可失了我的宗旨：无善无恶是心之体，有善有恶是意之动，知善知恶的是良知，为善去恶是格物。只依我这话头随人指点，自没病痛。此原是彻上彻下功夫。利根之人，世亦难遇，本体功夫，一悟尽透，此颜子、明道所不敢承当[7]，岂可轻易望人？人有习心，不教他在良知上实用为善去恶功夫，只去悬空想个本体，一切事为俱不着实，不过养成一个虚寂。此个病痛，不是小小，不可不早说破。"是日，德洪、汝中俱有省。

据王畿记载，阳明对王畿的评论是："汝中所见，我久欲发，恐人信不及，徒增躐等之病，故含蓄到今。此是传心秘藏，颜子、明道所不敢言者。今既已说破，亦是天机该发泄时，岂容复秘？"(《王畿集》卷一《天泉证道纪》)

[**注释**]

[1] 丁亥：嘉靖六年（1527）。 [2] 起复：复出。阳明被任命为兼都察院左都御史，出征思、田。 [3] 思、田：广西思恩府及田州（今广西武鸣县、田阳县一带）。 [4] "心体是天命之性"以下六句：根据钱德洪的说法，他的观点可以称为"一无三有说"而不是与王畿"四无之说"相对的"四有之说"（《王畿集》卷一《天泉证道纪》），因为钱德洪显然对"四句教"首句"无善无恶心之体"未持异议。 [5] 天泉桥：位于阳明故居的碧霞池上，今已不存。此次阳明与王畿、钱德洪论道于天泉桥上，因而得名"天泉证道"。见《王畿集》卷一《天泉证道纪》。 [6] 利根：聪颖绝顶之人。 [7] 颜子、明道：颜回、程颢。

[点评]

在阳明心学史上，本条即著名的“天泉证道”这一思想史事件，发生在嘉靖六年九月，即阳明逝世前一年，其中主要围绕阳明的“四句教”，在阳明与其两大弟子王畿和钱德洪之间展开了富有理论深度的探讨。关于“天泉证道”的文本主要有三种，除了本条之外，另有《年谱》嘉靖六年九月条以及王畿的《天泉证道纪》(《王畿集》卷一)，文字颇有出入，读者若要进一步深入了解此次事件的详细情况，有必要参考其他两种文本记录，这里主要就本条的记述内容进行分析。事件起因是王畿与钱德洪对阳明晚年“四句教”的不同理解所致。阳明四句教的内容是：“无善无恶是心之体，有善有恶是意之动，知善知恶是良知，为善去恶是格物。”正是围绕四句教，王畿与钱德洪之间引发了一场争辩，对此，我们可作以下几点分析：

第一，“天泉证道”这一事件实际上是由王畿引发的，钱德洪只是一个陪衬的角色。王畿首先指出阳明“每与门人论学”的“四句教法”只是一种“权法”并非“究竟话头”，故“未可执定”，他根据心意知物“只是一事”这一阳明学的一贯立场，进而提出了“四无说”的新见解：如果说心体是无善无恶的，那么只要悟得心体无善无恶的，就有理由推出：“意亦是无善无恶的意，知亦是无善无恶的知，物亦是无善无恶的物。”此即著名的“四无说”。对此，德洪则认为四句教是阳明晚年的“教人定本”，一字不可更易，他认为“心体”虽可说“无善无恶”，但由于人心受各种“习心”困扰，故有必要在诚意、正心、格物、致知等层面上着实用功，以复其“性体”。如果说心意知物都是“无善无恶”的，这就等于说所有的工夫都可一笔抹消。可见，德洪所见基本上是重复阳明之意，而王畿的“四无说”才是这场“天泉证道”的主要问题。阳明对此问题的最终判定以及王畿有关四无说的阐发，正是“天泉证道”的思想意义之所在。

第二，阳明的判定主要有两层思想，一是阳明指出自己教法原有两种：一种是“从本源上悟入”；一种是“在意念上实落为善去恶功夫”；两种教法的对象各有不同，前者适用于“利根之人”，后者适用于“中根以下人”。二是阳明认为这两种教法应互相补充、相资为用，不可“各执一边”。表面上看，阳明表明了“折中”的态度，实际上，既然称王畿之说适用于“利根之人”，则王畿之说显然在德洪之上。阳明承认“从本源上”与“在意念上”这两种入手方法是缺一不可的，但后者是“为其次而立法的”，故处于次要地位。其中的“次”字非次序之意，而是高下之意。不是说先“从本源上悟入”然后再“在意念上实落为善去恶功夫”，而是说“从本源上悟入”是取法乎上的一种工夫，要高于“在意念上”着手的工夫，因为“一悟本体即是功夫，人己内外一齐俱透了”。

第三，然而阳明却坚持认为四句教是自己的最终“宗旨”，是“彻上彻下语”，意谓四句教法是适用于所有人群的普遍教法，因而具有普世性意义，只要按四句教法去做，自然没有任何“病痛”。应当说，这是阳明对“四句教”问题所表明的一个明确态度，是其最后定见，更无置疑的余地。所以，阳明最后对王畿指出了批评，“利根之人，世亦难遇”，本体功夫“一悟尽透”的方法是连颜渊和程颢这样聪明绝顶之人也不敢自许的，故不可轻易示人，否则有坠落“空想”、养成“虚寂”之可能。可见，阳明对王畿一味追求“从本源上悟入”的观点批评是十分严厉的。

第四，另一方面，阳明对钱德洪执定“一无三有”的观点亦有重要批评，但是这条资料却不见诸《传习录》，而出现在《阳明先生年谱》嘉靖六年九月条，现摘录如下：“德洪请问。先生曰：‘有只是你自有，良知本体原来无有，本体只是太虚。太虚之中，日月星辰，风雨露雷，阴霾饐气，何物不有？而又何一物得为太虚之障？人心本体亦复如是。太虚无形，一过而化，亦何费纤毫气力？德洪功夫须要如此，便是合得本体功夫。’”由此可见，阳明根据良知“无起无不起”“无知无不知”“无觉无不觉”等观点立场，对于良知本体“原来无有”这层道理有重要阐发，不可忽视。阳明强调良知本体与人心本体都是一样的，从本来意义上说，它是“原来无有”的，而正是由于“原来无有”，因此一切现象之有可以无所不包、无所不容。重要的是，致良知工夫不能在良知本体上有丝毫“意必固我”的意识执着，才能实现“一过而化”的化境，达到有无的有机统一，也就是本体工夫的真正合一。

总而言之，四句教是有关心意知物的一套整体论述，彼此关联而不可分拆。首句“无善无恶心之体”是论本体，后三句是论工夫，根据“即本体即工夫”的阳明立场来看，四句教乃是即无即有、即上即下、即顿即渐的“彻上彻下”之本体工夫论体系，不能放弃其中的任何一个环节，所以阳明一再强调“二君已后与学者言，务要依我四句宗旨”。由此可见，“四句教”可谓是阳明最晚年的思想宗旨，其中含有极其重要的理论意涵，值得重视。

然而，阳明“四句教”虽是一套整体论述，也有其理论观念的支撑，但其中的义理阐发却也引发不少理论问题。举例来说，四句教固然是一套理论系统，但既然作为一种教法看，其间就必然蕴含工夫程序的问题，究竟是由上及下、由无至有，还是由下及上、由有至无呢？表面看，这两种工夫路径可以根据人之根器不同而灵活应对，然而实质上，这里涉及的乃是良知本体的有无转化如何可能的问题，而这才是所有问题的关键。其实，“天泉证道”的问题讨论便是由此引发。又比如，倘若立足于本体之无的立场着手用功，那么本体发动之后，心体之无能否直接转化为意识之无？“无善无恶”是否是对良知本体之价值和意义的一种否定？进而言之，“无善无恶心之体”与阳明平时所说的“至善者心之本体”是否存在理论上的冲突？此外还有心体性体、本体工夫等问题都与四句教也有一定关联，究竟在阳明学的义理系统中如何才能获得理论上的自洽性？“无”落实在本体上讲，究竟是本体义还是境界语？这些问题可谓牵一发而动全身，涉及对阳明学思想理论的整体理解，但是很显然我们已经无法在这里展开详细的讨论，有兴趣者可以进一步参阅拙著《〈传习录〉精读》以及陈来《有无之境》的相关章节。

【钱德洪序】[1]

先生初归越时，朋友踪迹尚寥落，既后四方来游者日进。癸未年已后[2]，环先生而居者比屋。如天妃、光相诸刹，每当一室，常合食者数十人。夜无卧处，更相就席，歌声彻昏旦。南镇、禹穴、阳明洞诸山远近寺刹[3]，徙足所到，无非同志游寓所在。先生每临讲座，前后左右环坐而听者，常不下数百人。送往迎来，月无虚日。至有在侍更岁，不能遍记其姓名者。每临别，先生常叹曰："君等虽别，不出在天地间。苟同此志，吾亦可以忘形似矣。"诸生每听讲出门，未尝不跳跃称快。尝闻之同门先辈曰："南都以前，朋友从游者虽众，未有如在越之盛者。此虽讲学日久，孚信渐博，要亦先生之学日进，感召之机，申变无方[4]，亦自有不同也。”[5]

[注释]

[1] 钱德洪序：原本无此四字，据《集评》本添入。此条为钱德洪语，而底本却列为第 294 条，不妥。 [2] 癸未：嘉靖二年（1523）。 [3] 阳明洞：在绍兴会稽山区的宛委山。 [4] 申：一本作“神”。 [5]《全书》本此条下有“此后黄以方录”六字。

以下黄以方录

【316】黄以方问："'博学于文'[1]，为随事学存此天理，然则谓'行有余力，则以学文'，其说似不相合。"先生曰："《诗》《书》六艺皆是天理之发见，文字都包在其中。考之《诗》《书》六艺，皆所以学存此天理也，不特发见于事为者方为文耳。余力学文，亦只博学于文中事。"

或问"学而不思"一句[2]。曰："此亦有为而言，其实思即学也。学有所疑，便须思之。思而不学者，盖有此等人，只悬空去思，要想出一个道理，却不在身心上实用其力，以学存此天理。

"存此天理"即是学，即是思。故思即学也。

思与学作两事做，故有‘罔’与‘殆’之病[3]。其实，思只是思其所学，原非两事也。”

［注释］

[1]“博学于文”以下三句：“博学于文”（《论语·雍也》）就是在随时就事上做一番存此心之天理的工夫，然而另一方面又说“行有余力，可以学文”。语见《论语·学而》：“弟子入则孝，出则弟，谨而信，泛爱众而亲仁。行有余力，则以学文。” [2]学而不思：学习而不思考，语见《论语·为政》“学而不思则罔”。罔：惘然，蒙蔽。 [3]“思与学作两事做”以下二句：思考与学习分作两件事来做，因而就有“学而不思则罔，思而不学则殆”（《论语·为政》）的弊端。殆，懈怠。

【317】先生曰：“先儒解格物为格天下之物[1]，天下之物，如何格得？且谓‘一草一木亦皆有理’[2]，今如何去格？纵格得草木来[3]，如何反来诚得自家意？我解‘格’作‘正’字义[4]，‘物’作‘事’字义。

《大学》之所谓身，即耳目口鼻四肢是也。欲修身，便是要目非礼勿视，耳非礼勿听，口非礼勿言，四肢非礼勿动。要修这个身，身上如何用得功夫？心者身之主宰，目虽视而所以视者心也，耳虽听而所以听者心也，口与四肢虽言动而所以言动者心也。故欲修身在于体当自家心体，常令廓然大公，无有些子不正处。主宰一正，则发窍于目，自无非礼之视；发窍于耳，自无非礼之听；发窍于口与四肢，自无非礼之言动：此便是修身在正其心。然至善者，心之本体也。心之本体[5]，那有不善？如今要正心，本体上何处用得工？必就心之发动处才可着力也。心之发动不能无不善，故须就此处着力，便是在诚意。如一念发在好善上，便实实落落去好善；一念发在恶恶上，便实实落落去恶恶。意之所发既无不诚，则其本体如何有不正的？故欲正其心在诚意，工夫到诚意始有着落处。

阳明接受了朱子将“独”理解为“独知”的解释，进而将“独知”解释“良知”。

然诚意之本，又在于致知也。所谓‘人虽不知，而己所独知’者[6]，此正是吾心良知处。然知得善，却不依这个良知便做去；知得不善，却不依这个良知便不去做，则这个良知便遮蔽了，是不能致知也。吾心良知既不能扩充到底，则善虽知好，不能着实好了；恶虽知恶，不能着实恶了，如何得意诚？故致知者，意诚之本也[7]。然亦不是悬空的致知，致知在实事上格。如意在于为善，便就这件事上去为；意在于去恶，便就这件事上去不为。去恶固是‘格不正以归于正’[8]，为善则不善正了，亦是格不正以归于正也。如此则吾心良知无私欲蔽了，得以致其极，而意之所发，好善去恶，无有不诚矣。诚意工夫，实下手处在格物也。若如此格物，人人便做得，‘人皆可以为尧舜’[9]，正在此也。”

诚意工夫落实在格物上，换言之，格物就变成了诚意工夫。

［注释］

[1] 先儒解格物为格天下之物：指朱子的格物说，见其《格物补传》：“是以《大学》始教，必使学者即凡天下之物，莫不因其已知之理而益穷之，以求致乎其极。” [2] 一草一木亦皆有理：为程颐语，见《程氏遗书》卷十八。 [3]“纵格得草木来”以下二句：见第6、7、174条。 [4]“我解‘格’作‘正’字义”以下二句：是阳明对程朱理学格物论的根本质疑，意谓即便穷尽天下一草一木之理，又如何能做到返回身心上来，做一番修身养性的道德实践？ [5]“心之本体”以下四句：心之本体本无不善，故在心体上无法做“正心”的工夫，必就本体发用上才可着力。 [6] 人虽不知，而己所独知：这是朱子对《大学》“慎独”的解释：“独者，人所不知而己所独知之地也。” [7] 意诚：他本作“诚意”。 [8] 格不正以归于正：参见第85条。 [9] 人皆可以为尧舜：为孟子语，见《孟子·告子下》。

[点评]

本条是阳明对程朱理学格物论的重要批判，与此同时，也是阳明对《大学》的格物致知诚意正心修身等一套工夫论的理论诠释。在这套解释中，显示了阳明对《大学》工夫论的严密论证。首先，阳明对程朱理学的“格天下之物”的一套格物理论表示了根本的质疑，舍去内心的道德修养而一味去追逐外物的客观知识，阳明认为这在根本上已然迷失了方向，发出了一句“纵格得草木来，如何反来诚得自家意”的强烈反问，意思至为明显，将人的一生荒废在对天底下所有的一草一木之理的穷索上，而忘却了自己还有更为重要的如何在身心上成就自己的德性实践，这就是阳明重新提出自己的一套格物理论的思想缘由。

接着，阳明重复了对“格物”的字义解释，坚持认为“格”者“正也”，“物”者“事也”的解释立场。最后，阳明对《大学》的“修身”直至“格物”的一套工夫展开了环环相扣、长篇大论式的诠释。这里无法一一疏解，就其要点而言，大致有四点：1. 阳明把“致知”的“知”解释成“独知”，而“独知”就是良知，因此致知便是致良知；2. 致知又须落实在“实事上格”，如意在于为善，便就这件事上去为善等等，而诚意工夫的实下手处就在“格物”；3. 经过这番重新解释，从修身到格物，再从格物到修身，层层相连、环环相扣，构成一套有机的工夫论系统，其中的任何一项工夫都可在其他环节中发挥自己的作用，例如诚意离不开致知，反之，致知也离不开诚意；致知离不开格物，格物也离不开致知。

4. 总之，按照上述的一套格物理论去落实在行为上，那么，孟子所说的“人皆可以为尧舜”便是现实可行的而非理论空想。

【318】先生曰：“众人只说格物要依晦翁，何曾把他的说去用？我着实曾用来。初年与钱友同论做圣贤[1]，要格天下之物，如今安得这等大的力量？因指亭前竹子[2]，令去格看。钱子早夜去穷格竹子的道理，竭其心思，至于三日，便致劳神成疾。当初说他这是精力不足，某因自去穷格，早夜不得其理，到七日，亦以劳思致疾。遂相与叹圣贤是做不得的，无他大力量去格物了。及在夷中三年[3]，颇见得此意思，乃知天下之物本无可格者。其格物之功，只在身心上做，决然以圣人为人人可到，便自有担当了。这里意思，却要说与诸公知道。”

“格竹事件”的失败，意味着阳明对朱子格物论的前提预设——事事物物皆有“定理”，开始产生怀疑。

“龙场悟道”悟出了一个道理：“天下之物本无可格者。”

［注释］

[1] 初年：《年谱》系于弘治五年（1492），阳明 21 岁，盖误。现据阳明弟子曾才汉编《阳明先生遗言录》卷下第 49 条所载，可知“格竹事件”发生在阳明十五六岁左右（新编本《王阳明全集》卷四十“补录二”）。钱友：情况不详。 [2]“因指亭前竹子”

以下十三句：意谓阳明与姓钱的朋友面对庭前竹林去“穷格竹子的道理”，相继失败，遂互相感叹道：成就圣贤是基本无望了，因为没有大力量去“格物了”。此即著名的“格竹事件”。 [3] 夷中三年：谪居贵阳龙场三年。参上卷“徐爱序”。

［点评］

本条即是著名的“格竹事件”，发生在阳明十五六岁之时，对于青年王阳明的思想走向留下了深刻的印迹，故直至晚年他还记忆犹新地将此次“事件”揭示出来，向他的弟子及好友诉说一条道理：天下之物本无可格者，格物之功只须在身心上做。这就意味着本来通过即物穷理的方式以增强外物知识的格物工夫被彻底扭转了方向，变成了正心诚意的内圣工夫。

就在“小学”阶段的“洒扫应对”的行为中已经内含童子的致良知工夫。

【319】门人有言邵端峰论童子不能格物[1]，只教以洒扫应对之说[2]。先生曰：“洒扫应对就是一件物，童子良知只到此，便教去洒扫应对，就是致他这一点良知了。又如童子知畏先生长者，此亦是他良知处。故虽嬉戏中，见了先生长者，便去作揖恭敬，是他能格物以致敬师长之良知了。童子自有童子的格物致知。”

又曰：“我这里言格物[3]，自童子以至圣人，皆是此等工夫。但圣人格物，便更熟得些子，不消费力。如此格物，虽卖柴人亦是做得，虽公卿大夫以至天子，皆是如此做。”

［注释］

[1] 邵端峰：邵锐，号端峰，浙江仁和（今杭州）人，正德三年（1508）进士。著有《端峰遗范录》，今存。 [2] 洒扫应对：洒水扫地，酬答宾客。一般认为这是人生十五岁之前的“小学”一段工夫。朱子《大学章句序》说：“人生八岁，则自王公以下，至于庶人之子弟皆入小学，而教之以洒扫应对进退之节，礼乐射御书数之文。” [3]“我这里言格物”以下十句：是说所谓格物工夫是自童子直至圣人、自卖柴人至公卿大夫乃至天子，都是普遍可行的方法。

［点评］

本条揭示了一个重要观点：经过阳明重新诠释，格物工夫已经不分小学阶段与大学阶段的区别，甚至可以不分身份地位下贱的卖柴人以及地位高贵的公卿大夫，一直到圣人和天子，任何人所做的格物工夫都是一样的，都是在自身应尽的义务当中，实现本心的良知。假设格物工夫是通过种种“道问学”的环节，与外物紧密接触和了解之后，逐渐增加的闻见之知、外物知识，那么，显然“童子”或“卖柴人”就无法进入其中而必然被排除在这类格物工夫之外。因此重要的是，阳明所谓的格物已不是那种“格天下之物”的工夫，而是“正自己内心”

的德性实践，只要每个人都拥有基本的德性，那么任何人都可以在自己的生活行为中，去践履良知的实践。

阳明的这个观点显示出其心学思想可以由知识精英向一般民众、庶民阶层推广实施。也正由此，泰州学派王艮说出了“捧茶童子即是道”“百姓日用即道”等思想命题，与阳明在此揭示的思想观念有着一脉相通之处。

由“良知自知”可证知行合一。

【320】或疑知行不合一，以“知之匪艰”二句为问[1]。先生曰：“良知自知[2]，原是容易的，只是不能致那良知，便是‘知之匪艰，行之惟艰’。”

[**注释**]

[1] 知之匪艰：原文是“非知之艰，行之惟艰”（《尚书·说命》）。意为知识的获得并不困难，难的是如何将知识落实为行动。 [2]“良知自知”以下四句：良知是自己知道自己的一种道德判断力，原本是简易直截的，问题出在人们做不到致良知，所以才会有“知之匪艰，行之惟艰”这类将知行割裂为二的弊端。

【321】门人问曰：“知行如何得合一？且如《中庸》言‘博学之’[1]，又说个‘笃行之’，分明知行是两件。”先生曰：“博学只是事事学存此天理，笃行只是学之不已之意。”又问：“《易》

‘学以聚之’[2]，又言‘仁以行之’，此是如何？”先生曰：“也是如此。事事去学存此天理，则此心更无放失时，故曰‘学以聚之’。然常常学存此天理，更无私欲间断，此即是此心不息处，故曰‘仁以行之’。”又问：“孔子言‘知及之，仁不能守之’[3]，知行却是两个了。”先生曰：“说‘及之’已是行了，但不能常常行，已为私欲间断，便是‘仁不能守’。”

通过“学存此天理”就能实现“心不放失”“此心不息”，这是知行合一得以保证的前提。

又问：“心即理之说。程子云‘在物为理’[4]，如何谓心即理？”先生曰：“在物为理，‘在’字上当添一‘心’字，此心在物则为理[5]。如此心在事父则为孝，在事君则为忠之类。”先生因谓之曰：“诸君要识得我立言宗旨。我如今说个心即理是如何？只为世人分心与理为二，故便有许多病痛。如五伯攘夷狄、尊周室，都是一个私心，便不当理。人却说他做得当理，只心有未纯，往往悦慕其所为，要来外面做得好看，却与心全不相干。分心与理为二，其流至于伯道之伪而不自知。故我说个心即理，要使知心理是一个，便来心上做工夫，不去袭义于外，便是王道之真。此

心即理具有实现“王道”的政治意义。

我立言宗旨。”

又问：“圣贤言语许多，如何却要打做一个？”曰：“我不是要打做一个，如曰‘夫道，一而已矣’[6]，又曰‘其为物不二，则其生物不测[7]’，天地圣人皆是一个，如何二得？”

[**注释**]

[1] 博学之：与下文“笃行之”见《中庸》第二十章：“博学之，审问之，慎思之，明辨之，笃行之。”即著名的五种基本工夫：学、问、思、辨、行。 [2] 学以聚之：与下文“仁以行之”意谓君子通过学习而聚在一起，依据“仁”来行动。语见《易·乾卦·文言》：“君子学以聚之，问以辨之，宽以居之，仁以行之。” [3] 知及之，仁不能守之：知道做到什么地步，但却无法用“仁”来保住它。语见《论语·卫灵公》。 [4] 在物为理：理存在于外在的事事物物当中。语见《伊川易传》卷四。 [5] 此心在物则为理：物本身无所谓“理”的存在，唯有“此心”的存在也能赋予物以“理”一般的规范、价值或意义。 [6] 夫道，一而已矣：天下之道只有唯一一个。语见《孟子·滕文公上》。 [7] 其为物不二，则其生物不测：原文出自《中庸》第二十六章：“天下之道，可一言而尽也，其为物不二，则其生物不测。”意谓天下之道可以用一句话来表述清楚，其在“物”上表现为一而不分裂，其生生不息、造化万物的过程则表现为神妙不测。

[**点评**]

本条涉及两个对阳明来说已经是“老问题”了：知

行合一与心即理。有关知行合一的论述，基本没有超出此前我们所看到的内容，阳明对于经典上的种种记载，几乎一一拆解，通常被理解为知行为二的历史典故，经过阳明的一番再诠释，反而用来论证知行合一的命题是符合经典记载的。其中，阳明特别强调“学”不是一般的知识活动，而是“学存此天理”的工夫实践，其目标指向是，使得自己的心更无放失，达到“心不息处”而没有私欲间断的境地，由此就可在“心”的主导下，保证知与行的合一状态。

关于“心即理”的问题，阳明又一次重申这是“我立言宗旨”，尽管晚年阳明已经提出了致良知教，但他为何仍然坚持龙场悟道后的“心即理”命题是自己思想的“立言宗旨”呢？事实上，阳明也曾多次表示“致良知”或“知行合一”是自己的立言宗旨，甚至晚年提出的“四句教”也是“立言宗旨”，似乎可以有复数的“宗旨”存在。但是，这些“宗旨”其实是互相涵摄、彼此打通的。若从哲学的立场上看，“心即理”无疑是阳明心学得以挺立的第一命题，如果放弃了“心即理”的立场，那么其他诸如“知行合一”或“致良知”的思想观点就会变成无源之水、无根之木。阳明学之所以被称作“心学”的根本缘由也正在此。

【322】心不是一块血肉，凡知觉处便是心。如耳目之知视听，手足之知痛痒，此知觉便是心也。

[**点评**]

这里虽以“知痛痒”来比喻心，但是阳明心学的立足点在于道德本心，而非感官知觉之心。因此，这里的“知觉”从功能上看，虽与“知痛痒”一般，但在阳明更是指知是知非、知善知恶、好善恶恶的道德知觉以及道德动力。

【323】以方问曰：“先生之说格物，凡《中庸》之慎独及集义、博约等说，皆为格物之事。”先生曰：“非也。格物即慎独，即戒惧。至于集义、博约，工夫只一般，不是以那数件都做格物底事。”

[**点评**]

这里阳明对格物的理解，需要参考第 317 条等阳明有关格物的论述，才能获得善解。质言之，因为阳明将格物理解为存心养性之事，故而以为慎独、戒惧工夫庶几近之，而义的积累工夫以及博学于文、约我以礼的工夫，则属于一般意义上的工夫，故而并不认为这些工夫比慎独和戒惧更为重要。然而即便这样说，也并不意味着“集义”或“博约”可以自外于格物工夫而独立存在。

【324】以方问“尊德性”一条[1]。先生曰：“道问学即所以尊德性也。晦翁言‘子静以尊德

性诲人，某教人岂不是道问学处多了些子’[2]，是分尊德性、道问学作两件。且如今讲习讨论，下许多工夫，无非只是存此心，不失其德性而已。岂有尊德性只空空去尊，更不去问学？问学只是空空去问学，更与德性无关涉？如此，则不知今之所以讲习讨论者，更学何事？”

尊德性与道问学应当同时并重。

问“致广大”二句[3]。曰：“尽精微即所以致广大也，道中庸即所以极高明也。盖心之本体自是广大底，人不能尽精微，则便为私欲所蔽，有不胜其小者矣。故能细微曲折，无所不尽，则私意不足以蔽之，自无许多障碍遮隔处，如何广大不致？”

又问：“精微还是念虑之精微，是事理之精微？”曰：“念虑之精微即事理之精微也。”

[注释]

[1] 尊德性：见《中庸》第二十七章：“故君子尊德性而道问学，致广大而尽精微，极高明而道中庸。” [2] 以上引文意谓陆九渊专以“尊德性”诲人，而朱子自己平时教人却在道问学方面多了一些。语见《朱子文集》卷五十四《答项平父》第二书：“大抵子思以来，教人之法，惟以尊德性、道问学两事为用力之要。今子静所说，专是尊德性事，而熹皮病日所论，却是问学上多

了。” [3]“致广大”二句：指“致广大而尽精微，极高明而道中庸”。参见注1。

[点评]

关于“尊德性”与“道问学”的关系问题，这是宋代以来特别是在朱子与陆九渊之间引发的长期争论不休的重要问题。一般以为，“尊德性”代表的是道德主义进路，而“道问学”则代表了知识主义进路；偏向于前者则有可能导向轻视知识的反智主义，而偏向于后者则有可能导向唯知识论的知识至上主义。然而在阳明看来，这类说法都是似是而非的。他在嘉靖元年（1522）给徐成之的书信中就强调指出：陆九渊“未尝不教其徒读书穷理”，而朱子“亦何尝不以尊德性为事”（《全集》卷二十一《答徐成之·壬午》第二书）。阳明之意在于调停朱陆之辩的分歧，消除这些分歧在明代初期以来的影响。

不过，若从理论上说，阳明认为尊德性与道问学之间不应存在什么前后内外之分，两者应当是积极互动的关系而非对立紧张的关系，如果偏向于任何一端，必回导致“空空去尊德性”或“空空去道问学”，其结果都是不可想象的。所以问题的关键在于，不能将两者“分作两件”来看，而应当视作同一个工夫过程中的两个方面，这才是阳明的基本立场。然而，根据朱子所说的陆九渊专以“尊德性诲人”而自己却在“道问学处多了些子”的说法，显然是将两者“分作两件”了，所以引起了阳明的批评。

事实上，所谓尊德性与道问学的关系问题，也就是道德（德性之知）与知识（见闻之知）的关系问题，进一步说，也就是道德须有赖于知识还是道德可以独立存在于知识之前的问题，这个问题其实一直贯穿于宋明理学思想发展历史当中，在阳明之后的心学历史上也不断持续地引发争论，而问题源头就在于朱陆之争。只是到了明代中期，阳明觉得已经没有必要再在朱陆之辩的问题上重新点燃战火，故而采取了调和的姿态。

然而在根本问题上，阳明依然认为朱子之学为“支离”而将陆九渊定位为“孟子之学”，可以看出阳明有关尊德性与道问学的基本看法应当更接近于陆九渊的“不知尊德性，焉有所谓道问学”的立场。用阳明的语言来表述，就是任何工夫都须有“头脑”来指引，也就是都须由良知来主导，在尊德性与道问学这两种工夫当中，应当用良知来加以贯穿。

【325】先生曰：“今之论性者纷纷异同。皆是说性，非见性也，见性者无异同之可言矣。”

“见”非意见之见或闻见之见，而是经由心上体认而获得的一种洞见。

【326】问：“声色货利，恐良知亦不能无。”先生曰：“固然。但初学用功，却须扫除荡涤，勿使留积，则适然来遇[1]，始不为累，自然顺而应之。良知只在声色货利上用功[2]，能致得良知精精明明，毫发无蔽，则声色货利之交，无非天则流行矣。”

用良知扫除声色货利，但良知又不离声色货利。

［注释］

[1] 适然：偶然，恰巧。 [2] “良知只在声色货利上用功”以下五句：致良知的工夫只须落实在日常生活的“声色货利上”而不能脱离生活，只要在生活中真正实践致良知工夫，将内心良知充分发挥出来，以使内心良知本体丝毫不受障蔽，那么，即便在“声色货利之交”的日常生活中，也能展现为“天则流行”。这里的“天则”，意同良知。

［点评］

本条探讨了良知与声色货利的关系问题。一方面，声色货利作为人的一种欲望追求，在宋明理学家看来，属于“去人欲”的工夫对象，应当加以摒除而不能受其诱惑或牵引；另一方面，天理也好，良知也罢，作为本然天则就存在于日常生活当中，自然也就不能隔绝于声色货利的欲望活动。问题只是如何身在其中而又不被其牵引，仍然能保持住良知天性而不丧失，这就需要做一番致良知的工夫，直至完全把握自己心中的良知，使其保持一种“精精明明”的状态，自然也就不必担心声色货利的引诱，反而能将声色货利引向正轨。阳明的上述观点告诉我们，致良知不是一种抽离于日常生活之外的观念活动，就在人欲场中必须做一番致良知实践。因此，良知本体虽然容不得人欲遮蔽，但是良知却是在“去人欲”的过程中得以落实，故良知正是在人欲中（即在“声色货利之交”）才能展现自身。如果如下条所示的那样将致良知“只作一场话说”，那就违反了阳明良知学的根本旨意。

【327】先生曰："吾与诸公讲致知、格物，日日是此，讲一二十年俱是如此。诸君听吾言，实去用功，见吾讲一番，自觉长进一番。否则，只作一场话说，虽听之亦何用？"

不能把讲学当做"一场说话"而要落实在行动上。

【328】先生曰："人之本体常常是'寂然不动'的[1]，常常是'感而遂通'的。'未应不是先，已应不是后[2]'。"

"人之本体"应当是指人心本体，即良知本体。

［注释］

[1]"人之本体常常是'寂然不动'的"以下二句：人心本体既是"寂然不动"的，同时又是"感而遂通"的，寂感之间不能截然二分。 [2]未应不是先，已应不是后：事物的感应不能以时间先后来隔断。程颐语，见《程氏遗书》卷十五。

【329】一友举："佛家以手指显出，问曰：'众曾见否？'众曰：'见之。'复以手指入袖，问曰：'众还见否？'众曰：'不见。'佛说还未见性，此义未明。"

阳明弟子季本讲过一段故事，与此条相仿，此不繁引，参见《明儒学案》卷十三《浙中王门学案三·说理会编》。

先生曰："手指有见有不见，尔之见性，常在。人之心神只在有睹有闻上驰骛，不在不睹不闻上着实用功。盖不睹不闻是良知本体，戒慎恐惧是致良知的工夫。学者时时刻刻常睹其所不睹，常闻其所不闻，工夫方有个实落处。久久成熟后，则不须着力，不待防检，而真性自不息矣。岂以在外者之闻见为累哉？”

[点评]

本条以佛教“见性”说为喻，在问答过程中充满禅宗式的机锋。阳明借用“见性”的话头，所讨论的却是外在闻见与内心戒惧，究竟应当如何把握这一问题。一般认为，性是常在的，但是性究竟在哪里，何时“见”与“不见”却取决于自身的修行实践才能印证，而不能依赖于耳目见闻或空口说话。重要的是，修行实践既不能脱离耳目见闻，又不能被耳目见闻所牵累；既不能在有睹有闻上驰骛，又要“时时刻刻常睹其所不睹，常闻其所不闻”。依此修行，久久成熟之后，人的真性自然能达到“不息”的状态。显然，阳明在此强调的观点无疑是其良知学说的一贯观点，即“不离日用常行内，直造先天未画前”。一方面，良知就存在于日用常行之内、耳目睹闻之中，另一方面，良知又能超越后天而直达先天的世界。

天理良知都同样是“活泼泼地”“流行不息”的。

【330】问：“先儒谓‘鸢飞鱼跃’与‘必有事焉[1]’，同一活泼泼地。”先生曰：“亦是天地间活泼泼地，无非此理，便是吾良知的流行不

息。致良知便是必有事的工夫。此理非惟不可离，实亦不得而离也。无往而非道[2]，无往而非工夫。”

[注释]

[1]“先儒谓‘鸢（yuān）飞鱼跃’与‘必有事焉’”以下二句：《诗经》的“鸢飞鱼跃”与孟子的“必有事焉”，反映的都是天道流行“活泼泼地”、生生不息的道理。语见《程氏遗书》卷三，为程颢语。鸢飞鱼跃，指鹰在天空飞翔，鱼在水中腾跃。比喻万物任其天性而动，各得其所。语见《诗经・大雅・旱麓》。鸢，老鹰。 [2]“无往而非道”以下二句：意谓“鸢飞鱼跃”表明天道是勇往直前、流行不息的存在，“必有事焉”也是勇往直前、没有停息的工夫。

【331】先生曰：“诸公在此，务要立个必为圣人之心。时时刻刻须是一棒一条痕，一掴一掌血[1]，方能听吾说话句句得力。若茫茫荡荡度日，譬如一块死肉，打也不知得痛痒，恐终不济事。回家只寻得旧时伎俩而已，岂不惜哉？”

最重要的是，立一个必为圣人之志。否则的话，就会整天“茫茫荡荡度日”。

[注释]

[1] 一棒一条痕，一掴（guó）一掌血：为禅宗语，分别见《碧岩录》“一棒一条痕，莫辜负山僧好，撞着磕着，还曾见德山临济么？”《大慧普说》卷二“师云一掌血”。喻指着力用功。掴，打耳光。

【332】问：“近来妄念也觉少，亦觉不曾着想定要如何用功，不知此是工夫否？”先生曰：“汝且去着实用功，便多这些着想也不妨，久久自会妥帖。若才下得些功，便说效验，何足为恃？”

【333】一友自叹：“私意萌时，分明自心知得，只是不能使他即去。”先生曰：“你萌时，这一知处便是你的命根。当下即去消磨，便是立命功夫。”

［点评］

以上两条涉及“妄念”与“私意”的问题。若“妄念”不动，“私意”不萌，自是工夫得力处，而一旦“妄念”或“私意”萌发，也不用过虑，而只须依赖“良知自知”“良知自觉”的力量，自能“觉即蔽去”（第290条）。按照阳明的说法，此“自心知得”的良知自知之能力便是人的“命根”，便是孟子所说的“立命”之工夫。所谓“立命”，并不是追求长生不死，而是指自己树立起生命的方向，为自己的一生注入生命的价值和意义。

将孔子“性相近”解释成孟子的“性善”论。

【334】夫子说“性相近”[1]，即孟子说“性

善”，不可专在气质上说。若说气质，如刚与柔对，如何相近得？惟性善则同耳。人生初时，善原是同的。但刚的习于善则为刚善，习于恶则为刚恶；柔的习于善则为柔善；习于恶则为柔恶，便日相远了。

［注释］

[1] 性相近：孔子语，见《论语·阳货》：“性相近也，习相远也。”

［点评］

以上涉及孔子性论的问题，历来关于“性相近也，习相远也”的解释颇有分歧。或以为“性相近”与孟子人性本善说并不一致，主要指“气”而言的（如程颐），更因为“相近”或“相远”都是相对之词，而非肯定性全称判断；或以为既然“相近”就意味着人性生来本就相差无几，也就可以推知在人性为善这一点上都是差不多的，例如阳明在这里所说的“人生初时，善原是同的”。

根据阳明的解读，关于孔孟论性都不可从“气质”层面上看，意为都应从性之本体的角度来审视。既然如此，那么，孔子“性相近”与孟子“性善”说就应当是一致的。所以，阳明发问：“若说气质，如刚与柔对，如何相近得？”意思非常明显，“相近”不是指气质上的相差无几，而应当是指“人生初时”。这里的“初时”，意近“本原”或“本始”，即任何事物产生的原点，而此“本原”处在生生的时间序列中。按照“本原”的说法，于是，我们只有从人生之本原的角度来理解“性相近”才能接近正解，才与孟子“性善”说并无二致。当王阳明这样解释的时候，事实上，孟子讲“性善”也就是从“性之本原”或“从源头上”而言的，也只是“说个大概如此”，若从“性之本体”上讲，则“原是无善无恶”的（参见第150条、第308条）。关于这些说法的义理内涵，参见第308条“点评”。

心体上着不得“一念”，如眼睛着不得一丝“尘沙”。

【335】先生尝语学者曰：“心体上着不得一念留滞，就如眼着不得些子尘沙。些子能得几多，满眼便昏天黑地了。”又曰：“这一念不但是私念[1]，便好的念头，亦着不得些子。如眼中放些金玉屑，眼亦开不得了。”

[注释]

[1]“这一念不但是私念”以下五句：意谓不论是私念还是好念，都不能留滞于心体而构成心体之障碍，好比眼睛着不得一丝灰尘，即便是再珍贵的东西——如“金玉屑”，眼睛也容不得它。

[点评]

以上这个比喻性说法清楚地告诉我们，心中的任何念虑情识都不是心体的本来状态所有的，所以首先要坚信心体本无，顺其发动，便自能克服私意念虑等的缠绕，最终就可复还本体，实现“与太虚同体”的境界。但须注意的是，阳明的这个比喻性说法只是强调私念好念都不能“着”，而并不意味着一概主张意识念头都要摒绝。阳明认为只要是顺其良知自然之发用流行（参见第101条“一循于理”），念头或者“七情”亦能“一归于正”而“无有不是”（参见第290条）。

【336】问：“人心与物同体[1]。如吾身原是血气流通的，所以谓之同体。若于人便异体了，禽兽草木益远矣，而何谓之同体？”先生曰：“你只在感应之几上看。岂但禽兽草木，虽天地也与我同体的，鬼神也与我同体的。”请问。

先生曰：“尔看这个天地中间，甚么是天地的心？”对曰：“尝闻人是天地的心[2]。”曰：“人又甚么教做心？”对曰：“只是一个灵明。”

曰：“可知充天塞地中间，只有这个灵明，人只为形体自间隔了。我的灵明[3]，便是天地鬼神的主宰。天没有我的灵明，谁去仰他高？地没有我的灵明，谁去俯他深？鬼神没有我的灵明，谁去辨他吉凶灾祥？天地、鬼神、万物离却我的灵明，便没有天地、鬼神、万物了。我的灵明离

我的灵明就是天地万物鬼神一切存在的主宰。

却天地、鬼神、万物，亦没有我的灵明。如此便是一气流通的，如何与他间隔得！”

又问：“天地、鬼神、万物，千古见在，何没了我的灵明，便俱无了？”曰：“今看死的人，他这些精灵游散了，他的天地、万物尚在何处？”

［注释］

[1] 人心与物同体：即“万物一体”论，参见第 89、267、274、276 条。 [2] 人是天地的心：人是天地的精神。语见《礼记·礼运》：“故人者，天地之心也。”心，精神。 [3] 我的灵明：意同“虚灵明觉”，即指良知。这是阳明的特殊用法。

［点评］

这里阳明强调了“万物一体”的观念。由人心与万物同体，推出禽兽草木、天地鬼神与人原是“同体”存在的结论。进而强调指出，人的灵明便是万物一体的依据，若没有了人的灵明，那么，天地鬼神万物也就不成其为天地鬼神万物了。如同我们在第 274 条所看到的那样，“人的良知就是草木瓦石的良知，若草木瓦石无人的良知，不可以为草木瓦石矣”等等，与本条所述的意思是完全一致的，都是强调人与万物是休戚相关的一体之存在。

问题依然是：天地、鬼神、万物本来是外在于人的客观存在，如何能够融入到个人的心灵意识中，构成不可分割的同体之存在？因为事实很显然，天地、鬼神、万物是不随人的意志而“千古见在”的，所以，一个人的死亡或消失，绝不意味着外在于人的天地鬼神万物便不存在而消失。关于这一点，参看第275条的“点评”。

须指出的是，阳明所探讨的不是世界存在的本质到底是物质还是精神这类问题，而是向我们揭示人类的精神是使这个世界变得有意义的唯一理据。否则的话，阳明反问道：“今看死的人，他这些精灵游散了，他的天地、万物尚在何处？”这是一个值得深思的问题。答案是明显的：一个人的死亡便意味着相对于他而言的天地万物便“同归于寂”——尽管天地万物依然“千古见在”。由此，我们就应当更加珍惜和爱护人的精神生命与天地万物共同构成的这个意义世界。

【337】先生起行征思田，德洪与汝中追送严滩[1]。汝中举佛家实相、幻相之说[2]。先生曰：“有心俱是实，无心俱是幻；无心俱是实，有心俱是幻。”汝中曰：“有心俱是实，无心俱是幻，是本体上说功夫。无心俱是实，有心俱是幻，是功夫上说本体。”先生然其言。

另据王畿的记录，阳明的评价是：“此是究极之说。”

洪于是时尚未了达，数年用功，始信本体功夫合一。但先生是时因问偶谈，若吾儒指点人处，不必借此立言耳。

[注释]

[1]严滩：又名七里滩、严陵濑，位于浙江桐庐富春江边，因严子陵隐居于此而得名。 [2]实相、幻相：《法华经》有"诸法实相"说，《金刚经》有"一切有为法，如梦幻泡影"的"幻相"说。

[点评]

本条即著名的"严滩问答"。根据《年谱》记载，嘉靖六年九月，阳明起征思田，与王畿和钱德洪就"四句教"进行了讨论（史称"天泉证道"）之后，王、钱送阳明至富阳境内的"严滩"，于是，临别之际，又有"严滩问答"的故事发生。与"天泉证道"之际主要讨论"四句教"不同，严滩问答讨论了"实相""幻相"的问题，形式上也有四句，故有"严滩四句"之称。针对阳明所说的四句："有心俱是实，无心俱是幻；无心俱是实，有心俱是幻。"王畿则从本体工夫的角度进行了这样的解读："有心俱是实，无心俱是幻，是本体上说功夫。无心俱是实，有心俱是幻，是功夫上说本体。"那么，他们究竟在探讨什么问题呢？其实，问题的核心不在于"实相""幻相"而在于"本体工夫"以及"有无问题"。

王畿的记录或可帮助我们深入了解这次对话的涵义："夫子赴两广，予与君送至严滩。夫子复申前说，二人正好互相为用，弗失吾宗。因举'有心是实相，无心是幻相；有心是幻相，无心是实相'为问，君拟议未及答，予曰：'前所举是即本体证功夫，后所举是用功夫合本体。有无之间，不可以致诘。'夫子莞尔笑曰：'可哉！此是究极之说，汝辈既已见得，正好更相切劘，默默保任，弗轻漏泄也。’二人唯唯而别。”（《王畿集》卷二十《绪山钱君行状》）这段记录透露了三点信息：一是严滩问答是延续“天泉证道”而来，故有“复申前说”的说法；二是多了一句“有无之间，不可以致诘”，说明“实相”“幻相”的说法只是借用过来，讨论的却是本体工夫的有无问题；三是阳明十分欣赏王畿之说，表示这是“究极之说”。这三点在《传习录》钱德洪所记录的本条都没有显示出来。至于钱德洪数年之后，通过工夫积累也终于明白“严滩问答”讨论的原来是本体工夫问题，而且始信本体工夫原本是合一的这层道理，则表明钱德洪的思想有前后变化，此且不论（参见拙著《阳明后学研究》第二章“钱绪山论”）。

现在再回过来看“严滩问答”。所谓实相、幻相。其实是阳明借佛教话头，讨论的是有心无心之关系，即有无问题；前二句是正说，有就是有（实），无就是无（幻）；后一句是反说，无即是有（实），有即是无（幻）。而阳明之意在于主张心体良知原是有无相即、虚实一体之存在。王畿称前二句“是本体上说功夫”，后二句“是功夫上说本体”，可谓深得阳明之意。可以看出，在阳明的工夫论构想中，有两种入路途径：“即本体”与“即工夫”；“即本体”便是功夫与“即功夫”以求复本体。两种入路的途径虽异，然至当归一，亦即本体工夫合一。若结合四句教以观，“严滩问答”无不与“天泉证道”相应。首先，阳明从正面论“有心”，肯定作为道德意识之“有”是落实为善去恶之工夫所必要的，故称“有心俱是实”；

相反，如果以道德意识为虚妄，认为一切善恶分别均无意义，是谓“无心俱是幻”。后两句则从反面论“有心”，认为对任何善恶意识的执着都是有害的，这个“有心”是指工夫上的“着意”；相反，如果能做到破除执着，便可达到“无心”境界，这个“无心”是指“不着意思”。

可见，“严滩问答”亦是在重申“天泉证道”的核心主题，亦即如何破除有无对立，以实现有无合一之境。要之，不论是天泉证道还是严滩问答，其论本体工夫，必指向有无合一问题，反过来说，其论有无，则必指向本体工夫问题。

【338】尝见先生送二三耆宿出门[1]，退坐于中轩，若有忧色。德洪趋进请问。先生曰：“顷与诸老论及此学，真员凿方枘[2]。此道坦如道路[3]，世儒往往自加荒塞，终身陷荆棘之场而不悔，吾不知其何说也！”

德洪退谓朋友曰：“先生诲人，不择衰朽，仁人悯物之心也。”

［注释］

[1] 耆宿：年高有学问的人。 [2] 员：同“圆”。 [3] 此道坦如道路：后一个“道”，一本作“大”。

［点评］

本条记录了阳明与二三位宿儒谈论学术而话不投机的故事。阳明感叹，与这些宿儒谈论学术犹如“员凿方枘”，真不知道他们讲的是什么学问。说明阳明所谈的心学思想在当时仍然颇有阻力。他在《复唐虞佐·庚辰》一书中也表达了同样的感叹：“圣贤之道，坦若大路，夫妇之愚，可以与知。而后之论者，忽近求远，舍易图难，遂使老师宿儒，皆不敢轻议。故在今时，非独庸下者自分以为不可为，虽高者特达，皆以此学为长物，视之为虚谈赘说，亦许时矣。”（《全集》卷四）充分说明阳明所处的学术氛围仍然在理学传统的笼罩之下。

【339】先生曰：“人生大病，只是一‘傲’字。为子而傲必不孝，为臣而傲必不忠，为父而傲必不慈，为友而傲必不信。故象与丹朱俱不肖[1]，亦只一‘傲’字，便结果了此生。诸君常要体此。人心本是天然之理，精精明明，无纤介染着[2]，只是一无我而已。胸中切不可有，有即傲也。古先圣人许多好处，也只是无我而已。无我自能谦，谦者众善之基，傲者众恶之魁。”

人生之大病就在于一个“傲”字。

［注释］

[1] 象与丹朱：分别参见第 296 条、第 142 条。 [2] 纤介：细微。

［点评］

本条阳明提出了“人生大病，只是一‘傲’字”的著名观点，认为“傲”是诸多病症之根源。人心本体原来只是一“无我”而已，“无我”就能做到“谦”，而谦是“众善之基”，傲是“众恶之魁”。阳明在《书正宪扇·乙酉》中也说了几乎是同样的话，而语气则更为严厉：“今人病痛，大段只是傲。千罪百恶，皆从傲上来。傲则自高自是，不肯屈下人。故为子而傲，必不能孝。……傲之反为谦，谦字便是对症之药。”（《全集》卷八）

【340】又曰：“此道至简至易的，亦至精至微的。孔子曰：‘其如示诸掌乎[1]。’且人于掌，何日不见？及至问他掌中多少文理，却便不知。即如我‘良知’二字，一讲便明，谁不知得？若欲的见良知[2]，却谁能见得？”

问曰：“此知恐是无方体的[3]，最难捉摸。”先生曰：“良知即是易[4]。‘其为道也屡迁[5]，变动不居，周流六虚，上下无常，刚柔相易，不可为典要，惟变所适。’此知如何捉摸得？见得透时便是圣人。”

［注释］

[1] 其如示诸掌乎：就好比看这个手掌。形容容易知道。语见

《论语·八佾》:“或问禘之说。子曰:‘不知也,知其说者之于天下也,其如示诸斯乎?’指其掌。” [2] 的见:确切把握,真切领会。 [3] 方体:场所、形体。 [4] 易:变易。 [5]“其为道也屡迁”以下八句:意谓《易》之道是不断变化、刚柔相济的,没有固定不变的标准,唯以变化为指向。语见《易·系辞下传》。六虚,《易经》每卦六爻的位置,因爻有阴阳,每卦之爻变动无定,故爻位称“虚”。典要,准则、标准。

【341】问:“孔子曰:‘回也[1],非助我者也。’是圣人果以相助望门弟子否?”先生曰:“亦是实话。此道本无穷尽,问难愈多,则精微愈显。圣人之言,本自周遍,但有问难的人,胸中窒碍,圣人被他一难,发挥得愈加精神。若颜子闻一知十[2],胸中了然,如何得问难?故圣人亦寂然不动,无所发挥,故曰‘非助’。”

[注释]

[1]“回也”以下二句:颜回不是对夫子有所帮助的人。语见《论语·先进》:“子曰:回也,非助我者也,于吾言无所不悦。” [2] 闻一知十:为子贡称赞颜回语,见《论语·公冶长》:“子谓子贡曰:‘女与回也孰愈?’对曰:‘赐也,何敢望回?回也,闻一以知十。赐也,闻一以知二。’”

【342】邹谦之尝语德洪曰:“舒国裳曾持一

张纸，请先生写‘拱把之桐梓’一章[1]。先生悬笔为书，到‘至于身而不知所以养之者’[2]，顾而笑曰：‘国裳读书，中过状元来。岂诚不知身之所以当养，还须诵此以求警[3]？’一时在侍诸友皆惕然。”

[**注释**]

[1] 拱把之桐梓：见《孟子·告子上》：“拱把之桐梓，人苟欲生之，皆知所以养之者。至于身而不知所以养之者，岂爱身不若桐梓哉？弗思甚也。”拱把，双手可以合抱。 [2] 至于身而不知所以养之者：意谓人都知道应该如何培育树木，至于自己的“身”却不知如何养身。 [3] 警：警语。

【钱德洪跋】

嘉靖戊子冬[1]，德洪与王汝中奔师丧，至广信[2]，讣告同门，约三年收录遗言。继后同门各以所记见遗。洪择其切于问正者，合所私录，得若干条。居吴时[3]，将与《文录》并刻矣，适以忧去[4]，未遂。当是时也，四方讲学日众，师门宗旨既明，若无事于赘刻者，故不复萦念。去年，同门曾子才汉得洪手抄[5]，复傍为采辑，名曰《遗言》[6]，以刻行于荆[7]。洪读之，觉当时采录未精，乃为删其重复，削去芜蔓，存其三之一，名曰《传习续录》。复刻于宁国之水西精舍[8]。今年夏，洪来游蕲[9]。沈君思畏曰[10]：“师门之教，久行于四方，而独未及于蕲。蕲之士得读《遗言》，若亲炙夫子之教；指见良知，若重睹日月之光。惟恐传习之不博，而未以重复之为繁也。请裒其所逸者增刻之，若何？”洪曰：“然。师门‘致知格物’之旨，开示来学，学者躬修默悟，不敢以知解承，而惟以实体得。故吾师终日言是，而不惮其烦；学者终日听是，而不厌其数。盖指示专一则体悟日精，几迎于言前，神发于言外，感遇之诚也。今吾师之殁未及三纪[11]，而格言微旨渐觉沦晦，岂非吾党身践之不力，多言有以病之耶？学者之趋不一，师門之教不宣也。”乃复取逸稿，采其语之不背者，得一卷，其余影响不真，与《文录》既载者，皆削之，并易中卷为问答语[12]，以付黄梅尹张君增刻之[13]。庶几读者不以知解承，而惟以实体得，则无疑于是录矣。嘉靖丙辰夏四月[14]，门人钱德洪拜书于蕲之崇正书院。

[注释]

[1] 戊子：嘉靖七年（1528）。 [2] 广信：今江西上饶。 [3] 吴：今江苏苏州。 [4] 忧去：丁忧。嘉靖十四年（1535）

冬，钱德洪服母丧丁忧。 [5] 曾子才汉：曾才汉，字明卿，号双溪，江西泰和人。 [6]《遗言》：曾才汉编《阳明先生遗言录》上下两卷，今存吕东《阳明先生文录》本，《王阳明全集》（新编本）收录。 [7] 荆：湖北荆州（今湖北江陵）。 [8] 复刻于宁国之水西精舍：指钱德洪《传习续录》刊刻于安徽水西精舍。据间东《阳明先生文录》刻本附录所收《传习续录》，共分上下两卷，卷首有钱德洪《续刻传习录序》，落款“嘉靖甲寅（1554）夏六月”，故知《续录》复刻于 1554 年。北京大学图书馆藏单刻本。宁国，宁国府，今安徽宣城。 [9] 蕲：今湖北蕲春境内。 [10] 沈君思畏：沈宠，字思畏，号古林，安徽宣城人。嘉靖十六年（1537）举人。从学于欧阳德、王畿。据《阳明先生年谱》嘉靖三十五年（1556）五月条载，是年沈宠任湖广兵备佥事，于蕲州建崇正书院。 [11] 纪：一纪为十二年。 [12] 中卷：意不甚明。底本作者邓艾民先生经考证，指出此“中卷”既非指《传习续录》亦非指《遗言录》（因该两本均为上下两卷），故“有不可解处”。《集评》本认为“中卷”是指下卷第 260 条至 315 条，不知何据，今存疑。笔者曾撰文指出钱德洪此《序》疑点颇多，此不赘述，参见《天泉证道小考》，载《阳明学研究》第 2 辑，上海古籍出版社 2000 年版，第 168—181 页。 [13] 黄梅：湖北黄梅。张君：情况不详。 [14] 丙辰：嘉靖三十五年（1556）。

主要参考文献

传习录注疏　邓艾民著　上海古籍出版社 2012 年版

王阳明传习录详注集评［美］陈荣捷著　华东师范大学出版社 2009 年版

王文成公全书（明）王守仁撰　明隆庆六年谢廷杰刻本　王晓昕、赵平略点校　中华书局 2015 年理学丛书本

王阳明全集（新编本）（明）王守仁撰　吴光、钱明、董平、姚延福编校　浙江古籍出版社 2010 年版

王阳明全集（明）王守仁撰　吴光、钱明、董平、姚延福编校　上海古籍出版社 1992 年版

王阳明先生图谱（明）邹守益编《四库未收书辑刊》第 4 辑第 17 册　北京出版社 1997 年版

阳明先生遗言录（明）王守仁撰（明）曾才汉编　王阳明全集（新编本）卷四十所收　吴光、钱明、董平、姚延福编校　浙江古籍出版社

2010 年版

稽山承语　（明）王守仁撰　（明）朱得之编　王阳明全集（新编本）卷四十所收　吴光、钱明、董平、姚延福编校　浙江古籍出版社 2010 年版

阳明佚文辑考编年　束景南著　上海古籍出版社 2012 年版

王阳明先生年谱长编　束景南著　上海古籍出版社 2017 年版

二程集　（宋）程颢、程颐撰　王孝鱼点校　中华书局 1981 年理学丛书本

朱子全书　（宋）朱熹撰　朱杰人、严佐之、刘永翔主编　上海古籍出版社、安徽教育出版社 2002 年版

朱子文集　（宋）朱熹撰　朱子全书第 20—25 册

四书或问　（宋）朱熹撰　黄坤点校　上海古籍出版社 2001 年版

陆九渊集　（宋）陆九渊撰　钟哲点校　中华书局 1980 年理学丛书本

王畿集　（明）王畿撰　吴震编校整理　凤凰出版社 2007 年版

邹守益集　（明）邹守益撰　董平编校整理　凤凰出版社 2007 年版

罗洪先集　（明）罗洪先撰　徐儒宗编校整理　凤凰出版社 2007 年版

聂豹集　（明）聂豹撰　吴可为编校整理　凤凰出版社 2007 年版

王时槐集　（明）王时槐撰　钱明、程海霞编校　上海古籍出版社 2015 年版

刘宗周全集　（明）刘宗周撰　吴光主编　浙江古籍出版社 2007 年版

明儒学案　（清）黄宗羲撰　沈芝盈点校　中华书局 1985 年版

中国哲学原论·原道篇　唐君毅著　台湾学生书局 1986 年版

黄宗羲心学的定位　刘述先著　浙江古籍出版社 2006 年版

思辨录——思光近作集　劳思光著　东大图书公司 1996 年版

朱子哲学研究　陈来著　华东师范大学出版社 2000 年版

中国近世思想史研究　陈来著　商务印书馆 2003 年版

有无之境——王阳明哲学的精神　陈来著　人民出版社 1991 年版

《传习录》精读　吴震著　复旦大学出版社 2011 年版

阳明后学研究　吴震著　上海人民出版社 2016 年增订版（2003 年初版）

泰州学派研究　吴震著　中国人民大学出版社 2009 年版

明代知识界讲学活动系年：1522—1602　吴震著　学林出版社 2003 年版

王守仁著作の文献学的研究　［日］永富青地著　日本東京：汲古書院 2007 年版

心的现象——耿宁心性现象学研究文集　［瑞士］耿宁著　倪梁康编　倪梁康、张庆熊、王庆节等译　商务印书馆 2012 年版

《中华传统文化百部经典》已出版图书

书　名	解读人	出版时间
周易	余敦康	2017 年 9 月
尚书	钱宗武	2017 年 9 月
诗经（节选）	李　山	2017 年 9 月
论语	钱　逊	2017 年 9 月
孟子	梁　涛	2017 年 9 月
老子	王中江	2017 年 9 月
庄子	陈鼓应	2017 年 9 月
管子（节选）	孙中原	2017 年 9 月
孙子兵法	黄朴民	2017 年 9 月
史记（节选）	张大可	2017 年 9 月
传习录	吴　震	2018 年 11 月
墨子（节选）	姜宝昌	2018 年 12 月
韩非子（节选）	张　觉	2018 年 12 月
左传（节选）	郭　丹	2018 年 12 月
吕氏春秋（节选）	张双棣	2018 年 12 月
荀子（节选）	廖名春	2019 年 6 月
楚辞	赵逵夫	2019 年 6 月
论衡（节选）	邵毅平	2019 年 6 月
史通（节选）	王嘉川	2019 年 6 月
贞观政要	谢保成	2019 年 6 月
战国策（节选）	何　晋	2019 年 12 月
黄帝内经（节选）	柳长华	2019 年 12 月
春秋繁露（节选）	周桂钿	2019 年 12 月
九章算术	郭书春	2019 年 12 月
齐民要术（节选）	惠富平	2019 年 12 月
杜甫集（节选）	张忠纲	2019 年 12 月
韩愈集（节选）	孙昌武	2019 年 12 月
王安石集（节选）	刘成国	2019 年 12 月
西厢记	张燕瑾	2019 年 12 月

书　　名	解读人	出版时间
聊斋志异（节选）	马瑞芳	2019年12月
礼记（节选）	郭齐勇	2020年12月
国语（节选）	沈长云	2020年12月
抱朴子（节选）	张松辉	2020年12月
陶渊明集	袁行霈	2020年12月
坛经	洪修平	2020年12月
李白集（节选）	郁贤皓	2020年12月
柳宗元集（节选）	尹占华	2020年12月
辛弃疾集（节选）	王兆鹏	2020年12月
本草纲目（节选）	张瑞贤	2020年12月
曲律	叶长海	2020年12月
孝经	汪受宽	2021年6月
淮南子（节选）	陈　静	2021年6月
太平经（节选）	罗　炽	2021年6月
曹操集	刘运好	2021年6月
世说新语（节选）	王能宪	2021年6月
欧阳修集（节选）	洪本健	2021年6月
梦溪笔谈（节选）	张富祥	2021年6月
牡丹亭	周育德	2021年6月
日知录（节选）	黄　珅	2021年6月
儒林外史（节选）	李汉秋	2021年6月
商君书	蒋重跃	2022年6月
新书	方向东	2022年6月
伤寒论	刘力红	2022年6月
水经注（节选）	李晓杰	2022年6月
王维集（节选）	陈铁民	2022年6月
元好问集（节选）	狄宝心	2022年6月
赵氏孤儿	董上德	2022年6月
王祯农书（节选）	孙显斌	2022年6月
三国演义（节选）	关四平	2022年6月
文史通义（节选）	陈其泰	2022年6月

书　　名	解读人	出版时间
汉书（节选）	许殿才	2022 年 12 月
周易略例	王锦民	2022 年 12 月
后汉书（节选）	王承略	2022 年 12 月
通典（节选）	杜文玉	2022 年 12 月
资治通鉴（节选）	张国刚	2022 年 12 月
张载集（节选）	林乐昌	2022 年 12 月
苏轼集（节选）	周裕锴	2022 年 12 月
陆游集（节选）	欧明俊	2022 年 12 月
徐霞客游记（节选）	赵伯陶	2022 年 12 月
桃花扇	谢雍君	2022 年 12 月
法言	韩敬、梁涛	2023 年 12 月
颜氏家训	杨世文	2023 年 12 月
大唐西域记（节选）	王邦维	2023 年 12 月
法书要录（节选）　历代名画记	祝　帅	2023 年 12 月
耶律楚材集（节选）	刘　晓	2023 年 12 月
水浒传（节选）	黄　霖	2023 年 12 月
西游记（节选）	刘勇强	2023 年 12 月
乐律全书（节选）	李　玫	2023 年 12 月
读通鉴论（节选）	向燕南	2023 年 12 月
孟子字义疏证	徐道彬	2023 年 12 月